司法部预防犯罪研究所高贞所长、周勇副所长、高文副所长以及科研处对本书的出版给予大力支持,法律出版社郑导先生作了大量工作,在此一并致谢。

编 者

2021 年 6 月 19 日

目　录

立法与改革

监禁趋势

罪犯矫正与管理

监狱卫生保健

犯罪与重新犯罪预防

立法与改革

关于未成年人刑事责任年龄的理论观点、制度规定及其发展趋势*

张桂荣** 闫 佳*** 张 婧****

未成年人犯罪一直是社会关注的焦点。近年来，我国低龄未成年人的恶性犯罪案件频发，由此也引发了理论界和实务界关于是否应该降低刑事责任年龄以便进行严惩的激烈讨论。本文对国内主要理论主张和观点进行了认真梳理，并详细考察了有关国家和地区以及国际社会关于未成年人刑事责任年龄的规定及其实践，分析了其发展趋势，以期为我国制定预防未成年人犯罪政策和立法提供参考和借鉴。

一、国内主要理论观点

不同的人站在不同的角度提出了不同的观点和主张。概括起来，目前我国理论界和实务界关于未成年人刑事责任年龄的观点可以分为支持降低刑事责任年龄、反对降低刑事责任年龄以及适用恶意补足年龄规则三种不同的观点。

---

* 本文的文休部分发表于《犯罪与改造研究》2020 年第 1 期。

** 张桂荣：司法部预防犯罪研究所研究员。

*** 闫佳：司法部预防犯罪研究所副研究员。

**** 张婧：司法部预防犯罪研究所副研究员。

(一)支持降低刑事责任年龄

该种观点多为司法实务界所持有。认为低龄未成年人犯罪的主要原因在于法律打击不力,亟需降低刑事责任年龄起点,以刑罚惩罚来遏制未成年犯罪。该种观点主张将刑事责任年龄下限降低至12周岁,或者是10~12周岁。主要理由如下:

1. 遏制低龄未成年人恶性犯罪形势严峻的现实需要。最高人民法院公布的司法大数据和2018年《中国法治发展报告》显示,我国未成年人犯罪案件数整体呈下降趋势,但故意杀人、强奸等恶性犯罪呈现低龄化现象。有些少年从10~13周岁就开始走上违法犯罪的道路。[1] 部分省、直辖市、自治区的统计数据显示,低年龄段的恶性案件比例正在不断上升,并趋向暴力化、残忍化。[2] 从司法实践部门反映的情况来看,未成年知法犯法的情况较为常见,部分未成年人明知法律不对14周岁以下的未成年人科以刑法处罚而故意犯罪,甚至出现部分未成年人替人顶罪的现象。[3] 此外,目前我国的未成年人重新犯罪案件急剧增长,其中有相当数量未达到刑事责任年龄的惯犯,由于法律不能对之进行处罚,导致抓了放,放了抓,再犯,再抓……如此循环,对社会造成了巨大的负面影响,少年犯也更肆无忌惮。[4] 在此背景下,适当降低刑事责任年龄可以合理有效地打击低龄未成年人的暴力性犯罪,进一步增强刑法的威慑力,以实现遏制未成年人犯罪低龄化的发展趋势之目的。[5]

2. 低龄未成年人具备了实施犯罪的行为能力和心智水平。从刑法意义上讲,确定刑事责任年龄起点的最主要因素是人的辨认能力和控制能力。有学者认为,14周岁刑事责任年龄起点的确定,对于20世纪70年代的中国儿童发育状况也许是适合的,但改革开放以来,中国经济的快速发展,儿童营养结构的改善,儿童生理和心理状况的成熟也加快,其辨认能力和控制能力也有较大的提高。[6] 有资料显示,我国少年儿童的生理发育总体上比改

---

〔1〕 路琦等:《2017年我国未成年人犯罪研究报告——基于未成年犯与其他群体的比较研究》,载《青少年犯罪问题》2018年第6期。

〔2〕 《我国未成年人呈低龄化发展》,载《法制日报》2003年6月1日。

〔3〕 高俊虹:《浅议未成年人刑事责任年龄之降低》,载《法制与经济》2016年第9期。

〔4〕 《13岁男孩强暴女孩,获释后再杀女孩母亲》,载《江南时报》2006年3月26日。

〔5〕 林清红:《未成年人刑事责任年龄起点不宜降低》,载《青少年犯罪问题》2016年第1期。

〔6〕 余敏、何缓:《对降低刑事责任年龄起点的商榷》,载《中国检察官》2018年第8期。

革开放前提高了一至两年。[1] 因此,12 周岁左右的儿童就已经具备了辨认和控制自己行为的能力,应对自己的行为后果承担相应的责任。此外,有学者提出,我国 2017 年出台的《民法总则》将限制民事行为能力人的年龄下限标准由原来的“十周岁”下调至“八周岁”,是出于对目前未成年人身心成长实际状况的考虑,肯定了未成年人的自主意识。因此,有观点认为,原《民法总则》的这处修改体现出法律认同了未成年人辨认和控制能力的低龄化趋势。从这一立法考量出发,适当降低未成年人入罪年龄具有一定的必要性。

3. 在不同时期调整刑事责任年龄的做法十分普遍。刑事责任年龄并非是一成不变的。无论是新中国成立前还是新中国成立后至 1979 年《中华人民共和国刑法》颁布前,在我国有关单行法规或批复中,对刑事责任年龄的规定并不是统一的。有的为 12 周岁(如 1931 年《赣东北特区苏维埃暂行刑律》)、有的为 13 周岁[如 1957 年 6 月《刑法(草案)》第 22 稿]。这充分说明,最低刑事责任年龄的争议由来已久。[2] 其次,再从国外经验看,根据犯罪形势调整刑事责任年龄的做法十分普遍。在 20 世纪 80 年代之后,美国许多州降低了追究刑事责任的年龄,一些州可以在成人法庭审判 10 周岁的少年犯。2007 年,日本正式通过了《日本少年法》的第 18 次修订,修改了送往部分少年院的少年年龄,即从原来的 14 周岁以上修改为大约 12 周岁以上的少年。[3]

4. 实现法律公平正义和安抚被害人的需要。持此观点的学者认为,任何一部法律包括刑法都必须兼顾行为人被害人双方的利益,任何片面强调保护一方而忽视另一方利益的规定都是不公平的。我国未满 14 周岁的未成年人近几年制造了不少恶性暴力案件,他们最多被训诫后收容教养或者释放,这样的结果根本无法安抚被害人,也体现不出刑法的公平正义,而且容易导致被害人的“恶逆变”。有学者强调,降低刑事责任年龄,能及时满足被害人要求惩罚犯罪的愿望,同时体现平息民愤,满足社会公正的“复仇”要求,防止其对法律产生误解或者失去信心。能够有效避免被害人“以暴制暴”,防止类似“6 岁男孩被掐死扔井中,丧子母亲硫酸泼仇家闺女”的悲剧重演。

---

〔1〕 公安部办公厅研究室:《当前我国未成年人违法犯罪的现状、原因、发展趋势及对策》,载《当代中国未成年人违法犯罪问题研究》,中国人民公安大学出版社 2005 年版。

〔2〕 王威:《降低刑事责任年龄的必要性和可行性值得研究》,载《检察日报》2015 年 6 月 24 日。

〔3〕 俞建平:《〈日本少年法〉第 18 次修订的社会背景和目的》,载《青少年犯罪问题》2008 年第 3 期。

5. 有利于教育改造和挽救罪错未成年人。有学者指出,由于我国现行刑法和相关法律对预防14周岁以下的未成年人犯罪缺乏规制力度,导致未成年犯罪人得不到应有的惩处,一味地强调教育感化,却又没有防止纵容的制度设计,往往是"一放了之",结果不但无助于未成年罪犯本人的改造,而且其产生的示范效应让更多的同龄人产生了"未成年人犯罪不会坐牢"的念头,进而诱使更多的未成年人走上违法犯罪道路。还有学者认为,给予低龄少年犯罪一定限度的严厉惩罚,不仅在降低低龄化犯罪的效果上将胜于对未成年犯关怀对待的说服教育,而且能对其他未成年人产生极大的震慑力,有效提高未成年人的责任意识和自我约束能力,更能避免家长在法律宽容下放松对子女的教育与警惕,从而真正起到保护未成年人的作用。

(二)反对降低刑事责任年龄

这种观点主要以学者为代表。主张者坚持不应当降低刑事责任年龄,希望国家通过完善法律制度、适用综合治理、侧重教育和保护的方式进行引导,以应对未成年人犯罪。主要理由如下:

1. 降低刑事责任年龄与保护未成年人的价值取向相违背。未成年人刑事责任年龄是当代社会保护未成年人受特殊保护权利的一个重要工具。对未成年人的犯罪,我国一直坚持以教育感化为主、刑罚为辅的方针。降低刑事责任年龄起点不符合立法上对未成年人的从宽原则,不利于保护未成年人的权益,也不利于未成年人今后的健康成长。例如,赵秉志指出,我国满12周岁的儿童一般都在小学学习,满13~14周岁一般也是刚刚升入初中,尚未完成九年义务教育,正是早期社会化的关键期,对需要成人社会特殊保护的儿童实施刑罚,不合理也不人道。[1] 还有学者强调,未成年人的刑事责任年龄是由其受保护的特殊权利决定的。承担刑事责任意味着正常的自由权、发展权和受教育权的剥夺,会极大地影响他们正处于发展的身心,给他们一生带来不利的影响。

2. 刑事责任年龄制度并非单纯依据辨认和控制能力来制定。未成年人刑事责任年龄制度是以行为人辨认和控制能力为基础,以未成年人保护的刑事政策为基本原则而建立的。姚建龙认为,目前任何一个国家的少年刑事责任制度构建都是对辨认、控制能力与未成年人保护的刑事政策的折中,

[1] 赵秉志主编:《未成年人犯罪刑事实体法问题研究》,北京师范大学出版社2014年版。

从我国的刑事责任制度来看，实际上也是采取了折中的做法，只不过偏重于辨认和控制能力。[1] 李豫黔认为，虽然我国物质生活水平的快速增长让大部分少年儿童的身体发育及智力成熟程度较以往有所提前，然而，这并不意味着低龄未成年人辨认和控制自己行为的能力也有所上升，不能将未成年人生理发育的增速简单的等同于辨认和控制能力的提升。[2] 宋英辉认为，民事行为能力的年龄变化并不必然导致刑事责任能力的年龄变化。民事行为能力年龄确定的基点是尊重未成年人一定程度的自主意识，保护其合法权益。而刑事责任年龄是行为人负刑事责任必须达到的年龄，两者的法律内涵和要求不同，不能互相混淆。[3]

3. 降低刑事责任年龄并不能解决低龄未成年人犯罪问题。理论研究和社会现实都已证实，"严打"并不适合未成年人犯罪，对未成年人犯罪关键是要加强早期预防和矫治。林青红认为，青少年犯罪具有反复性，说明实践中的刑罚并不能有效预防青少年再犯罪，对青少年犯罪行为的处罚只能是"按下葫芦起了瓢"。[4] 皮艺军指出，犯罪低龄化属社会问题，是家庭监护、学校教育、社会治理等多种因素造成的，随意降低刑事责任年龄，实际上是国家、社会和家庭推卸责任的表现。[5] 宋英辉指出，涉罪未成年人多来源于残缺家庭或者留守、流动、闲散、流浪等失学失管无业的儿童群体，深受缺乏有效监管的网吧、酒吧、歌厅等娱乐场所的负面影响。当务之急是尽快健全相关法律制度，强化家庭监护和学校教育责任，净化社会成长环境，加大政府对处于困境中的未成年人及其家庭的帮扶，推进国家少年司法体系的完善等，唯有多管齐下，才能从根本上解决犯罪低龄化问题。[6]

4. 个案的发生不足以成为降低刑事责任年龄的根据。学者们普遍认为，虽然有些恶性案件是低于 14 周岁的未成年人实施的，但是，这些未成年人只是占庞大的青少年群体的一部分，并不具有代表性。其所反映的辨认和控制能力的成熟，也并不能代表这个群体的平均实际情况。杨兴培表示，我国相关机构没有系统、全面统计过未达到 14 周岁未成年人实施社会危害

---

〔1〕 姚建龙：《超越刑事司法：美国少年司法史纲》，法律出版社 2009 年版。

〔2〕 李豫黔：《从刑事责任年龄谈我国少年司法制度的完善》，载《贵州广播电视大学学报》2019 年第 2 期。

〔3〕 宋英辉：《理性看待刑事责任年龄制度》，载《检察日报》2016 年 10 月 24 日。

〔4〕 林清红：《未成年人刑事责任年龄不宜降低》，载《青少年犯罪问题》2016 年第 1 期。

〔5〕 皮艺军：《生物本能与少年越轨》，载《青少年犯罪问题》2013 年第 2 期。

〔6〕 宋英辉：《理性看待刑事责任年龄制度》，载《检察日报》2016 年 10 月 24 日。

行为的数据,不能因为一些个案,就改变立法规定,违背刑法的谦抑性原则。[1]

5. 我国尚未建立完备的少年司法制度,降低刑事责任年龄容易造成交叉感染,导致其重新犯罪。[2] 治理未成年人犯罪是一个系统工程,牵一发而动全身。是否降低刑事责任年龄起点,应当在整体未成年人司法制度中加以考虑。有学者认为,当前我国未成年人司法制度不健全,法律已明确规定的一些保护未成年人权利的特殊制度还未有效落实,如 2012 年修正后的《未成年人保护法》第 57 条规定:"羁押、服刑的未成年人没有完成义务教育的,应当对其进行义务教育。"但有资料显示,很多地方并没有很好地执行该规定。[3] 再如《刑事诉讼法》规定了未成年犯罪记录封存制度,但 2014 年全国人大常委会在《未成年人保护法》执法检查中发现存在犯罪记录封存不严问题等。[4] 在这种情况下,如果降低刑事责任年龄起点,将一些 13 ~ 14 周岁这一特殊年龄层的人群关进监狱,不仅无法达到教育、矫治目的,反而使这些年龄尚小、心理不成熟、人生观还没完全树立的孩子与其他犯罪人之间相互学习和模仿,使得其犯罪手段更加高明,成为社会安定的一大隐患。而且,未成年人受过刑罚后,就学、就业、生活等都将面临诸多困难,不利其重新做人,延缓其回归社会进程。

6. 降低刑事责任年龄不符合国际立法趋势。将 14 周岁作为刑事责任年龄起点符合国际立法通例。《联合国少年司法最低限度标准规则》明确未成年人刑事责任年龄的起点不应规定得太低。国际刑法学协会在北京召开的第 17 届国际刑法大会决议明确提出,未成年人的特殊司法体制不适用于不满 14 周岁的人,完全刑事责任年龄起点应当设定为 18 周岁。[5] 多数国家和地区将未成年人刑事责任年龄起点规定为 14 周岁,如德国、俄罗斯、奥地利、意大利、美国明尼苏达州和新泽西州;还有许多国家规定较高的刑事责任年龄起点,捷克、斯洛伐克、丹麦、瑞典、挪威为 15 周岁,葡萄牙为 16 周岁,

---

〔1〕 巩芳:《论我国未成年人刑事责任法定年龄——是否降低最低刑事责任年龄的思考》,青岛大学硕士学位论文。

〔2〕 林维:《未成年人刑事责任年龄及其制裁的新理念——〈国内法和国际法下未成年人刑事责任决议〉解读》,载《中国政治青年学院学报》2005 年第 2 期。

〔3〕 宋英辉、何挺、王贞会等:《未成年人刑事司法改革研究》,法律出版社 2009 年版。

〔4〕 宋英辉、何挺、王贞会等:《未成年人刑事司法改革研究》,法律出版社 2009 年版。

〔5〕 林维:《未成年人刑事责任年龄及其制裁的新理念——〈国内法和国际法下的未成年人刑事责任决议〉解读》,载《中国青年政治学院学报》2005 年第 2 期。

巴西为18周岁。[1] 虽然有些国家的刑事责任年龄起点偏低，但这些国家都存在独立的少年刑法和司法制度，对未成年人实施类型多样的教育感化措施，而依照成年人刑事程序定罪的只是少数案件。

（三）设置弹性刑事责任制度——引入恶意补足年龄规则

恶意补足年龄规则是英美法系国家针对未成年人犯罪提出的一条治理措施，主要内容是：对于触法少年，若有确实充分的证据证明其主观上明知其行为具有严重的社会危害后果，仍执意实施的，可以根据触法少年的"恶意"程度适当地补足年龄，进而使其在形式上达到最低刑事责任年龄，最终承担相应的刑事责任。

赞同引入这一规则的学者认为，恶意补足年龄规则能够重视未成年人间存在的个体差异，破除"一刀切"认定刑事责任能力的做法，从而成为对刑事责任年龄制度的有利补充。[2] 还有学者认为，以强调个体的差异性来设置弹性的刑事责任年龄，不仅有利于制度偏差的矫正，而且有利于宽严相济刑事政策的贯彻，实现刑法惩罚犯罪的功能。[3] 反对引入这一规则的学者则认为，恶意补足年龄规则存在预防效果存疑、与我国的"恤幼"的伦理传统背离、有损刑法谦抑性等问题，具有一定的法治风险。[4] 恶意补足年龄中恶意的证明和认定都对司法者提出了相当高的素质要求，要求司法者根据具体案件情节、行为人的成长经历、个性性格以及犯罪原因等予以综合的判断，难免会有主观倾向。我国作为大陆法系国家，司法者整体上的专业素养其实难以承受这种主观的认定，如果完全由司法者予以认定带来的影响势必会导致认定的随意主观性，从而造成司法不统一，并不利于未成年人权益的保障。[5]

二、域外未成年人犯罪刑事责任年龄介绍

世界各国和地区的刑事立法对未成年人犯罪刑事责任年龄的规定差异较明显，本部分对联合国有关刑事责任年龄的国际准则和15个国家（地区）

---

〔1〕 联合国相关统计。

〔2〕 张拓：《最低刑事责任年龄弹性化之提倡》，载《青少年犯罪问题》2017年第2期。

〔3〕 杨统旭：《现行刑事责任年龄规定的困境及出路》，载《青少年犯罪问题》2018年第6期。

〔4〕 曾粤兴、高正旭：《"恶意补足年龄"规则引入论之反思》，载《河北工业大学学报》2020年第2期。

〔5〕 杨统旭：《现行刑事责任年龄规定的困境及出路》，载《青少年犯罪问题》2018年第6期。

未成年人犯罪刑事责任年龄的立法模式与具体规定进行了概要介绍。

(一)国际准则中关于未成年人刑事责任年龄的规定和要求

国际社会对未成年人的刑事责任年龄制度极其重视,在相关的一系列国际准则中做出了规定,例如,《儿童权利公约》、《联合国少年司法最低限度标准规则》、《〈儿童权利公约〉第10号一般性意见——少年司法中的儿童权利》和《国内法和国际法下的未成年人刑事责任决议》等都广泛涉及刑事责任最低年龄限制问题。主要规定如下:

1.《儿童权利公约》首先确立了“儿童”一词的定义,根据该公约第1条的规定,儿童是“18岁以下的任何人,除非对其适用之法律规定成年年龄少于18岁”。除确定“儿童”一词以外,《儿童权利公约》第40条第3款第1项与未成年人最低刑事责任年龄有关,即“缔约国应规定最低年龄,在此年龄以下的儿童应视为无触犯刑法之行为能力”。根据该条的规定,每个国家都有义务自行确定儿童不承担刑事责任的最低年龄。

2.《联合国少年司法最低限度标准规则》(又称为《北京规则》)第4条规定:“在承认少年负刑事责任的年龄这一概念的法律制度中,该年龄的起点不应规定得太低,应考虑到情绪和心智成熟的实际情况。”该规则在对该条的解释性说明中认为:“如果将刑事责任的年龄规定得太低或根本没有年龄限度的下限,那么责任概念就会失去意义。”每个国家都有自己的法律传统、经济、社会、政治和文化制度,因此,年龄限制的确定可能因国家而异。

3.《保护被剥夺自由少年规则》第11条第1款规定:“少年系指未满18岁者。应由法律规定这一年龄界限,对在这一年龄界限以下的儿童不得剥夺其自由。”2007年7月,联合国人权事务委员会第十九次会议针对《公民权利和政治权利国际公约》第14条通过了《第32号一般性意见》,其第43条也作了类似的规定。

4.第十七届《国际刑法大会关于“国内法与国际法下的未成年人刑事责任”的决议》(以下简称《刑事责任决议》,2004年9月通过),《刑事责任决议》明确提出了刑事责任年龄的最低限制为14周岁,第3条明确地建议:“完全刑事责任年龄应该设定在18周岁。立法体系应当确定行为人达到何种年龄才可以适用特殊的刑事司法制度。这种刑事司法制度不应适用于犯罪时不满14周岁的人。”

5.《〈儿童权利公约〉第10号一般性意见——少年司法中的儿童权利》

(以下简称《少年司法中的儿童权利》,2007 年制定)在题为“年龄和触犯法律的儿童”的第 c 章第 10 号一般性意见中,特别涉及最低刑事责任年龄问题,强调了确立最低年龄的主要问题、最低年龄限制的意义,并提出了有关最低年龄的建议。其中第 32 条认为:“低于 12 岁的最低刑事责任年龄不是国际上可接受的水平。委员会鼓励各缔约国将其较低的最低刑事责任年龄提高到 12 岁为绝对最低责任年龄,并继续提高最低刑事责任年龄的幅度。”第 33 条认为,“最合适的年龄范围是 14 岁或 16 岁,因为这一年龄有助于建立少年司法制度”,并在第 34 条中强调:“委员会强烈建议缔约国,确立最低刑事责任年龄,不允许以例外的方式,采用更低刑事责任年龄的做法。”

值得注意的是,相关国际准则鼓励提高最低刑事责任年龄的起点,例如,《北京规则》第 3 条第 3 款规定:“还应致力将本规则中体现的原则扩大应用于年纪轻的成年罪犯。”《国内法和国际法下的未成年人刑事责任决议》提出了能扩大到的具体年龄,其第 5 条规定,“针对有关个人的需要,可将教育措施或者对个人有矫正作用的替代性制裁措施所适用主体的年龄延长至 25 周岁”,其第 6 条作了进一步要求:“针对 18 周岁以上的人所实施的犯罪,对未成年人适用的特殊条款可以扩大适用于 25 周岁以下的人。”由此可见,国际上对最低刑事责任年龄持一种较为宽容的态度,说明保护、挽救、教育触法少年是国际社会共同坚持的理念。

(二)世界主要国家和地区关于未成年人犯罪刑事责任的立法模式与年龄起点

1. 立法模式

世界各个国家与地区刑法在刑事责任年龄的具体规定及承担刑事责任的范围上存在很大的差别,从立法模式上来看,可以概括为“二分制立法模式”与“三分制立法模式”两种主流立法模式。

所谓“二分制立法模式”,是指将刑事责任年龄分为绝对无刑事责任年龄与完全有刑事责任年龄,中间不存在年龄的过渡阶段;统一规定最低刑事责任年龄,只要达到这个年龄,就可能对刑法典中规定的各种犯罪承担刑事责任。采用这种立法例的国家有德国、日本,地区有中国台湾地区。

所谓“三分制立法模式”,是将刑事责任年龄分为绝对无刑事责任年龄、相对负刑事责任年龄与完全有刑事责任年龄,在绝对无刑事责任年龄与完全有刑事责任年龄之间存在一个过渡的年龄阶段即相对负刑事责任年龄。

相对负刑事责任年龄阶段的刑事立法也有两种形式:第一种是规定处于该年龄阶段的人,只要被证明确实具有辨认和控制自己行为的能力时,行为人才负刑事责任;否则就不负刑事责任,如波兰、菲律宾等国家对相对负刑事责任年龄作出了相应规定。第二种是在法律中明确规定一些较为严重的犯罪行为,在处于该年龄阶段的人对其负刑事责任,对未列出的犯罪行为不负刑事责任。这种方法方式的特点是:在法律中明确规定一些较为严重的犯罪行为,如果处于该相对负刑事责任阶段,就对其行为负刑事责任,否则,就不负刑事责任,如我国采用的是第二种立法模式。

2. 世界主要国家和地区未成年人犯罪最低刑事责任年龄起点

由于各地不同的经济及文化、社会方面的差异,世界各国(地区)刑法对未成年人犯罪刑事责任年龄的最低起点规定差异较大,全球各国和地区的刑事责任最低年龄水平从0岁到18岁不等。[1] 大致可以归纳为以下几档:

一是没有规定最低刑事责任年龄。即这些国家和地区的刑事责任最低年龄为0岁,但这并不是意味着这些国家或地区的婴儿要为自己的行为负责,而是这些国家或地区的刑事责任年龄没有下限的规定。这些国家主要有卢森堡、苏丹、马尔代夫、毛里求斯,地区如美国个别州等。

二是最低刑事责任年龄在7~9岁。此类国家大多数是伊斯兰国家或者受到伊斯兰教影响的国家,主要分布在阿拉伯半岛以及北非,代表国家有科威特、阿联酋、卡塔尔、也门、黎巴嫩、沙特阿拉伯、伊朗、伊拉克、印度、巴基斯坦、泰国、新加坡、缅甸、文莱、尼日利亚、利比里亚、纳米比亚、坦桑尼亚、赞比亚、津巴布韦、肯尼亚、埃塞俄比亚等国。

三是最低刑事责任年龄为10~12周岁。此类的国家或地区在历史上大都曾受到英国法系的影响,代表的国家有英国、北爱尔兰、瑞士、苏格兰、土耳其、荷兰、匈牙利、比利时、印度尼西亚、阿富汗、加拿大、马来西亚、墨西哥、厄瓜多尔、新西兰、澳大利亚、南非、玻利维亚、埃及、加纳、冈比亚等,地区有中国香港特别行政区。

四是刑事责任最低年龄为13~14周岁。此类国家大多数受到大陆法系的影响,其中刑事责任最低年龄规定为13周岁的国家大多受到法兰西法系的影响,典型国家有法国、希腊,以及曾经为法国殖民地的一些非洲国家,如

[1] Minimum Age of Criminal Responsibility, Years, at March 2017, http://www.russellwebster.com/up-content/uploads/2017/03/age-of-criminal-responsibility.png.

塞内加尔、阿尔及利亚、中非共和国、尼日尔、马里、马达加斯加、突尼斯等国。刑事责任最低年龄为14周岁的国家多数受到德国法系的影响，代表国家有德国、中国、意大利、俄罗斯、奥地利、西班牙、保加利亚、阿尔巴尼亚、拉脱维亚、立陶宛、西班牙、日本、韩国、蒙古、越南、哈萨克斯坦、塔吉克斯坦、白俄罗斯、哥伦比亚、利比亚、智利等国。[1] 根据有关统计，刑事责任年龄规定为14周岁的国家最多，有46个国家。[2]

五是刑事责任年龄最低为15周岁。以此年龄为起点的国家以斯堪的纳维亚半岛国家为主，挪威、瑞典、冰岛、丹麦、芬兰北欧五国均规定为此年龄。此外，还有少数欧洲国家和亚洲国家，如捷克、斯洛伐克、波兰、巴林、老挝、菲律宾等国。

六是刑事责任最低年龄为16周岁与18周岁。以这两个年龄为责任年龄起点的国家多为南美国家。最低年龄为16周岁的代表国家有罗马尼亚、葡萄牙、阿根廷、玻利维亚、古巴以及非洲的佛得角群岛等。而18周岁的代表国家有巴西、秘鲁、危地马拉、乌拉圭、智利等。

从以上不同年龄段的国家和地区分布来看，尽管各大洲的国家或地区在每一个年龄内都均有分布，看似杂乱，但仔细分析仍有一定的规律可循。总体感觉是，刑事责任年龄起点的确定在一定程度上与各地的政治、法律和文化传统有很大的关联性。例如，起点年龄为7~9周岁的国家，大多数是伊斯兰国家，而最低年龄为10~12周岁的国家和地区多是受英国法系的影响，在10周岁的国家或地区中，除英国外，其他国家或地区绝大多数都曾经是英属殖民地，如澳大利亚、新西兰、印度、南非；年龄起点为13周岁与14周岁的国家多受到大陆法系的影响，例如，年龄起点为13周岁的国家多受法国法系的影响，代表国家除法国外，其他国家则主要是一些曾经作为法国殖民地的非洲国家；年龄起点为14周岁的国家大多受到德国法律的影响，代表国家有德国、意大利、俄罗斯、日本、中国以及一些苏联的加盟共和国；而年龄起点为15周岁的国家也相对集中于北欧国家，在一定程度上体现了斯堪的纳维亚半岛的文化和法律传统。

---

〔1〕 参见张晓霞：《全球视角下刑事责任最低年龄实践中的困境》，载《预防青少年犯罪研究》2012年第3期。

〔2〕 Minimum Age of Criminal Respohsibility, Years, at March 2017, http://www. russellwebster. com/up-content/uploads/2017/03/age-of-criminal-responsibility. png.

(三)主要国家和地区的具体规定

1. 美国

美国尚未对刑事责任年龄设定全国性统一标准,而是交由各州自行确立。在美国,目前,仅有15个州明文规定了最低刑事责任年龄,年龄范围通常在6~12周岁之间,例如,内华达州为8周岁、路易斯安那州为10周岁、新泽西州为14周岁、得克萨斯州为15周岁、伊利诺伊和佐治亚州为13周岁。纽约州关于未成年人刑事责任年龄的规定较为复杂,对于不同等级的犯罪,刑法典规定了相应的刑事责任年龄,如一级谋杀罪为18周岁、二级谋杀罪为13周岁;一级非预谋杀、一级绑架、一级强奸、一级伤害、二级谋杀未遂罪等为14周岁,其余犯罪均为16周岁。至于其余尚无制定法规定最低刑事责任年龄的各州,一般是按照普通法的规定,7周岁为最低刑事责任年龄,7~14周岁推定缺乏刑事责任能力,14周岁以上为具有完全刑事责任能力,对于联邦罪行,最低刑事责任年龄则为10周岁。[1]

2. 日本

日本是近些年降低刑事责任年龄的国家之一。1949年1月正式施行的《日本少年法》第一章(总则)的第2条第1项规定:"本法所称少年是指未满20周岁的国民。"《日本少年法》的第二章(少年的保护事件)的第3条第1项规定,家庭裁判所少年部审判的是以下少年:(1)罪犯少年(14周岁以上,20周岁未满的未成年人);(2)14周岁以下触犯"刑罚、法令"的少年(触法少年);(3)根据少年的目前表现(并非属犯罪行为),但根据其性格和生活的环境,将来有可能犯罪的少年(虞犯少年,指14周岁以上未满20周岁的犯罪可能性高的未成年人)。[2]

但是,日本2007年修订的《少年法》(2007年11月实施,法务省政令第306号)将送往一部分少年院的少年年龄,从原来14周岁以上修改到大约12周岁以上。同时,《少年法》对"非行少年"规定了不同的保护处分:经过家庭裁判所的审判后,按照"行为事实"和"要保护性"两个重要的判断要素对少年分别采取以下三种保护处分:(1)"福利保护":以生活保护为目的,送往儿

〔1〕 蓝晓蓉:《域外未成年人刑事责任年龄制度》,载中国法院网,https://www.chinacourt.org/article/detail/2019/11/id/4621173.shtml,2020年11月8日访问。

〔2〕 俞建平:《日本〈少年法〉第18次修订的社会背景和目的》,载《青少年犯罪问题》2008年第3期。

童自立支援、儿童养护等设施;(2)"保护处分":以保护、教育为目的,送往各级少年院;少年出院后,不记载"前科";(3)"刑事处分":以矫正为目的(必须16周岁以上),强制改造送进少年刑务所。[1] 由此可以看出,日本关于刑事责任年龄的特殊性,虽然12周岁以下"非行少年"会送往少年院,但是,年满14周岁才承担一定刑事责任,直至20周岁才可承担完全刑事责任。

3. 德国

《德国刑法典》第19条规定:"行为时未满十四岁者,无罪责能力",14周岁以下的犯罪人在德国完全不会被处罚。对于尚未达到刑事责任年龄的少年,不进入刑事司法领域,而按照少年福利的相关规定处理,可以由少年法官命令采取和家事法院一样的措施,其主管机关是青少年局。依据德国《少年法院法》的规定,年满14周岁的少年原则上已到应负刑事责任的年龄。《少年法院法》第1条规定,年满14周岁、未满18周岁的少男少女被称为"少年"。但这并不是说,任何违法行为之后都会立即或自动追究他们的刑事责任,而是根据《少年法院法》第3条的规定,如果少年在行为当时,其道德和精神发展成熟到足以意识到行为的不法以及并根据这种意识去采取行动的程度,则应该认定少年具有刑事责任能力。[2] 同时,依据德国《少年法院法》第1条的规定,年满18周岁、未满21周岁的大龄少年属少年法庭管辖,如果应予追究刑事责任,通常都要像少年那样提交少年法庭审理,即对年满18~21周岁的成年人在犯罪时,对其所处的环境和个人情况进行综合考量,若其道德和心智发育程度在行为时与少年一样,且犯罪行为的动机、方式属于少年过错,则按照少年法规定处理,其主要原理在于甫成年人也有被教育的可能性。

德国少年刑事责任年龄曾经在12周岁和14周岁之间来回反复调整,目前14周岁的年龄界限已经维持了60多年,但却一直备受质疑,尤其是在12周岁和13周岁年龄人的严重犯罪激起公愤时。当前德国的少年刑法将教育理念作为最高准则,适用少年刑法的目的应当是为了防止重新犯罪,主要表现为将教育处分作为对少年人犯罪行为的反应规定到其中,只有在极端情

---

[1] 俞建平:《日本〈少年法〉第18次修订的社会背景和目的》,载《青少年犯罪问题》2008年第3期。

[2] [德]维尔纳·薄逸克:《德国少年刑法论纲》(在第三届中德刑法与犯罪学研讨会上的演讲),程捷译,载《青少年犯罪问题》2017年第2期;宋英辉、何挺、王贞会等:《未成年人刑事司法改革研究》,北京大学出版社2013年版,第240~245页;[德]安塞尔姆·里特尔·冯费尔巴哈:《德国刑法教科书》(第十四版),徐久生译,中国方正出版社2010年版。

况下,才会将少年刑罚作为真正的刑事处罚去应用(实际运用率不超过7%)。反对这种理念的声音在德国自20世纪末才有所增加,并且提出了各种希望严苛少年刑法的立法建议。到目前为止,立法者还是保持14周岁的规定,并拒绝了相关的改革。[1]

4. 巴西

巴西宪法正式规定了最低刑事责任年龄为18周岁。如果某人未满18周岁,则指称的犯罪行为将被视为违法,并且该人将受到"社会教育措施"的约束。如果超过12周岁,社会教育措施包括社区服务以及社会教育设施中的部分或全部机构化。如果未满12周岁,则可以将其安置在寄养家庭或与家人同住,除其他措施外,还包括心理陪伴和强制上课,这也适用于12周岁以上的儿童。[2] 但其他专家称,巴西刑事责任最低年龄应该是12周岁,在这点上可以适用刑事责任的惩罚,尤其是剥夺自由。[3]

5. 罗马尼亚

在罗马尼亚,《罗马尼亚社会主义共和国刑法典》第99条规定了最低刑事责任年龄,年龄在14周岁以下的未成年人不承担刑事责任;如年龄在14周岁至16周岁之间,只有当犯罪是在有辨别能力的情况下进行的才负刑事责任。[4] 通常是采取教育措施而不判刑,教育措施包括训诫、其行动自由分别由父母或监护人监督一年或拘禁在教养所或医疗教育机构。但是法院必须决定教育措施是否足以矫正少年犯。在任何情况下,如果判刑时,无论是徒刑或罚金,要比正常的幅度减轻三分之一,而且徒刑不得超过5年,不处附加刑。[5] 因此,如果未成年人在14周岁至16周岁之间犯罪,法官对每项犯罪进行辨别分析时,必须考虑少年犯的身体情况和道德品质,分析年龄限制下的辨别力,以及犯罪行为的社会危害程度,由此来确定该未成年人是否具有辨别能力。

6. 法国

在法国,刑事责任年龄的问题由以下规范性法律来规定:《法国刑法典》和2002年9月10日在《政府公报》上发布的2002－1138号法令和2002年

---

〔1〕 参见《少年刑事责任年龄的界限何在》,载北京市天铎律师事务所法学学术前言平台。

〔2〕 《巴西宪法》第288条;《儿童和青少年法》。

〔3〕 参见Cipriani:《儿童权利和最低刑罚刑事责任年龄:全球视角》,Ashgate,2009年,第94~97、192页。

〔4〕 参见《罗马尼亚社会主义共和国刑法典》,美国罗斯曼公司1976年版,英文版。

〔5〕 西蒙·玛丽·弗拉比斯库·克勒克纳:《〈罗马尼亚社会主义共和国刑法典〉概述》,载《环球法律评论》1979年第2期。

才进行修改和完成的第 45－174 节关于青少年犯罪的规定。[1]《法国刑法典》确立了对 13 周岁以下未成年人绝对不承担刑事责任的原则。13 周岁以上的未成年人才是真正的刑事犯罪的主体，13 周岁以下的惩罚教育不具有刑事处罚性，即 13 周岁及以下未成年人被判定违法，法国将要求他们遵循教育措施，相当于我国行政性的处罚。但是，无论对 10 周岁至 13 周岁的未成年人的惩罚还是对 13 周岁至 18 周岁的未成年人科处刑罚，都必须经过审判程序。

从 1945 年 2 月 2 日开始实行的第 45－174 节法令中，提出的儿童不承担刑事责任的推定，其性质是根据未成年人是否年满 13 周岁这一界限而变化的。儿童不承担刑事责任的推定，并不意味着儿童违法不究，而是意味着除非特殊情况，儿童一般不受刑罚处罚。儿童不承担刑事责任的推定，不是建立在衡量儿童判断是非能力大小的基础上的，而是建立在对儿童尽量采取教育措施而避免采取惩罚措施的基点之上的。1945 年 2 月 2 日颁布的法令第 28 条规定，对年满 16 周岁屡教不改、品质恶劣、对他人造成危害的儿童，如果采取保护、看管等措施，均无效时，儿童法庭则可以把他们列入 16 周岁至成年人年龄以下的人犯罪范畴，将他们送交依照 1945 年 2 月 2 日法令的第 2 条第 2 款指定的机构的分庭中去。

根据 1951 年 5 月 24 日再版的 1945 年 2 月 2 日颁布的法令第 2 条的规定，儿童法庭和未成年人重罪法庭可以根据具体情况决定对犯罪儿童采取保护、合法干涉、看管和教养等各种措施。[2] 1912 年 7 月 22 日，法国议会通过法律，创建少年法庭。长期以来，法国法律将未成年人分为三个年龄段：未满 13 周岁，不追究刑事责任；年满 13 周岁未满 16 周岁，可享受未成年减刑；年满 16 周岁未满 18 周岁，量刑时则不再考虑未成年因素。

7. 比利时

在比利时，适用于未成年人刑事责任年龄的规范包括两项法律：1965 年比利时《少年司法法案》(Juvenile Justice Act)和 2006 年 6 月 13 日关于未成年人保护的法律。根据比利时刑法规定，“未成年人”表示未满 18 周岁的人。依据《少年司法法案》第 37 条的规定，可以将未成年人送交少年法庭，

---

〔1〕 http://ledroitcriminel. free. fr，2019 年 7 月 11 日访问。

〔2〕 [法]居伊・雷蒙：《法国儿童的刑事责任与适用的惩罚》，李秀兰译，载《国外法学》1984 年第 2 期。

以采取预防和教育措施,不得对他们采取刑事制裁。但是,《少年司法法案》第38条规定,根据罪行的严重性,如果少年法院认为上述措施不足,则可以由普通法管辖区审判(年龄在16周岁至18周岁之间的未成年人)。因此,刑事责任年龄可以降低到16周岁。因此,比利时最低刑事责任年龄始于16周岁。在这个年龄段以下没有刑事责任能力,而在16周岁到18周岁之间则具有相对刑事责任能力。

8. 西班牙

西班牙关于未成年人的刑事法律规定主要是在2000年1月20日颁布的《5/2000法案》,该法案后被吸收进了1995年《西班牙刑法典》,作为第19条的内容,即对未成年人刑事责任的规定。[1]《西班牙刑法典》第19条规定,18周岁以下的未成年人不承担刑事责任。18周岁以下的未成年人实施犯罪行为的,按照法律中有关未成年人刑事责任的规定确定其责任。[2]根据《西班牙刑法典》第3条的规定,绝对负刑事责任年龄的起点为14周岁,因此,已满14周岁不满18周岁的未成年人应当负刑事责任。针对未满14周岁的儿童,必须遵守有关保护未成年人免受刑法侵害之规定。《5/2000法案》规定的未成年人的刑事责任模式是一个综合性的模式,该模式继承了1992年对旧的模式的改造态势,与《联合国儿童权利公约》的规定完全吻合,它首先承认不满18周岁的未成年人应当承担的刑事责任,第5条有关未成年人的刑事责任也适用于18周岁至21周岁之间犯有罪行的未成年人,当主审法官确定满足以下条件时:①在没有对人使用暴力或威慑的情况下,已犯下了较不严重的罪行,而没有危害人的生命或人身安全。②18周岁触犯的罪行将被定罪,先前对因疏忽而犯下的罪行的定罪将不予考虑。③违法者的个人情况及其成熟度建议适用该法律。根据新的模式,不满18周岁的未成年人不再是降低罪犯刑事责任的减轻处罚情节(不满18周岁的未成年人也需承担其应当承担的刑事责任),只是根据个人的犯罪事实决定是否对未成年人适用仅针对成年人的《西班牙刑法典》而已。[3]根据《5/2000法案》的规定,确立未成年人的刑事责任是未成年人接受教育、改造并复归社会的第一步,同时,让未成年人承担刑事责任能够促使未成年人认识其行为的性

---

〔1〕 杨永红:《西班牙关于未成年人的刑事法律原则》,载中国法院网,http://bjgy.chinacourt.gov.cn/article/detail/2011/10/id/883605.shtml,2019年11月9日访问。

〔2〕 Spanish Criminal Code, Art. 19.

〔3〕 Spanish Criminal Code, Art. 19.

质和社会对他们行为矫正的重要意义。

9. 意大利

《意大利刑法》第97条规定："行为时未满14周岁的未成年人，无责任能力。"第98条规定："行为时已满14周岁，尚未满18周岁而有辨别意思之能力者，为有责任能力人，但应减轻其刑。"如果所科处的监禁刑低于5年，或者科处的是财产刑，不适用有关的附加刑。如果所科处的刑罚较重，只适用于不超过5年的褫夺公职，并且在法律规定的情况下，适用停止行使父母权。[1] 在这种情况下，年龄在14周岁至18周岁之间的未成年人受普通法制度的约束，但只能给予他们较轻的刑罚。

10. 瑞士

关于刑事责任年龄，《瑞士刑法》规定了几类情形：(1)7周岁以下，确立绝对不承担刑事责任的原则；(2)7周岁至15周岁之间，在犯罪的情况下，第一项的处置可以适用《瑞士刑法》中标题为"儿童"的章节；(3)15周岁至18周岁，如果构成犯罪，则应适用《瑞士刑法》第11章"少年"的处分；(4)18周岁至25周岁之间，在这个年龄段，他们被认为是年轻人，其刑罚制度受到《瑞士刑法》第5条的约束。《瑞士刑法》规定，年龄不满7周岁的儿童不受本法调整；已满7周岁不满15周岁的儿童实施了本法规定的应受刑罚处罚的行为的，适用特别之规定；[2]已满15周岁不满18周岁的少年实施法律规定的应受刑罚处罚的行为的，适用有关之规定。儿童需要特殊之教养照料，尤其是难教育、无人管教或具有明显的危险性的，审判机关可命令教育帮助、安置于适当的家庭或者教养院，通过教养帮助，使得儿童得到适当的照料、教养和教育。

11. 英格兰和威尔士

1827年《未成年人罪犯法》是英格兰和威尔士第一部对少年区别对待的法律。该法规定，若盗窃罪的嫌疑人是未满12周岁，则只要本人同意，案发地治安法官可以即席判决，并处以较轻的刑罚。[3] 1861年《少年犯法》扩大适用至盗窃同伙和未满12周岁的少年犯，1866年该法的修正案进一步扩大适用至孤儿和父母入狱的儿童。1879年《即席审判法》规定，除故意杀人罪，

〔1〕 黄风：《最新意大利刑法典》，法律出版社2006年版，第78页。

〔2〕 《瑞士刑法》第82条。

〔3〕 华瑀欣：《英格兰和威尔士少年司法制度的发展》，载《中国刑事法杂志》2014年第5期。

所有未满12周岁儿童犯罪案件都必须即席审判。1908年《儿童法》规定了未成年人法院管辖已满7周岁未满18周岁的少年福利案件和少年犯罪案件,刑事法院审理刑事重案,包括谋杀、试图谋杀、普通杀人和故意伤害案,以及未成年人与成年人共犯案件。[1] 因此,苏格兰和威尔士早期刑事责任最低年龄是7周岁。1960年英格兰内政委员会将刑事责任年龄从8周岁至少提高至12周岁。[2] 受此影响,1963年《儿童与少年法》将刑事责任年龄提高至10周岁。1991年《刑事司法法》通过设立少年法院进一步完善少年司法制度。该法将少年案件年龄上限从17周岁提高到18周岁;注重社区矫治令,其适用年龄上限也从16周岁提高到18周岁。[3] 1993年,由于两个年仅10周岁男孩犯下杀害幼童的罪行,1992年《刑事司法和公共秩序法》将重罪适用羁押的年龄下限从12周岁降低到10周岁,最长羁押期从12个月延长至22个月,且适用年龄从15周岁提高到18周岁。[4] 英格兰和威尔士被认为是全欧洲少年司法最严格的地区。在英格兰和威尔士,目前,刑事责任年龄严格确定为10周岁,审判阶段的少年包括已满10周岁未满14周岁的儿童与已满14周岁未满18周岁的青少年。[5]

12. 芬兰

在芬兰,《芬兰刑法典》第三章第一节规定的刑事责任年龄为15周岁。犯罪人犯罪时低于这一年龄不受法庭审判;依照1983年《儿童福利法令》,案件应由地区性社会福利和儿童福利机构处理。犯罪人犯罪时年龄在15周岁至21周岁之间,适用1940年《少年犯法》。对少年犯和成年罪犯判决的主要区别在于犯罪人犯罪时年龄在15周岁至18周岁之间的,应大幅度减轻刑罚。如《附加刑令》规定除有特别加重情节,18周岁以下犯罪人不得被判处监禁。[6] 儿童最大利益保护是芬兰儿童保护法的基本精神。芬兰立法中没有少年刑法和少年法院法之类的法律文件,1936年《芬兰儿童福利保护法》确定了对于儿童犯罪不能依靠刑事司法管辖,而是对少年儿童采取特别保护措施,其主导思想就体现出为了少年需要的理念。目前,有关少年犯罪

---

〔1〕 华瑀欣:《英格兰和威尔士少年司法制度的发展》,载《中国刑事法杂志》2014年第5期。

〔2〕 See Home Office Committee on Children and Young Persons Report, 1960.

〔3〕 The Children and Young Persons Act(CYPA) 1933, s. 53.

〔4〕 Goldson B. and Muncie J., *Youth Crime and Justice: Critical Issues*, London: Sage Publication, 2006.

〔5〕 1991年《刑事司法法》第68条将青少年的年龄上限从17周岁提高到18周岁,并相应修改了之前的多部法律。

〔6〕 关福金:《芬兰的刑事司法制度》,载《人民检察》1998年第11期。

的立法正在随着判决的扩大经历根本的变化。在触法少年管辖问题上,“刑事法院只对15周岁以上(含本数)的少年犯罪案件有管辖权。而儿童福利机构管辖15周岁以下的少年触法的案件;15周岁至17周岁的少年触法者既可在刑事法院系统处理,又可在儿童福利系统处理;刑事法院对18周岁至20周岁的少年触法者享有完全的管辖权,法院可以对其适用刑事特别程序,并可能被送到少年监狱”。由此可见,在芬兰的法律规定中,责任年龄是少年接受不同处遇的分水岭,因为18周岁以下的少年触法的案件即使适用刑事程序也与18周岁以上的少年在适用刑事诉讼程序中略有不同,并且18周岁以下的少年更多是根据儿童福利法中规定的照管措施进行保护处理。[1]

13. 荷兰

在荷兰,最低刑事责任年龄为12周岁。刑事司法和少年保护委员会认为,12周岁以下的儿童年龄太小,无法对违法行为负责,因此,对刑事责任的最低年龄进行了研究,并建议将最低刑事责任年龄提高到至少14周岁。委员会的结论基于以下三方面主要理由:一是根据《儿童权利公约》,包括荷兰在内的缔约国有法律义务确定最低年龄“低于此年龄,应假定儿童没有能力违反刑法”。联合国儿童权利委员会建议,最低年龄至少应为12周岁,但最好更高(参见《儿童权利公约》第10号一般性意见,第11段)。二是青少年只有具备胜任能力并有能力把握自己的行动后果,才有资格受到刑事起诉。从发展的角度来看,年轻人行为的罪魁祸首取决于大脑的发育和相关功能的发展,如评估后果的能力。关于儿童发育的科学见解表明,应优先考虑较高的年龄限制,尽管仍然难以确定确切的年龄限制。三是最低年龄应反映年轻人了解刑事诉讼过程中发生的事情以及涉及利益的年龄。参与刑事诉讼程序的个别少年至少应了解他们在这些诉讼程序中的期望。换句话说,他们必须能够在刑事司法程序中有效参与。理事会得出的结论是,只有年满14周岁的年轻人才被认为有能力理解刑事司法程序的含义。基于以上理由,委员会建议将刑事责任的最低年龄从12周岁提高到至少14周岁。

14. 伊朗

《伊斯兰刑法》使用民法中的未成年年龄定义来确定男孩和女孩的刑事

[1] 康树华、施琦:《青少年立法与少年司法制度的发展趋势》,载《青少年犯罪问题》2012年第6期。

责任年龄。新《伊斯兰教惩罚法》于 2013 年 6 月生效,并废除了《伊斯兰刑法》中规定的最低刑事责任年龄。

《伊斯兰教惩罚法》新法案第 88 条至第 95 条第 2 部分(惩罚)的第十章(针对儿童和青少年的惩罚与安全和惩戒措施)首次定义了"刑事责任年龄"。新法案第 147 条明确规定了男孩和女孩的最低刑事责任年龄,男孩 15 周岁,女孩 9 周岁。[1] 因此,对男孩和女孩的刑事责任年龄之间的区别仍然存在。而且,根据新法案第 146 条,"最低刑事责任年龄以下的任何人都免于承担刑事责任"。[2]

三、国际社会关于未成年人刑事责任年龄的改革趋势

当今世界各国(地区)刑事责任最低年龄限制改革的趋势不尽相同,有些国家或地区提高了年龄限制(如美国一些州提高刑事责任年龄),有些国家或地区降低了年龄限制(如英格兰和波士顿)。[3] 没有一个国际文件规定了所有国家(地区)都应该规定的确切年龄限制,但只规定了设定年龄的边界。

(一)传统普通法关于刑事责任年龄的立场变迁

传统普通法确定了两个年龄层的刑事责任,即绝对刑事责任年龄和相对刑事责任年龄。直到 20 世纪末和 21 世纪初,许多普通法管辖区开始改革少年司法的方法,并提高了刑事责任的年龄。虽然某些司法管辖区仍然保持传统的最低刑事责任年龄为 7 周岁(印度、马来西亚和新加坡),但是,对于那些已经提高了该年龄水平的司法管辖区,通常会选择 10 周岁为最低刑事责任年龄的国家有新西兰、南非,地区有英格兰和威尔士、所有澳大利亚辖区、中国香港地区。

随着时间推移和代际递嬗,普通法系国家及地区在未成年人刑事责任年龄确定上有所变化。以 7 周岁及 14 周岁界定未成年人刑事责任这一分

---

[1] Mohammad Nayyer, *Age of Criminal Responsibility under Iranian Law*, http://insightiran. org/publications/.

[2] Mohammad Nayyer, *Age of Criminal Responsibility under Iranian Law*, http://insightiran. org/publications/.

[3] Anna Piil Damm, Britt stergaard Larsen, Helena Skyt Nielsen and Marianne Simonsen Lowering: *The Minimum Age of Criminal Responsibility: Consequences for Juvenile Crime and Education*, Handle: RePEc: aah: aarhec: 2017 - 10.

类在英国本土及其前殖民地已有所突破。如英格兰、威尔士及北爱尔兰依据《1933年儿童和青少年法》[1]将刑事责任年龄从7周岁提升至8周岁;根据《1998年犯罪和扰乱秩序法》,刑事责任年龄下限调整为10周岁,这实际上体现了对未成年人的轻刑化趋向。苏格兰亦于2011年将这一年龄从8周岁提高至12周岁,从12周岁到16周岁,只有在辩护人的允许下,才能起诉儿童。爱尔兰采取不同寻常的立场,规定除了某些罪行(谋杀、误杀、强奸或者严重性侵犯)以外,通常不能起诉12周岁以下的儿童,而且在起诉14周岁以下的孩子之前,需要获得公诉机构的许可。拉美国家少年司法立法改革方兴正艾,巴西、哥伦比亚、墨西哥、乌拉圭、厄瓜多尔和秘鲁等国已将刑事责任年龄提升至18周岁,12~18周岁未成年人将被处于少年司法管辖之内。

近几十年来,各个司法管辖区对传统普通法关于刑事责任年龄的立场发生了变化,虽然有各种各样对刑事责任年龄处理方式,但总的来说呈现提高最低刑事责任年龄的发展趋势。[2]

(二)联合国关于刑事责任年龄改革的关切

《联合国儿童权利公约》呼吁各国确定“不得超过假定的儿童不具备违反刑法的能力的最低年龄”,但没有规定年龄本身。《联合国少年司法最低限度标准规则》(《北京规则》)规则4.1进一步指出:“在承认少年负刑事责任的年龄这一概念的法律制度中,该年龄的起点不应规定得太低,应考虑到情绪和心智成熟的实际情况。”该规则的说明指出,“由于历史和文化的原因,负刑事责任的最小年龄差别很大。现代的做法是考虑一个儿童是否能达到负刑事责任的精神和心理要求,即根据孩子本人的辨别和理解能力来决定其是否能对本质上反社会的行为负责。如果将刑事责任的年龄规定得太低或根本没有年龄限度的下限,那么责任概念就会失去意义。总之,不法行为或犯罪行为的责任概念与其他社会权利和责任(如婚姻状况、法定成年等)密切有关”。

尽管《儿童权利公约》没有规定可接受的最低年龄水平,但联合国儿童

---

〔1〕 The Children and Young Persons, Act(CYPA) 1933.

〔2〕 Thomas Crofts, *The Criminal Responsibility of Children and Young Persons: A Comparison of English and German Law*, Ashgate Publishing Company 2002, p. 29.

权利委员会一直对10周岁或10周岁以下的年龄水平表示关注。正如同前文提到的《少年司法中的儿童权利》提出了有关最低年龄的建议:“低于12周岁的最低刑事责任年龄不是国际上可接受的水平。”并且建议“缔约国不能以例外的方式采用更低的刑事责任年龄的做法”。此外,联合国还对部分国家的实际情况予以了关切并提出了建议,例如,就英格兰和威尔士而言,联合国委员会指出了其特别的不安感,即其可以将儿童带入刑事司法系统的年龄较低以及废除了对无能力犯罪的推定。它反复呼吁英格兰和威尔士“大幅提高刑事责任的最低年龄”。联合国委员会还指出,它认为澳大利亚的10周岁年龄过低,并一再建议澳大利亚“考虑将刑事责任的最低年龄提高到10周岁”。同样,当南非起草立法建议将最低年龄从7周岁提高到10周岁时,联合国委员会评论说:“仍然感到关切的是,最低法定年龄10周岁仍然是承担刑事责任的相对较低年龄。”

从历史发展的视角来看,当与刑事司法并行的少年司法缺失、缺位时,贸然降低未成年人刑事责任年龄只不过是饮鸩止渴罢了。在2007年出台的《少年司法中的儿童权利》主张,在涉及少年司法语境时,儿童最佳利益原则应当是决策之主要考量标准。联合国儿童权利委员会认为,儿童与成年人不尽相同的生理及精神发展情况,以及情绪与教育需求,都是减轻触法少年刑事责任的基础。但需要注意的是,该委员会并非凭空建议应无条件降低未成年人刑事责任年龄,而是倡导必须有与刑事司法体系并行的少年司法体系。唯有如此,才可能切实地实现传统刑事司法中诸如报应刑等主要理念必须让位于少年司法的更生重建与恢复性司法理念。与此同时,联合国儿童权利委员会亦提醒当少年司法革新时,仍必须注意维护有效的公共安全。联合国儿童权利委员会认为低于12周岁的最低刑事责任年龄不能作为国际标准,鼓励《儿童权利公约》各缔约国应将各自刑事责任年龄提高至12周岁,并逐步提升至更高一点的年龄临界点。同时,联合国儿童权利委员会督促各缔约国不得将刑事责任年龄降至12周岁以下,主张14周岁或16周岁比较有益于少年司法体系,这样可以向未成年人提供人权及法律保护。

附件：

域外未成年人刑事责任年龄一览

区域	序号	国家（地区）	最低刑事责任年龄（周岁）法定/实际	相关规定
欧洲	1	爱尔兰	10	通常12周岁以下的人不承担任何刑事犯罪的责任，但是10周岁或11周岁的儿童可能对谋杀，过失杀人，强奸或者根据1990年《刑法（强奸）（修正案）》第4条下的强奸或恶意性侵犯负有刑事责任（《刑法典》第4条）。如果未满14周岁的儿童被指控犯有刑事罪，未经公共检察官同意，不得提起进一步诉讼［2001年《儿童法》第52（1）和（2）条；爱尔兰公民信息］
	2	瑞 士	10	10周岁以下实施犯罪行为不承担刑事责任［《联邦未成年人承担刑事责任条件法》第3条第（1）款，2003年］
	3	英格兰和威尔士	10	最低刑事责任年龄为10周岁（《1933年儿童和青少年法》第50条）
	4	北爱尔兰	10	10周岁［《1998年刑事司法（儿童）（北爱尔兰）令》第3条］
	5	荷 兰	12	儿童可能因12周岁以下的罪行而应承担刑事责任（《刑事诉讼法》第486条）
	6	安道尔	12	12周岁以下的实施刑事犯罪不承担责任（《1999年少年司法资格法》第3条）
	7	比利时	12	从12周岁起，儿童可被判刑事责任
	8	匈牙利	12	14周岁实施犯罪要承担刑事责任，12周岁以下犯杀人、自愿过失、殴打、抢劫和掠夺的任何罪行，只要儿童有能力了解其的举动性质或后果的能力，其就可以承担刑事责任（《刑法典》第16条）
	9	圣马力诺	12	任何未满12周岁的人都不得被指控犯有刑事罪行（《刑法典》第10条）

续表

区域	序号	国家(地区)	最低刑事责任年龄(周岁)法定/实际	相关规定
欧洲	10	土耳其	12	在所指控的罪行发生之日,任何12周岁以下的儿童均不得追究刑事责任。涉嫌犯罪的年龄在12周岁至14周岁(含14周岁)之间的任何儿童,如果没有"具有感知犯罪的法律含义和后果,或控制其行为的能力",不被追究刑事责任[《刑法典》第31条第(1)款和第(2)款]
	11	苏格兰	12	没有任何8周岁以下的儿童可被判犯有任何刑事罪行,但12周岁以下的任何人都不会因犯罪而受到起诉,而12周岁以上的人也可能不会因未满12周岁犯罪而受到起诉[《刑事诉讼程序(苏格兰)法》,第41和41A(1)-(2)条]。 最低起诉年龄与最低刑事责任年龄之间的差距意味着,虽然可能不会提起诉讼,但在8周岁至12周岁犯下的刑事罪行可能会列入儿童的犯罪记录中。截至2013年7月,苏格兰政府表示"将(考虑)要求提高最低刑事责任年龄"《苏格兰先驱报》:"令人沮丧的是,改革未能停止儿童的犯罪记录"2013年7月1日
	12	法国	13	未满18周岁的"能够理解自己在做什么"的人应对其被判有罪的重罪、轻罪或轻微犯罪承担刑事责任,并可能依据具体立法规定的条件受到保护、援助、监督和教育的措施。对于儿童承担刑事责任没有绝对的最低年龄,但通常认为儿童在8周岁至10周岁有"判断能力"。13周岁至18周岁的儿童可被判刑,包括监禁,而16周岁至18周岁的儿童在某些情况下可判成年徒刑(《法国刑法典》第122-8条;外交和欧洲事务部,《法国少年司法》2008年5月)
	13	摩纳哥	13	未满13周岁实施犯罪行为不负刑事责任(CRC/C/28/Add. 15,2000年7月17日,第37段)
	14	德国	14	刑法典规定,在涉嫌犯罪时未满14周岁的任何人都不得追究刑事责任(《德国刑法典》第19条);《青少年法院法》规定,在犯罪时,年龄在14周岁至18周岁之间的儿童已经成熟到足以看出该行为的不公正性并据此行事了,就可能承担刑事责任(《青少年法院法》第1条和第3条)

续表

区域	序号	国家（地区）	最低刑事责任年龄（周岁）法定/实际	相关规定
欧洲	15	阿尔巴尼亚	14	14 周岁以下不负刑事责任，14 周岁以上对刑法规定的特定犯罪负刑事责任，16 周岁负完全刑事责任（《阿尔巴尼亚共和国刑法典》第 12 条）
	16	亚美尼亚	14	16 周岁或 16 周岁以上的人对所有罪行承担刑事责任，而 14 周岁或 14 周岁以上的未成年人要对某些特定罪行承担刑事责任［《亚美尼亚共和国刑法典》第 24(1)和(2)条］
	17	奥地利	14	犯罪时未满 14 周岁的任何人都不负刑事责任。如果年龄不满 14 周岁或 15 周岁的人的行为不严重，并且没有必要采取少年司法措施以防止年轻人犯罪，则不得受到刑事处罚［《青年法院法》第 1(1)－(2)和 4(2)条］
	18	爱沙尼亚	14	犯罪时未满 14 周岁的儿童不承担刑事责任。但是，7 周岁或 7 周岁以上的儿童犯下非法行为可能会受到《少年制裁法》的制裁，包括将其送往“年轻犯罪者的机构”［《爱沙尼亚刑法典》第 33 条；《1998 年少年制裁法》第 2 和 3(9)条］
	19	阿塞拜疆	14	16 周岁或 16 周岁以上未成年人对所有罪行承担刑事责任，而 14 周岁或 14 周岁以上的儿童对某些特定罪行承担刑事责任。行政委员会可考虑所有 14 周岁以下儿童的案件，并采取纪律措施，包括在“特殊教养学校”内拘留［《阿塞拜疆刑法典》第 20(1)和(2)条］
	20	白俄罗斯	14	16 周岁以下儿童应被追究所有犯罪的刑事责任，以及 14 周岁以后的大量专门提到的犯罪。尽管通常适用较低刑事责任年龄的犯罪在本质上是暴力的，但诸如流氓行为和盗窃也包括在内（《白俄罗斯共和国刑法典》第 27 条）
	21	格鲁吉亚	14	在涉嫌犯罪时，未满 14 周岁的任何人都不得追究刑事责任（《格鲁吉亚共和国刑法》第 80 条第 1 款）。国家在 2008 年将最低年龄降低到 12 周岁，但此后又将其恢复为 14 周岁

续表

区域	序号	国家(地区)	最低刑事责任年龄(周岁)法定/实际	相关规定
欧洲	22	波黑	14	犯罪时未满14周岁的人不承担刑事责任(《刑法典》第8条)
	23	保加利亚	14	14周岁以下的人不能承担刑事责任,但如果他们犯了社会危险行为,则可能要接受教育措施。只有年龄在14周岁到18周岁之间的人能够理解该行为的性质和含义并管理其行为,才能承担刑事责任[《保加利亚刑法典》第31(2)和32(1)-(2)条]
	24	克罗地亚	14	14周岁以下任何人都不得因所犯的罪行而受到审判,任何涉及该年龄以下人员的案件都必须由社会福利中心处理(《少年法院法》第44条;《克罗地亚共和国刑法典》第10条)
	25	塞浦路斯	14	14周岁以下的儿童不承担刑事责任[《塞浦路斯刑法(修正案)第18(Ⅰ)/2006号》]
	26	意大利	14	14周岁以下的儿童不应对任何罪行承担刑事责任,而14周岁至17周岁(含15周岁)的人仅在被认为能够针对特定罪行构成必要的犯罪意图的情况下才负刑事责任(《意大利刑法典》第97条和第98条)
	27	拉脱维亚	14	对于14周岁以下实施的犯罪行为,不得追究其刑事责任(《拉脱维亚刑法典》第11条)
	28	列支敦士登	14	犯罪时未满14周岁的人不承担刑事责任[1998年《少年法庭法(少年法院法)》第2(1)和(2)条]
	29	立陶宛	14	通常,只有年满16周岁时才对犯罪或轻罪负责。14周岁或以上的人可被判犯《刑法》第13条第2款所指的若干具体罪行。这些罪行包括:谋杀;严重损害健康;强奸;性骚扰;盗窃;抢劫;勒索财产;财产的破坏或损害;没收枪支、弹药或爆炸物;盗窃、诈骗或其他非法缉获的麻醉品或精神药物;损坏车辆或道路及其设施[《立陶宛刑法典》第13(1)和(2)条]

续表

区域	序号	国家（地区）	最低刑事责任年龄（周岁）法定/实际	相关规定
欧洲	30	马其顿	14	14周岁以下犯罪时，不能施加刑事制裁（《马其顿共和国刑法典》第71条）
	31	马耳他	14	14周岁以下的儿童不承担刑事责任［2014年修订的《马其他刑事法典》第35(1)条］
	32	摩尔多瓦	14	16周岁对所有犯罪负刑事责任，14周岁对某些特定犯罪的刑事责任（《摩尔多瓦刑法》第21条第1款和第2款）
	33	黑山	14	14周岁以下的任何人都不会因犯刑事罪而受到刑事制裁（《黑山刑法典》第80条）
	34	俄罗斯	14	16周岁对所有罪行负刑事责任。对于14周岁及以上的人，可能会对《刑法》第20条第2款中具体列出的若干罪行承担刑事责任［《俄罗斯联邦刑法典》第20(1)和(2)条］
	35	塞尔维亚	14	未满14周岁人实施的罪行不负刑事责任［《少年犯和少年犯罪保护法》，第2条；《塞尔维亚共和国刑法典》第4(3)条］
	36	斯洛伐克	14	14周岁以下的任何人犯了本应构成犯罪的行为，则不承担刑事责任。如果未满15周岁，任何人都不得被追究性虐待的刑事责任［《斯洛伐克共和国刑法典》第22(1)和(2)条］
	37	斯洛文尼亚	14	14周岁以下的儿童不能判刑。但是，未满14周岁的儿童有刑事责任，可与有违法行为的年龄较大的儿童一样在少年机构中服刑［《斯洛文尼亚共和国刑法典》第71条；Filipcic, Katja:《斯洛文尼亚:处理斯洛文尼亚的少年犯罪》，载《刑法国际评论》（国际刑法杂志第493卷，第493页，2004年）］

续表

区域	序号	国家(地区)	最低刑事责任年龄(周岁)法定/实际	相关规定
欧洲	38	西班牙	14	对于14周岁以下的行为,任何孩子都不得被追究刑事责任,但是,年幼的孩子如果实施其他原本属于犯罪的行为,则可以采取保护措施[《关于未成年人的刑事责任的1月12日第5/2000号有机法》第1(1)和3条][Organic Law 5/2000 of 12 January, on the criminal responsibility of minors, Articles1(1)and 3]
	39	乌克兰	14	通常,所有人从16周岁开始犯刑事罪行,都可能被追究刑事责任。从14周岁起,犯下了许多具体列出的罪行的人应被追究刑事责任。这些罪行本质上是暴力行为,但也包括某些财产犯罪[《乌克兰刑法典》第22(1)和(2)条]
	40	捷克	15	在被指控犯罪时未满15周岁的任何人均不承担刑事责任(《捷克刑法典》第11条)
	41	丹麦	15	没有人可对15周岁以下的行为承担刑事责任(《丹麦刑事法典》第15条)。该年龄在2010年7月降至14周岁,但随后在2012年3月提高至15周岁
	42	芬兰	15	15周岁以下的儿童不应对任何犯罪承担刑事责任。《儿童福利法》规定了可适用于15周岁以下儿童的措施。法院有权放弃对未满18周岁的人所犯的罪行的惩罚,其中"该行为被认为是他/她的思想弱或轻率的结果,而不是他/她不受禁止和命令的影响"[《芬兰刑法典》第三章第4条(1);第六章第12条]
	43	希腊	15	8周岁至13周岁的儿童不能因犯罪而承担刑事责任,并且仅因犯下对老年人的刑事罪行而应受教育或治疗。犯罪时,年龄13周岁至15周岁的儿童仅可采取改良或治疗措施,年龄15周岁至18周岁的儿童可被判处包括剥夺自由在内的刑罚(《希腊刑法典》第126条和第127条)
	44	冰岛	15	任何人都不得因15周岁以下的犯罪而受到惩罚(《冰岛刑法典》第14条)

续表

区域	序号	国家（地区）	最低刑事责任年龄（周岁）法定/实际	相关规定
欧洲	45	挪威	15	任何人都不得因15周岁以下的犯罪而受到惩罚（《普通民事刑法典》第46条）(General Civil Penal Code, Section 46)
	46	波兰	15	任何17周岁或以上的人都可能因《波兰刑法典》下的刑事犯罪受到审判。15周岁实施了《波兰刑法典》第10条第2款所列犯罪应接受审判(《波兰刑法典》第10条)
	47	瑞典	15	任何人都不得因15周岁以下的犯罪而受到刑事制裁(《瑞典刑法典》第一章,第6条)
	48	卢森堡	16	《儿童保护法》(Loo du 10Août,1992年,《少年保护法》的相对条款)规定,未成年人通常必须由青年法院处理,所采取的措施旨在保护、照顾、治疗和教育(1992年10月10日《关于保护青少年的亲戚的保护》第1条和第2条)。 但是,儿童可以被引导到成人法院,并从16周岁开始受到成人的惩罚。此外,青年法院的权力在某些情况下具有刑事或教养性质,包括普遍剥夺自由和单独监禁10天。这些措施没有年龄下限(1992年10月10日,关于青少年保护的相对条款,第32条和Cipriani撰写的《儿童权利和最低刑罚刑事责任年龄:全球视角》,Ashgate,2009年,第212页)
	49	葡萄牙	16	16周岁以下的人不承担刑事责任。根据《监护和教育法》,年龄在12周岁至16周岁之间的人可能会受到处罚,该法允许将儿童拘留在封闭的教育中心内[《葡萄牙刑法典》第19条;《1999年雷图特拉尔教育法》(《监护和教育法》)第1条和第4条]

续表

区域	序号	国家(地区)	最低刑事责任年龄(周岁)法定/实际	相关规定
亚洲	50	文莱	7	《伊斯兰教徒刑法令》的最初规定于2014年5月1日生效。该法如果得到充分执行,将对儿童罪犯的量刑条款进行大幅度修改,包括对儿童犯下对伊斯兰教徒的罪行实行死刑、截肢、鞭打。在撰写本文时,只有针对伊斯兰教法罪行处以监禁和罚款的规定才生效。文莱、苏丹于2014年4月宣布,其余条款将在未来3年内逐步实施(BBC:《文莱引入了严厉的伊斯兰刑法》,2014年4月30日)。 为了阐明根据新法规将要生效的潜在更改,下面分别讨论了这些改革。CRIN针对文莱的不人道徒刑运动报告提供了有关变更的更多信息(文莱达鲁萨兰国人权研究所:《对儿童的不人道宣判》,2014年5月1日)。 对于7周岁以下的犯罪行为,没有人可追究刑事责任。7周岁以上但12周岁以下的儿童只有在犯罪时具备足够的理解能力以判断其行为的性质和后果时,才能承担刑事责任(《刑法》)。 《伊斯兰刑法》 如果没有鉴别实施的能力,则任何儿童都不得被追究刑事责任(《伊斯兰教法典》第12条)。有鉴别能力但尚未达到青春期(不是baligh)的孩子,不能判处hadda或齐萨斯惩罚(《伊斯兰刑法》第13条)
	51	印度	7	7周岁的任何人都不得被追究刑事责任(《印度刑法典》第82条),12周岁以下如果在"不具备完全理解能力"下实施的行为,则不承担刑事责任。当儿童未达到足够的理解能力来判断其行为的性质和后果时,将被视为具有"不具备完成理解能力"。[《印度刑法典》(1860年),第83条]

续表

区域	序号	国家(地区)	最低刑事责任年龄(周岁)法定/实际	相关规定
亚洲	52	约 旦	7	约旦报告说,从7周岁起就可以对儿童追究刑事责任[《少年法》,1968年第24号法律,第36条。根据约旦向联合国儿童权利委员会(CRC/C)提交的第三次定期报告/JOR/3,2006年3月2日,第53段]。2014年7月,约旦议会下议院通过了一项少年法草案,该草案将刑事责任的最低年龄提高到12周岁,尽管在本报告定稿之时,该修正草案尚未生效(国际刑法改革组织:《约旦向恢复性司法迈进,并为儿童采用非拘禁替代品》,2014年7月9日)
	53	科威特	7	7周岁以下的人不得追究刑事责任(《少年法》,第6条)。7周岁至15周岁的儿童犯下非法行为,可能会受到《少年法》的处罚,包括拘留在一个机构中(1983年第3号《少年法》,第6条)
	54	黎巴嫩	7	7周岁以下的儿童不承担刑事责任(2002年第422号法律:《关于与法律冲突或有危险的少年的保护》第3条)
	55	缅 甸	7	7周岁以下的犯罪行为,不得追究任何人的刑事责任。7周岁至12周岁的儿童仅在“已充分了解其行为的本质和后果的判断力”的情况下才负有刑事责任[《儿童法》第28(a)和(b)条]

续表

区域	序号	国家(地区)	最低刑事责任年龄(周岁)法定/实际	相关规定
亚洲	56	巴基斯坦	7	根据《巴基斯坦刑法典》,对于7周岁以下的罪行,任何人都不得被追究刑事责任。7周岁以上和12周岁以下的儿童只能根据《巴基斯坦刑法典》予以惩罚,前提是他们"已经足够了解,可以判断其行为的性质和后果"(《刑法典》第82条和第83条)。 然而,根据《Hudood条例》,儿童在进入青春期时应受到惩罚。其他法律没有规定最低年龄。《少年司法制度条例》(JJSO)将儿童定义为犯罪时未满18周岁的儿童。 [1979年《自纳罪行(强制执行Hudood)条例》第2(a)条;1979年《Qazf罪行(执行Hadd)条例》第2(a)条;1979年《禁止(执行哈德法令)令》第2(a)条;1979年《侵害财产罪(执行Hudood)条例》第2(a)条。最高法院裁定,对于女性来说,青春期是月经的开始(Farrukj Ikram诉国家,PLD 1987 SC 5),男性开始分泌精液时就开始月经(Abdul Jabbar诉国家,PLD 1991 SC 172)。1901年《边境犯罪条例》;少年司法制度条例,第2(b)条]
	57	卡塔尔	7	7周岁以下的儿童不承担刑事责任(2004年第Ⅱ号法律,《卡塔尔刑法》第53条)
	58	沙特阿拉伯	7	据报道,刑事责任的最低年龄已从7周岁提高到12周岁,但报告不一致,这种提高不适用于女童或在qisas案件中。《拘留条例》和《1975年少年居家条例》将未成年人定义为年龄低于18周岁的少年。针对少年法庭,法律规定必须"根据相关法律和法规"对少年进行审判,但是,法律并没有要求在少年司法系统中审判所有儿童罪犯或要求法官对少年犯进行审判。根据犯罪时孩子的年龄做出决定。关于何时成人可以审判儿童的司法观点千差万别,而且往往基于儿童的身体发育(《刑事诉讼法》第13条;Cipriani:《儿童权利与刑事责任最低年龄:全球视野》,Ashgate,2009年;人权观察:《成年之前的成年人:沙特阿拉伯刑事司法系统中的儿童》,第13页)

续表

区域	序号	国家（地区）	最低刑事责任年龄（周岁）法定/实际	相关规定
亚洲	59	新加坡	7	7 周岁以下的儿童可被追究刑事责任。年龄大于 7 周岁但小于 12 周岁的儿童，除非他们“已经足够成熟的理解能力来判断其行为的性质和后果，否则不承担刑事责任”（《新加坡共和国刑法典》第 82 条和第 83 条）
	60	泰国	7	对于 7 周岁以下的犯罪，任何人都不得追究其刑事责任。年龄大于 7 周岁但小于 14 周岁的孩子不能受到“惩罚”，但是，可能会受到许多刑期，包括拘留在学校或培训和指导地点[《泰国刑法典》第 73 和 74（1）－（5）条]
	61	阿联酋	7	刑法规定的最低刑事责任年龄为 7 周岁。根据伊斯兰教法，儿童通常在青春期开始时就应对伊斯兰教法惩罚负责。阿联酋被认为是与伊斯兰教法规则的主要渊源的伊斯兰法学传统有所不同，在阿联酋，这反映出人们对伊斯兰刑罚负有责任的年龄之间的差异[《少年犯罪和流离失所者法》第 7 条；《阿联酋刑法典》第 62 条；Cipriani：《儿童权利和最低刑罚刑事责任年龄：全球视角》，Ashgate，2009 年；Al-Muahairi，B. S. B. A.：《阿联酋的法律伊斯兰化：刑法案例》，载《阿拉伯法律季刊》1996 年第 11（4）期，第 350～371 页]
	62	也门	7	7 周岁以下的行为不会被追究刑事责任（共和国法令，1994 年第 12 号法《关于犯罪和刑罚》第 31 条）
	63	伊拉克	9	9 周岁以下儿童犯罪可追究刑事责任[1983 年第 76 号《少年福利法》第 47（1）和 108 条]
	64	孟加拉国	9	对于在 9 周岁以下的犯罪行为，任何人都不得追究其刑事责任（《孟加拉国刑法》第 83 条）
	65	阿曼	9	9 周岁以下的任何人都不会受到刑事处罚。如果未确定嫌疑人的年龄，“应由法官评估”（《阿曼刑法典》第 104 条）

续表

区域	序号	国家(地区)	最低刑事责任年龄(周岁)法定/实际	相关规定
亚洲	66	马来西亚	10	马来西亚实行世俗和伊斯兰法律双重制度,根据适用法律的不同部分,导致了不同的最低责任年龄。 根据《刑法》,一个人从10周岁起就可能被追究刑事责任(《马来西亚刑法典》第82条;另请参见《儿童法》第2条)。 根据《1997年伊斯兰教法刑事罪行(联邦领土)法》,穆斯林儿童可从青春期开始就负有刑事责任[《1997年伊斯兰教法刑事罪行(联邦领土)法》第2条和第51条]。 可以起诉《内部安全法》所规定的罪行,不论其年龄如何[《1975年基本(安全案件)条例》第3条]
	67	尼泊尔	10	《儿童法》规定,犯罪时未满10周岁的儿童均不得因犯罪行为受到惩罚。10周岁至13周岁(含10周岁)的儿童,只有在受到最高罚金的情况下才能被警告[《儿童法》第11(1)和(2)条]
	68	不丹	10	任何10周岁以下的儿童均不得被追究刑事责任(2004年《不丹刑法》第114条)
	69	叙利亚	10	涉嫌犯罪时,未满10周岁的儿童不承担刑事责任[《1974年少年法》第10条(由2003年第52号法令修订)]
	70	印度尼西亚	12	从8周岁起,人们可能对其行为负刑事责任(参见印度尼西亚提交联合国儿童权利委员会的第三次和第四次定期报告,CRC/C/IND/3-4,2012年10月31日,第165段)。但是,有关少年司法的新法律于2014年生效,将最低审判年龄从8周岁提高到12周岁

续表

区域	序号	国家（地区）	最低刑事责任年龄（周岁）法定/实际	相关规定
亚洲	71	阿富汗	12	任何12周岁以下的儿童均不得追究刑事责任［《少年法》第5(1)条］。但是,儿童权利委员会在2011年对阿富汗的审查中,批评该国在少年康复中心拘留了未满刑事责任年龄的儿童(联合国儿童权利委员会:《关于阿富汗初次国家报告的结论性意见》,CRC/C/AFG/CO/1,2011年4月8日,第74和75段)
	72	以色列	12	任何人都不应对12周岁以下的行为承担刑事责任(《以色列刑法》626/1996,第34F条)。 根据西岸适用的以色列军事法,不得在军事法院逮捕或起诉12周岁以下的人(《军事命令1651》第191条)
	73	巴勒斯坦被占领土西岸	12	根据巴勒斯坦刑法,儿童可自12周岁起承担刑事责任(《巴勒斯坦儿童法》经修正的第67条)。 根据适用于儿童罪犯的以色列军事法,不得在军事法院逮捕或起诉12周岁以下的人(《军事命令1651》第191条)
	74	斯里兰卡	12	任何人都不应对12周岁以下的罪行承担刑事责任。12周岁以上14周岁以下的儿童只有在"已经足够成熟的能力来判断其性质和后果"后,才能承担刑事责任"(《斯里兰卡刑法典》第75条和第76条,于2018年5月修订)
	75	乌兹别克斯坦	13	凡是16周岁以后的所有犯罪,以及13周岁以后的故意杀人,以及14周岁以后的其他具体犯罪,都可被追究刑事责任(《乌兹别克斯坦刑法》第17条)
	76	日本	14	《日本刑法典》规定,任何人在14周岁以下进行的任何行为都不会受到刑法的惩处(《刑法典》第40条)。但是,2007年对《少年法》的修正案允许家庭法院在司法部惩教局的管理下,将11周岁的儿童送入少年训练学校

续表

区域	序号	国家(地区)	最低刑事责任年龄(周岁)法定/实际	相关规定
亚洲	77	哈萨克斯坦	14	任何人在16周岁以上犯罪都可被追究刑事责任(《哈萨克斯坦共和国刑法典》第15条第1款)。对于《刑法典》中具体列出的犯罪,从14周岁起,儿童可能要承担刑事责任。通常,较低的年龄限制仅适用于涉及暴力的较严重犯罪,尽管故意破坏和故意破坏运输工具或道路也包括在内。适用最低刑事责任年龄的犯罪清单[《哈萨克斯坦共和国刑法典》第15(2)条] 如果少年犯已达到上述两个年龄中的任何一个的刑事责任年龄,但在犯有"轻度或中度重罪"的罪行时,他或她并不意识到"精神发育迟缓"行为的性质或社会危险,他或她将不承担任何责任[《哈萨克斯坦共和国刑法典》第15(3)条]
	78	朝 鲜	14	对于14周岁以下的犯罪,任何人都不得追究其刑事责任(《朝鲜民主主义人民共和国刑法》第11条和《刑事诉讼法》第53条以及根据《朝鲜民主主义人民共和国提交联合国儿童权利委员会的第三次和第四次合并定期报告》CRC/C/PRK/4,2008年1月15日,第14和232段)
	79	韩 国	14	未满14周岁以下的罪行,任何人都不会受到惩罚(《韩国刑事法》第9条)。儿童从12周岁起就可以受到保护,其中包括安置在儿童福利机构、少年保护机构和少年训练学校或疗养院中(有关更多信息,请参阅 Cipriani:《儿童权利和刑事责任的最低年龄:全球视角》,法纳姆:Ashgate,2009年,第213页)
	80	吉尔吉斯斯坦	14	涉嫌犯罪时16周岁的儿童可能要对任何犯罪承担刑事责任(《吉尔吉斯斯坦共和国刑法》第18条第1款)。对于《吉尔吉斯斯坦共和国刑法》中具体列出的若干犯罪,可将儿童从14周岁起追究刑事责任(《吉尔吉斯斯坦共和国刑法》第18条第2款)

续表

区域	序号	国家（地区）	最低刑事责任年龄（周岁）法定/实际	相关规定
亚洲	81	塔吉克斯坦	14	从16周岁起，儿童可被追究任何罪行的刑事责任，但从14周岁起，某些特定的罪行（通常涉及暴力）应被追究刑事责任。但是，联合国儿童权利委员会对14周岁以下的儿童“经常在封闭的机构中遭到逮捕，审前拘留和剥夺自由表示关切”［《塔吉克斯坦共和国刑法典》第23条第1款和（2）；CRC/C/TJK/CO/2，2010年2月5日，第72段］
	82	土库曼斯坦	14	儿童应对16周岁以下的所有罪行和14周岁以下的某些特定罪行承担刑事责任（《土库曼斯坦刑法》第21条）
	83	蒙古	14	儿童应被追究从16周岁开始的所有犯罪的刑事责任，以及从14周岁起应对具体提到的犯罪负刑事责任（《蒙古国刑法典》第21条第1款和第2款）
	84	柬埔寨	14	“只要犯罪情况或未成年人的人格有充分理由，可将14周岁以下的儿童定为刑事犯罪。”14周岁以下的儿童可以接受“监视、教育、保护和援助”措施（《柬埔寨刑法典》第39条）
	85	越南	14	14周岁或14周岁以上的儿童应被追究“故意犯下的非常严重的罪行或特别严重的罪行”的刑事责任。16周岁或16周岁以上的儿童可被追究刑事责任。 如果将14周岁至18周岁的儿童定为刑事犯罪，则将其分类为“少年罪犯”（《越南社会主义共和国刑法》第12条和第68条）
	86	菲律宾	15	对于15周岁以下的行为，任何人都不应被追究刑事责任。15周岁以上但18周岁以下的儿童只有在其“具有识别能力”的情况下才能被追究刑事责任（第10630号共和国法，第6条）。 为了降低最低刑事责任年龄，在2006年至2013年间提出了几项法案，但相关条款未在已生效的法案中出现
	87	老挝	15	不对15周岁以下的行为承担刑事责任（《老挝人民民主共和国刑法》第7条和第17条）

续表

区域	序号	国家(地区)	最低刑事责任年龄(周岁)法定/实际	相关规定
亚洲	88	巴 林	15	《巴林刑法》规定,在涉嫌犯罪时未满 15 周岁的任何人均不得根据该法承担责任,但必须服从《少年法》。实际上,15 周岁是成年犯罪的法定年龄,可以在适用于成年人的刑事司法制度下审判儿童的年龄。15 周岁以上的儿童可能会受到《巴林刑法》的处罚(《巴林刑法》第 32 条)
	89	伊 朗	男孩 15 周岁,女孩 9 周岁	《民法典》将青春期定义为男孩的阴历 15 周岁,女孩的阴历 9 周岁(第 1210 条,注 1)。《民法典》以前将成熟年龄定为 18 周岁,但到了 2000 年,这一标准降低为男孩的 15 周岁和女孩的 9 周岁[1982 年修正案(FIDH(国际人权联合会),2009 年,伊朗/《死刑:国家恐怖政策》,巴黎:FIDH)](男孩的年龄为 14 周岁 7 个月,女孩的年龄为 8 周岁 9 个月)。(Cipriani:《儿童权利与最低刑事责任年龄:全球视角》,Ashgate,2009 年,第 200 页)
	90	马尔代夫	15	《2014 年刑法》没有明确规定刑事责任的最低年龄,但界定使用未成熟的"豁免"的问题。如果一个人没有成年人的成熟,因此,缺乏足够的能力来准确地认识到他或她的行为所造成的身体后果,那么他将被"豁免"。欣赏他或她的行为的不法行为;或控制他或她的行为。最终假定 15 周岁以下的人被指控犯有任何刑事罪行。除非起诉驳回不成熟的推定,否则假定 15 周岁至 18 周岁的人可被判犯有任何刑事罪。涉嫌犯罪时未满 18 周岁且符合此"辩解"要求的人必须移交给少年法院,该法院在以后的任何诉讼中均具有专属管辖权(2014 年《刑法》第 53 条)。然而,这项限制不适用于根据伊斯兰教法应受惩处的罪行或暴力重罪罪行,这些罪行的刑罚推迟到儿童年满 18 周岁为止。根据《2006 年未成年人犯下的公正进行审判、调查和判刑条例》,从青春期起,儿童应被追究刑事责任,包括叛教、反国家革命、通奸、错误地指控一个人通奸、饮酒、非法故意杀人以及其他与杀人罪有关的罪行。[2006 年对未成年人犯下的公正审判、调查和判刑的条例》第 5(a)-(c)条]

续表

区域	序号	国家（地区）	最低刑事责任年龄（周岁）法定/实际	相关规定
亚洲	91	东帝汶	16	16周岁以下的儿童无需承担刑事责任。具体立法规定了对16周岁以上但未满21周岁的人的刑事处罚（《东帝汶刑法典》第20条）
美洲	92	美国	没有规定最低年龄，各州规定各不相同	刑事责任的最低年龄在美国的联邦和州一级设定。在州一级，33个州没有设定最低刑事责任年龄，理论上允许儿童在任何年龄处以刑事处罚（Cipriani：《儿童权利与最低刑事责任年龄：全球视角》，Ashgate，2009年，第221、222页），尽管在大多数状态下都进行了容量相关的测试。在确实设定最低刑事责任年龄的国家中，北卡罗来纳州最低，为7周岁，而威斯康星州最高，为10周岁（有关州法律的完整参考，请参阅国家青少年司法中心发布的相关信息）
	93	特立尼达和多巴哥	7	刑事责任的最低年龄没有立法规定，因此，受普通法管辖。不得将7周岁以下的儿童视为任何犯罪的刑事责任（特立尼达和多巴哥提交联合国儿童权利委员会的第二次定期报告，CRC/C/83/Add. 12，2004年11月15日，第248段），并且可以推定10周岁至14周岁的儿童不能被追究刑事责任，尽管可以驳回这一推论，但可以证明“该儿童知道自己的行为是严重的……在犯错之时”｛参见C.（A Minor）诉DPP［1996］1 AC 1，H. L.｝
	94	安提瓜和巴布达	8	从8周岁起儿童可能被追究刑事责任（《2015年儿童司法法》第5条）
	95	圣基茨和尼维斯	8	不得将8周岁以下的儿童定为刑事犯罪（《少年法》第3条，根据圣基茨和尼维斯提交联合国儿童权利委员会的初次报告CRC/C/3/Add. 51，1997年5月5日）

续表

区域	序号	国家(地区)	最低刑事责任年龄(周岁)法定/实际	相关规定
美洲	96	伯利兹	9	9周岁以下的任何人都不应被追究刑事责任。年龄大于9周岁但小于12周岁的孩子只有在其"已充分理解以判断[他或她]行为在该问题上的性质和后果"时,才应承担刑事责任[《伯利兹刑法典》第25(1)和(2)条]
	97	巴哈马	10	10周岁以下儿童不对任何行为承担刑事责任,而12周岁以下儿童仅在"已具有足够的理解力,能够判断其被指控的行为的性质和后果的情况下"负刑事责任[《巴哈马刑法》第91(1)和(2)条]
	98	圭亚那	10	对于10周岁以下的犯罪,任何人都不得追究其刑事责任(《少年犯法》第3条)
	99	苏里南	10	任何人都不得因10周岁以下的罪行而受到起诉(《苏里南刑法》第56条)
	100	巴巴多斯	11	除非法院认为儿童年龄超过11周岁且"具有足够的犯罪能力",否则任何儿童犯罪都不会受到惩罚(《少年犯法》第7条至第9条)
	101	加拿大	12	任何人都不得因12周岁以下的行为或不作为而被定罪(《加拿大刑法》第13条)
	102	哥斯达黎加	12	《哥斯达黎加刑法典》将18周岁定为最低刑事责任年龄(《哥斯达黎加刑法典》第17条),但根据少年司法制度,儿童可能会受到包括从12周岁起剥夺自由的处罚(《少年刑法》第1条和第6条)
	103	多米尼加	12	对于12周岁以下的犯罪,任何人都不得追究其刑事责任(《儿童和青年法》第3条)
	104	厄瓜多尔	12	《厄瓜多尔刑法》规定,刑事责任的最低年龄为18周岁(《厄瓜多尔刑法》第40条),尽管儿童可能会受到处罚,包括从12周岁起的剥夺自由(《儿童与少年法》第305条)
	105	萨尔瓦多	12	《萨尔瓦多刑法典》规定,最低年龄为18周岁,尽管儿童可能会受到惩罚,包括从12周岁起剥夺自由,这是刑事责任的最低年龄(《少年刑法》第2条)

续表

区域	序号	国家（地区）	最低刑事责任年龄（周岁）法定/实际	相关规定
美洲	106	格林纳达	12	2012年《少年司法法》于2012年10月颁布，将对格林纳达的少年司法制度做出重大修改，包括禁止对未满18周岁的任何罪行判处无期徒刑。但是，在撰写本文时，该法尚未出台。在《少年司法法》生效之前，对儿童的判刑在很大程度上受《格林纳达刑法》管辖。此配置文件列出了两种量刑机制。 《刑法典》规定了不负任何责任的最低年龄为7周岁，规定该年龄以下的人实施的任何行为不是犯罪[《格林纳达刑法典》第50(1)条)] 根据2012年《少年司法法》，假定12周岁以下的儿童有犯罪能力，而12周岁以下的儿童只有在国家可以毫无疑问地证明这一责任的情况下，才负有刑事责任。在决定是否对12周岁以下的儿童追究刑事责任时，公共检察官、代表该儿童的检察官或律师可以命令“适当合格的人对该儿童进行评估，但要付出代价”。这种评估必须包括对“儿童的认知，情感，心理和社会发展”的评估(2012年《少年司法法》) 最低刑事责任年龄不得超过7周岁的绝对限制仍然有效[《格林纳达刑法典》第50(1)条)]
	107	洪都拉斯	12	根据国家的定义，刑事责任从18周岁开始，尽管在少年司法制度下，12周岁以下的儿童可以承担责任(《儿童与少年法》第180条)
	108	牙买加	12	12周岁以下的儿童不能定罪(《儿童保育和保护法》第63条)
	109	墨西哥	12	《墨西哥宪法》要求各州建立适用于12周岁至18周岁儿童的司法制度。12周岁以下的儿童只能接受康复和社会援助。具体规定各州之间有所不同(《墨西哥宪法》第18条)
	110	巴拿马	12	儿童从12周岁起可能会受到刑事犯罪的处罚。[《责任特别刑法》第40条，《刑事处罚》第7条和第8条(由2010年第6号法律第2条和第4条修订)]

续表

区域	序号	国家(地区)	最低刑事责任年龄(周岁)法定/实际	相关规定
美洲	111	委内瑞拉	12	12 周岁起可能会受到处罚,包括被剥夺自由(《少年儿童保护法》第 528 条)
	112	圣卢西亚	12	没有人可对 12 周岁以下的行为承担刑事责任(《儿童和青少年法》第 3 条)
	113	多米尼加	13	多米尼加法律主张,从 18 周岁起,人们可能被追究刑事责任,但从 13 周岁起,儿童可能会受到包括剥夺自由在内的刑罚。针对 15 周岁及 15 周岁以上的儿童制定了不同的规则和刑法(第 126/03 号法律《儿童和青少年保护和基本权利系统法典》第 223 条)
	114	海 地	13	根据《海地刑法》,可对 13 周岁或 13 周岁以上的人判处刑罚(《海地刑法》第 50 条和第 51 条)
	115	尼加拉瓜	13	根据国家立法中关于刑事责任的定义,刑事责任从 18 周岁开始,尽管根据少年司法制度,13 周岁以下的儿童可能会受到惩罚(《儿童与少年法》第 95 条)
	116	哥伦比亚	14	从 14 周岁起,儿童可承担刑事责任,但必须遵守少年刑事责任制度,在该制度下,他们不会建立犯罪记录(《儿童和青少年法典》第 139 条和第 159 条)
	117	巴拉圭	14	从 14 周岁起,儿童可能被追究刑事责任。仅当青少年有足够的成熟能力来理解其行为的违法性时,才负责。年幼的儿童可能是保护措施的对象(《儿童和青少年法典》第 194 条)
	118	阿根廷	16	16 周岁以下的任何行为都不会被追究任何刑事责任。16 周岁以上但未满 18 周岁的儿童只有在实施了被判处剥夺自由两年以上刑罚犯罪的情况下才能承担刑事责任(Ley 22. 278, Regimen Penal de la Minoridad)
	119	玻利维亚	16	从 16 周岁起就可以对人们承担刑事责任(《玻利维亚刑法》第 5 条),但是,从 12 周岁起就可以接受社会教育措施,包括那些等同于剥夺自由的措施(《儿童和青少年法典》第 222 条和第 223 条)

续表

区域	序号	国家（地区）	最低刑事责任年龄（周岁）法定/实际	相关规定
美洲	120	古巴	16	根据《古巴刑法典》规定，只有16周岁以上的人可被追究刑事责任（《古巴刑法典》第16条），但是，没有规定儿童可受到惩罚的最低年龄，包括在再教育中心剥夺自由（参见Cipriani：《儿童权利与最低刑事责任年龄：全球视角》，Ashgate，2009年，第25页）。实际上，16周岁是犯罪人口的成年年龄：可以将儿童判处成人罚款的年龄
	121	巴西	18	《巴西宪法》正式规定了最低刑事责任年龄为18周岁。如果某人未满18周岁，则指称的犯罪行为将被视为违法，并且该人将受到“社会教育措施”的约束。如果超过12周岁，则措施可能包括社区服务以及社会教育设施中的部分或全部机构化。如果未满12周岁，可以将儿童安置在寄养家庭或与家人同住，除其他措施外，还包括心理陪伴和强制上课，这也适用于12周岁以上的儿童（《巴西宪法》第288条；《儿童和青少年法典》）。 这些措施已使一些评论家报告说，刑事责任的最低年龄为12周岁，因为在这一点上可以适用指示刑事责任的惩罚，尤其是剥夺自由（参见Cipriani：《儿童权利和最低刑罚刑事责任年龄：全球视角》，Ashgate，2009年，第94～97、192页）
	122	智利	18	智利的法律规定，刑事责任的最低年龄为18周岁，但对于14周岁以下的犯罪行为，儿童罪犯可受到“社会教育措施”的制裁，包括剥夺自由（《关于青少年对刑事责任的20.084号法律行为》第3条）
	123	危地马拉	18	尽管依据《儿童和青少年全面保护法》第2条，13周岁至18周岁的儿童可以被拘留在机构中，但《危地马拉共和国宪法》声称，18周岁以下的人可被追究刑事责任（《危地马拉共和国宪法》第20条、《儿童和青少年全面保护法》第2条）

续表

区域	序号	国家(地区)	最低刑事责任年龄(周岁)法定/实际	相关规定
美洲	124	秘鲁	18	正式的刑事责任最低年龄为18周岁。如果未满18周岁的人违反刑法,则认为他(她)犯了“违法行为”,并且可以接受社会教育措施,尽管这些措施包括剥夺自由(《智利刑法典》第20.2条)。如果未满14周岁,则可以采取保护措施,例如,为孩子和父母补习,参加教育计划或将孩子安置在寄养家庭或寄养家庭中(《儿童与青少年法》第242条)
	125	乌拉圭	18	根据乌拉圭法律所采用的定义,任何未满18周岁的人都不应被追究刑事责任,尽管儿童可以从13周岁开始接受社会教育措施,包括机构化措施(《儿童和青少年法典》)
非洲	126	利比里亚	7	少年犯是指年满7周岁但未满18周岁的少年[《少年法院程序法》第11.11(b)条]。7周岁以下的儿童被认为没有能力“犯罪”(《少年法院程序法》第11.1条。根据美国律师协会非洲法律倡议组织和联合国儿童基金会的评估,利比里亚少年司法系统的评估,2006年7月)。但是,在国家术语中,一个人年龄在16周岁以下时,不被认为对其行为负“刑事责任”(《利比里亚刑法典》第4.1条)。“未成年人”的定义是18周岁以下的任何人[《少年法院程序法》第11.11(a)条]
	127	马拉维	7	7周岁以下的儿童不对任何作为或不作为承担刑事责任。7周岁以上但12周岁以下的儿童只有在能够证明在指控的罪行发生时他或她有能力知道他或她应不应该这样做或不做该行为时,才能承担刑事责任。假定未满12周岁的男性没有性知识,该规定可防止对某些性罪行起诉年轻男孩(《马拉维刑法》)
	128	毛里塔尼亚	7	7周岁以下的罪行,不会被追究刑事责任(《第2005-015号法令》第2条)

续表

区域	序号	国家（地区）	最低刑事责任年龄（周岁）法定/实际	相关规定
非洲	129	纳米比亚	7	注意：在撰写本文时，《儿童保育和保护法案》尚未颁布，但如果该立法生效，它将对有关儿童罪犯的量刑进行实质性改革（《儿童保育和保护法案》。http://www.unicef.org/namibia/CCPA_FINAL_DRAFT_COMPLETE_clean_copy__09june_2010__sent_9_July.pdf）。 7周岁以下的儿童不承担刑事责任。年龄超过7周岁但未满14周岁的儿童只有在国家能够证明该儿童明知是故意行事并了解该不法行为的后果后才能被定罪（纳米比亚向联合国人权委员会提交的第一次定期报告《儿童权利公约》，CRC/C/3/Add.12，1993年1月，第40段）
	130	尼日利亚	7	尼日利亚各州的最低刑事责任年龄有所不同。联邦的《2003年儿童权利法》没有规定最低的刑事责任年龄，但该法将未满18周岁定义为儿童，并指出必须根据该法处理违反法律的儿童。《儿童和青少年法》对14周岁以下的儿童和14周岁～16周岁的青少年进行了定义。该法将最低刑事责任年龄定为7周岁，但指出，据称犯罪的该年龄以下的儿童必须带到少年法院。它为违反法律的16周岁以下的人提供了特殊措施，但16周岁以上的人被作为成年人审判。 在南部各州，1916年《尼日利亚刑法》将最低刑事责任年龄定为7周岁。1945年《刑事诉讼法》将婴儿定义为7周岁以下，儿童为14周岁以下，年轻人为14～16周岁，未成年人为17周岁以下，成年人为17周岁以上。在北部各州，1960年《尼日利亚刑法》规定，刑事责任的最低年龄为7周岁，并将未成年犯罪者定为17周岁以下。根据伊斯兰教法，儿童有资格获得哈德（规定的惩罚是强制性的）和齐萨（由报复惩罚）从青春期开始的惩罚［《尼日利亚宪法》第175（1）条］

续表

区域	序号	国家(地区)	最低刑事责任年龄(周岁)法定/实际	相关规定
非洲	131	塞舌尔	7	7周岁以下的人不得对任何作为或不作为负刑事责任。年龄大于7周岁但小于12周岁的儿童只有在其“有能力知道(他或她)不应做出该作为或不做该行为的情况下”,才能承担刑事责任。12周岁以下的男性假定没有性知识,这项规定可防止因某些性犯罪而起诉小男孩(《塞舌尔刑法典》第15条)。 该州向联合国儿童权利委员会报告说,刑事责任的最低年龄为12周岁,但该规定仍然有效,因此,年幼的儿童有可能受到刑事处罚(向联合国儿童权利委员会提交的初次报告,CRC/C/3/Add. 64,2002年5月3日,Ⅸ. A. 1。少年司法)
	132	苏丹	7	通常,7周岁以下的儿童承担刑事责任。年龄达到7周岁至15周岁的儿童,如果进入青春期,可能会承担刑事责任[《苏丹刑事法典》(1991)第3条和第9条]。但是,可以在没有较低年龄限制的情况下适用1994年《麻醉药品和精神药物法》(《1994年麻醉药品和精神药物法》第15条和第20条)
	133	斯威士兰	7	最低刑事责任年龄为7周岁。年龄在7周岁至14周岁之间的儿童只有在“知道对与错之间,明知是要做错事并了解该行为的后果”的情况下,才负有刑事责任(《斯威士兰向联合国儿童基金会提交的初次报告儿童权利》,CRC/C/SWZ/1,2006年2月16日,第79段)
	134	坦桑尼亚	7	7周岁以下的任何人不得对任何作为或不作为承担刑事责任。7周岁至12周岁的儿童在被指控犯罪时有能力知道他不应该这样做或不做该行为,可负刑事责任(《坦桑尼亚刑事法典》第15条)

续表

区域	序号	国家（地区）	最低刑事责任年龄（周岁）法定/实际	相关规定
非洲	135	津巴布韦	7	对于据称在7周岁以下犯下的罪行，任何儿童均不得追究其刑事责任。年龄大于7周岁但小于14周岁的儿童只有在证明他或她有能力构成犯罪必要的意图时，或在过失是相关犯罪要素的情况下，才可以承担刑事责任。她有能力以一种合理的成年人在这种情况下的行为举止（《津巴布韦刑法典》第6条和第7条）。假定12周岁以下的男性无性交能力，尽管这是可以反驳的推定，并且可以证明年轻男孩因与性交有关的性犯罪而受到起诉，这可以证明他有能力对性交进行性行为（《津巴布韦刑法典》第63条）
	136	博茨瓦纳	8	14周岁以下的儿童无能力犯罪，除非能够证明在犯罪时，"该儿童有能力知道他或她不应该这样做"［《2009年儿童法》第82（1）条］。没有人可对8周岁以下的行为或不作为承担刑事责任。假定12周岁以下的人没有"性知识"，以防止因某些性犯罪而起诉年幼的儿童（《刑法典》第13条）
	137	肯尼亚	8	8周岁以下的任何人都不能被追究刑事责任。8周岁以上但小于12周岁的儿童只有在他或她有能力知道自己在涉嫌犯罪时不应该采取行动或不做行为时，才应承担刑事责任。假定未满12周岁的男性没有性知识，该规定可防止对某些性罪行起诉年轻男孩［《刑法典》第14（1）和（2）条］
	138	赞比亚	8	8周岁以下的任何人均不对任何作为或不作为承担刑事责任。除非证明"在进行或不作为时［他或她］有能力进行或不作为，否则年龄大于8周岁但未满12周岁的儿童不承担刑事责任。"据推测，未满12周岁的男性无性知识，这项规定可防止因某些性犯罪而起诉小男孩（《刑法典》第14条）
	139	埃塞俄比亚	9	9周岁以下的任何人都不得追究刑事责任（《刑法》第52条）

续表

区域	序号	国家(地区)	最低刑事责任年龄(周岁)法定/实际	相关规定
非洲	140	南非	10	10周岁以下犯罪的儿童不被视为具有犯罪行为,因此无法受到起诉。除非国家另有说明,否则,假定10周岁以上但14周岁以下的儿童没有犯罪能力。为了证明儿童具有犯罪行为,国家必须在无合理怀疑的情况下证明儿童能够在实施所指控的犯罪时理解对与错之间的区别,并据此行事(《2008年儿童司法法》第7条和第11条)
	141	喀麦隆	10	10周岁以下的儿童不承担刑事责任。相关年龄是指所指控的犯罪发生的年龄(《刑法典》第80条第1款)
	142	科特迪瓦	10	10周岁以下的儿童不能追究刑事责任(《1960年11月14日第60-366号意向书》第116条《刑事诉讼程序》)
	143	几内亚	10	10周岁以下的儿童不能受到刑事起诉,13周岁以下的儿童仅可以采取保护措施,教育和监督措施(《刑法》第64条) 年龄在13周岁到16周岁之间的儿童只有在被判定有明辨的行为的情况下才能被判入狱(《Guenéen法典》, Loi L/2008/011/AN du 19 Aout 2008,第345条)
	144	莱索托	10	任何10周岁以下的儿童都不会受到刑事起诉。10周岁至14周岁的儿童只有在裁判官信纳"该儿童有能力理解对与错并有能力根据这种理解采取行动"的情况下才能被起诉。控方有责任毫无疑问地证明儿童具有这种能力[《2011年儿童保护和福利法》2011年第7号,第79(1)-(4)条]
	145	埃及	12	根据国家法律的规定,任何12周岁以下的儿童都不得被追究"刑事责任",但是,儿童法院有权下令对儿童进行"责备";交付给父母监护人或监护人;放在专科医院;或如果孩子犯了重罪或轻罪,则从7周岁起将其安置在社会照料机构中(《儿童法》)

续表

区域	序号	国家（地区）	最低刑事责任年龄(周岁)法定/实际	相关规定
非洲	146	厄立特里亚	12	12周岁以下的儿童不能对其行为承担刑事责任。(《过渡刑法》第52条。另参见厄立特里亚提交联合国儿童权利委员会的第二次和第三次合并定期报告,CRC/C/ERI/3,2007年10月23日,第335段)
	147	冈比亚	12	最低刑事责任年龄为12周岁(《2005年儿童法》第209条)
	148	加纳	12	12周岁以下的儿童被认为无能力犯罪(《刑法》第26条)
	149	摩洛哥	12	涉嫌犯罪时未满12周岁的儿童不承担刑事责任(《刑法》第12条;《刑事诉讼法》第138条和第458条)
	150	南苏丹	12	未满12周岁的儿童不承担刑事责任(《南苏丹刑法典》第30条)。除非能够在合理的怀疑下证明,他或她缺乏构成犯罪必要的意图的能力,或者过失是犯罪的一部分,他或她缺乏在这种情况下表现出合理的成年人的举止的能力,否则假定12周岁至14周岁的儿童应负刑事责任(《南苏丹刑法典》第31条)
	151	乌干达	12	承担刑事责任的最低年龄为12周岁(《儿童法》第88条)
	152	阿尔及利亚	13	13周岁以下的儿童只能判处保护和教育措施。(《刑法》第49条)。但是,适用于13周岁以下儿童的措施包括相当于由司法部管理的再教育中心剥夺8周岁以下儿童自由的措施(《联合国儿童权利委员会第1057次会议的摘要记录》,2005年9月14日,CRC/C? SR. 1057,2013年7月31日,第91段)
	153	贝宁	13	尽管可以对未成年子女采取监护或教育措施,但任何13周岁以下的儿童都不会被判犯有刑事罪。(《1969年6月10日第69-23 PR/MJL号法令,关于违法行为的判决》第23条)

续表

区域	序号	国家(地区)	最低刑事责任年龄(周岁)法定/实际	相关规定
非洲	154	布基纳法索	13	在所指控犯罪时,如果未满13周岁,则任何人都不得追究刑事责任。年龄在13周岁以下但未满18周岁的孩子,如果没有判断行为的能力,则应接受教育和安全措施的保护[《刑法典》第74(1)和(2)条)]
	155	乍 得	13	13周岁以下的儿童不能被定罪[第007/PR/99号法律意向书《关于违法行为的赔偿委员会对未成年人的起诉(13)》第18条、第22条]
	156	科摩罗	13	《刑法》和伊斯兰教法的重叠使科摩罗的最低刑事责任年龄变得复杂。根据《刑法》规定,任何13周岁以下的儿童均不得被追究刑事责任,但根据伊斯兰教法,男孩在身体成熟时(14周岁至15周岁)应达到法定成年(参见Cipriani:《儿童权利和最低年龄刑事责任》,Ashgate,2009年,第194~195页)
	157	刚果共和国	13	13周岁以下的儿童被认定没有能力违反刑法(《2010年6月14日第4号意向书》第73条,刚果共和国的《Portant Protection of l'enfant enRépubliquedu Congo》;另见《刑事诉讼法》第686条)
	158	吉布地	13	13周岁以下的儿童实施犯罪只能受到"保护措施,支持,监督和教育"。13周岁或13周岁以上的儿童将根据《刑法》判刑(《刑法》第32条)
	159	加 蓬	13	从13周岁起,儿童可能被追究刑事责任(《刑法》,1963年1月31日第21/63号意向书,第57条)
	160	马达加斯加	13	未满13周岁的儿童不承担刑事责任(《1962年9月19日第62-038号联邦保护法》第35条)。13周岁至16周岁的儿童可能被追究刑事责任,但法院在这方面拥有酌处权(1962年9月19日第2-038号法令《关于保护地法》第44条和第46条)

续表

区域	序号	国家（地区）	最低刑事责任年龄（周岁）法定/实际	相关规定
非洲	161	马 里	13	13 周岁以下的儿童被推定没有犯罪能力。年龄在 13 周岁到 18 周岁之间的儿童只有在明辨的情况下才能承担刑事责任（《2002 年 6 月 5 日第 02－062号命令/P-RM》第 98 条）
	162	尼日尔	13	从 13 周岁起，儿童可能被追究刑事责任，但是，对于缺乏辨别力的情况下，仅可以采取保护，援助或再教育措施（《刑法》第 45 条）
	163	塞内加尔	13	没有任何条款允许对 13 周岁以下的儿童进行刑事处罚（《刑法》第 52 条）
	164	突尼斯	13	13 周岁以下的人不承担刑事责任（《儿童保护法》第 68 条）
	165	安哥拉	14	对于未满 14 周岁的罪行，任何人都不得追究刑事责任（《刑法》第 17 条第 1 款）。尽管受到联合国儿童权利委员会的批评，最低年龄已从 2006 年《刑法》生效时的 16 周岁降低（联合国儿童权利委员会《关于安哥拉第二，第三和第四次合并定期报告的结论性意见》，CRC/C/AGO/CO/2－4，2010 年 10 月 19 日，第 73 和 74 段）
	166	中非共和国	14	14 周岁以下的儿童只适用于专门针对年幼儿童法律规定的改造措施（第 10. 001 号意向书《刑法典》第 9 条）
	167	刚果民主共和国	14	根据《保护儿童法》的规定，儿童法院不得对 14 周岁以下儿童的犯罪行为追究刑事责任（《2009 年 1 月 10 日第 10/001 号意向书》第 95 条）。但是，在联合国儿童权利委员会接受国家审查时，委员会表示关切的是，由于该国未执行这项立法，未满 14 周岁的儿童被指控犯有刑事罪（联合国人权委员会《〈儿童权利公约〉关于刚果民主共和国第二次定期报告的结论性意见》，CRC/C/COD/CO/2，2009 年 2 月 10 日，第 90 段）

续表

区域	序号	国家(地区)	最低刑事责任年龄(周岁)法定/实际	相关规定
非洲	168	利比亚	14	从14周岁起,儿童应被追究所有罪行的刑事责任,但前提是能够辨别。年龄大于7周岁但小于14周岁的孩子不能与大孩子一样被追究刑事责任,但是,可以受到“预防措施”的控制,其中包括拘留在青少年教育和指导中心(《刑法》第80条和第81条,参见《利比亚提交联合国儿童权利委员会的第二次定期报告》CRC/C/93/Add.1,2002年9月19日)
	169	卢旺达	14	从14周岁起儿童可能会受到刑事处罚(《刑法》第77条)
	170	塞拉利昂	14	未满14周岁的儿童不得对其行为承担刑事责任(《儿童权利法》第70条)
	171	多哥	14	根据《刑法》的规定,未成年人可在少年法院追究刑事责任(《刑法典》第455条)。但是,通过引入2007年《儿童法》,规定该年龄以下的儿童“不负责任地犯罪”,有效地将最低刑事责任年龄提高到14周岁(2007年《儿童法》第302条)
	172	布隆迪	15	对于15周岁以下的罪行,任何人都不得追究刑事责任(《布隆迪刑法典》,2009年4月22日艾弗里尔法令第1/5号,刑法典重要修订版,第28条)
	173	佛得角	16	16周岁以下的人不承担刑事责任(《刑法典》第17条)
	174	赤道几内亚	16	关于赤道几内亚的信息不足。该州已向联合国儿童权利委员会报告,刑事责任的最低年龄为16周岁,但CRIN未能核实此信息(CRC/C/SR.990,2005年1月31日,第18段)
	175	几内亚比绍	16	最低刑事责任年龄为16周岁(CódigoPenal Guineense, Decreto Lei No. 4/93, Artigo 10)。CRIN未能找到有关该年龄以下儿童是否可以受到等同于剥夺自由的措施的信息
	176	圣多美和普林西比	16	16周岁以下的儿童不承担刑事责任(《刑法》第19条)

续表

区域	序号	国家（地区）	最低刑事责任年龄（周岁）法定/实际	相关规定
非洲	177	毛里求斯	没有明确规定最低年龄	毛里求斯没有明确或明确的最低刑事责任年龄。《刑法典》允许年龄对"有判断能力"14 周岁以下的儿童采取刑事措施,但未设定年龄下限。没有辨别力的儿童可能会被剥夺自由,而不会被刑事定罪(《刑法典》第 44 条和第 45 条)
	178	莫桑比克	没有明确规定最低年龄	注意:莫桑比克正在考虑编写新的《刑法》,但在本报告定稿之时,该《刑法》尚未颁布。 莫桑比克没有明确的最低刑事责任年龄。16 周岁以下的儿童应受少年法院的管辖(《刑法》第 42 条以及《未成年人法律援助规约》,该法院有权处以剥夺自由的处罚〔第 417 号决定〕/71 阿普蒂沃·埃斯特鲁托·德·埃索尔图托·尤尔马尔司法区,阿尔蒂戈 16)
	179	索马里	索马里南部/中部和邦特兰:14 周岁 索马里兰:15 周岁	索马里的法律制度分为索马里兰(1991 年单方面宣布独立)和该国其他地区。这种法律上的分歧对儿童罪犯的量刑规定有显著影响,因此这两个地区被分别对待。 南/中索马里和邦特兰 在索马里南部/中部和邦特兰,《1962 年索马里刑法》将最低刑事责任年龄定为 14 周岁,并规定了 14 周岁至 17 周岁的人应受的刑罚减少,但还授权将 14 周岁以下的儿童送往监狱。1970 年《少年法院和教养所法》对 14 周岁以下的儿童和 14 周岁至 17 周岁的青少年进行了定义。该法规定,少年法院拥有专属管辖权,可以审理和裁定与儿童和青少年有关的任何案件,涉及谋杀和谋杀除外。废除不一致的法律(《刑法典》)。但是,有可能该法律从未生效,据报道,邦特兰正在起草新的少年司法法(请参阅 http://www. reliefweb. int/rw/res. nsf/db900SID/OCHA - 7VJAVD,2011 年 2 月 21 日访问) Ⅰ. 索马里兰: Ⅱ. 在索马里兰,《2007 年少年司法法》将刑事责任年龄定为 15 周岁,并与世俗,伊斯兰教法和习惯法的规定保持一致(http://www. unicef. org/somalia/reallives_5434. html,2011 年 2 月 21 日访问)

续表

区域	序号	国家(地区)	最低刑事责任年龄(周岁)法定/实际	相关规定
非洲	180	索马里	索马里南部/中部和邦特兰:14 周岁 索马里兰:15 周岁	但是,该法尚未得到充分执行,下级法院在刑事司法事务中的许多工作,特别是涉及儿童的工作,直到最近才由区域安全委员会执行。在 20 世纪 80 年代,这些委员会所判处的刑罚包括无期徒刑和死刑,尽管最近看来他们似乎没有那么严厉。声称委员会根据 1963 年《公共秩序法》是合法的,以及该法律在多大程度上仍然有效(人权观察 2009 年,“和平的人质”:索马里兰的人权与民主的威胁,纽约:人权观察;A/HRC/15/48,2010 年 9 月 16 日,情况独立专家的报告索马里人权宣言,Shamsul Bari,第 38 和 40 段)
澳洲	181	澳大利亚	10	澳大利亚各州最低刑事责任年龄均为 10 周岁
	182	新西兰	10	《1961 年犯罪法》第 20 条(1)-(2)款;《儿童、青年和家庭法》第 272 条
	183	巴布亚新几内亚	10	《刑法典》第 30 条(1)-(2)款

资料来源:儿童权利国际网,https://archive. crin. org/en/home/ages/europe. html,2019 年 11 月 23 日访问,张桂荣研究员编译。

日本刑事立法及司法动态与思考

鲁　兰*

一、修改《刑事诉讼法》

日本平成二十八年(2016 年)修改了《刑事诉讼法》(法律第 54 号),部分制度已于 2019 年施行。

《刑事诉讼法》针对以下内容做了引进与修改:一是讯问中引入全程调查录音、录像制度,协助证据收集以及有关追溯合意制度。这里所谓的"合意"制度,是指检察官在犯罪嫌疑人、被告人的辩护人同意的条件下,针对他人的犯罪事实做出供述等行为,可以作出不起诉决定或者向法院提出特定的量刑请求。二是扩大了通信监听对象罪犯的范围,提高了程序的合理化、效率化。三是扩大了嫌疑人国选辩护制度的对象范围。四是采用对犯罪被害人及证人的保护措施等一系列改正内容。其中,采用调查录音、录像制度,协助证据收集以及有关追溯的合意制度等,已经于令和元年(2019 年)6 月施行。

二、针对少年刑事责任年龄、犯罪者处遇问题的修改探讨

令和二年(2020 年),法制审议会接受法务大臣的咨询,针对《少年法》昭和六十三年(1988 年)法律第 168 号

---

* 鲁兰:司法部预防犯罪研究所原研究员,庭立方 · 四川卓安律师事务所专职律师,中国犯罪学学会常务理事。

中“少年”的年龄为未满18周岁,以及进一步充实完备非行(违法)少年犯罪者处遇的刑事实体法及程序法开展了研讨并逐步推进,令和二年(2020年)9月,在法制审议会少年法、刑事法(少年年龄、犯罪者处遇关系)部会中,归纳整理出了咨询和答复意见。

三、修改《更生保护法》,新增各类事项规定

2013年6月,日本修改了《更生保护法》,在“特别遵循事项”中增加了“为社会做贡献活动”项目,2015年6月开始实施,[1]意在鼓励社会上接受保护观察的对象,以积极的人生态度,参与社会公益劳动,如打扫卫生、或到福利院为残疾人、老人服务等。

针对在社会上表现良好的保护观察对象,可以做出“不定期刑终了”或者“解除假释”的决定,以资鼓励。针对违反规定事项或者再犯的保护观察对象,做出“取消假释”“取消缓刑”的决定,允许给一个观察后再处置的时间。对于行踪不明的对象,应做出“停止保护观察的决定”,并通过警察机关迅速查明情况。

四、刑事设施羁押人员的最新动态

令和元年(2019年)年底,刑事设施收押人数48429人,和前年相比减少4.2%,其中服刑者41867人(同比减少5.2%)。而且,年底的收押人数中,包含了“部分缓刑适用的服刑者”2279人。

截至令和二年(2020年)4月1日,全日本的刑事设施,本所共计75所(刑务所61所,其中包含复归社会促进中心4所;少年刑务所6所、拘置所8所),分所107所(刑务分所8所、拘置分所99所)。刑事设施中,除了附设劳役场之外,监置场在部分设施中附设。设置在东京的一所妇女辅导院,令和二年(2020年)没有新入院者。

五、日本更生保护制度的构成

(一)日本的保护观察制度及对象

日本更生保护制度,是以保护观察制度为核心支柱的。保护观察制度所涉及的对象,包含了中国“社区矫正”和“安置帮教”对象。其中,保护观察

---

〔1〕 参见(日)平成二十五年(2013年)法律第49号。

制度的保护观察对象主要包括:家庭法院判处的犯罪少年;少年院(罪犯、违法者、虞犯)临时出院者;假释者;缓刑者以及妇女辅导院临时出院者五类。更生保护对象也就是包括保护观察对象和紧急更生(出狱者)保护对象两类。

所谓“更生保护设施”,是指民间提供的政府仅象征性资助的住宿设施,即为接受保护观察的对象中,没有住处、没有家庭亲情资源、短时间内难以自立的或紧急更生保护对象(刑释者——安置帮教对象),除提供住宿、食物之外,还进行职业援助、生活指导(教育帮扶)的专门设施。

(二)日本更生保护制度的渊源

日本的保护观察制度,是指在一定条件下,和一定期间内对保护观察对象进行社会监督、保护和援助的法律制度总称。明治二十年(1888 年),日本静冈监狱里关押了一名重罪囚犯。许多看守都对这个囚犯的矫正感到很棘手,一位副监狱长却始终坚持对该囚犯进行耐心细致的指导教育,使这个囚犯开始了真心的悔罪。临出狱前,他庄重地对副监狱长发誓“今后决不再犯罪”后离开了监狱。但是,这个在监狱关押了 10 年的囚犯,回到家乡得知,父母已经离开人世,妻子也已经改嫁他人,其他亲戚或者不给他好脸色或者将他赶走,陷入既没有住处也没有钱的困境。如果按照他过去的活法,恐怕早就重操旧业干尽坏事了。但是,他始终记着自己对静冈监狱副监狱长发过的誓言,绝望之余的他,在河堤上留下了一封遗书,便将石块绑在腰间投水自杀了。当时,正在静冈县负责整治山水的金原明善官员得知此事后指出:“必须认真考虑,在社会中如何切实保护弃恶从善的出狱者。”于是,明治二十一年(1889 年)设立了被称为“静冈县出狱人保护公司”的这一日本最初的更生保护组织,即现在的“静冈县劝善会”的前身。从此,保护弃恶从善的出狱者之运动,最初由民间,继而由政府购买服务,支持民间个人或组织建立更生保护设施。其援助对象,由最初的刑满释放者扩展至各类保护观察对象(缓刑、缓起诉、临时出院、假释人员等)。

(三)保护观察的注意事项

日本根据被保护观察者的具体情况,具体工作方法分为“监督指导”和“辅导援助保护”两大类。在保护观察期间,被监督者必须遵循一定的注意事项。原则上可分为“一般注意事项”和“特殊注意事项”两类。

作为监督方法,主要是保护司与被监督对象保持适当的接触,对于应当严格遵守的注意事项进行督促指导,从而使被监督者感受到若严重违反其规则可能被取消保护观察这样的心理强制作用,从侧面展示保护观察的潜在权力。

通常,作为一般应当遵守的事项为:(1)有稳定的居住地,并从事正当职业;(2)保持善行;(3)不与有犯罪之虞的人员交往;(4)迁居或者长期旅行之前,应当获得保护观察者的允许。而应当特别遵守的事项,则是针对每一个具体的被监督对象设置的,因而体现着不同的要求。例如,包含不允许过度饮酒、禁止滥用药物、接受心理治疗指导、对被害人或其家属进行各方面的忏悔或安抚等。

相比日本保护观察对象必须遵守的各类事项,我国社区矫正执法工作中,作为日常矫正中"矫正小组"的"规定动作",主要是根据"普管""严管"的区别,确定到司法所报到或者提交思想汇报的次数。

六、保护观察队伍及运行模式

日本保护观察制度的创立以1923年《日本少年法》实施为标志。全国8个地方更生委员会所在地,分别设立50个保护观察所,具体负责本管区内的罪犯更生(广义社区矫正)保护工作。

(一)"官"的队伍

日本"保护观察官"是隶属法务省的政府官员,日常工作场所设在地方更生保护委员会。作为政府的专职保护观察官,保护观察官的资质要求是,须具有一定程度的心理学、医学、教育学、社会学及其他与更生保护相关的专业知识,从事并指导"保护司"[1]的工作,针对各类更生保护观察对象特点,进行保护观察、人格考察等犯罪者更生及预防犯罪工作。

通常情况下,培养一名保护观察官的时间为3年至5年不等。其中,包括三个月的研修、任地区担当官、更生保护设施担当官、更生保护振兴科业务等,分别各需要一年左右的时间。

(二)"民"的队伍

日本的"保护司"是不领取工资的,由法务大臣亲自任命的专职社工,他们身为民间的一员,公民的一分子,凭着崇高的信念,勤勤恳恳地为国家的更生保护事业默默奉献。经济待遇仅仅领取交通、误餐补贴等。他们的平均年龄62岁左右。这支近5万人的队伍,在保护观察官的指导下,从事着对4万余对象的保护

[1] 平成二十八年(2016年)保护司的人数为47939人。——日本《犯罪白书——再犯现状及其对策(2016)》

观察工作。其在社区矫正领域所取得的成就,受到国际社会的一致肯定。

(三)“官民结合,以民为主”的运行模式

日本更生保护制度是“以民为主”,还充分体现在官员和民间队伍的人数上。“保护观察官”不足1000人,“保护司”近5万人。

日本的保护观察官可以称之为“案件管理者”,承担初次会见、制定保护观察实施计划、与相关机构联系、实施处遇计划、实施处罚措施等,而保护司则是发挥地域性和民间性的特点,与对象本人近身接触——“会见指导”(通常是在保护司家里见面,保护司也到对象家里访问,了解实际生活状况。若感到一定的风险,便在保护观察所或公开场所会见),持续性关注其改善更生情况。保护司通过与对象之间建立信赖关系,指导对象建立自尊心、远离犯罪生活,帮助他们努力成为守法公民。

2017年9月12~14日,笔者通过参加在日本举行的第三届世界社区矫正大会交流,和到保护司家里访问,感受最为深刻的是:无论是在该岗位上工作40多年的老人,还是仅仅才参加5年左右的中年人,对自己能够被法务大臣任命参与国家的刑罚执行工作,都感到无限荣光,要尽自己最大的努力去做好工作。保护司们不领取工资,仅依照每一案件一个月4000日元(高难度案件7000日元)的标准领取补贴。无论是在大会交流,还是到保护司家里访问,总是听见他们说:只要获得了对象的信任,进行交流,就感到愉快、成功乃至幸福。而一旦有对象再次违法或犯罪,心中就极其难过、郁闷,感到自己很失败,没有尽到身为保护司的职责。

不难看出,古今中外民间组织或个人,总是出于对危害性不大、可以在社会非监禁执行刑罚的犯罪者抱有深切的理解和奉献精神,坚信通过自己的微薄之力,能够帮助跌倒的人重新站立起来,重拾其人生自信。这就是他(她)们热心助人、投身国家非监禁刑罚执行的动因和职责素质。

七、颇具特色的“日本更生保护设施”

日本并没有构建功能齐备的“执法场所”,而是拥有来自全国各地民众捐助的“僚——民间公寓”,可区分为民间设施内的住宿式和社会上自选住宿两种形式。

(一)更行保护设施的主旨演变

所谓民间设施内的住宿式,是指保护观察对象平时居住在政府购买服务

(1901 年日本政府开始资助小量资金)民间提供公寓支持政府的更生保护设施。

曾经,更生保护设施最初是基于对违法、犯罪人社会的、经济的援助为主要目的,但是,随着社会形势的变化,如存在情绪方面问题的人,高龄及某些障碍难以适应社会的人增多。因此,更生保护设施最近引进欧美研究、开发的教育程序,或者招聘社会福利、临床心理士等职员,逐渐演变成为实施处遇的专门设施。

截至 2020 年 8 月,全国有 103 所更生保护设施,都是由民间团体法人、社会福利法人、NPO 法人、社团法人在运营管理,其中多数是以成年男性为保护对象,但是也有仅仅以女性和少年为保护对象的设施。

(二)2020 年更生保护设施运营状况

据令和二年(2020 年)8 月统计,日本现有的 103 所更生保护设施中,男子设施 88 所,女子设施 7 所,男女共用设施 8 所。全部更生保护设施的收容定员为 2400 人,其具体的分布状况、设施数量、收容定员如图 1 所示。

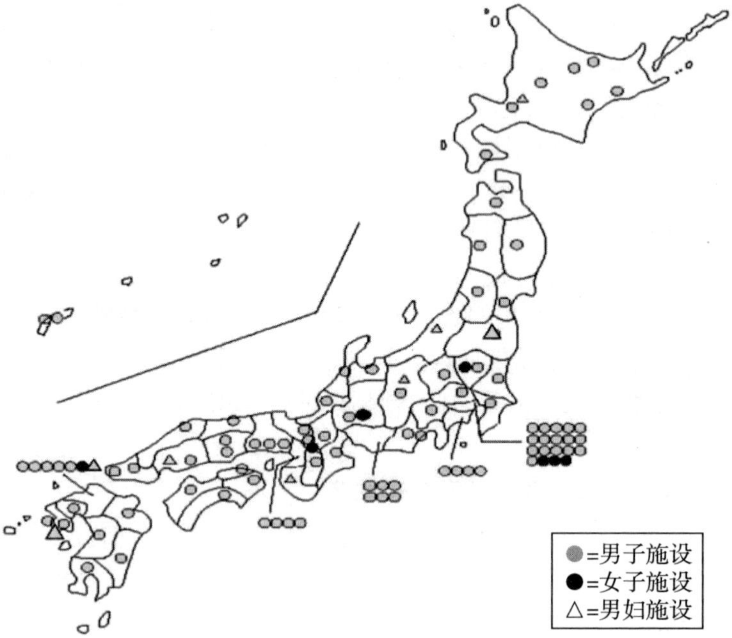

图 1　2020 年日本更生保护设施分布、数量及收容定员状况

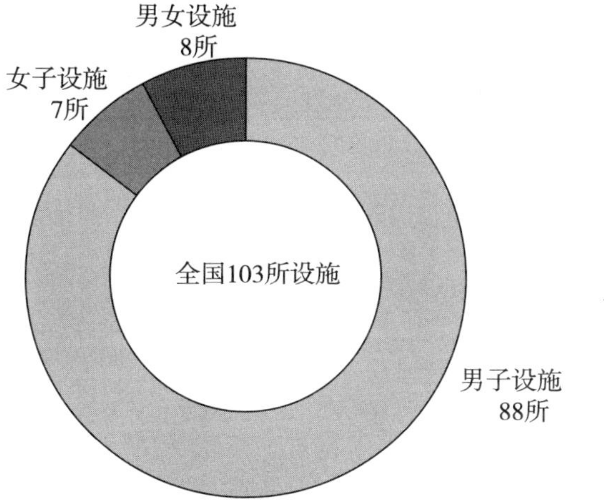

图 2　日本全国更生保护情况

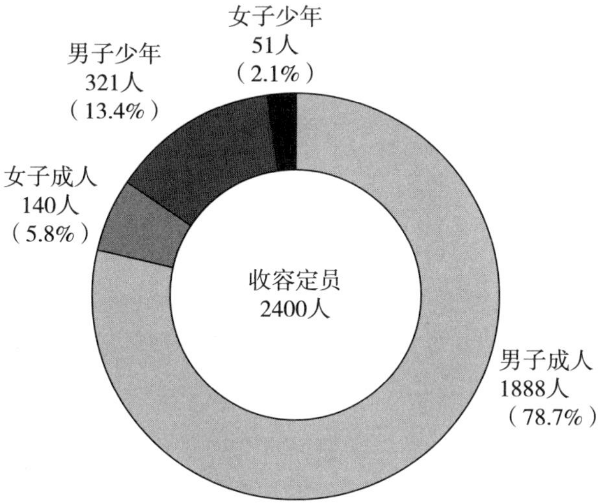

图 3　日本更生保护设施中人员构成比例

区分	男子	女子	计
少年	321	51	372
成人	1888	140	2028
计	2209	191	2400

表1　男女别・年龄别　更生保護施設の收容定員数

区分	男子	女子	男女とも	计
少年たけ	1	0	1	2
成人たけ	18	0	1	19
少年・成人	69	7	6	82
计	88	7	8	103
男子施设	88	103		
女子施设	7			
男女施设	8			

*最大：和衷会（大阪）……110人
最小：せんはゐ青年队（冲绳）

表2　男女别・年龄别　更生保護施設数

20 人未满	23
20 人	54
21 ~ 30 人	10
31 ~ 40 人	12
41 ~ 50 人	3
50 人以上	1
计	103

表3　定員别　更生保護施設数

男子成人	78.7%	1888
女子成人	5.8%	140
男子少年	13.4%	321
女子少年	2.1%	51
计	100%	2400

表4　男女别・年龄别　更生保護施設の收容定員分布率

八、防止再犯的最新动态

2013 年 12 月,日本内阁会议制定了 2020 年在东京举办奥林匹克大会的安全战略,该战略标明,为增强全体国民更加切身感受安心的生活,以创建"世界最安全的国家——日本"为目标,贯彻官民一体的各类预防犯罪对策,为确保良好的社会治安,须及时分析研究犯罪趋势制定应对策略。

(一)《防止再犯综合对策》的成就

自从 2012 年日本内阁颁发的《防止再犯综合对策》[1]推进以来,取得了

〔1〕 参见日本法务省法务综合研究所编:《犯罪白书——再犯现状及其对策(2016)》。

很多大成就，但依然有40%的刑满释放者5年以内再犯罪，其中，2年以内再犯的约占一半人数。[1] 2015年共假释15118人，比2014年增加1%。平成二十七年（2015年）的假释率高达57.7%。据统计，日本刑事设施设计收押定员89807人，根据平成二十七年（2015年）年底的统计，实际收押58497人，其中已决犯51906人，未决犯6591人。[2]

（二）让社会更光明运动

1.“让社会更光明运动”的起源

第二次世界大战结束之后，日本以预防犯罪为宗旨的“让社会更光明运动”在日本全国深入持久地开展起来。每年举办一次全国性的活动，通过丰富多彩的宣传活动，让更多的国民了解和理解，为什么需要政府、机关、社会各阶层乃至每一位国民对于违法、犯罪者进行帮扶。让每一位国民，尽可能地理解保护观察制度对于创建安全、和谐的社区或社会至关重要。

2.法务大臣的告国民书

平成二十八年（2016年2月3日），日本内阁总理大臣在第67届“让社会更加光明运动”活动现场发表演讲，内容如下：

> 让社会更加光明的运动，是使全体国民更加深刻地理解帮助违法犯罪者以及犯过错误的人重新站起来，综合各种力量，形成合力，实现创建“更加安全、安心的社会”这一宗旨的全国性活动。
>
> 一个没有违法犯罪的社会，是创建全体国民都能够持续发展之国家的基础。为了实现这样的目标，让已经犯过错的人不再第二次犯同样的错，在社区确保其“居住”和“就业”等生活基础是非常重要的，尤其是针对药物依赖者等复归社会极其困难的人群，实行官民结合、进行不间断地长期地保护是不可欠缺的。我本人被邀请访问刑务所（监狱）和更生保护设施，深切地感受到犯过错的人想要重新复归社会，获得社会各阶层的志愿和帮助是多么重要的事情。
>
> 政府为举办2020年东京奥林匹克大会，要创建世界最安全的

---

〔1〕 刑务所（监狱）收押人数（已决犯加未决犯）约2万人左右，另有约4万余人在社会上接受保护观察（广义社区矫正）。参见日本法务省法务综合研究所编：《犯罪白书——再犯现状及其对策（2016）》。

〔2〕 法务省法务综合研究所编：《犯罪白书——再犯现状及其对策（2016）》。

国家——日本,强力推进防止再犯政策,全体国民应当更加紧密地携手,为此目标而尽力。

全体国民们,敬请深入理解“让社会更光明的运动”对于防止再犯的意义,在创造没有犯罪的幸福社会之象征,“幸福的黄羽毛”之下,拜托各位更踊跃地参加、协助这项活动。

(三)政府机关、社会团体的紧密协作

2016年以来,日本政府各机关、社会团体,为了切实落实在预防再犯工作中的紧密联系和协作,取得了前所未有的进展。在此仅以日本兵库县(关西地区最大的一个县)明石市为例,最初,仅仅是刑事司法机关之间的联合,其后发展到刑事司法机关与市政府各个机关之间的协作,进一步发展到与社会团体之间的协作,形成了机构、组织越来越多的网络。

日本“明石市更生支援网络会议”有29个机关、团体成员(2014年设立)。2016年又增加了9个,成为有35个成员单位的更生援助联合团体。具体成员单位包括:(1)神户地检明石支部;(2)明石警察署;(3)兵库县律师协会;(4)神户刑务所;(5)加古川刑务所;(6)播磨社会复归促进中心;(7)神户保护观察所;(8)更生保护法人神户学而园;(9)兵库县精神保健福利士协会;(10)明石市民生儿童委员协议会等。[1]

曾于平成二十六年(2014年)12月,犯罪对策阁僚会议提出宣言:不再犯罪,不让再犯罪,大家努力助力创建光明的社会,并设置了两大具体目标:其一,到令和二年(2020年),在充分理解违法、犯罪情况的基础上,实现雇佣企业的数量为现在的3倍;其二,如果没有合适的归住地,就从刑务所返回社会的人数减少3成。

如今,正期待着2021年公布发表的数据,验证日本的预防、减少再犯罪的数字目标。

九、相关思考

对于不同国家中,同一事物的比较研究,能够较为清楚地看出社会现象背后的本质与特征,进而启迪人们的思考和反省。日本的更生保护制度与中国的社区矫正制度,既有较大差异也有相似、相近的内容。中日社区矫正

---

〔1〕[日]青山纯:《明石市更生支援组建》,载《刑政》2017年第11期。

制度渊源及对象的异同，主要体现在制度的构成、专职队伍与专职社工的差异，以及社区矫正帮扶对象的范围差异。简单地讲，日本的更生保护制度是典型的“官民结合、以民为主”的运作模式，而中国经过18年的尝试，探索出“政府主导、以社区矫正中心为依托，官民结合”的运作模式。我国的社区矫正执法工作是“官方为主”，远非日本等“以民为主”运作模式的国家所能比拟。相比较而言，我国没有法定假释制度，半个多世纪以来监禁刑罚执行主要实行减刑制度。2003年社区矫正试点之后，上海、山东、四川（某个时期）的假释率曾一度大幅度上升，目前又基本上回落至18年之前的水平，假释率仅2%左右。

然而，作为柔性执法的举措，中日两国均利用专职社工对社区矫正对象实施教育帮扶，减少社会歧视、促进复归社会等，其理念和宗旨还是相同的。虽然在数量上，像浙江省宁波市北仑区的红领之家、江苏省扬州市“珍艾”社工事务所、上海市新航总站、四川省“黄大姐特殊人群安置就业基地”等民间社工组织还属于凤毛麟角，但是，“星星之火，可以燎原”。我们坚信上述民间社工组织在各级党委、政府、司法厅（局）的引领、支持和帮助下，一定能够在社区矫正执法中产生更大、更深远的影响。

在实践中，山东省费县司法局（社区矫正中心）、宁波市北仑司法局、江苏省扬州市司法局、杭州市拱墅司法局、北京市司法局（阳光中途之家）、上海市司法局、天津市司法局（滨海新区社区矫正中心）、成都市温江区司法局（社区矫正中心）等部门或机构在社区矫正工作中体现的“政府主导，官民结合”的社区矫正执法运作模式，既凸显了国情特色，也体现了国际非监禁刑罚的执行理念，必将引领我国社区矫正执法的未来发展方向。

然后，不得不看到的是，自2019年12月我国首部《社区矫正法》颁布以来，困惑之声颇多。最为尖锐的声音是：社区矫正法太过维护矫正对象的权利，社区矫正执法者权益保护的规定相对缺失。

笔者以为，广大的社区矫正执法者，大可将委屈的泪水变成喜悦的泪水，感谢《社区矫正法》为降低执法者的刑事风险构筑了两道坚实防线。《社区矫正法》以宽广的国际视野，为今后我国社区矫正的运行模式和发展方向设定了轨道。

总结我国18年社区矫正工作的经验来看，新的立法，虽然看似未能妥帖回应实践部门为争取执法身份的探索，但是，却为未来深入推进社区矫正工作，从战略上确定了基调和性质，极大地降低了社区矫正各级公务人员的刑事风险。这就需要我们转变视角,深刻理解其立法蕴意,从社区矫正法的宗旨,重新梳理执法理念,界定执法边界。

《社区矫正法》对于被矫正对象的各类保障(身份称谓、居住地执行、适用电子定位的条件限制、为找工作的请销假制度等),做了极大的提升。

为规避工作准则制度制定不科学的弊端,减少执法者的刑事风险,社区矫正立法采取了明确援引现有法律规定的做法。例如,《社区矫正法》第23条规定,社区矫正对象在社区矫正期间应当遵守法律、行政法规,履行判决、裁定、暂予监外执行决定等法律文书确定的义务,遵守国务院司法行政部门关于报告、会客、外出、迁居、保外就医等监督管理规定,服从社区矫正机构的管理。

除现有的法律、法规之外,社区矫正工作执行中并不在此基础上再做规范,即现行法律、法规之外不设其他规定动作,如队列训练、每个月几次集中学习或劳动的硬性要求,更没有"突击点验"等的规定,而是要求需视具体情况开展有针对性的教育矫正。

社区矫正的监督管理职责就是依照法律法规和判决、裁定以及暂予监外执行规定办理,既帮助社区矫正对象顺利融入社会,同时也极大地降低了执法工作的刑事风险。

区县级社区矫正机构作为一线执法人员的坚强后盾,在处理法律适用问题时,凭着丰富的政策法规知识背景,妥善解决和处理一线执法人员反映出来的问题,体现出更高的执法水平。

针对不服从一线矫正工作者监督教育的矫正对象,开展更加有针对性的、力度更加强大的监管教育,便能创制出既符合当前政府主导、官民相结合的国情,又能够深入领会、贯彻《社区矫正法》精神的社区矫正特色。

日本法务省动员全社会各阶层人员,预防、减少犯罪的上述制度和举措,尤其是所体现的理念,或许值得我们进一步借鉴研究。

附件:

"第三届世界社区矫正大会"综述

2017年9月12日至15日,由日本法务省、联合国亚洲远东防止犯罪研修所、日本更生保护协会、日本全国保护司联盟、日本中央及地方犯罪者更生保护协会共同主办的“第三届世界社区矫正大会”在日本东京都的品川王子大饭店召开。

该会议为首次在亚洲(日本)举办的世界社区矫正大会,得到日本东京都政府、日本经济联合会、全国犯罪者雇佣协会、美国缓刑和假释协会、亚洲预防犯罪基金会、欧洲缓刑联盟、国际社区矫正协会、国际矫正与监狱协会的大力支持。参加本次大会的有来自16个国家和地区的400余名政府官员、专家学者、民间专职社工、志愿者等代表。

一、大会报告、参观及文化展示内容

日本政府为办好本次会议,做了非常用心的准备。全体大会主题围绕“是否具有确立有效且持续发展的保护观察制度的方法”“保护观察研究的过去、现在及未来”“论保护观察实务社区司法价值”“社区矫正、公共参与和激励”“保护观察的未来——亚洲经验和社区作用”展开,来自加拿大、美国、英国、日本等国家的代表作了交流发言。此外,大会还举办了12节工作坊,内容包括参观和分会场报告两大类。

分会场报告主要内容如下:

美国:保护观察协会关于制定社区矫正政策及实践;重视“反应性指导监督”;减少监狱关押人数的革新研究方法。

法国:关于“针对有特别需求罪犯”的理论与实践;防止保护观察制度中暴力(过激)冲突的对策;对社区矫正有效性的评估与矫治;电子监控防止再犯效果的实践;包含援助被害人的保护观察制度的作用。

瑞典:矫正保护局运用“RNR(风险、评估、响应)”原则的实践;针对暴力犯罪者的社区处遇规划;利用学科技术减少保护观察对象危险的改革。

英国:基于证据的理论与实践;针对性犯罪者的危险性评估;违法犯罪前科的人复归社会的政策援助、革新实践;针对违法少年的市民教育和道德教育的发展。

荷兰:罪犯综合危险性的评估工具。

智利:违法少年危险要因影响的分析;着眼于地域环境(少年居住地)的处遇复权。

肯尼亚:针对不同性别保护观察和社会内处遇的实践及展望。

日本:保护观察中的家庭支援现状及课题;自立准备设施的意义、价值及可能性;更生保护设施与社区的适当距离;日本更生保护设施的特征;更生保护设施两全会的新型、先进处遇;陪审员制度对社会内处遇的期待;涉毒罪犯的再犯预测因子;重大精神病性犯罪者的评估和处遇;艺术与更生保护之心。

国际矫正刑事设施协会:对矫正对象就业支援的研究与实践。

澳大利亚:社区司法制度;罪犯更生及预防再犯罪的作用。

泰国:减少高度危险年轻人再犯罪的方法研究。

分报告内容丰富多彩,与会者可以根据自己感兴趣领域或内容自由选择。参观内容包括:访问12名保护司家庭、府中刑务所(监狱)、多摩少年院、东京保护观察所(司法所)、两全会(1918年初立)大田援助中心、大田区更生保护援助中心等。

二、东南亚等国社会内处遇的基本概况

1990年联合国制定的"联合国非拘禁措施最低限度标准规则(东京规则)",展示出以社会内处遇为核心的非拘禁措施的国际标准。亚洲东南亚国家中,有六个国家已经建立"非拘禁措施制度",有4个国家尚未建立"非拘禁措施制度"。

东南亚的一些国家,也引进建立了与日本的保护司相类似的制度,但不同的国家对于犯罪者的监督指导、支援、社会调查、夜间外出禁止令遵守的确认、团体处遇等均不相同,在社会处遇(社区矫正)过程中,保护观察官除了辅助司法官员之外,还活跃在与相关机构的联系、经济援助、预防犯罪、提高市民意识等非常广泛的领域。具体讲,新加坡在官员与社工的作用与担当方面,比较重视家庭对社会内处遇对象的指导监督、门禁的遵守确认、与双亲的相互协作以及参与社会服务活动;在队伍人才培育方面,注重研修基础培训和高级培训、对案件的研讨;对于切实遵守门禁的对象予以表彰。菲律宾在官员与社工的作用与担当方面,注重对社会内处遇对象的指导监督、对象心理咨询矫治、恢复性司法及团体治疗活动;在队伍人才培育方面,注重基础培训、团体队伍提升和专题研修。泰国于1986年引进了日本的保护司制度,在官员与社工的作用与担当方面,注重专职社工对政府官员的协助、参与罪犯更生及防止再犯的活动;在队伍人才培育方面,研修培训中注重犯罪学基础、社会福利、社会处遇管理局的使命,医疗制度、案件补贴、对突出更显著者的表彰。

三、日本保护观察制度的根基——无私奉献的"保护司"

不同的国家,创建"社会内处遇"制度的渊源在很大程度上决定了其制度建设及实践的模式。日本、美国及欧洲一些国家,社区矫正(社会内处遇）最初都起源于民间慈善家的自愿奉献。即便在今天，这种民间的奉献精神仍然是日本保护观察制度的文化根基，大约有48000名“保护司”和保护观察官共同深入协作，使以个人为核心的“近身处遇”模式得以成功实践。一百多年来，日本社会内处遇实践发展到今天，保护司的贡献是不可欠缺的。

日本的社区矫正体制是“官民结合，以民为主”。具体承担社区矫正职责的政府官员（保护观察官）和专职社工（保护司）所发挥的作用、技能、资格等都有很大的差异（培养一名保护观察官通常需要3年左右的时间，除具备公务员资格之外，还需要具有社会学、教育学或心理学等专门知识），两者之间形成了互补的合作模式。

日本的保护观察官可以称之为“案件管理者”，承担初次会见（我国称之为“区县司法局报到”）、制定保护观察实施计划、与相关机构联系、实施处遇计划、实施处罚措施等，而保护司则是发挥地域性和民间性的特点，与对象本人近身接触——“会见指导”（通常是在保护司家里见面，保护司也到对象家里访问，了解实际生活状况。若感到一定的风险，便在保护观察所或公开场所会见），持续性关注其改善更生情况。保护司通过与对象之间建立信赖关系，指导对象用实际行动建立其自尊心，帮助对象远离犯罪的生活及促使他们努力成为守法公民。

自第二次世界大战结束后的半个多世纪以来，日本刑务所（监狱）的官员，也没有任何人因为罪犯自杀、脱逃被追究刑事责任，而是根据当事人的过错大小，处以警告、记过、记大过、降薪、降职、开除处分。

日本也没有设置社区矫正对象再犯罪后，对承担社区矫正职责的司法官员追究刑事责任的制度。战斗在一线工作的都是保护司（48000余名），是法务大臣任命的专职社工。保护司不领取工资，仅依照每一案件一个月4000日元（高难度案件7000日元）的标准领取补贴。无论是在大会交流，还是到保护司家里访问，总是听见他们说：只要获得了对象的信任，能够进行交流，就感到很愉快、感到成功乃至幸福。而一旦有对象再次违法或犯罪，保护司就感到极其难过、郁闷，感到自己很失败，没有尽到身为保护司的职责。

通过大会交流，和保护司家里访问，感受最深的是，无论是在该岗位上工作40多年的老人，还是仅仅才参加5年左右的中年人，对自己能够被法务大臣任命参与国家的非监禁刑罚执行工作，都感到无限荣光，都认为要尽自己最大的努力去做好工作。日本政府面对这样一个近5万人的群体,如此具有使命感、责任心,仅仅奉献却不领取工资的保护司队伍,充满了感激之情,不可能设置追究其刑事责任的制度。

监禁趋势

2019年全球监狱趋势分析*

张桂荣**

全球犯罪与监禁状况会随着各国经济、政治形势的变化以及刑事政策和社会政策的调整而发生变化，并出现新的发展趋势。本文分析了2019年全球在监禁措施使用状况、监狱人口情况、监狱管理、技术的使用、监禁替代措施等方面的趋势，并提出了相应对策建议，供参考和借鉴。

一、犯罪与监禁的总体趋势

（一）犯罪率

相关证据表明，全球范围内的犯罪率总体上出现下降。但是在网络犯罪和毒品相关犯罪两大领域，犯罪率却出现了明显的上升。

作为衡量一个国家暴力犯罪情况和国家安全水平的指针，故意杀人犯罪在2004～2015年间总体上出现了下降趋势，但在地区之间还存在显著差异，其高度集中在某些国家以及某些国家非常特定的城市区域。在世界范围

---

* 资料来源：http://www.penalreform.org，global prison trends 2019，2019年8月9日访问。

** 张桂荣：司法部预防犯罪研究所研究员。

内,拉丁美洲是杀人犯罪率最高的地区。但是,这一暴力仅集中在该地区的某些国家和城市。男性是全球杀人犯罪的主要受害者,占比为80%。

针对儿童的暴力行为不论在发达国家还是不发达国家均比较突出。2015年,在全球17亿儿童中,至少有四分之三的儿童在日常生活中遭遇过某种形式的人际暴力、残暴或虐待。尽管针对儿童的暴力一个普遍现象,但也存在地区差异。例如,针对儿童身体和性暴力犯罪主要发生在非洲、中东和南亚地区,而杀害儿童的犯罪则主要集中在拉丁美洲和中非地区。

(二)监禁率

据泰国刑事政策研究所(Institute for Criminal Policy Research,ICPR)估计,2018年全球监狱人口有1100多万人,其中近一半的人集中在美国、俄罗斯和巴西等国家。

监狱人口的地区差异非常显著。自2000年以来,大洋洲的监狱总人数增加了86%,美洲地区增加了41%,亚洲地区增加了29%。其中南美洲和东南亚地区增长率特别巨大,分别为175%和122%。相比之下,欧洲的监狱总人数减少了22%,这主要归功于俄罗斯(45%)和中东欧地区监狱人口的大幅减少。如果将俄罗斯排除在外,欧洲的监狱人口实际上增加了3%。

目前,美国仍然是世界上监禁率最高的国家(全国每10万人口中有675人被监禁)。自2015年以来,世界各国的监狱人口已经发生了显著变化。2015~2018年间,哥伦比亚、尼加拉瓜、埃及和菲律宾的监禁率出现了大幅上升,每10万人中的囚犯数分别增加了68%、61%、53%和48%。在墨西哥和罗马尼亚,过去3年的监禁率则出现了大幅下降,降幅分别达23%和22%。

造成地区和国家监禁使用和过度使用存在广泛差异的原因比较复杂。但是,泰国刑事政策研究所的研究发现,无论各国趋势如何,最终结果是监狱人口的增幅高于社会普通人口的增长。通常来说,监狱人口的规模是由被投入监狱的人数和监狱人口被关押的时间长度这两个因素决定的。因此,要解释监禁使用的增速超过了全球人口增速这一问题,需要从各国的层面来寻找答案。高度复杂化的刑事司法政策和实践(如“严厉打击犯罪”的政策和延长刑期的作法等)及社会、文化和经济因素(如不平等程度的加剧等)都可能是这一问题的答案。

(三)监狱过度拥挤

监狱过度拥挤一直是一个全球性的问题。在很大程度上,这一问题是由于审前羁押措施的过度使用造成的。泰国刑事政策研究所的有关数据表明,全球有 121 个国家的监狱囚犯数量都超过了官方监狱关押能力。实际上,这一数字可能还低估了真实情形,因为即便整个监狱系统并不拥挤,特定监狱或部分监狱仍可能是过度拥挤的。

过度拥挤对囚犯的生活影响巨大,一方面,会导致监狱中出现不利于囚犯生理和心理健康的不卫生和暴力等现象,而这种状况又不利于罪犯的改造。另一方面,在过度拥挤的监狱中工作的监狱职员自身也处于风险之中,他们面临潜在暴力、染上传染性疾病、压力和心理健康问题增加的可能性也更大。在过度拥挤的情况下,许多国家的监狱管理和资源会捉襟见肘,仅能为罪犯提供基本生活需求。

目前,菲律宾的监狱是世界上最拥挤的,该国监狱正在以超出官方监狱设计容量的 363% 的情形下运行。这种拥挤很大程度上要归因于杜特尔特总统实施的"毒品战争"。据报道,在马尼拉市的拘留所,518 名男子曾被关押在一个设计容量仅为 170 人的空间里。菲律宾审计委员会表示,"拘留所的拥挤状况不仅导致了健康和卫生问题,而且还导致了犯人帮派联系增加的问题。为了生存下去,犯人们不得不依靠帮派,在那里寻求保护和社会支持网络,而更重要的是在那里寻求物质利益"。[1]

为解决监狱过度拥挤问题,国际社会和许多国家提出了有关策略。总体而言,这些策略要求强化犯罪预防措施、增加审前和审后羁押替代措施的使用、审核刑期长度、限制缓刑或假释的召回并确保量刑实践的一致性。

大赦和赦免也继续被用作解决监狱过度拥挤问题及其他政治性更强的问题的短期方案。2018 年 9 月,卢旺达释放了 2000 多名囚犯,其中包括一些颇为高调的政治犯。玻利维亚启动了一项新的大赦法,津巴布韦则制定了释放多达 3000 名囚犯的计划。科特迪瓦于 2018 年 1 月赦免了 4000 多名被控犯有非政治罪行的囚犯,9 月又赦免了 4000 名囚犯。在埃及,塞西总统

〔1〕 Cited in *Overcrowded PH jails housingover 146,000 inmates, above 20k capacity: COA*, ABS-CBN News (3 July 2018), abs-cbn. com/news/07/03/18/overcrowded-ph-jails-housing-over-146000-inmates-above-20k-capacity-coa.

特赦了700多名囚犯。在以色列,基于2017年高等法院关于国家应为每名囚犯提供至少3平方米的生活空间的判决,政府制定了提前释放犯人的计划。

过度拥挤问题的另一普遍解决方案是建设更多监狱,以提供更多的收容量。例如,柬埔寨于2019年开通一座新监狱,囚犯可付费被关押在空间更大的监舍中;在斯洛伐克,司法部计划建设一座可容纳832名囚犯的新监狱;而在孟加拉国,人们也提出了临时搭建简易房、以安置不断扩充的监狱人口的建议。

一些国家采取了更具可持续性的长期解决方案,以缓解监狱过度拥挤这一问题。例如,尼日利亚成立了一个总统顾问委员会,以解决该国的监狱拥挤问题(该国监狱的实际关押人数为其设计容量的136%)。2018年,非洲人权和民权委员会(African Commission on Human and People's Rights)制定了相关准则,敦促各国对轻微犯罪行为实施去刑事化处理,从而解决监狱过度拥挤这一问题,同时认可了将轻微罪行入罪"会导致将贫困、无家可归和失业问题入罪,从而助长歧视和边缘化现象,并对我们社区中那些贫困程度最深、被边缘化程度最甚的人造成影响"的事实。[1]

(四)修复性司法

长期以来,修复性司法在非正式法律体系中均有使用,近年来,修复性司法在正式法律体系中的运用已经达到了显著拓展。尽管其使用仍然存在障碍,如对正当程序和法网扩张的担心,但越来越多的证据表明,修复性司法具有成本效益,能够帮助受害人恢复并有助于降低再犯率。目前,无论是作为量刑程序的一部分,还是在刑事司法程序的其他节点,修复性司法在若干国家和地区,如澳大利亚、北美、欧洲、中亚和东亚均得到了普遍运用。

修复性司法使用过程中的一项关键进展,是2018年欧洲委员会(Council of Europe)通过了一项建议。这项建议宣称,修复性司法应该成为一项"普遍提供的服务",而不仅仅是取决于犯罪类型、犯人年龄、刑事司法程序所处阶段或受害人所处地理位置等因素而提供的服务。这项建议还倡导在刑事司法程序之外使用修复性司法,包括"被动适用"(如用于解决囚犯

---

〔1〕 African Commission on Human and Peoples' Rights, *Principles on the Decriminalisation of Petty Offences in Africa*, 2018, Foreword.

之间或囚犯与监狱警察之间的冲突)和“主动适用”(如用于刑事司法机构或社群内部的关系建设)两类。此外,欧盟受害人权利指令(Victims’ Rights Directive)的实施也体现了修复性司法原则。

在苏格兰,政府承诺在2023 年之前在全国范围内普遍提供修复性司法服务,并于 2019 年发布了《修复性司法行动计划》,同时为服务提供者和主持人发布了法定指南。

最近几年,东欧和中亚一些国家出现了制定新的儿童司法相关法律的趋势,其中许多都纳入了渐进式修复性司法原则。例如,阿尔巴尼亚的《少年司法法》要求将旨在实施修复性司法的替代措施作为优先选项;在格鲁吉亚,2015 年通过的《少年司法法》就全国缓刑机构(National Probation Agency)所属社会工作者监管的转处和调解项目作出了具体规定。这在广泛减少刑事司法体系中被羁押儿童数量方面发挥了关键作用。

其他一些国家也宣布了新的倡议。目前,牙买加司法部正在寻求建立更多的修复性司法中心,以便为 2016 年通过《修复性司法法案》以来已经成立的 9 个修复性司法中心提供补充力量。加拿大阿尔伯塔省司法部已承诺为其犯罪受害人基金提供 450 万加元的额外资金,其中部分资金将用于支付修复性司法措施。自 2018 年以来,澳大利亚的家庭和性暴力幸存者即可享受修复性司法服务。

二、监禁使用趋势

(一)审前羁押

审前羁押是造成监狱过度拥挤的主要原因之一。在全球范围内所关押的囚犯中约 30% 是未决犯,而在某些国家,处于审前羁押状态的囚犯超过60% 。依据 2016 年发布的相关数据,全球每一天都有近 300 万人以审前羁押或其他还押监禁的形式而被关押。这些数据还不包括警方拘留的人数。当然,全球每年被还押候审的人数要高得多,达到了 1400 万人的水平。

自 2000 年以来,审前羁押的人数在美洲和亚洲出现了迅速增长,增幅分别达 60% 和 34% ,而在大洋洲,审前羁押的人数的增幅则高达 175% 。非洲和南亚、西亚的增幅相对温和,但即便如此,审前羁押人员仍占许多非洲及南亚和西亚国家监狱人口的 40% 以上。相比之下,欧洲的审前羁押人数自2000 年以来减少了 42% 。

尽管有关审前羁押时长方面的数据难以获得,但是,相关研究表明,还押候审犯人的羁押期限往往会很长,以至于羁押期限与其所判刑期相比显得很不相称。此外,还经常出现被关押很长时间后又被无罪释放或仅被判社区制裁的情形。例如,国际刑罚改革协会 2016 年就肯尼亚社区刑服刑妇女开展的研究显示,在 97 名受访女犯中,有 87% 在被判社区刑之前曾被审前羁押过。其中,大多数人没有被准许保释,而被准许保释的犯人又无法满足保释金条款或安全要求。

审前羁押期间对囚犯个体的影响都是毁灭性的。在羁押期限被延长的情况下,情况会更糟糕。被审前羁押的人将被迫离开其社区,与社会和家庭的联系被破坏。此外,他们还处于被迫承认有罪以换取较轻刑罚的风险之中。开放社会基金会(Open Society Foundation)表示,审前羁押犯人的关押条件往往比被正式定罪的犯人更差,被施以酷刑的风险也更高。2018 年关于审前羁押儿童的一份全球性报告发现,审前羁押会导致酷刑风险增高、虚假招供和不公平辩诉交易、腐败加剧、身心虐待、监狱过度拥挤、长期社会和发育影响、再犯率提高等后果。

过度、持久的审前羁押还可能在更大范围内影响公众对司法系统的认知。菲律宾一项研究表明,审前羁押的过度使用导致人们普遍产生了司法系统已经崩溃的看法,而对法治的不恭和蔑视又进一步强化了公众对“公民应将问题解决权抓在自己手里并自行应对犯罪”这一看法的支持。

无法享受法律代理和无力支付保释金是审前羁押过度使用问题的普遍推动因素,与贫困问题密切相关。肯尼亚检察长办公室(Office of the Director of Public Prosecutions)2018 年开展的一项审计活动发现,90% 的审前羁押犯人曾经获许保释,却因无法满足保释条件而被羁押,另外,大约同样比例的审前羁押犯人没有法律代理人。2018 年 6 月,加利福尼亚州成为美国首个就刑事犯罪候审嫌疑人废除现金保释制度的州。依据规定,如果认为被告可能出庭受审且对公众危险较小的,可被先行释放。但是,释放与否还需要根据一个风险评估程序确定。

不遵守关于审前羁押时长限制的规定也是造成审前羁押过度使用的原因之一。而规定了时间限制的国家,可能又存在以下问题:缺乏适当记录机制,以致无法明确被羁押者到底已被羁押多长时间;到底由谁确保时间限制得到遵守的规定不够明确;没有认定被羁押者已被超期羁押的机制等。2018 年关于审前羁押未成年人的一份全球性报告对 118 个国家的调查发现,26%

的国家没有针对未成年人的审前羁押时限,43% 的国家仅有适用于未成年人的审前羁押时限,31% 的国家有适用于成人和未成年人的一般性审前羁押时限。该报告认为,国际社会应该引进一项新的时间限制,以便将未成年人的审前羁押时限限制在 30 天之内。

一些国家存在就某些犯罪强制适用审前羁押的制度。在这方面,墨西哥是一个非常典型的例子。该国 40% 的监狱人口属于审前羁押犯人。根据墨西哥宪法,谋杀、强奸、绑架及一些其他犯罪应强制适用审前羁押措施。目前,墨西哥议会正在审议一项立法草案,以便将适用强制审前羁押的范围扩大到入室盗窃和持有武器等犯罪。相反,在加纳,审前羁押率已从 2007 年的 30% 下降到 2018 年的 12% 。促成这一变化的因素是加纳最高法院要求所有刑事犯罪均应适用保释的一项判决。

辩诉交易是一项能够同时解决监狱过度拥挤和审前羁押这两大问题的工具。早前,辩诉交易广泛存在于美国,但近年来,这一作法在世界上其他地方的使用出现了显著增加。2017 年,非政府组织“公平审判”(Fair Trials)对这一问题进行了报道并发现,自 1990 年以来,辩诉交易的使用在全球范围内增加了 300% 。这份报告还发现,在没有充分程序保障的情况下,辩诉交易的使用和扩大化存在相当大的问题,其中包括:无辜者可能因为劝说或压力而被迫承认有罪;定罪的简单化可能会导致刑事化处理的过度和刑罚的严厉化;在“交易”由控方和辩护律师进行的情况下,谈判各方之间可能会存在不平等、透明度缺失等问题;公众对司法的信任可能会被破坏等。

2018 年,新西兰通过一系列提高司法效率的措施,短时间内有效减少了审前羁押人数。这些措施包括诸如在监狱中提供保释顾问,以积极为那些还押候审犯人申请电子监视,在法院听证会上提供保释支持服务(包括向犯人介绍酒精和毒品滥用项目),为保释犯人申请手机以便为其提供听证会和支持服务相关最新信息等。随着这些措施的应用,较短的时间内,新西兰的审前羁押人数相对实现了下降。

(二)量刑

量刑决定是由一个复杂的目标组合共同确定的。除惩罚罪犯外,罪犯的改造、社会保护和犯罪威慑也是量刑目标的组成部分。同类犯罪刑罚的严厉程度和刑期长度在全球范围内存在巨大差异。这表明,各国对这些目标的评估存在非常大的差异。即便在同一辖区内,量刑结果也可能因案件和法官而异。一些证据表明,在许多国家,监禁刑正在变长,特别是对严重犯罪而言。量刑趋于严厉的作法是以下几大因素相互作用的结果:关于犯罪惩罚的政治和媒体辩论越来越要求对犯罪采取严厉态度;新的量刑准则;新的量刑先例;人们对新的或不同犯罪规律的认知等。

意大利的研究表明,在基准刑期已经够长的情况下,刑期的增加——无论是法定最低刑、刑罚强化措施还是更为严厉的量刑作法导致的——都不可能产生更大的威慑效果。

为协助量刑决策,一些国家制定了量刑准则,一些国家则成立了量刑顾问委员会,还有一些国家则双管齐下,同时采取上述两项措施。这些措施往往是因为公众认为量刑过程有失公平、因而对量刑过程缺乏信心或量刑实践存在相当大的差异而采取的。例如,2018 年,苏格兰首次引进了量刑准则,将"公平和相称"原则规定为量刑的核心原则,并将量刑目的定义为改造罪犯、保护公众、犯罪惩罚、为罪犯提供改过自新的机会、表达对犯罪行为的反对等。

一些国家已开始摒弃将监禁刑作为轻罪处罚的作法。例如,在南非开普敦市,一名高等法院的法官判决指出,所有被判两年以下刑期的人都应执行社区服务,因为被告"通常都很贫困,是社会经济状况的受害者"。在苏格兰,除非是在特殊情况下,法官不能判处罪犯以低于 6 个月的监禁。在英格兰和威尔士,政府也已经表达了摒弃 6 个月以下的监禁刑的意愿,以缓解监狱过度拥挤状况,同时承认与社区刑相比,刑期较短的监禁刑在减少再犯方面更为低效,因为它们"足以毁掉一个人,却不足以治愈一个人"。[1] 目前,人们普遍使用的词语是"智慧"量刑,即在有效司法与无效司法之间进行选择,而不是在"硬"司法与"软"司法之间进行选择。

此外,在量刑方面还存在性别偏见。一份关于被判死刑女犯的报告发现,刑事司法主体经常将女性视为犯罪的受害者和幸存者,而非犯罪的始作俑者。尽管这一假定有利于一些女性,使其得以领受较轻刑罚,但与此同时,那些被视为违反了根深蒂固的性别行为规范的女性可能会被判处更加严厉的刑罚。

在一些国家的量刑中,与罪犯民族或种族少数地位相关的其他偏见也

〔1〕 *Ministers Consider Ending Jail Terms of Six Months or Less*', BBC News(12 January 2019), http://www.bbc.co.uk/news/uk-46847162.

很明显。2017 年,美国量刑委员会(United States Sentencing Commission, USSC)发现,尽管联邦量刑准则旨在倡导跨越地理和社会经济界限的量刑统一性,但黑人被告在罪行相同的情况下领受的刑期仍然比白人被告更长,即便是在控制犯罪历史、年龄、教育和公民权等因素的情况下。为解决土著人口在监狱中的比例性过高这一问题,并促进相关社区刑和修复性刑罚的使用,澳大利亚、加拿大和新西兰都成立了土著量刑法院。

在一些国家,开始开展更加循证的量刑实践,目的是让法院对那些能够提高或降低再犯概率的动态和静态因素进行经验式评估。在评估中,罪犯通常被赋予一个风险"得分",而这个分数同时还被用于指导罪犯的改造干预。低风险罪犯可能会被判处非拘禁刑,而风险较高的罪犯被判处监禁的可能性则更高。

上述风险评估通常是由缓刑或法院福利官员实施的。但是,在美国,一个快速发展的趋势却是利用大数据算法模型开展这种评估。在这些风险评估算法中,许多都考虑了罪犯的个人特征,如年龄、性别、地理位置、家庭背景和就业状态等。评估结果不仅被用于量刑相关决策,而且被用于保释相关决策。在实践中,这种评估意味着,即便两个人被控或被判犯有相同罪行,他们的保释或量刑结果也可能大不相同。但是,这些工具的使用也受到了严厉批评,因为认为它们不可靠,可能导致种族定性(racial profiling)且在计算机算法如何斟酌衡量不同变量方面缺乏清晰度或透明度。此外,这些工具通常是由私人企业开发的,而这些企业往往将其算法和背后的研究成果视为专有机密,即便是使用这些工具的法院或政府机构也被排除在这些机密之外。非政府组织 ProPublica 曾经对一个这类风险评估算法即 COMPAS 进行过调查。这个工具被用于协助司法决策,其结论仅仅是法官量刑时考虑的众多变量之一。ProPublica 的调查发现,这个工具使用的公式极有可能将黑人被告标注为未来的犯罪分子,其赋予黑人被告的分数几乎是白人被告的两倍。此外,COMPAS 算法得出的分数在预测暴力犯罪方面并不准确,因为在被其预测将实施暴力犯罪的人中,仅有 20% 的人真的继续实施了犯罪。

目前,这类人工智能在世界其他地区尚未被广泛使用。例如,在欧洲,只有英国试验过一个旨在协助法官评估再犯风险的预测工具。但是,由于认识到了相关风险的存在,欧洲司法效率委员会(European Commission for the Efficiency of Justice,ECEJ)发布了一份关于在司法体系中使用人工智能的伦理宪章。这份宪章倡导的是一种预防性方法,并给出了在使用人工智能时必须落实到位的关键标准,包括确保人工智能工具和服务的设计和实施与基本权利相符、防止个体或群体之间任何歧视现象的出现或强化、确保数据处理方法可查询和可理解、确保用户为知情主体且对其选择享有控制权等。

(三)死刑

全球死刑废除运动仍在取得进展。在2018年12月举行的联合国大会上,193个联合国成员国中有120个投票支持暂停死刑的执行,创下了新的纪录。另外,35个成员国投票反对暂停死刑,32个成员国弃权。与2016年12月117个国家支持暂停决议相比,这已经是一大进步了。在这次联合国大会上,几个国家改变了之前的反对立场,转而开始支持这一决议。这些国家包括巴基斯坦、多米尼加、利比亚和马来西亚。目前,在193个联合国成员国中,有103个已经就所有犯罪废除了死刑,另有139个在法律上或实践中废除了死刑。

截至2019年3月,全球已有86个国家批准了《公民权利和政治权利国际公约第二任择议定书》(Second Optional Protocol to the International Covenant on Civil and Political Rights)。

减害国际(Harm Reduction International)发现,在全球范围内,对毒品犯罪适用死刑的现象出现了积极的下降趋势:自2015年以来,因毒品犯罪判处死刑的案例减少了90%。在一定程度上,是伊朗大幅减少了对毒品犯罪适用死刑的结果。目前,全球至少有35个国家和地区仍然保持着对毒品犯罪的死刑,伊朗、沙特阿拉伯和新加坡等国在2018年还执行了相关死刑。此外,斯里兰卡内阁批准了一项对毒品相关犯罪恢复死刑的动议,而孟加拉国政府则批准了《2018年毒品控制法案(草案)》,使得制造和销售甲基苯丙胺的犯人被判处死刑再次成为可能。

在美国,死刑判决和执行案例数已经连续下降了18年,且25年来首次出现了真正面临死刑者少于2500人的情形。由于认定死刑适用"随意、存在种族歧视,且不能服务于任何合法的刑罚学目标",华盛顿州成了美国第20个废除死刑的州。另外,加利福尼亚州州长也实施了暂停处决令,其有效期为其当前任期(截至2023年)。

尽管有些国家取消了死刑,但据报道,一些国家和地区又恢复了死刑和出现了死刑判决，如博茨瓦纳、泰国、日本、比利时及中国台湾地区。

一些国家的新法导致了某些犯罪死刑适用范围的扩大。例如，2018年4月，毛里塔尼亚通过了一项法律，使死刑可强制适用于"渎神言论"和"大不敬行为"。2018年4月，印度也通过了一项行政命令，允许对被判犯有强奸12岁以下儿童罪行的任何人适用死刑。

（四）终身监禁

废除和限制死刑已导致许多国家将终身监禁作为其最严厉制裁措施使用。据估计，2014年，全球约有50万人在监狱内服终身监禁刑。最近发布的一份开创性研究成果表明，2000～2014年间，全球范围内被执行正式终身监禁的人数几乎增长了84%，而在全球216个国家中，有183个存在正式的终身监禁刑。此外，还有还有一些国家存在事实上的终身监禁，比如长达99年之类的长期、确定的监禁刑。全球至少有64个国家存在事实上的终身监禁相关规定，包括15个根本就不判处正式终身监禁的国家。例如，在墨西哥的联邦监狱系统中，罪犯可面临长达140年的最高确定刑期。无假释终身监禁也意味着，罪犯在服刑过程中没有任何服刑审查机会，因而将被监禁至死为止。在美国，无假释终身监禁罪犯人数出现了显著增长，几乎占全球被完整执行终身监禁刑罪犯总数的一半。其他国家，如中国和印度，最近也通过了将无假释终身监禁作为正式法定制裁的规定。

在世界范围内，美国是唯一一个仍允许对18岁以下未成年人适用无假释终身监禁的国家。2018年10月，美国华盛顿州最高法院判决说，这种刑罚违反了该州宪法，"与成年人相比，儿童在刑事犯罪方面的罪责更小，且其少年特征不支持无假释终身监禁刑的刑罚目标"。[1] 目前，美国26个州及哥伦比亚特区已禁止或不对未成年人适用无假释终身监禁。

目前，全球仍有67个国家对18岁以下的未成年人保留了终身监禁刑，同时，49个国家仍允许对未成年人适用15年或15年以上的监禁刑，90个国家仍允许对未成年人适用10年或10年以上的监禁刑。现在，禁止对未成年人适用任何形式的终身监禁已成为一股日益壮大的趋势。联合国人权理事会已反复呼吁所有成员国在法律和实践两个层面禁止对未成年人适用终身

〔1〕 See *States that Ban Life Without Parole for Children*, The Campaign for the Fair Sentencing of Youth, http://www.fairsentencingofyouth.org/mediaresources/states-that-ban-life.

监禁。

目前,“希望权”(right of hope)已被欧洲人权法院(European Court of Human Rights)认定为“人性……的一个基本方面”。[1] 该法院判决说,不给予罪犯以任何获释希望的终身监禁是不人道和有辱人格的,因此,违反了《欧洲人权公约》(European Convention of Human Rights)第3条的规定。此外,该法院还强调了监禁改造目的的重要性。

2018年3月,马耳他宪法法院作出判决称,被判终身监禁者服刑至少25年后可接受假释审查,从而增加了“希望权”这一法理的内容。该法院表示,“即便是被判犯有最严重罪行的人也不能被剥夺尊严,必须保留其希望权,即在为其行为付出代价后,可被视为已从其缺点中获得教训并可改变其之前选择的道路”。[2]

2017年,肯尼亚最高法院作出了强制性死刑违宪的判决。之后,肯尼亚政府成立了一个工作组,提出了之前适用死刑的各种罪行——包括叛国罪、谋杀罪和加重抢劫罪等——可用终身监禁进行处罚的建议。2018年,美国参议院通过了《第一步法案》(First Step Act),终结了“三振出局”(three strikes)刑罚制度下某些联邦罪行自动适用终身监禁的做法。

(五)毒品与监禁

2018年《世界毒品报告》(World Drug Report)显示,由于传统毒品依然存在,新型精神活性物质又不断出现,大量非处方药被滥用,使可获取毒品的范围和毒品市场的规模仍在继续扩大,并呈现强劲的多元化趋势。2019年,实施了10年之久的旨在改善国际合作、并消灭或显著减少非法毒品的供应和需求的《联合国毒品控制政治宣言和行动计划》(UN Political Declaration and Plan of Action on Drug Control)正式结束。因为通过对《联合国毒品控制政治宣言和行动计划》执行的总体评估显示,各国政府不仅没有实现2009年制定的目标和承诺,而且在许多情况下还引入了直接或间接

---

〔1〕 European Court of Human Rights, Vinter and Others *v.* UK (apps. 66069/09, 130/10 and 3896/10), 9 July 2013 [GC], Concurring opinion of Judge Power-Forde.

〔2〕 *All Prisoners Serving Life Sentence in Belize to be Re-sentenced Following Major Decision of the Caribbean Court of Justice*, The Death Penalty Project, 5 April 2018, http://www.deathpenaltyproject.org/2018/04/05/all-prisoners-serving-life-sentence-inbelize-to-be-re-sentenced-following-majordecision-of-the-caribbean-court-of-justice.

侵犯人权的、适得其反的政策。

2018 年 9 月，联合国人权事务高级专员办公室(Office of the High Commissioner for Human Rights，OHCHR)呼吁世界各国在量刑时更加注意罪罚相称原则，废除适用于毒品相关犯罪的强制性最低刑罚，制定面向妇女、儿童、青少年和弱势群体的适当毒品政策，废除适用于所有犯罪包括毒品犯罪的死刑，并终止以毒品控制为名的人权侵犯行为。2019 年 3 月，联合国就一个新的全球毒品控制框架达成了一致。

毒品政策对监禁使用的影响是巨大的。国际毒品政策联合会(International Drug Policy Consortium，IDPC)2018 年发布的一份报告指出，“单是因毒品犯罪而被监禁的人数及因毒品犯罪而被审前羁押者的比例就已经在世界上许多地方导致了严重的监狱过度拥挤问题及极其危险的状况”。[1] 在地区层面，欧洲理事会(European Council)已于 2018 年 3 月通过其关于强迫性制裁替代措施的结论。这项结论建议，欧盟成员国应更广泛地对毒品犯罪分子适用非拘禁措施，并以有效方式执行非拘禁措施，同时监控和评估其实施效果。

在国家层面，毒品政策的两极分化趋势正日益增强，目前，全球已有 26 个国家对毒品使用采用了非罪化处理模式。2018 年末，南非宪法法院作出的判决称，一项禁止人们在私底下使用大麻的法律“是违宪的，因而是无效的”。同年，新西兰、泰国、卢森堡、葡萄牙和希腊等国颁布了允许或扩大大麻医学用途的法律。为解决监狱过度拥挤问题，泰国修订了该国的毒品法律，以确保毒品犯罪能够被处以更加相称的刑罚，同时以许可方式允许将大麻和卡痛树(Kratom，一种用作兴奋剂和止痛药的地方性植物)用于医学目的。此外，缅甸也在审查其毒品立法，以解决大量卷入非法毒品市场人士不断被监禁的问题。2018 年 7 月，加拿大设立了合法监管的大麻制品市场，而许多加勒比国家目前也在考虑类似倡议。

在世界其他地方，一些国家对毒品实施了严格的零容忍政策，从而直接或间接导致了监禁使用的增加。特别是在南亚和东南亚，各国政府正竞相仿效菲律宾总统杜特尔特采取的惩罚性毒品控制政策。目前，菲律宾实施的这项政策已经导致约 27000 名毒品犯罪嫌疑人被杀，同时导致了大规模的

---

[1] International Drug Policy Consortium，Taking Stock：*A Decade of Drug Policy-A Civil Society Shadow Report*，2018，p. 7.

逮捕行动及过度拥挤和不卫生条件下的随意羁押现象。2018 年 5 月,孟加拉国总理也发起了全国性的禁毒行动,导致 7000 多人被捕和 200 人在警方手里死亡。此外,该国还采取措施恢复了针对“毒品交易商、毒品辛迪加和黑帮头目赞助人”的死刑措施。

同样,斯里兰卡总统宣称,作为该国打击毒品相关犯罪努力的一部分,他已经“准备好随时签署毒品累犯的死刑执行令”。在总统大选结束后,哥伦比亚和巴西两国都对从事非法毒品活动的人采取打击政策,从而导致了暴力和人权侵犯的升级,而在巴西,更导致了该国监狱过度拥挤危机的加剧。

对毒品使用者的持续刑事化处理及毒品使用相关污名是监狱囚犯享受健康权的一个主要障碍。作为预防毒品使用相关损害包括艾滋病传播的一项关键措施的减害服务在监狱中是非常有限的,以致传染性疾病的流行率比社会上高 2 ~ 10 倍。联合国国际减灾战略署(United Nations International Strategy for Disaster Reduction,UNISDR)的数据显示,2018 年,全球仅有 10 个国家至少在一所监狱中实施了针具交换项目。同一项研究还报告说,全球只有 54 个国家的监狱为囚犯提供了类阿片替代治疗,但总体而言,女性囚犯是无法享受这类服务的。

三、监狱人口

(一)女犯

在监狱系统中,女犯属于少数群体,仅占全球监狱人口的 6.9%。但是,女犯的数量目前正在迅速攀升:2000 ~ 2017 年间,全球监狱中的女犯数量增加了 50% 以上,而全球监狱中的男性人口同期仅增加了 20% 左右。东亚和东南亚的女犯比例最高,其中,中国香港为 21% 左右,卡塔尔为 15%,科威特为 14%,阿拉伯联合酋长国为 11%。

女性经常因非暴力犯罪而被定罪。目前,她们仍会因未通过处女测试和可疑堕胎之类的“道德”犯罪而被监禁。因毒品犯罪而被判刑和监禁的女性占比也非常突出。在泰国,监狱中 82% 的女性囚犯是因毒品犯罪而被监禁的;在菲律宾,因毒品犯罪而被监禁的女犯比率高达 53%;在秘鲁和哥斯达黎加,这一比率都在 60% 以上。在巴西,2014 年被监禁的女犯中有 63% 是因毒品相关轻微犯罪而被监禁的,而男性这一比例仅为 25%。

贫困是女性犯罪的一个主要推手。女犯的背景往往与经济剥夺和家庭破坏相关联,造成这一切主要是由于社会政策和社交、就业领域反歧视政策的长期失灵。由于无法获得经济资源,女犯获得保释和法律代理的能力受到影响,同时也意味着女性是不可能从通过经济赔偿获得减刑(包括避免羁押)的法律制度中受益的。

世界卫生组织(World Health Organization,WHO)的报告显示,女犯中存在心理健康问题的比率高得惊人。这些心理健康问题包括创伤后应激障碍、抑郁、焦虑、自伤和自杀倾向等,她们通常是暴力受害者。英国的研究发现,女犯中存在很高的脑损伤率。对 173 名女犯筛查中发现,64% 的人报告过脑损伤的历史,且许多人都是因家庭暴力而遭受这种损害的。而存在大脑损害的人可能会更容易冲动,且控制焦虑或愤怒的情绪能力会更低,从而实施刑事犯罪的风险较高。新西兰的类似研究发现,94% 的女犯表现出脑损伤史。

这一发现对女性在刑事司法体系和监狱中的待遇影响巨大。在监狱中,应该对存在脑损伤的妇女进行个性化、治疗性的干预,以管理其损伤带来的健康、认知、行为、社交和情绪后果,包括攻击性行为。此外,她们还需要毒品或酒精依赖之类次生问题方面的额外支持。

许多女犯都是单亲妈妈,要养育孩子及其他家属。英国的研究表明,在母亲被投入监狱的情况下,只有 5% 的孩子仍然会在家庭环境中生活,而且,他们还会遭遇转学、与兄弟姐妹分离之类的重大变故。目前,欧洲委员会已发布了旨在保护 210 万父母被监禁儿童权益的政策准则。这些准则包括:尽量避免在孩子面前逮捕其父母;利用家庭假、开放式监狱和电子监控之类的措施;允许孩子在父母被捕一周内探视其父母;以不影响学业为前提对父母进行定期探视;确保儿童敏感型搜查和探视环境;利用技术维系父母与子女之间的接触;对羁押工作人员提供专门培训等。

来自土著社区和少数族裔的妇女在刑事司法体系中面临重大不利,其原因是性别和种族方面的双重歧视。这种歧视通常与社会经济地位和受教育层次低下有关。土著妇女的定罪和监禁率在加拿大、澳大利亚和新西兰尤其令人担忧。在澳大利亚,土著和托雷斯海峡岛民中的妇女占全国监狱中女犯的 34%,但她们在全国成年女性人口的比率仅为 2%。在新西兰,成年土著毛利族妇女的监禁率也奇高:2017 年,她们占新西兰全国被监禁妇女总数的 67%,但该国总人口中被认定为毛利族的人数仅为 15%。毒品政策也会对少数群体的妇女产生过大影响。如在加拿大,因毒品相关犯罪而在联邦监狱中服刑的所有妇女中有一半以上属于土著和黑人妇女。

众多文献表明,人类监狱是为大多数男性监狱人口设计和运作的,从监狱建筑和安全程序到医疗保健、家庭接触、工作培训等,无一不是如此。美国司法部的一份报告明确了联邦监狱中女犯的需求尚待满足的三个主要领域,即创伤治疗项目、怀孕项目和女性卫生项目。在生产期间,女犯仍然不得不面临恶劣的生产环境。以澳大利亚为例,一名女犯竟然被单独留在牢房中自行接生。在俄罗斯,视察员们发现,缝织衣物的女犯们每天都要工作18个小时。

为实施《联合国关于女性囚犯待遇和女性罪犯非拘禁措施的规则》(《曼谷规则》),各国已经实施了各种进步倡议。在美国,佛罗里达州通过了《被监禁妇女尊严法案》(Dignity for Incarcerated Women Act),以确保女性囚犯能够免费、无限制地获得卫生用品,并禁止男性工作人员对女犯实施裸体搜查和体腔搜查。巴西联邦最高法院判决称,如果被控犯有非暴力罪行,怀孕妇女和子女不到12岁的母亲可被软禁在家,而不是被审前羁押。这项判决给予了当局60天的时间施行相关命令,至少4500名目前在押的女犯将因此而受益。津巴布韦政府则宣布了为育有子女的女犯开通开放式监狱的计划。但是,在大多数国家,旨在实施《联合国关于女性囚犯待遇和女性犯罪拘禁措施的规则》的努力仍然是碎片式和逐步推进的。

(二)外国犯、少数群体和土著民族

在全球范围内,少数群体的成员在刑事司法系统中仍然面临歧视,而在监狱人口中的比重也仍然过高。

外国公民在许多监狱系统中都是一个日益壮大的群体,尽管人数比率因国而异。例如,外国犯在阿拉伯联合酋长国所有监狱囚犯中的比率高达87%,而在菲律宾监狱人口中的比率却仅为0.3%。这种差异主要是地理位置和移民政策等因素导致的。在欧洲,外国公民占监狱人口的比重平均为21%,这远远高于其占各国人口总数的比率。在一定程度上,这是因为他们在刑事司法程序中处于不利地位所导致的。这种不利地位包括警方加大对外国人犯罪的打击力度、语言障碍、法律援助缺失、量刑歧视及移民相关犯罪惩罚力度日益加强等。

外国公民在监狱中面临孤独、语言障碍、家庭接触有限或为零、歧视、对监狱制度和整个刑事司法体系的理解有限等难题。此外,他们还面临移民地位相关的挑战(如遣返问题)以及在参与改造项目方面的困难。为应对这些挑战,各国采取了不同的方式,包括为外国囚犯提供画册帮助其沟通、让相同国籍的囚犯为新囚犯提供辅导、为外国囚犯提供视频会议设备帮助其保持与国外家人之间的联系、为监狱工作人员提供不同语言的培训等。比如在奥地利,大量监狱囚犯都不是以德语为母语的。为此,一家私人公司每天早 8 时到晚 18 时都会为监狱工作人员提供几大预先规定语种的在线翻译服务。

欧盟委员会资助了一个名为 FORINER 项目,为来自欧盟成员国的外国犯提供接受其本国教育的机会。经评估发现,大多数参与者都认为项目课程能够降低其再犯率,同时能够降低其获释后的就业难度。超过一半的学生表示,他们希望能够通过参与课程改善其与家人和朋友之间的关系。

在全球范围内,各国各地区还关押了较大比率的外国女犯,其中大多数人都涉及毒品和移民法相关犯罪,且许多人都是移民工人。如在阿拉伯联合酋长国,截至 2018 年 6 月被判处死刑的 9 名女性犯人中,8 人为外国公民,且大多数都是移民工人。在中国香港和澳门,女犯的比率是全球最高的;她们当中的大多数人都是因为毒品贩卖或移民相关犯罪(在外国性工作者中较为普遍)而被定罪的。

尽管外国女犯的监狱体验大体被人们忽视了,但葡萄牙的一项研究发现,外国女犯存在家庭关系管理方面的问题,而无法照顾孩子和亲人的事实尤其令他们感到痛苦。这些女犯还认为,由于性别和国籍等原因,她们在刑事司法程序中的权利比其他犯人更少。

土著民族在监狱人口中的比率严重过高,澳大利亚、加拿大和新西兰尤其如此。这是一个久拖不决且仍在不断加剧的问题,特别是对土著民族中的女性而言。在澳大利亚,土著和托雷斯海峡岛民中的成年人占该国全国监狱人口的 27%,但他们占该国总人口的比率仅为 2%。因此,这一问题被澳大利亚人称为"国家耻辱",而其根源则是社会和历史问题。在加拿大,尽管土著民族仅占全国人口的 5% 左右,但他们在联邦监狱人口中的比率却高达 27%,比 10 年前提升了 8 个百分点。在新西兰,毛利人被定罪且监禁的可能性比其他民族的犯人高 11 倍。

2017 年末,澳大利亚法律改革委员会(Australian Law Reform Commission)制作了一份报告,列出了在土著和托雷斯海峡岛民中实现法律面前的实质性平等和程序性平等的方法。这份报告采取了“司法再投资”的方式。大体而言,就是政府应该对刑事司法资源进行再定向,将其投入能够更好地应对犯罪问题根源的策略中去。

在监狱中,土著民族有时并无法得到他们需要的个性化待遇。在新西兰,全国18个监狱中只有五个提供了Te Tirohanga这一为毛利人量身定制的、已被证实能够成功减少再犯的改造课程。但是,澳大利亚已采用技术手段支持土著民族接受为其量身定制的课程,如土著高等教育路径课程(Indigenous Higher Education Pathways Program)。

少数民族和种族囚犯在监狱系统中的比率通常也过高。由于社会和经济方面的边缘化,他们存在多重需求的可能性特别高。从监狱获释后,他们可能会面临特殊的改造障碍,而现有的支持服务可能不会将其特殊文化需求纳入考量。此外,在寻求住房、就业和社会支持时,他们也可能会面临歧视。

(三)未成年犯

2018年,在刑事司法领域,许多国家既出现了旨在建立面向儿童的专门司法体系的持续、积极的进展,也出现了严重侵犯儿童权利的惊人报告,特别是在反恐背景下。在国际层面,联合国继续开展关于被剥夺自由儿童的全球研究工作。联合国儿童权利委员会(UN Committee on the Rights of the Child)正在修订2007年关于少年司法的一般意见(2007 General Comment on Juvenile Comment),以便对其进行更新并强化其主要条款。这份意见计划在2019年定稿。

最近,一些国家正就最低刑事责任年龄进行持续探讨。在菲律宾,最低刑事责任年龄目前为15岁,但是,一个国会委员会已经批准一项将其降低到12岁的法案。在澳大利亚,最低刑事责任年龄目前为10岁,因此,每年都有多达600名14岁以下的儿童被投入监狱。但是,根据皇家委员会(Royal Commission)的一项建议,澳大利亚至少有两个州和领地出现了将这一年龄提高到12岁的动向。在苏格兰,一项将刑事责任年龄从8岁提高到12岁的立法草案已经在原则上得到了议会批准。

埃塞俄比亚专门设立了70多个儿童友好型法庭。在泰国,政府已经制定了复制班·坎卡纳皮塞克(Baan Kanchanapisek)这一儿童司法机制成功经验的计划。在Baan Kanchanapisek这一机制下,未成年犯的再犯率只有

5%,而其他机制的再犯率高达15%。

来自某些特定群体的儿童在世界各地司法体系中的代表性仍然过高。在美国,2015年被监禁的青少年中有44%为非洲裔美国人,尽管非洲裔美国人仅占该国所有青少年人口的16%。此外,美国司法部下属的青少年司法机构终止了许多旨在协助各州解决黑人及其他少数群体年轻成员监禁率过高这一问题的重要研究项目。在澳大利亚维多利亚州,被关押在青少年监狱或正在执行惩教令的年轻人中约16%为土著人,但土著和托雷斯海峡岛民中的年轻人仅占该州全部人口的1.6%。2016~2017年,加拿大所有在押青少年中有近一半人是土著,尽管土著人仅占该国青少年总数的8%。

2017年,世界各地的羁押机构都发生了严重侵犯儿童权利的事件。在2018年对巴西圣保罗州在押未成年犯进行的一项研究中,90%的参与者表示,军事警察曾在逮捕过程中对他们实施虐待;25%的参与者表示,少年犯羁押工作人员曾经对他们实施过殴打。2018年,埃及有报道说,在押儿童面临酷刑和被迫失踪等危险。在英国,对封闭式培训中心儿童虐待事件进行的一项严肃案例审查强调,羁押设施管理机构在发现、应对和监测虐待传闻方面保持警惕非常重要。这项审查还表示,"倾听、协商并赋予儿童以发言权的文化对于发展机构内的安全文化至关重要"。

在反恐背景下对儿童进行调查、羁押和起诉正成为一种日益增加的现象。2018年,大量被指控与索马里青年党(Al-Shabaab)有联系的儿童被逮捕,其中有的甚至被起诉到了军事法院;在黎巴嫩,也有儿童因恐怖主义相关犯罪而在军事法院接受审判。人权观察组织(Human Rights Watch)也对库尔德地区政府虐待在押儿童的行为进行了报道。在《被恐怖主义团体招募和利用的儿童问题手册》(Handbook on Children Recruited and Exploited by Terrorist Groups)中,联合国毒品和犯罪问题办公室宣称,在儿童被恐怖主义和暴力极端主义团体招募和利用的情况下,各国主要应将他们作为受害者对待。如果确实要对他们实施逮捕和起诉,也要将他们的受害经历纳入考量,且在任何情况下均应根据儿童司法相关国际标准对他们进行处置。

(四)老年犯

关于什么是"老年人"没有明确的定义。但是,对囚犯这个群体而言,何谓老年人,人们已经达成了共识,即50岁或50岁以上的囚犯即可称为老年人了。这是由于监狱环境本身正处于加速老龄化的进程中,而囚犯的健康状况普遍被认为与大他们 10 岁以上的社会普通人群的健康状况相当。

当前,全球人口老化现象严重,世界上几乎所有国家都出现了老年人的数量和比率同步攀升的现象。在许多高收入国家(可收集到的数据),老年犯的比率也在不断上升。在欧洲,50 岁以上监狱人口的比率平均为 11.7%,从列支敦士登的 44% 到俄罗斯的 3%。在日本,60 岁或 60 岁以上老年犯的数量占监狱总人口的比率从 2016 年的 7% 上升到了 2018 年的 19%;在新加坡,60 岁以上罪犯的数量在 2012~2016 年间翻了一番;在英国,50 岁以上的罪犯比率也从 2002 年的 7% 上升到了 2018 年的 16%。

国际红十字委员会(International Committee of the Red Cross,ICRC)有关报告中将老年犯的增加归结于以下因素:冗长的审前程序、漫长的刑期和提前释放障碍、老年犯被控犯有性虐待之类前所未有的罪行等。依据日本和新加坡的报道,高龄本身就是犯罪的一个触发因素,因为高龄会导致贫困程度的加深和家庭及社会支持的匮乏。日本司法部门的报告称,在 2017 年,有相当大比例的老年犯由于在释放后家庭支持不足和就业困难而在社会上面临不稳定的生活前景而重返监狱。在美国,导致监狱老龄化问题突出主要因素是老年人被收监数量的增加以及将刑期延长作为公共安全策略的做法。

老年犯的增加给监狱带来了难以应对的挑战。例如,监狱中的老年人会面临与年龄增长相关的健康问题,如摔倒、虚弱、痴呆、大小便失禁和感官损害等。一份关于英国监狱社会救助的报告凸显了照护老年犯时可能出现的一些现实问题:"对于那些需要坐轮椅或存在活动困难的囚犯而言,许多老年监狱的设备都很差。到了晚上,一些囚犯要很艰难才能完成洗漱并照顾好自己,而那些摔了跤的囚犯则无法得到帮助。"[1]

长期药物滥用及老龄化相关社会和心理问题(如失去伴侣或朋友情况下的情绪管理等)是老年犯健康面临的另一威胁。这些问题在老年犯这一群体中相当普遍。对于资源本已捉襟见肘的监狱系统而言,这些额外需求会产生更多经济负担。美国公民自由联盟(American Civil Liberties Union)表示,监禁一名 50 岁以上囚犯的成本是监禁一名普通囚犯成本的两倍,在某些情况下,如果加上医疗费用,其成本可能高达 5 倍。

---

〔1〕 Her Majesty's Inspectorate of Prisons and Care Quality Commission,Social care in prisons in England and Wales:A thematic report,October 2018,p. 32.

针对老年犯的具体需求,各国已经进行了一些努力。2019 年,日本将推广一项旨在发现罪犯痴呆问题的新政策,以便在早期即一发现这一问题并为病人提供治疗,从而确保其获释后能够重新融入社会;新加坡监狱服务署(Singapore Prison Service)对一些监狱牢房进行了改造,增加了扶手之类的老人友好型特征;苏格兰的狱警则就如何服务患有阿尔茨海默茨综合症和老年痴呆症的罪犯接受了培训。

在一些国家,老年犯可基于同情理由而被提前释放。如在柬埔寨,65 岁以上的罪犯有资格申请皇家特赦。但是,美国的相关研究表明,基于同情理由的提前释放项目实际上并未广泛适用于老年犯。许多因犯罪或判决类型而没有资格的囚犯就被排除在了项目之外,而一些项目则仅允许处于疾病晚期的罪犯获释——尽管如此,相关申请和批准程序仍然不够高效,其结果往往是患病罪犯在程序走完之前即已去世。

针对老年犯的特殊需求,美国研究人员提出了三个关键改革领域,即将老年犯关押在专门为他们设计的设施中;鉴于他们的脆弱性和受害风险,提高他们的安全保护水平;鉴于这一年龄群体再犯可能性很低的事实,促进他们的改过自新等。但是,在认识和应对老年犯的需求方面,监狱的反应很慢。

(五)男同、女同、双性恋者、变性人和阴阳人(性少数群体)

过去几年,男同、女同、双性恋者、变性人和阴阳人等群体的权利出现了积极进展,但仍仅限于世界上的某些地方。其中很明显的是,2018 年,印度最高法院作出一致裁决,对同性关系实施了非罪化处理;2019 年初,安哥拉也作出了同样的决定。但是,在许多地方,性少数群体仍然面临广泛的污名和惩罚。在全球范围内,有 73 个国家——大多数分布在中东、非洲和亚洲地区——仍然将成年人之间的自愿同性活动视为非法。在一些国家,同性活动甚至仍然面临死刑,这些国家包括阿富汗、伊朗、巴基斯坦、苏丹、沙特阿拉伯、阿拉伯联合酋长国、也门等。

在监狱中,性少数群体囚犯遭遇性迫害、报告心理健康问题、被单独监禁和面临制裁的可能性都更高。他们经常因为自己的性取向或性别认同和表达而被歧视,且经常因为不符合他人的性别期望而被骚扰或遭遇暴力。与此同时,人们并不鼓励他们积极说出自己的遭遇,而监狱当局也不会考虑他们的需求。2018 年,酷刑预防协会为监测机构制作了一份指南。这份指南就当局应如何识别针对性少数群体的虐待模式提供了一份概述,并就如何预防针对性少数群体的虐待和酷刑提出了建议。

变性囚犯在羁押背景下处于高度弱势状态,但许多国家已开始应对这一问题。2018 年,以色列监狱服务署就变性囚犯制定了一项新政策,从而将一举改变变性囚犯被单独关押的现状。在美国,康涅狄格州率先赋予了变性囚犯根据其性别认同进行关押的法律权利。但是,在唐纳德·特朗普总统治下,整个美国境内的性少数群体权利又出现了倒退,其中包括取消提供给变性囚犯的保护等。

四、监狱管理

(一)安全与暴力

安全、可靠的环境是罪犯成功改造的前提,但是,当前监狱暴力仍是世界上所有监狱面临的一大难题。产生这个问题的原因是多方面的,监狱糟糕的卫生条件和过度拥挤就是其中之一。以瑞典为例,在监狱囚犯关押量从 85% 提高到 95% 的同时,该国监狱内罪犯的暴力现象也增加了 39%。瑞典监狱和缓刑服务署(Swedish Prison and Probation Service)表示,“暴力并不是随着监狱人口的增加而呈线性增加的,它是以指数方式增加的”。[1]

监狱中的帮派要对监狱中的大部分暴力行为负责。加拿大有关报告称,2000 多名罪犯都是“安全威胁群体”的成员,这些群体包括土著、亚裔及摩托车手和街头帮派等。在南非 Leeuwkop 监狱中,由于帮派相关暴力导致了一人死亡和一人严重受伤。在爱尔兰,该国最大监狱 Mountjoy 超过一半的囚犯都因为帮派暴力而加入了某种保护机制,以保护自身的安全。

为解决监狱中的帮派暴力问题,一些国家已采取了一些措施。例如,丹麦启动了一项新的监狱情报服务,以“更加强大的内部调查和安保机构……改善囚犯的个人风险评估”应对帮派问题。尽管许多地区都存在监狱骚乱现象,但拉丁美洲国家包括巴西、危地马拉和委内瑞拉尤甚。巴西 Goiânia 的一次监狱骚乱导致了 9 名罪犯死亡和 14 名罪犯受伤,而该国北部 Tocantins 州的一次越狱行动则导致了 9 名罪犯死亡和 19 人在逃。斯里兰

〔1〕 *Violence on the Rise in Sweden's Nearly Full Prisons*, Prison Insider, 12 July 2018, http://www.prison-insider.com/en/news/violenceon-the-rise-in-sweden-s-nearly-full-prisons.

卡、俄罗斯、塔吉克斯坦、印度尼西亚和海地等国的相关报告提到了监狱暴力事件。在南非，Pollsmoor 监狱曾发生监狱骚乱。土耳其、南非、南苏丹、伊朗和沙特阿拉伯等国也报告了对监狱罪犯实施酷刑和虐待的事件。俄罗斯监狱甚至存在系统、广泛虐待罪犯的记录。俄罗斯联邦监狱服务署的一项调查发现，在 42 个案例中，监狱看守都“僭越了他们的权力或践踏了犯人尊严”。叶夫根尼·马卡罗夫（Yevgeny Makarov）的案例是其中最令人震惊的一个。他被监狱警卫用警棍连续击打，整个过程都被摄像头记录在案并在《俄罗斯新报》上被公之于众，导致国际社会一片哗然。俄罗斯当局也因此对该案展开调查，17 名监狱雇员及其他 7 人因此被捕。

在从监狱转移至法院、医疗机构或其他地方的过程中，罪犯经常会发现自己被困在一个极其狭小、拥挤的空间和一种糟糕、不安全的环境中——这种状态有时甚至会持续很长一段时间。因此，欧洲委员会提出了一项建议，要求成员国确保这种押送“以一种人道、安全和可靠的方式进行”。

在世界各地，一些罪犯们继续被单独关押，且经常是持续很长时间。在西班牙，因严重罪行而被定罪的囚犯经常被单独关押在一个只有 8 平方米的牢房内，每天长达 21 小时。2018 年 5 月，欧洲预防酷刑和不人道或有辱人格待遇委员会对挪威监狱进行了检查，发现该国罪犯每天被关押在单人牢房长达 22 小时，只能与工作人员进行有限的接触。因此，该委员会呼吁挪威政府改善其对单独监禁罪犯的待遇。欧洲预防酷刑和不人道或有辱人格待遇委员会建议，受“完全隔离”措施约束的罪犯每天应参加更加结构化的项目、有目的的活动和有意义的人类接触。一份关于马拉维、肯尼亚、赞比亚和南非等国单独监禁措施使用情况的报告发现，这些国家大都没有遵守《联合国囚犯待遇最低限度标准规则》（The United Nations Standard Minimum Rules for the Treatment of Prisoners，也称为《曼德拉规则》），且在这五个国家中，有四个国家的单独监禁相关监狱立法已经过时。因此，这份报告呼吁这些国家“作出实质性的努力，以解决其立法中缺乏单独监禁独立审查机制的问题”。

美国的医学研究认为，单独监禁是有害的，因为它可对大脑造成严重、持久的损害。此外，英国的医学专业人员也呼吁禁止对儿童和年轻囚犯实施单独监禁，因为存在造成“长期精神和发育损害的严重风险”。在英国，据相关媒体报道，有些儿童每天被单独监禁 22 小时以上。

在印度，Uttarakhand 高等法院裁决称，一直以监禁隔离/单独监禁形式关押囚犯是违宪的。美国最高法院也指出,单独监禁“几乎相当于刑罚坟墓,而这是很危险的”。在2018年不列颠哥伦比亚省最高法院作出长期、无限期单独监禁属于违宪的判决之后,加拿大政府被限定在2019年6月中旬之前改变其单独监禁相关作法,即每天单独关押囚犯22小时或22小时以上,且不允许其有任何有意义人类接触,但在符合某些条件(包括日常就医和每天30分钟的放风)的情况下除外的做法。

(二)监狱职员

监狱职员提供的是一项重要公共服务,但这项服务经常被人们所误解或被人们消极地模式化了。监狱职员的角色对于罪犯的有效改造和社会再融入至关重要。他们的工作复杂且多面,要求有良好的人际关系技能,以及应对极富挑战性形势的能力。因此,监狱职员的工作条件和报酬应反映这项工作的艰苦性质。但在现实中,人员短缺和预算削减已导致监狱环境的危险性和暴力的增加,许多国家的监狱职员仍冒着潜在的身心健康和工作环境风险在工作。

2017~2018年间,发生在英格兰和威尔士监狱中的袭击监狱职员事件增加了近三分之一,俄罗斯监狱中袭击工作人员的事件也出现了增加,使该国监狱工作人员出现了“道德疲劳”的现象。2018年,保加利亚的监狱工作人员因报酬低而举行罢工,而在英格兰和威尔士,监狱工作人员则就工作条件和“前所未有的暴力”举行抗议活动。在一些国家,监狱职员正因暴露于新型精神活性物质包括合成大麻制品而面临新的健康风险。在英国,曾有护士在应对突发事件过程中因暴露于合成大麻制品而晕厥,而美国的监狱职员也曾遭遇过同样的问题。正因如此,许多国家监狱职员的流动率很高,反映了士气的低下——这也许并不令人感到惊讶。

女性监狱职员是一个小规模少数群体,在日常工作中面临着来自罪犯和其他工作人员的骚扰。一份关于印度监狱中女性处境的政府报告显示,印度只有8%的监狱职员为女性。因此,这份报告呼呼将女性职员的雇用作为一个优先选项。

监狱职员中存在的腐败现象仍然是一大问题。比如,有报道说,美国监狱中曾出现过罪犯以性贿赂换取特权的现象。在南非,矫正服务部曾因私带违禁品进入监狱和“与罪犯合谋”而在一年内开除了100多名监狱官员。澳大利亚昆士兰州犯罪与腐败委员会最近发布的一份报告对监狱中的腐败风险因素进行了考察。这份报告显示,武力的过度使用、监狱的过度拥挤和监狱系统内存在的不当关系使得该系统处于“严重腐败”的风险之中。[1]

尽管士气低落在许多长期供职的监狱职员中非常普遍,但一些国家却开始招募一批新的、对事业前景更为乐观的监狱职员。英国的无束缚研究生计划(Unlocked Graduate Scheme)就致力于招募正在攻读研究生学位的年轻毕业生投身于监狱服务。这个为期两年的项目于 2016 年启动,2018 年的求职申请已经出现了“急剧增加”。而且,女性申请者占该计划所有申请者的 69%。在新西兰,矫正协会(Corrections Association)启动了一项新的倡议,即 Stand TALR(该倡议最初是由西澳大利亚州的监狱警察联盟提出的),以帮助监狱职员应对其心理健康问题和压力。该倡议不仅是由监狱职员自己设计的,而且是真正为监狱职员服务的。目前,该倡议已经在暴力和恐吓的影响及自伤囚犯的应对等方面为监狱职员提供了帮助。该项目预计将在整个新西兰监狱系统进行广泛推广。

2018 年,欧洲委员会继续就监狱和缓刑工作人员招募、遴选、培训和发展详细准则的起草开展了工作。这些准则计划在 2019 年 4 月末通过。同年,刑事政策研究所推出了第三版的《基于人权的监狱管理方法:监狱工作人员手册》(A Human Rights Approach to Prison Management: Handbook for Prison Staff),为监狱工作人员在操作层面实施国际标准提供了宝贵指导。

(三)与外界的接触

与家人、朋友、律师、咨询人员、宗教顾问等外部人士之间面对面的接触,以及通过书面通信、视频和电话等的联系,这些罪犯与外部世界之间的接触对他们的狱内改造以及获释后重新融入社会发挥着重要的作用。

面对面探视和电话通话是大多数囚犯维持家庭联系的主要手段,对那些文盲或无法进行书面通信的囚犯尤其重要。电话通话对那些家人无法进行远距离旅行并进行面对面探视的罪犯特别重要。2018 年,欧洲人权法院的一项判决称,将罪犯关押在离家人数千英里远的地方侵犯了他们的家庭生活权。这项判决是欧洲人权法院就俄罗斯一名罪犯在离家乡 4200 公里远的地方服刑,自 2014 年起再也未见过其配偶和 4 岁女儿而作出的。

---

〔1〕 *Queensland Pisons at Risk of "significant corruption"*, *Watchdog Finds*, ABC, 14 December 2018, http://www.abc.net.au/news/2018-12-14/queensland-prisons-atrisk-of-corruption-report-finds/10620482.

一些国家和地区允许罪犯进行同居探视(conjugal visit),尽管其规定存在很大差异。阿曼的一家法院首次作出了允许这种探视的裁决,尼泊尔监狱管理部也宣布了允许没有孩子且"处于生育年龄"的男女罪犯接受同居探视、以便行使其生育子女的计划。在巴基斯坦,一种提供有同居房间的新型监狱正在建设之中。

技术正越来越多地被用作一种确保罪犯与外界保持联系的、具有成本效益的手段。在英格兰和威尔士,为改善家庭关系和阻止移动设备非法流入监狱,政府宣布了在牢房内安装电话的计划,而一些监狱则已经安装了让孩子们与其被监禁的父母合影的摄像亭,泰国和中国台湾地区都已启动视频探视试点。

现在,美国许多州都允许罪犯在牢房内拥有电子设备,以便其使用电子邮件、拨打视频电话、玩游戏、看电影、下载书籍和参加就业培训课程。当然,互联网的接入是受控制的,而设备本身通常是免费提供的,但重罪犯要自费购买其使用的服务。因此,有批评家认为,这是"人际关系金钱化"的一种手段。在美国,拨出和拨入监狱电话的高昂成本仍是一大争议,因为这类电话的收费通常要比非监狱电话高得多。有一项进步的是,纽约市政当局已经宣布,拨出和拨入监狱的所有市内电话都予以免费,而这样做的理由是有利于罪犯的改造。

(四)改造和重返社会

在全球范围内,人们越来越认可监狱改造和社会再融入项目的重要性。将资源用于监狱罪犯的改造是具有成本效益的再犯预防方式,不仅有利于罪犯改造,也有利于维护公共安全。2015 年第 13 届联合国预防犯罪和刑事司法大会通过的《多哈宣言》强调了罪犯改造在实现可持续发展目标方面的重大意义。2018 年,联合国毒品和犯罪问题办公室制作了相关手册,列举了就罪犯再犯预防和社会再融入可采取的不同务实措施。

改造的根本目标是使罪犯能够带着足以使他们在未来远离监狱的技能和态度重新回归社会。为他们提供教育、工作和培训机会也可使他们在监狱中的生活"正常化",使其监狱生活与社会生活接近并帮助他们在获释后独立生活。如在巴西,一批监狱正与罪犯保护和援助协会(Association for Protection and Assistance of Convicts,APAC)合作。这些监狱明确以罪犯改造为工作重点,且在降低再犯率方面已经取得了实效。

作为监禁的主要目的,改造应包含一系列范围广泛的项目,包括身心保健项目、药物滥用项目、身体锻炼项目、咨询辅导项目、社会心理支持项目、教育和职业培训课程、创意和文化活动、工作机会、藏书丰富图书馆设施的定期使用机会等。由于许多罪犯都存在多种及重合需求,因此他们的成功改造取决于他们的需求全部都能得到满足。

2018 年,一些国家为监狱罪犯开发了治疗和社会心理支持服务。以乌拉圭为例,一项致力于为罪犯提供社会心理、社交和教育服务的法案已被提交审议。在美国,南卡罗来纳州的自新项目(Turning Leaf Project)致力于为累犯提供培训,以认知行为疗法改变其思维方式,且已经对再犯率产生了积极影响。印度 Hyderabad 也试点了一个类似项目,为监狱罪犯提供认知行为心理学相关培训,并让受训罪犯对其他罪犯进行培训。2018 年 7 月,国际刑罚改革协会(Penal Reform International,PRI)与吉尔吉斯斯坦共和国国家监狱服务署和缓刑服务部门联合启动了一个旨在为获释罪犯的心理康复提供支持的试点项目。

在世界其他地方,类似改造项目还有印度 Haryana 邦为监狱罪犯举行的为期 45 天的瑜伽教师培训项目。瑞典西部大学研究人员近期开展的研究发现,"瑜伽练习是改善囚犯社会再融入并帮助他们获释后过上远离毒品、遵纪守法生活的一项重要工具"。此外,利用动物疗法作为改造工具也是一项日益增强的趋势,包括瑞典、英国和新西兰在内的许多国家都已采用这一工具。

运动和锻炼活动作为改造工具的益处得到了许多文献的支持。2018 年,英国司法部发布了一项《青少年和成人监狱运动独立评估》(Independent Review of Sport in Youth and Adult Prisons)。这项评估发现,"参与运动不仅可改善健康和行为,而且可直接助力旨在减少再犯的努力,特别是通过提供教育和就业路径的方式"。在意大利,一个旨在将橄榄球引入监狱系统的项目已经产生了积极成果:在 2018 年,玩橄榄球的罪犯的再犯率仅为 25%,而一般罪犯的再犯率是 70%。尽管这类倡议可能需要初期投资,但这类投资通常都是"低成本的",因而可复制到所有高中低收入国家。

教育是一项人人均应享有的基本人权。在缅甸,总统对那些通过了入学考试的罪犯进行了特赦,以便其获释后能够继续学业。在新加坡,罪犯们首次获得了为获取文凭而学习的机会;义安理工学院和新加坡监狱服务署联合推出了一个商业实践课程。

职业培训和工作项目一方面让罪犯们能够从事建设性活动,另一方面也让其获得了未来就业所需的新技能。这类项目能够提高罪犯获释后成功融入社会的能力,并使其远离犯罪。在印度,喜马偕尔邦开放式监狱中的罪犯可以在工厂中劳动、从事教学活动或驾驶流动式午餐车。在其他国家,罪犯可为“绿化项目”提供帮助,如打扫城市公园和花园等。美国的洞察花园项目(Insight Garden Program),旨在帮助罪犯建设花园,并在这一过程中帮助他们了解自然、社区和自己。

《联合国囚犯待遇最低限度标准规则》禁止对囚犯实施劳役或奴役,或迫使囚犯为任何监狱职员的私利而劳动。监狱中的工作应能改善囚犯获释后的就业前景,或为囚犯带来报酬,且应在安全、合法的环境中进行。但是,虐待和剥削的风险一直都存在。在美国,为抗议糟糕的工作环境及联邦和州监狱中的“现代奴隶制”,囚犯们进行了长达19天的罢工。此外,一些职业项目的信用是人们持续关切的问题。美国加利福尼亚州矫正部将监狱囚犯训练成了消防队员,但每天只给他们两美元的报酬,而且在犯人获释后不发给他们获得就业所需的适当资格证书。

许多获释罪犯在就业时都会面临被污名化,尽管近期研究表明,雇主们对刑满释放人员的态度已经发生了转变。在美国,人力资源管理学会(Society for Human Resource Management)和查尔斯·科赫研究所(Charles Koch Institute)研究发现,在雇佣刑满释放人员方面,雇主们比以前更加开明了。目前,泰国的一个计划正在帮助刑满释放人员通过新设立的再融入和就业援助中心(Center for Assistance to Reintegration and Employment)寻求就业。而且,该国将在全国256所监狱全部设立这一机构。

良好的改造项目可改善监狱环境中的安全和管制措施。从事建设性活动的罪犯通常更容易管理,破坏性较低。为罪犯提供建设性活动还可减轻其抑郁程度及其他心理健康症状。一项研究将罪犯通过参与职业培训项目实现变革的动机描述为改善其心理健康的关键,“因为他们更加专注于自己的目标,且对其生活受到的消极外部和社会影响更具有适应力”。[1]

监狱改造项目,特别是劳动项目,如果能以透明、公平的方式实施,可为罪犯提供激励,促使其为自己的家庭提供经济支持,从而惠及他们自身,同

〔1〕 Hadi Mohammed and Wan Azlinda Wan Mohamed, *Reducing Recidivism Rates through Vocational Education and Training*, 2014, p. 274.

时又可为监狱系统创造资源。许多改造项目并不需要多少资源即可设立，而其创造的收入可投资于现有改造项目的改善或新项目的开发。

(五)监狱中的暴力极端主义

监狱中的暴力极端主义仍然是国际社会、各地区和各国政府议事日程上的工作重点。对于犯罪与恐怖主义之间的关系,人们已经进行了深入探讨。一方面,“普通”罪犯需要得到保护,以免被其他暴力极端主义罪犯招募和影响,另一方面,暴力极端主义罪犯也需要被识别并接受务实而有效的改造,以使其远离暴力。一些监狱的暴力极端主义罪犯可能屈指可数,但一些监狱中的却可能多达数千人。不管怎样,这一问题都给监狱管理当局带来了许多挑战和困境。

联合国毒品和犯罪问题办公室认为,对暴力极端主义的干预应当采取广泛的策略,而不能是单独的措施。该办公室还指出,“在过度拥挤、人员不足、未提供基本服务或因其他原因而管理混乱的监狱中,罪犯们在暴力激进化面前的脆弱性将更加恶化”。[1] 2018 年欧洲监狱实务人员的一次会议也总结说,过度拥挤、糟糕的监狱环境和管理、魅力领袖型暴力极端主义罪犯的存在都是罪犯易受激进化影响的主要原因。

不论何时,对暴力极端主义罪犯的管理均应以国际人权标准包括《联合国囚犯待遇最低限度标准规则》和《联合国关于女性囚犯待遇和女性犯罪非拘禁措施的规则》为依据。首先,通过打造信任关系并帮助打破“他们”与“我们”之间的障碍,监狱工作人员在发现和预防暴力极端主义方面发挥着关键作用,要为他们提供支持和培训。

监狱管理的一大挑战,是如何评估和发现罪犯是否持有暴力极端主义思想或存在这种风险。为评估这一特定风险,人们开发了各种工具,对个人社会关系、意识形态的坚守、去接触支持因素、能力和情绪因素等标准进行考察。但是,通过这些工具得出的评估结果尚未得到充分验证。

另一个挑战是如何处置那些被认定持有暴力极端主义思想的罪犯。对于这类罪犯,到底是应采取“去极端化”做法,还是采取“去接触化”做法?其中,“去极端化”这一概念通常意味着不再完全支持暴力极端主义的态度转

---

〔1〕 UN Office for Drugs and Crime, Handbook on the Management of Violent Extremist Prisoners and the Prevention of Radicalization to Violence in Prisons, 2016, Introduction, p. 2.

变,而在理想状态下,则意味着完全摒弃以意识形态为依据的暴力。但是,“去极端化”这一概念的定义很模糊,且真正证明这种干预能够推动积极态度转变且保持这种转变的经验式证据非常有限。

“去接触化”这一概念直接指行为变革,其最经常的定义是个人公开宣布其不再致力于暴力行为。“去接触化”相关干预包括咨询辅导、宗教对话、教育、职业培训、体育和运动、增加与家人之间的联系等。要取得真正的效果,这类干预还必须要有专门针对妇女和女童特点的不同措施。目前,能够证明这类干预在鼓励去接触方面的作用的证据也还有限。

还有一个持续的挑战是对暴力极端主义罪犯的安置问题,即到底是应该将被评估为持有暴力极端主义思想的罪犯与普通监狱人群隔离,还是应将他们分散到其他罪犯中去。目前,还缺乏关于这两种做法各自利弊的决定性证据。但是,监狱通常不愿意接受将被控犯有恐怖主义罪行的罪犯与其他罪犯混合关押的风险,也不愿意面对公众要求以看得见的方式将这类罪犯隔离关押的压力。菲律宾进行了一项为期 10 年的研究,对被控犯有恐怖主义罪行且被分散到普通监狱人群中关押的罪犯与那些同样被控犯有恐怖主义罪行但被单独关押的罪犯进行了对比。这项研究发现,隔离关押可导致罪犯态度的消极固化,而随着时间的推移,分散关押则可导致罪犯态度的积极转变。

持有暴力极端主义思想的罪犯的改造和社会再融入需要一种多机构工作方法才能真正有效。监狱工作人员的参与当然是必需的,但缓刑、社会福利、住房和教育当局的参与也是必要的。而这种多机构工作机制会带来机密信息共享和资金资源竞争等方面的挑战,但对于这一囚犯群体的社会再融入至关重要。

五、技术的角色和使用

技术已被广泛运用于刑事司法和监狱系统,它的首要作用是对电子信息和数据系统进行校准,同时强化安全和监控系统。但现在,技术也越来越多地用于协助罪犯与外界进行接触,并促进他们的改造和社会再融入。尽管监狱技术在持续进步,但广泛使用目前仍面临重大障碍,包括根深蒂固的组织文化的抗拒、资金来源、基础设施和人员配备不足等。此外,安保、隐私和安全以及公共关切方面的一些重大问题也仍有待解决。在公众舆论方面,人们普遍认为,技术的使用让罪犯们正在享受“优惠待遇”。

目前,有关审判和罪犯数据的自动化仍在不断演化之中。在许多国家,记录仍保存在纸张上。但是,将信息录入纸质版档案无疑更加费时,且存在出现错误、丢失信息和数据损坏等风险。因此,加纳宣布,该国将于 2018 年 9 月之前实现其囚犯档案系统的完全自动化,而新加坡监狱服务署则致力于在 2023 年之前实现无纸化。但是,以提高效率和成本效益为目标的技术使用并不是没有任何挑战。在英国,法院系统 2019 年 1 月就曾发生过一次重大的技术失灵事件。当时,法律实务人员无法存取关键电子文档,导致许多案件的审理因此而被推迟。

技术也被用于监狱安保的改善,包括阻止非法移动电话和无人机信号。闭路电视和警报系统的使用也非常广泛,这降低了由工作人员履行安保职责的必要性,在理论上使他们获得了解放,从而使其可专心从事罪犯教育改造工作。在新加坡,监狱当局已试用一个被称为阿凡达(Avatar)的系统。该系统可利用视频分析技术发现罪犯的“高强度、不规则运动”。据报道,该系统已帮助监狱当局发现了攻击性罪犯行为,使监狱工作人员得以在事态升级之前即进行了干预。

视频会议技术及相关项目(如 Skype)正被监狱用于协助法律程序和家庭探视的开展,而在某些情况下,还被用于医疗会诊。将视频会议技术用于这些方面可降低成本,因为监狱将不再需要那么多工作人员对罪犯进行押送或对会见进行监督。目前,新加坡监狱服务署正探索视频咨询技术和移动应用程序的使用,以帮助刑满释放人员更好地重新融入社会。在中国,罪犯家属可向罪犯的电子账户中转账,以便其购买物品。在澳大利亚新南威尔士州,已决犯是通过配备有视频屏幕的卡车押送到监狱的。这样,罪犯在到达监狱之前即可在路上观看入监教育视频。2018 年,在国际刑罚改革协会支持下,摩洛哥最大的监狱设立了一个广播电台。在接受专业记者和技术人员的培训后,这个监狱的罪犯可就新闻、健康、培训机会、宗教奖学金、温和伊斯兰和体育等主题进行广播。

技术进步还为监狱提供了实施罪犯教育项目的新方法。南非的 Pretoria 高等法院曾作出裁决称,3 名正在服终身监禁刑且正从事学位学习的罪犯在其作为注册学生期间应有权在其牢房内使用没有安装调制解调器的个人电脑。在英国的大学,包括开放式大学,已经部署了数字技术,使学生们能够更加轻松地访问学习资源。

有的高收入国家的监狱已经开始部署虚拟现实程序。在美国和新西兰,虚拟现实技术正帮助罪犯为监狱外的生活做准备。在美国科罗拉多州,矫正局为那些之前被执行终身监禁刑的少年犯创设了一个为期3年的虚拟现实重返社会项目。在该项目中,罪犯可体验使用银行卡、使用自我扫描结账系统购物之类的日常活动场景。新西兰Otago监狱也在试点一个类似项目,以帮助那些存在计算或读写问题的罪犯获得读写能力。虚拟现实程序可创设出虚拟环境(如车库),要求罪犯阅读文本(如街头路标),以帮助其获得读写和计算能力。尽管虚拟现实技术目前仍处于其初步发展阶段,但各种迹象表明,这一技术的前景非常光明。对于存在读写困难症的罪犯或存在计算问题的罪犯而言,这一技术的用处特别大。

对生活在一个数字时代的罪犯,如果将他们隔离于数字世界之外可能会加剧他们的社会孤立感,妨碍其重新融入社会。反过来,增加他们在监狱中接触互联网、电子邮件和电脑的机会可赋予他们获释后就业所需要的技术和能力。在肯尼亚,通过一个名为变革中心(Change Hub)的技术型改造项目,女犯可学习编程、网页设计和计算机修理等课程,从而改善她们获释后的就业前景。

目前,监狱罪犯使用互联网的现象仍处于婴儿期,面临着严格禁令或严格限制。罪犯使用社交媒体——包括脸书、Instagram和推特——的行为也引起了人们关于这些媒体被用于实现犯罪目的的关切,尽管它们还可用于曝光糟糕的监狱环境及其他人权侵犯现象,从而提供一定程度的监督和透明度。近年来,监狱罪犯使用社交媒体的现象已经出现了大幅增加。在一个令人震惊的案例中,英格兰南部一个监狱的罪犯甚至用推特对一场监狱暴动进行了现场直播。

现在,将“大数据”作为监狱管理工具的做法已经增加。在英国,司法部正推广一个利用接近真实的行动数据构建一个包含监狱袭击和自伤信息的互动仪表板的项目。[1] 在美国,监狱管理部门正利用技术对监狱罪犯的声音——声纹——进行数字化处理,并将其录入一个大规模的生物统计数据库。尽管这类措施的开展被许多监狱管理部门视为对工作有益,但它们的使用也引起了关于罪犯隐私权的非常真实的关切。毕竟,罪犯的隐私权也是需要仔细审查和监督的。

---

〔1〕 *UK Ministry of Justice Using Data to Gain Control of Prisons*, ZDNet, 6 March 2018, http://www.zdnet.com/article/uk-ministry-ofjustice-using-data-to-gain-control-of-prisons.

六、监禁替代措施

在一些国家,人们可能会因从言语谩骂到无照经营或非法闯入之类的各种轻微罪行而被投入监狱。这种惩罚不仅与其所犯罪行的性质不相称,而且会导致监狱的严重过度拥挤问题。对于许多罪犯而言,监禁刑并非适当的应对措施,而应当适用能够更有效地应对其犯罪根源的非拘禁替代措施,因为监禁往往会对罪犯产生破坏性的影响和严重的后果。《联合国非拘禁措施最低限度标准规则》(《东京规则》)要求所有国家制定其法律体系下的非拘禁措施,如有条件释放、身份处罚、罚金之类的经济制裁、缓期或延迟处刑、软禁、缓刑或司法监督、社区服务/无偿劳动、报到中心、毒瘾治疗和住院令等。

遗憾的是,在全球层面,关于社区制裁使用的经验式证据很少。这类数据的缺乏本身就说明,非拘禁措施获得的关注很少。另一方面,这类数据的缺乏还妨碍了人们对替代措施使用相关趋势的观察,使得人们难以就替代措施与监禁使用之间的关系作出明确的结论。

欧洲委员会创建的 SPACE II 项目收集了被判处非拘禁或半拘禁制裁/措施的罪犯信息。这些信息表明,社区刑的使用并不自动等同于监禁使用的减少。替代措施使用的日益增加不仅带来了好处,也带来了法网扩大的风险。罪行较轻的罪犯可能面临这一问题:之前,他们可能会被判处经济或其他处罚,但现在,他们可能会被判处社区刑。为了更好地理解这些趋势和风险,以更加系统的方式收集和传播全球层面的社区刑相关数据是必要的。但是,鉴于不同法律框架和刑罚定义的复杂性,这项任务并不轻松。尽管如此,SPACE II 框架仍然提供了一个有用的模板。除此之外,世界上目前还出现了一个新倡议,即全球监督项目(Supervision Around the World Project)。这个项目始于 2018 年,致力于收集社区化制裁全球形势相关数据。

2018 年,一些国家在鼓励使用非拘禁替代措施方面进行了努力。例如,俄罗斯政府考虑采取措施允许因非重罪而被定罪的罪犯去工作,而不是在监狱服刑的措施。在菲律宾,参议院司法和人权委员会建议对轻罪罪犯适用社区服务,而非监禁刑。而罗马尼亚议会通过了一项允许被判 5 年以下监禁的人在家服刑或周末前往监狱服刑的法案。

其他国家则引进了新的替代性制裁措施。在荷兰,Hack Right 项目使年轻的网络犯罪分子能够在私营行业的信息技术部门工作,从而帮助他们发展自己的信息技术技能,并在其出狱后消除其犯罪记录,以便其在以后的生活中在没有任何刑事定罪负担的情况下利用自己的技能。该项目的目标是通过提供就业机会减少再犯。

近年来,缓刑或一些国家所谓的"社区监督"出现了大幅增加。在美国,每55名成人中就有一人处于缓刑或假释状态,而在澳大利亚,全国社区矫正人数在2007~2018年间增加了32%。目前,尽管捐赠和执行组织以及受益国已经为此投入了相当多的精力和资源,但是,它们往往面临资源稀缺的问题。在英格兰和威尔士,由于商业化计划的设计不周和仓促实施,缓刑服务的部分私有化最近已被视为失败。这一失败导致了系列的破坏性的后果:自2015年起,缓刑服务领域的投资就一直不足;曾经承诺的实践"创新"并没有兑现;对纳税人而言,整个过程的投入都没有创造出其应有的价值。

利用全球定位系统(GPS)监控技术——通常被称为电子追踪标志——改善罪犯监控并减少审前和审后监禁的做法继续被各国广泛运用。在美国,其使用在2005~2015年间就增加了140%。2018年9月,捷克政府就被软禁罪犯引入了电子脚链。据预计,这种电子脚链未来几年将被用于该国的2500名罪犯。

全球定位系统监控技术的使用造成了行动自由和隐私权等方面的人权关切。此外,电子监控的外在吸引力有时还促使各国考虑将其运用于社区服务不够发达且工作人员经验不够的情形。实施方面的困难及诸如跨机构协议没有考虑周全或进行试点之类的问题也造成了风险。

将数字技术作为监禁替代措施使用的做法仍在继续增加,而将数字技术用于监控酒精消费和移动电话的使用就是一例。这些都具有支持个人自我改造的潜力。许多缓刑服务机构——也许是所有"监禁替代措施"——面临的一项挑战,是如何与技术发展保持同步,以确保在遏制初期使用风险的同时能够切实利用好技术进步的机会。

国际矫正和监狱协会(International Correctional and Prisons Association)近期发起的"监狱之外"(beyond prisons)倡议旨在开创面向女性的社区化司法这一理念。该项目包括文献综述、全球创新和有前途实践的收集整理、模式开发和传播等内容。在初期,该项目将以女性为重点,而后期也将考察男性需求,从而颠覆在项目初始设计时以男性服务使用者为重点的更为普遍做法。

目前,《联合国非拘禁措施最低限度标准规则》已经发布了近30年。因此,国际上已经出现了对其进行更新、以强调社区刑的重要性并将电子监控和具有特殊脆弱性罪犯的需求纳入的呼声。更新和推广《联合国非拘禁措施最低限度标准规则》有助于赋予各类替代措施以初期实施的动力——因为许多国家都缺少这种动力,同时为其他国家提供一个评估其实施的架构(这种评估可为替代措施使用的全球情况提供一些非常需要的信息)。通过提供指导并为相关战略和步骤提供一种共同语言,《东京规则》还可为能力建设提供支持。

七、应对建议

从全球监狱的发展趋势来看,各国在减少监狱人口、减少监禁措施使用、加强量刑政策调整、改善监狱环境、保护罪犯人权方面作出了积极努力,采取了许多有效的措施,修复性司法等新理念的应用与推广得到了明显进展,许多新方法新技术在监狱管理和教育改造中的应用也取得了进步。但是,很明显的是,监狱拥挤问题仍然存在,由此带来的罪犯的教育改造、卫生保健、监狱的监管安全、监狱工作人员的人身安全以及特殊监狱人群的管理和需求满足等方面的问题仍然突出,监狱仍面临巨大挑战。为应对这种挑战,本报告提出如下建议:

第一,改革和调整刑事政策,采取有效措施,减少监狱人口。应强化犯罪预防,对轻罪实施非罪化处理,审查其量刑政策和实践的相称性,倡导和强化监禁替代措施的使用。刑事司法相关政策制定者、实务人员及其他专业人员应以安全、有效和循证的方式倡导修复性司法在刑事司法各阶段的使用。对审前羁押应审慎使用,要遵守必要性和相称性原则,把审前羁押仅仅作为最后手段。此外,要为罪犯提供法律援助,在采用金钱保释的情况下,应根据被告个人的处境设定保释条件;扩大非拘禁措施的使用,并制定有效制度确保审前羁押时间不超过法律严格规定的期限。非监禁制裁的使用,尤其是对于轻微和非暴力罪行罪犯,应拓展至允许罪犯保持就业、支持家庭、赔偿受害者并向社会负责的程度。当然,非监禁制裁是基于犯罪的根源以及性别敏感性来替代监禁的使用,而不是扩大刑事司法管制的力度。

第二,加强特殊罪犯群体的特征与需求研究,在量刑和矫正方面采取相应措施和待遇,切实保护其合法权利。对女性罪犯量刑时,法院应基于性别敏感性,将其犯罪行为及受害经历或照护责任纳入考量。此外,还应确保监狱的政策和实践与《联合国关于女性囚犯待遇和女性犯罪非拘禁措施的规则》持续相符。对于进入刑事司法系统中的外国国民、少数民族和种族或具有土著背景的罪犯的代表性应进行监控,对其量刑政策或实践进行审查,以确定其是否存在歧视性,并制定具体措施满足这些罪犯的改造和社会再融入需求。对于未成年人应当严格遵守联合国公约和准则,特别是在未成年人(涉嫌)卷入恐怖主义或暴力极端主义犯罪的情形下。对未成年人的羁押应仅作为最后手段使用。当前越来越多的证据表明,将未成年人转出正式司法程序是有效果的,因而应尽可能多地实行。应收集老年犯需求方面的数据和信息,在有关策略和政策文件中明确响应这些需求,并将重点放在安全、保健需求和改造方面。对于老年犯可以考虑适用提前释放机制。性少数群体(LGBTI)罪犯的安置决定应确保其人身安全,并避免其因性取向或性别认同而被进一步边缘化。此外,性少数群体罪犯应获得充分的医疗护理和咨询,任何保护性措施均不得对其权利构成限制。

第三,努力改善监狱条件,加强监狱管理,采取有效措施促进罪犯改造和重返社会。应采取有效措施改善监狱条件,包括利用先进的动态安全方法,增加新技术在监狱管理中的应用等,以确保监狱罪犯和工作人员的安全。当然,新技术的应用不能用于减少罪犯与人们的接触或侵犯他们的隐私权。应加强监狱工作人员的遴选和培训(包括岗前和在岗培训),为其工作创造条件和支持,不断提高其履职能力和水平。罪犯与社会的接触对于罪犯的改造和社会再融入至关重要,一方面要允许罪犯通过信件、电话及其他形式远程技术交流等方式与家人和社会进行联系,另一方面为罪犯与家人之间面对面的会见和探视创造条件。要把促进罪犯改造和重新融入社会作为监狱工作的重点,从罪犯入监就应着手罪犯的教育改造以及为其重返社会做准备,应充分了解其犯罪的根源和矫正需求,采取有针对性的教育改造措施。这类措施应是全面性的,如教育、职业培训、工作、医疗服务和社会、心理服务。提高罪犯劳动报酬,同时提高劳动项目的就业技能,以便其成功重返社会。重视监狱保健服务工作,采取有效措施,切实保护罪犯和监狱工作人员的健康和安全,为罪犯的教育改造提供条件、奠定基础。

2020 年全球监狱趋势分析*

张桂荣**

2020 年对于全球来说是一个充满挑战的年份，同样，全球的刑事司法系统也面临巨大挑战。本文概括了全球犯罪与监禁总体情况、监禁使用趋势、监狱人口的变化情况、监狱管理面临的挑战和改革、技术在刑事司法系统的使用情况及其总体特点，供有关部门参考。

一、监禁总体情况

（一）全球监禁率

据估计，全球每天有超过 1100 百万人被监禁。尽管在一些国家和地区出现了"重大变化"，但全球监禁率仍保持稳定。根据《2018 年世界监狱人口清单》，2016 年至 2018 年三年间，全球人均监狱人口水平增长不到 1%。

美国是全球监狱中绝对人数最高的国家，监狱关押的罪犯达 210 万以上，全国每 10 万人口中有 655 人被监禁，但暴力犯罪率仍在下降。自 1970 年以来，美国的监禁人口增加了 700%，2009 年达到顶峰，此后由于某些州

---

* 资料来源：Penal Refom International，Global Prison Trends 2020，载 https：//cdn. penalreform. org/，2020 年 11 月 1 日访问。

** 张桂荣：司法部预防犯罪研究所研究员。

以及最近在联邦一级的人数减少,每年都有小幅下降。

一些研究表明,社会福利制度的减少以及相应的社会不平等程度与监禁率的增加之间存在联系。包容性或排斥性政治框架与监禁率上升之间也存在联系。在一些国家,由于缺乏程序性权利,无罪释放率很低,导致人们不断被送进监狱。

(二)监禁循环(cycles of imprisonment)

在世界上大多数地方,监禁仍然是一个难以打破的循环,主要原因是惩罚性系统未能很好地提供改造的途径。在拥有全球人均监狱人口率第二高的国家萨尔瓦多,大约每5名罪犯中就有一名曾经被判犯有刑事罪行。在澳大利亚和加拿大魁北克省,大约40%从监狱获释的人在获释后两年内又被重新监禁。在瑞典、丹麦和新西兰等国,刑满释放两年后被再次定罪的比率高于60%。

某些群体的再犯率比其他群体高,这可能与缺乏个性化的矫正方案有关。爱尔兰中央统计办公室报告称,年轻罪犯释放后再次犯罪的风险高于成年犯;在日本,老年犯的再犯罪率比其他成年人要高。

影响一个人是否会犯罪的因素有很多,但是,人们在释放后重新成为守法公民时面临的困难是再犯的重要因素。一方面是因为他们在监狱中没有得到足够的改造和重返社会的机会,另一方面是释放后没有获得适当支持。在监狱服刑过的人获释后往往没有多少资源,没有教育或就业前景,有时也没有地方居住;他们在申请工作或住房时也面临歧视。他们在社会中的边缘化导致了反社会行为的高风险和再次犯罪的可能性。

2016年,英格兰和威尔士有三分之二的无家可归者在获释后1年内再次犯罪。在其他国家,有数据显示,随着机构支持的减弱,再犯罪率会随着时间的推移而上升。例如,在以色列,再次监禁率从1年内的18%增加到5年内的41%。在美国,被释放罪犯在9年内被重新逮捕率为83%,而这一比例在第一年为44%。

过度使用审前拘留和短期监禁也会造成较高的再犯率。由于其临时性和短期性质,短期徒刑几乎没有为改造和重返社会方案留下空间,但它们可能对罪犯及其家人造成长期的有害后果。例如,失去工作、离婚、失去子女的抚养权或共同抚养权以及丧失国民利益是很常见的。

减少再犯要求改变对刑事司法和监狱的认识,要从惩罚性方法转向教育改造。一方面，一些国家增加了可判处终身监禁的犯罪数量，普遍延长了刑期，导致监禁率的提高。另一方面，一些国家朝着修复性量刑迈出了重要一步。许多国家为缓刑和假释提供了更多的机会，它们提供了教育、职业和社会项目，这些项目考虑到被监禁者的多种情况，如年龄、前科、社会经济地位和家庭背景。开放式监狱也被证明是改善改造前景的措施之一。例如，在 2019 年，来自捷克共和国的第一座开放式监狱报告称，从监狱释放的人员中再犯比率创历史新低。

这些努力中有一些并不是新的举措，但是，证据表明它们在降低再犯率方面是有效的。例如，挪威在 20 世纪 90 年代后期进行了一系列的刑罚改革，将重点从惩罚转移到改造，以便“在被监禁者到达的第一天就为获释而规划”。[1] 这些改革包括完善的基础设施和改善生活条件；提供娱乐、教育和专业活动与支持；与外界的接触，包括工作机会和更多与家人相处的机会。这些措施的实施，使释放后两年的再监禁率为 20%，是世界上最低的比率之一。

(三)暴力极端主义应对和暴力极端化预防

应对暴力极端主义和防止暴力极端化(包括在监狱中)，仍然是许多国家的关键优先事项，也是国际层面讨论的主要问题。

对于如何界定“暴力极端主义”或“极端化”继续受到人权方面的关注。联合国反恐促进和保护人权问题特别报告员认为当前有些国家关于“极端主义”的定义模糊和宽泛，尤其是犯罪类别含糊不清，这可能会导致滥用“极端主义”法律，进而导致侵犯人权行为发生。

模糊和宽泛的定义也可能触发不必要的刑事司法程序，可能导致因“极端主义”相关罪犯被分配到关押恐怖主义罪犯和其他暴力罪犯的监禁设施中。这种情况可能导致暴力极端化的合法化风险，进而削弱了反恐的力度。

在一些国家，最近发生了几起备受瞩目的事件，引发了公众对因恐怖主义有关罪行被定罪的人采取改造行动的辩论。在英国，一名参加监狱与大学合作项目的参与者在 2019 年底的一次改造活动中袭击了两人，造成两人死亡。据有关部门透露，2019 年 5 月，塔吉克斯坦发生了一起由所谓“伊拉

[1] *How Norway Turns Criminals into Good Neighbours*, BBC News, 7 July 2019, http://www.bbc.com/news/stories-48885846.

克和黎凡特伊斯兰国”(ISIL)成员煽动的监狱暴乱,造成20名罪犯和3名狱警死亡。在法国,一名罪犯和他的妻子在一次袭击中刺伤了两名狱警,当局称之为“恐怖主义”。

另一个受到进一步关注的关键问题是大约4640名未成年人的情况,这些未成年人或单独或与家人前往伊拉克或叙利亚,加入所谓的“伊拉克和黎凡特伊斯兰国”。大约1460名出生在伊拉克或叙利亚的未成年人,他们的父母离开自己的国家加入了“伊斯兰国”,或者与他们一起前往伊拉克或叙利亚,这些未成年人已经返回了他们父母的原籍国(或他们自己的原籍国)。尽管国际人权法的基本要求是这些国家要对其公民负责,包括遣返他们,但各国政府对这一组未成年人的反应不一。

截至2019年底,已有406名未成年人从伊拉克和叙利亚返回哈萨克斯坦。其他国家采取了截然不同的政策,包括荷兰和德国在内的几个欧洲国家对遣返“外国战斗人员”及其子女的诉讼悬而未决,瑞士和英国试图剥夺那些参与恐怖主义集团的人的国籍。

如果各国确实履行了遣返未成年人的义务,但在未成年人返回时的待遇也有所不同。哈萨克斯坦正在努力支持妇女和未成年人回国,教育部与两个非政府组织合作,在全国各地开设17个区域改造和重返社会中心。丹麦的模式包括多部门合作和专门的心理咨询,尽管同时还有对任何涉嫌犯罪的返乡者进行起诉的政策。

二、监禁使用趋势

(一)监狱系统资金保障

监狱系统的平稳运行,需要有足够的资源。为减少再犯并维护社会安全,政府需要承担提供一个有利改造环境以及满足被监禁者广泛需求的所需费用。但是,很多国家的监狱系统资源不足,甚至很难满足罪犯的基本需求,如食物、医疗保健、衣服甚至住宿,更不用说是改造相关制度的落实。

在许多国家,监狱甚至依赖家庭、非政府组织或者宗教组织提供食物、医疗保健服务和其他罪犯所需的必需品。在尼日尔(Niger),对审前拘留的人们(代表了超过一半的囚犯)不提供食物,所以,这些人完全依靠他们的家庭成员送食物和水。在也门,2017年,刑罚改革协会为一所监狱爆发的霍乱提供了药物治疗。国际红十字委员会也经常支持并有时补充公共当局在世界各地监狱提供基本食品和保健，如在尼日利亚，红十字委员会在2018年向6000名囚犯提供了食品。

从维护必要的基础设施和设备到人员的招聘、培训和工资都需要大量经费，与安全和保障相关的财务费用也很高。

在全球范围内，很难量化在刑事司法系统，特别是监狱系统上花费的金额，原因之一是缺乏透明度，信息并非总是随时可用或完整的。

一些数据表明，除少数例外，监狱系统通常获得的资金很少，这表明监狱仍然是政治上的低优先事项。对54个国家/地区的政府监狱支出的比较显示，这笔支出通常不到其国内生产总值（GDP）的0.3%。例如，2017年，欧盟（EU）28个成员国在监狱上的支出平均占全国GDP的0.2%，警察服务支出平均占国民生产总值的0.9%。

在不同国家，分配给每个囚犯的总金额差别很大。2017年，在北马其顿，每个囚犯每天的花费为欧洲最低，约为17欧元，而在瑞典，每个囚犯每天的花费为380欧元。虽然各国之间的差异和普遍缺乏透明度使人们难以了解监狱预算所涵盖的范围，但数据表明，用于食品的开支低得令人担忧。在哈萨克斯坦，2019年监狱中每人每天的总预算为7.76欧元，其中食品预算为1.41欧元，尽管这一数额近年来几乎翻了一倍。据报道，柬埔寨为每个囚犯每天分配的食物预算低于1欧元，中非共和国计划在2020年提供大约相同的数额。

为了进一步比较和说明各国监狱系统资金的差异，我们对一些国家囚犯每日预算进行了统计，如表1所示。从表1来看，各国之间每名囚犯每日的预算差异明显，最高为大洋洲的新西兰，为350.96欧元，其次是加拿大，为327.13欧元，最低的是亚洲的巴基斯坦，仅为0.01欧元，科特迪瓦为0.71欧元，缅甸为1.04欧元，津巴布韦为1.07欧元。

表1　部分国家每名囚犯每天分配的预算

国家	预算年度	每人每天/欧元
加拿大	2018～2019	327.13
摩洛哥	2020	7.53
意大利	2019	131.39

续表

国家	预算年度	每人每天/欧元
捷克	2017	46.06
乌克兰	2017	7.54
土耳其	2019	11.92
亚美尼亚	2017	11.11
哈萨克斯坦	2019	7.78
蒙古	2017	24.63
日本	2017	13.8
缅甸	2017	1.04
泰国	2017	2.13
新加坡	2019	103.01
巴基斯坦	2019~2020	0.01
新西兰	2019	350.96
牙买加	2019~2020	36.00
巴拉圭	2019	7.73
乌拉圭	2019	33.18
阿根廷	2019	11.67
科特迪瓦	2019	0.71
南非	2018~2019	25.83
津巴布韦	2019	1.07
乌干达	2019~2020	3.08
坦桑尼亚	2019~2020	5.90

在监狱成本中,毫无疑问,工作人员和基础设施是主要成本。在法国,监狱管理局 2017 年预算的约 41% 用于支付员工工资、行政和运营成本;在意大利,这一比例更高,监狱管理局 2019 年预算的 76% 被用于人事成本;在南非,员工薪酬和建筑物以及其他固定建筑的费用占惩教署 2018~2019 年度预算的 74%。

过去几年来,许多国家的监狱预算占国内生产总值的比例都有所下降。数据显示,2014~2018 年间,印度监狱预算的绝对值有所上升,但从其所占国内生产总值的比例来看,分配比例有所下降,尽管监狱人数有所增加。在布基纳法索、南非和斯洛伐克共和国也观察到类似的趋势。

当监狱系统的资金减少时,将给罪犯及其家人以及工作人员带来各种各样的后果。预算削减导致暴力行为增加,包括对工作人员的攻击,现有改造方案的减少或完全削减,与外界联系的机会减少以及医疗保健和其他基本服务减少。在英格兰和威尔士,民间社会组织最近抗议政府最近几年分配给刑事司法系统的资金不断减少。摩洛哥监狱管理局警告说,2020 年将设立的新工作人员职位数量"不足以满足迫切的人力资源需求"。[1]

监狱中自残、暴力和自杀的加剧可能是预算不足的结果。在肯尼亚,国家人权委员会对一系列监狱进行了访问,发现人满为患、卫生条件差和缺乏营养充足的食物等问题"主要与肯尼亚监狱服务局有限的预算拨款有关"。

除监禁的直接费用(如与基础设施或业务有关的费用)之外,还有间接费用,包括罪犯家属的费用。这种间接成本"难以衡量,但……是巨大而长期的"。最近,智库"监狱政策倡议"(Prison Policy Initiative)对美国监狱实际总成本进行了量化研究,结论显示,尽管公共矫正机构报告称 2017 年的总预算为 807 亿美元(相当于 745 亿欧元),但该国每年的实际监禁总费用达 1820 亿美元(相当于 1680 亿欧元)。这一数字包括私营设施、警务费用、保释费和家庭费用,如电话或监狱探视费等。监禁对人们生活的长期影响,包括在健康、个人财务、就业变化和更广泛的社会方面成本,将进一步推高这一估计。

节省或限制公共监狱支出的一种措施是让私营部门参与公私合营,以提供设施的部分或全部运营。支持者认为,监狱私有化减少了监禁对公共开支的负担,但近年来的几项研究表明,私营监狱的价值并不明显。它们还指出了私营监狱的其他问题,如降低监狱管理标准的风险和以牺牲监狱中的人的利益为代价而采取降低成本的措施,这可能会影响整个监狱系统,因为公共设施也会试图进行自我调整,以保持一致;运作上的局限性的风险(如针对私营监狱拥挤的合同协议)又将落回在公共监狱身上,并承担进一步的直接费用;或将监禁视为营利性投资的一般风险。2019 年 12 月,马来西亚政府宣布正在考虑转向私营监狱,以缓解监狱人满为患的状况。此后,

[1] Republic of Kenya, Third periodic report submitted by Kenya under article 19 of the Convention pursuant to the optional reporting procedure, CAT/C/KEN/3, United Nations (Committee Against Torture), 2018, para. 74.

马来西亚人权组织和议员重申了这些担忧。

在其他国家,为应对过度拥挤或监狱人口增加而增加的监狱系统经费被指定用于建造或扩大监狱设施。在摩洛哥,2020 年将拨款 1.607 亿元迪拉姆(相当于 1520 万欧元)用于监狱房地产的投资,其中只有十分之一(1030 万元迪拉姆)用于罪犯重新融入社会的努力。在英格兰和威尔士建立 10000 个新监狱场所的新计划获得了政府 25 亿英镑(29 亿欧元)的资金支持。相比之下,2018 年在缓刑服务上的总支出约为 8.24 亿英镑(9.175 亿欧元)。大多数现有数据表明,非拘禁制裁措施的费用要比监禁的费用低。例如,根据美国联邦监狱局的估计,2017 年,监狱设施每人每天的成本为 99 美元(91.38 欧元),而重返中心(re-entry centres)的成本为 89 美元(89.15 欧元)。在法国,每人平均每天的监禁成本约为 105 欧元,而在缓刑期的人则为每天 33 欧元左右。尽管如此,许多国家继续资助监狱的建设和运营,而不是发展缓刑制度。

(二)审前羁押问题

尽管按照《联合国非拘禁措施最低限度标准规则》(《东京规则》)的规定,全球承诺应将审前拘留作为最后手段,但世界各地的审前拘留率继续上升,至少有 46 个国家在押人员中的未定罪人数量超过已定罪的人数,其中许多国家面临严重的监狱人满为患问题。

据报道,尼日尔有 60% 的囚犯在等待审判,利比里亚也存在类似的情况,至少 64.2% 的被拘留者在 2019 年 4 月仍在等待审判。在柬埔寨,在押人员的比例甚至更高,截至 2018 年 11 月,在押人员中 72% 是审前羁押。然而,这一现象并不仅仅在低收入国家存在。在加拿大,2017 年至 2018 年,被审前拘留的成年人比被判刑羁押的成年人多 50% 。审前拘留率高的一个原因是,对某些罪行的审判前自动拘留仍然没有受到质疑。2019 年 2 月,墨西哥扩大了可自动被审前拘留两年且不得保释的罪行名单,这一措施可能会进一步影响穷人和土著社区,但在这项立法修改之前,97% 属于土著社区的囚犯被审前拘留。

在一些法域,许多人因与毒品有关的指控而被还押候审,在这些法域,禁止毒品政策已自动实行审前拘留,即使是对持有毒品和其他低级毒品犯罪也是如此。妇女受到这类政策的影响尤其大,因为与男子相比,她们更可能因毒品犯罪被捕。过去几年的统计数据表明,在秘鲁、厄瓜多尔、阿根廷、玻利维亚和智利,约有一半的妇女因与毒品有关的犯罪而被审前拘留。

更多的证据表明,审前拘留对社会最贫穷成员、外国国民、少数民族、土著群体和有精神健康问题的人也有不成比例的影响。具有不利背景的人更容易被逮捕和审前拘留,因为他们不太可能有能力支付保释金或遵守其他条件,也不太可能有能力聘请优秀律师。例如,在马达加斯加,审判前被拘留者占监狱人口的 56% ,大赦国际发现,接受调查的大多数人来自贫穷的农村地区,他们缺乏正规教育,对自己的权利了解不足。

在某些国家,少数族裔在审前监禁人口中的比例过高。在美国,在审前拘留的决定上存在明显的种族差异。智库"监狱政策倡议"(Prison Policy Lnitiative)发布的报告称,年轻黑人被拘留还押的可能性比白人被告高大约 50% 。此外,非白人被告的保释金是白人被告的两倍,而且他们负担得起保释金的可能性也较小。黑人和美国印第安妇女在美国的审前拘留设施中也占了过多的比例。

研究表明,在一些国家外国人"几乎不可能"避免审前拘留。例如,来自智利的最新数据显示,监狱中 73% 的外国妇女尚未被定罪。

当许多国家实行现金保释制度代替审前拘留时,大量贫穷和社会排斥人口被审前拘留就不足为奇了。在美国,加利福尼亚州 2018 年改革后,有几个州采取措施限制或取消了现金保释。最近,纽约州取消了许多轻罪和非暴力重罪的现金保释金,取而代之的是较少限制的措施,如监督释放、旅行限制或电子监控。维拉司法研究所(Vera Institute of Justice)估计,如果这项新法律得到正确实施,可能会导致纽约州的审前拘留人口减少 40% 。在伊利诺伊州,2017 年的一部法律限制将现金保释用于非暴力和轻度犯罪,州长于 2020 年 1 月宣布将彻底终止这种做法。

审前拘留对受害者及其家庭和社区具有毁灭性的影响。最近在肯尼亚、莫桑比克和赞比亚进行的一项研究表明,审前拘留对被拘留人及其家属造成了严重的社会经济影响。在赞比亚,一半以上的受访家庭不得不出售土地或牲畜等资产,以减轻拘留带来的经济影响。一项新的研究显示,在南非的 Pollsmoor 监狱中,有 60% 的审前拘禁是针对非暴力犯罪的,其中近一半的调查受访者表示,他们被迫借贷以弥补与拘留有关的损失。

(三)死刑改革

2019 年,全球普遍废除死刑的运动继续取得进展。安哥拉批准了《公民权利和政治权利国际公约第二项任择议定书》,亚美尼亚签署了该《公民权利和政治权利国际公约第二项任择议定书》,这是关于废除死刑的唯一具有约束力的全球性法律文书。冈比亚将该国最后22名死囚的死刑减为终身监禁。[1] 在乌干达,在最高法院裁定谋杀案件不应强制执行死刑10年之后,强制性死刑从一些法律,包括《刑法》和《反恐怖主义法》中删除。2020年初,在加纳,总统宣布愿意考虑废除死刑,至少要废除六种可能被判处死刑的罪行中的五种;哈萨克斯坦总统也宣布了一项全面废除死刑的行动,尽管该国暂停执行死刑,但仍保留对特殊罪行的死刑。

尽管存在废除死刑的趋势,世界上仍有90个国家在其立法中保留死刑。由于一些国家继续使用死刑,估计2018年至少有690人被处决,全世界有2万多人被关押在死囚牢房。这些估计数字可能偏低,因为许多国家在使用死刑方面缺乏透明度。例如,在刚果民主共和国的一个事实调查团发现,有500多人被关在死囚牢房中,是以前估计的两倍;日本在2019年处决了3人。截至2019年11月,伊朗处决的人数至少227人,在过去两年中有所下降,最显著的原因是,2017年对《反麻醉品法》的修正案提高了对与毒品有关的犯罪判处死刑的门槛。然而,伊朗仍然是世界上人均死刑最多的国家。

自2013年以来,伊拉克已经以恐怖主义罪名判处3000多人死刑,其中包括外国人。伊拉克立法对所有被定罪为恐怖组织成员的人实行强制死刑,而不考虑其角色的性质或范围。因此,对高级官员、外国武装分子、厨师或护士,或被迫加入所谓"伊拉克和黎凡特伊斯兰国"的人,几乎没有区别的判处死刑。他们遵循迅速、不公平的审判,依据往往是在酷刑和其他有辱人格的待遇下获得的供词。

2019年,11名据称加入所谓"伊拉克和黎凡特伊斯兰国"的法国人被叙利亚民主力量移交给伊拉克,随后于2019年6月被判处死刑。

斯里兰卡在经过43年的暂停后宣布了恢复死刑的计划;在美国,联邦政府也表示有意恢复自2003年以来在联邦一级暂停的死刑;文莱立法允许对同性性行为处以死刑。即使是在长期废除死刑的国家,持续出现了要求恢复死刑的呼声。在南非,在几起备受瞩目的犯罪事件引发公众强烈抗议之后,死刑将成为内阁关于刑事司法系统的讨论的一部分。

---

〔1〕 *Gambia: Government Commutes All Death Sentences to Life Imprisonment*, allAfrica. com, 10 May 2019, allafrica. com/stories/201905100278. html.

在事实上废除死刑的国家,被判处死刑的人往往被延长关押时间——有时是无限期关押,实际上是在隔离设施中服无期徒刑。在毛里塔尼亚,大多数死囚被分配到该国北部沙漠地区的一个偏远监狱,实际上切断了与家人和律师的联系。死囚牢房的条件一般很恶劣,对身心健康有持久的影响。在美国或马来西亚,对死囚进行隔离或单独监禁可能是一种常见做法。在2019 年初,在世界各地 50 个律师协会的支持下,发起了一项新的倡议,倡导起草和通过关于被判处死刑者拘留条件的附加国际准则或标准。更广泛地说,这项倡议旨在使那些被判处死刑的人在国际上被承认为“被剥夺自由的特定法律类别”,[1]这是基于判决的独特性、往往缺乏对基本程序权利的尊重以及他们经常受到的具体拘留条件。在乌干达,被判处死刑的人缺乏程序权利,导致国际刑罚改革协会在 2019 年出版了一份辩护律师指南。

(四)终身监禁适用

关于终身监禁使用的最新国际研究估计,2014 年全世界有 47 万人在服终身监禁的刑罚。相比之下,2000 年为 26.1 万,在 14 年里增加了近 84%。但实际数字被认为要高得多,因为正式判处的无期徒刑数目正在增加,而且许多国家也有非正式的无期徒刑记录,但这些记录没有包括在这些数字中。

美国被判终身监禁的人数已达到创纪录水平,截至 2016 年,有 206268 人服可假释的、不得假释的或非正式的终身监禁刑。作为全球被判处终身监禁人数最多的国家,现有数据显示,美国监狱中每 7 个人就有一个是终身监禁。造成这一数字上升的原因有许多复杂的因素,包括不再判处死刑。2019 年,一项年度民意调查显示,大多数美国人对死刑的支持率首次下降,认为无期徒刑是比死刑更好地惩罚谋杀的方法。

2019 年也有几个国家倒退,塞尔维亚在 2019 年 5 月将无假释的无期徒刑规定为正式制裁,从而颠覆了其作为无任何形式的无期徒刑国家的地位。吉尔吉斯斯坦共和国最近的《刑法》修正案也引入了终身监禁,取消了对没有违反监狱规则或参与进一步犯罪的人的现有待遇。在波兰,2019 年 5 月通过了一项法律修正案,剥夺了被判处无期徒刑的某些类别的人的释放资

[1] For more details, see *Detention Conditions for Inmates on Death Row: A Lack of Basic Rights*, Prison Insider, 7 October 2019, http://www.prison-insider.com/en/articles/conditions-de-detention-des-condamnes-a-mort-un-droit-lacunaire.

格。在苏格兰,尽管提案遭到拒绝,但国会在2019年7月对引入无假释的无期徒刑进行了辩论,巴基斯坦和瑞典也进行了类似的辩论。在乌干达,尽管在某些情况下仍保留假释的可能性,但2019年对几项立法的修正案将无期徒刑明确地重新定义为"不得假释直至生命结束"。

最近联合国层面对无期徒刑给予了一些关注,2019年9月,联合国人权事务高级专员关于被剥夺自由者死亡和严重伤害的报告中包括一些关于无期徒刑的评论。该报告指出,这类判决对受影响者的身体健康产生了人权影响,他们面临监狱官员虐待和过度使用武力的更高风险。

随后,联合国人权理事会通过了一项决议,将过度监禁和监狱过度拥挤与无期徒刑联系起来。该决议呼吁各国审查量刑政策、做法和准则,以适用相称原则,特别是涉及终身监禁判决。该决议再次呼吁确保不对18岁以下的未成年人判处无期徒刑。

被判无期徒刑的未成年人人数不详。然而,最近联合国关于被剥夺自由儿童的全球研究表明,在67个允许对儿童判处无期徒刑的国家中,三分之二的国家属于英联邦,来自英国的法律传统。这些制度中大多数都有可能判处无期徒刑,但也有一些制度允许判处事实上或非正式的无期徒刑。

在某些国家/地区,与恐怖主义或国家安全有关的罪行可导致儿童终身监禁。但是,有些国家明确禁止儿童根据恐怖主义法规定的最低强制性刑罚,如在印度尼西亚。

(五)未成年人刑事责任年龄改革

未成年人刑事责任年龄改革也是热点。有些国家提高了未成年人的刑事责任年龄,而有的则是降低了未成年人的刑事责任年龄。

联合国儿童权利委员会修改了其2007年关于少年司法的一般性意见,认为12岁是刑事责任的绝对最低年龄。委员会认为现在这个数字太低,并鼓励各国将其最低年龄提高到至少14岁,同时赞扬有较高最低年龄的缔约国。[1] 这一修订引发了一些国家提高刑事责任年龄的呼声。2019年5月,巴巴多斯政府通过了一项新的少年司法法案,旨在使少年司法体系与国际标准接轨。新

〔1〕 UN Committee on the Rights of the Child, General comment no. 24 on children's rights in the child justice system, CRC/C/GC/24, United Nations, 18 September 2019.

法律将刑事责任的年龄提高到12岁,并规定12岁至14岁的儿童不被监禁。[1]与此同时,苏格兰议会投票将刑事责任年龄从8岁提高到12岁,并成立了一个新的咨询小组来决定是否将其提高到14岁。平等和人权委员会敦促在英格兰和威尔士进行改革,那里目前的刑事责任年龄为10岁。澳大利亚医学协会和澳大利亚法律委员会也呼吁当局将最低年龄从10岁提高到14岁。

另一方面,一些国家一直在考虑降低刑事责任年龄。例如,2020年1月,韩国政府宣布计划将刑事责任年龄从14岁降至13岁;在菲律宾,人们重新开始努力将刑事责任年龄从15岁降低到9岁。[2] 白俄罗斯2016年将某些罪行的刑事责任年龄从16岁减为14岁。[3] 中国立法机关也在近期通过的刑法修正案(十一)中将未成年人的最低刑事责任年龄从14岁降低到12岁。

三、监狱人口

(一)女犯

2020年12月是《联合国关于女性囚犯待遇和女性罪犯非拘禁措施的规则》(《曼谷规则》)通过的10周年。从规则诞生以来,对狱中女犯的情况研究分析增多,对她们的背景和入狱原因也有了更多的了解,并且采取了一些针对性措施来改善女犯的条件和改造机会,但是在许多国家和地区,女性监狱人口继续增加。

尽管女犯数量在不断上升,但相关研究发现,有关女犯的数据和研究仍比较缺乏。2018年在哥伦比亚波哥大举行的为狱中妇女倡议的国际论坛上,认为当前研究和数据的缺乏是有效倡导和法律改革以扭转监禁妇女趋势的主要障碍之一。万斯中心(Vance Center)2019年发布的一份报告显示,除基本数据之外,收集的女犯数据类型几乎没有一致性,有人怀疑现有数据是否全面和可靠。最近一项针对撒哈拉以南非洲地区监狱中女性的独特监狱医疗需求和结果的可用信息的范围审查显示,证据基础有限,2000年至

[1] *Cabinet Approves New Juvenile Justice Bill*, Barbados Today, 25 May 2019, barbadostoday.bb/2019/05/25/cabinetapproves-new-juvenile-justice-bill.

[2] *Lowering the Age of Criminal Responsibility is Against Child rights*, UNICEF Philippines, 18 January 2019, http://www.unicef.org/philippines/press-releases/lowering-age-criminalresponsibility-against-child-rights-unicef.

[3] *Belarus: UN Expert Deplores Child Jail Sentences for Drug-related Offences*, OHCHR, 20 November 2019, http://www.ohchr.org/EN/HRBodies/HRC/Pages/NewsDetail.aspx? NewsID = 25322&LangID = E.

2017 年期间,该地区 49 个国家中只有 18 个国家的文献可用。美国智库“监狱政策倡议”还指出,尽管女性在 2019 年仍是狱中人数增长最快的群体,但有关女性狱中经历的数据“难以找到,令人沮丧”,而有关性别的数据经常缺失。

自《联合国关于女性囚犯待遇和女性罪犯非拘禁措施的规则》通过以来,专门为狱中女犯服务的组织数量有所增加。值得注意的是,支持狱中妇女权利的运动已经发展起来,特别是在基层一级,往往由狱中女犯或有狱中生活经历的女性来领导相关活动。例如,2018 年在波哥大举行的论坛聚集了来自世界各地的 45 名狱中妇女权利倡导者,她们分享信息,推动创建了一场共同努力的全球运动。

但不幸的是,除少数例外情况,这些有希望的发展尚未转化为对狱中女犯的重大的、长期的实际改善。女犯仍然面临着遭受身体虐待和性虐待的高风险,并影响获得保健服务的机会。一份关于剥夺自由场所和性别问题的新出版物重申,在剥夺自由场所已为妇女和女童作出规定的地方,这些规定将继续在面向男性的框架内适用,并没有纳入性别观点。

在许多国家和地区,监狱中的女犯中,外国国民仍然占很大比例,特别是那些拥有大量移民工人的国家或地区中。2017 年,在中国澳门地区监狱的 193 名女性中,近 80% 是外国人,最常见的定罪是贩毒和与移民相关的罪行;在巴林,2019 年监狱中 75% 的女犯是外国人;在葡萄牙,外国国民占狱中女犯总人口的 17%,但只占该国居民人口的 4%。

越来越多的证据表明,贫穷、无家可归、精神健康、药物滥用和监禁女性之间存在联系。来自英格兰和威尔士的研究表明,在 2015 年至 2018 年间,被记录为无家可归的女犯人数几乎翻了一倍。调查还显示,英国监狱中有一半的女犯曾因支持他人吸毒而犯罪。这表明,在许多情况下,妇女是被强迫犯罪,这是其他地方包括拉丁美洲和东南亚普遍存在的问题。

2017 年,年利达律师事务所(Linklaters LLP)受国际刑罚改革协会委托,对 18 个国家的法律框架和司法实践进行调查,以评估被判犯有毒品相关罪行的女性是如何被判刑的。研究结果表明,虽然一些国家通常对这类案件判处非监禁刑,但妇女因低级别毒品犯罪与刑事司法系统对抗的复杂原因和途径并没有在立法中体现,这在量刑指南或量刑实践中得到充分反映。

(二)少年犯

根据 2019 年 7 月发布的《联合国关于被剥夺自由的儿童的全球研究报告》,每年至少有 410,000 名儿童被拘留在还押中心和监狱中,估计每年有 100 万儿童被警察拘留。尽管 30 年前通过的《联合国儿童权利公约》明确规定,剥夺儿童自由仅应作为最后手段,期限应为最短的适当时间。

这项全球研究指出,来自贫困和社会经济弱势背景的儿童、移民和土著社区、少数族裔和宗教群体、性少数群体的儿童,以及残疾儿童,尤其是男童,在拘留和整个司法程序中的人数过多。在美国,最近的一项研究发现,黑人女童占被拘留女童的 35%。据报道,在英格兰和威尔士,来自黑人、亚洲和少数族裔家庭的儿童被定罪的比例在过去 8 年中翻了一倍。另外,在澳大利亚,维多利亚州儿童和青年委员会对 2019 年维多利亚州青年司法系统中原住民儿童和青年人人数过多的问题进行了调查。

国际人权标准明确规定,监狱中的未成年人应与成人分开关押,并关押在单独的机构或机构的单独部分。但有证据表明,在一些国家和地区,这些保护措施被忽略了。例如,菲律宾在 2018 年的调查中发现了 400 名在成人监狱中关押的儿童。在马达加斯加,42 所监狱中只有 24 所被发现有单独的儿童收容所,其中 131 名儿童与成年犯关押在一起。在澳大利亚,10 岁以下的儿童被关押在为成年人建造的最高安全级别的警察拘留所中很长时间。人权观察组织对在伊拉克人满为患的情况下被拘留儿童的状况表示关注。

积极的是,针对未成年人的司法立法,儿童友好的法院和专门程序继续使未成年人脱离刑事司法系统,并有助于减少许多国家监狱中的未成年的人数。

2018 年 3 月,欧盟、联合国和黎巴嫩当局联合发起了一项新的促进黎巴嫩儿童司法和刑事司法的方案,旨在以儿童的最大利益为重,为触犯法律的儿童提供公平、透明和对儿童敏感的司法系统的机会。

在牙买加,一项新的国家儿童转处方案已于 2020 年 1 月正式开始实施,该方案旨在减少被起诉和接受正式刑事司法系统审判的儿童数量。

监狱少年犯的自残和自杀情况也值得关注。例如,新西兰 2019 年 9 月公布的官方数据显示,该国发生了 135 起青少年犯自残事件。在过去 5 年里,自杀、自残的主要是遭受性暴力或人身暴力伤害的女性少年犯。

此外,与父母生活在监狱中的儿童也是一个值得关注的问题。根据联合国关于被剥夺自由儿童的全球研究,2017 年,约有 1.9 万名儿童和其主要看护者一起(通常是他们的母亲)生活在监狱中。

关于这些儿童的适用规则和相关做法因国家而异,对于如何管理和规制实践没有普遍的标准。大多数国家倾向于在儿童 2 岁或 3 岁左右将其从监狱里的母亲身边带走,尽管在某些情况下年龄较大的儿童在此之后仍继续在监狱里生活。据 2017 年的相关报道,在阿富汗,陪母亲被囚禁的 333 名儿童中,有 103 名年龄超过 5 岁。在也门,2018 年对陪母亲入狱的 37 名儿童的情况进行了评估,发现许多儿童超过了法定年龄 2 岁的限制。在萨那(Sanna)监狱,一名 16 岁的女孩和她的母亲住在一起。

尽管过去十年来对儿童权利状况的关注有所提高,但允许儿童与主要照顾者一起生活的范围、程度、理由和可能的好处或不利影响都没有很好的记录。全球监狱中女性人数的持续增加给其家属带来了不可避免的后果。然而,在确保在判决父母时要适当考虑对儿童权利的影响评估或对儿童的最佳利益评估方面几乎没有取得进展,甚至在父母是唯一或主要的照料者情况下,也没有这方面的评估。

父母尤其是母亲的监禁也可能对因监禁而与他们分开的孩子产生深远的影响。欧洲委员会估计,2019 年欧洲有 200 万儿童的父母在监狱中服刑,其中大多数面临情感和物质困难,许多人受到心理压力和污名化。据估计,在苏格兰,受父母监禁影响的孩子比受父母离婚影响的孩子要多。

(三)老年犯

近几年,全球监狱系统的老年犯持续增长。在新加坡,从 2013 年到 2018 年监狱中的 60 岁的人口总数增长了 50%,与毒品有关犯罪是最常见的被监禁的原因,并且多数是再犯。2018 年,新加坡法院共审理了 196 件 65 岁以上老人的刑事案件,创下了 3 年来的最高纪录。韩国是世界上人口老龄化速度最快的国家,2018 年,韩国 65 岁及以上人口的犯罪活动在过去 5 年里增加了 45%。在瑞士,超过 50 岁的老年犯的数量在 2007 年~2017 年间成倍增长,总数超过了 800 人。根据估计,预计到 2030 年,美国监狱中三分之一的人将超过 55 岁,这一数字在 50 年间惊人地增加 4400%。

在加拿大,目前 50 岁以上老年犯是监禁总人口的 25%,一份新的报告发现,在联邦监狱人口中,监狱越来越需要履行与疗养院、临终安养院

(hospices)或长期护理设施相同的功能,这是监狱中老年犯人数众多的其他国家所面临的普遍问题。监狱中老年犯的心理健康是一个需要特别关注的问题,许多人正在遭受社会孤立和抑郁。加拿大研究发现,65 岁以上的老年犯患抑郁症、焦虑症和人格障碍的比例很高,50 岁以上的人中有一半正在服无期徒刑。

对于监狱人口老龄化的原因各国有不同的解释。在韩国,认为这种增长与人们寿命更长却无力自给自足的事实有关;在美国,给出的原因之一是严厉的量刑法,与 20 世纪 80 年代提出的强制最低刑期有关;在日本,老年人口再犯的现象正在增加,研究人员发现,有些人把监狱作为摆脱贫困和社会孤立的一种方法。

人们日益认识到,把老年人关在监狱中并不总是必要的、适当的或具有成本效益的(由于医疗成本和对专业设备和工作人员的需要)。管理监狱中的老年犯,包括患有慢性疾病或绝症的老年犯,也给监狱工作人员带来很大压力,他们往往没有受过专门培训,无法处理罪犯的复杂的需求或处理监狱中老年犯的死亡。

管理这类罪犯的举措包括改造设施以适合老年人的需要。例如,瑞士的伦兹堡监狱设有专门的"60 岁以上"单元,旨在满足老年人的特殊需要。[1] 其他国家制定了成功的一对一支助方案,以减少对工作人员的影响和改善老年犯和病犯的生活质量。在美国加州的"金外套"(Gold Coats)计划中,监狱里的年轻罪犯接受训练,以照顾年长的囚犯同伴,包括那些患有痴呆症的人。

根据新的监狱法,巴基斯坦信德省当局于 2019 年宣布,他们将对已服刑一半以及患有生命危险疾病的监狱中的老年犯减刑。这种早期释放机制可以为老年人提供机会,让他们度过最后的日子并在社区中死亡,但这并不常见。

监狱当局还面临为监狱中的老年犯提供适当的改造和重返社会项目的挑战。大多数改造项目的重点是工作和可能不相关的职业培训,并且监狱中的老年犯由于健康不良或行动不便可能难以参加娱乐活动。此外,监狱中的老年犯存在为释放做好准备的具体需要,而现有项目往往无法满足这

〔1〕 *Nursing Home Behind Prison Bars*, SWI swissinfo. ch, 23 August 2019, http://www. swissinfo. ch/eng/politics/over-60sinmates_nursing-home-behind-prisonbars-/45180080.

些需要。

在日本的 Kasamatsu 女子监狱中,当局已推出了专门的释放前项目,以帮助老年犯(在该监狱中,20% 的人为年龄最低为 65 岁的人)。该计划包括提供理疗和运动课程。监狱中的年轻妇女在自己的职业培训中学习护理,因此她们可以帮助他人。帮助刑满释放人员的支助中心为独居、没有家人或朋友帮助的老年犯提供具体服务。

(四)残疾犯

许多国家的监狱系统缺乏满足残疾犯需要的战略或政策。这种缺乏关注意味着数据也少之又少。在估计监狱中残疾人人数时面临的挑战之一是对残疾人的了解、认识和诊断不足,特别是对感官或智力残疾和自闭症的认识不足。

从现有的少量数据可以确定,监狱中相当一部分人患有一种或多种残疾。例如,在澳大利亚刑事司法系统中,残疾犯,特别是认知或社会心理残疾的比例过高,约占全国人口的 18%,几乎有 50% 的人进入监狱。

除了面临监狱其他犯人和工作人员施暴的危险外,身体残疾的人通常在监狱中面临日常的实际挑战。尽管欧洲各区域机构已提出建议,包括欧洲防止酷刑委员会关于为行动不便的犯人提供更大牢房的建议,但满足囚犯的需要在全欧洲和其他地方存在重大缺陷。爱尔兰的最近研究详细说明了一些在监狱中生活的残疾人由于无法进入监狱环境而被有效地限制在牢房内的情况。在亚美尼亚,许多监狱活动区设置在屋顶上,残疾人无法进入,牢房里的厕所大多由台阶隔开,没有坡道。

越来越清楚的是,监狱中很大一部分人患有智力障碍,包括自闭症和后天性脑损伤。在英国的一所监狱里的一项调查中,有 64% 的妇女有脑部受伤的症状,而 96% 的女性的症状表明这些症状是由身体创伤引起的。在加拿大,联邦惩教系统中囚犯的心理社会残疾现象是加拿大总体人口的 3 倍。在刑事司法系统中,残疾儿童的人数,特别是智障儿童也大大增加。

2019 年,澳大利亚广泛报告了监狱中严重虐待和歧视残疾人的案件,尤其是针对土著人的暴力行为。澳大利亚政府已经采取了一些措施,将患有精神疾病的人从正式的刑事司法系统和监狱中转移出来,包括在该国四个州建立专门的精神卫生法院。

四、监狱管理与罪犯改造

（一）新冠肺炎疫情下的监狱卫生

在全球许多国家监狱资源和卫生保健本来不足的情况下，全球冠状病毒疾病大流行给监狱卫生服务带来了重大挑战。疫情暴发以来，许多国家的囚犯感染新冠肺炎，中国和伊朗的监狱报告了数百例病例，肯尼亚、印度、比利时和西班牙等国家也报告了病例和死亡。世界卫生组织警告说，“如果不适当关注监狱内的感染控制措施，全球应对疾病传播的努力可能会失败”。[1] 在监禁设施中控制大规模疫情的困难是显而易见的。监狱里的人和与他们一起工作的人员距离很近，而且在许多情况下都处于过于拥挤、没有新鲜空气的环境。被监禁者也有共同的人口特征，通常比其他人的健康状况差，而且往往有潜在的健康状况。卫生标准和基础设施往往低于社区卫生标准，妨碍了采取卫生部门建议的卫生措施的能力。许多国家为防止在监禁场所所发生这种疾病而采取的最常见措施是通过更严格的探视规则或彻底的禁令限制与外界的接触。在某些情况下，这些措施的实施伴随着电话和其他联系方式的增加。有些国家为防止疫情传播，封闭管理部分监狱或者监区，并将个人隔离。有的国家还采取了一系列紧急措施减少监狱人口。在法国，法院被要求推迟短期监禁判决，伊朗和肯尼亚等其他国家选择紧急释放在押人员。但是，因疫情采取的封闭或者隔离措施，也引发了部分国家的监狱骚乱以及罪犯管理和权利保障问题。此外，监禁中人们诉诸司法的途径也受到某些措施的限制，如隔离实际上会使人们无法出席法庭听证会、与假释委员会或其法律顾问会面。

疫情之下，资源不足和医护人员缺乏问题更加凸显。在孟加拉国，全国 68 所监狱只有 10 名医生；在加纳甚至更糟，报道称只有两名医生为 46 所监狱中的 15000 多名罪犯提供医疗服务。

在欧洲也存在短缺，这影响了囚犯的人权保障。乌克兰发布的报告说，由于工资低，他们在招募和留住监狱保健人员方面遇到困难。在拉脱维亚，

---

〔1〕 *Preventing COVID－19 Outbreak in Prisons·A Challenging But Essential Task for Authorities*, WHO Regional Office for Europe, 23 March 2020, http://www. euro. who. int/en/health-topics/health-determinants/prisons-and-health/news/news/2020/3/preventing-covid-19-outbreak-in-prisons-a-challenging-but-essential-task-for-authorities.

同样因为工资低无法吸引医生进入监狱工作,一些监狱缺乏全科医生、牙医或者精神病医生。联合国禁止酷刑委员会最近批评葡萄牙所有监狱设施缺乏保健人员和精神保健服务。为了解决这一问题,葡萄牙政府允许并鼓励公务员在各个监狱工作,以弥补不足。

在缺乏卫生保健人员的情况下,有时由非医务人员甚至是罪犯来承担医疗的职责。例如,在也门的 Ibb 监狱,2018 年的一项评估发现,一名训练有素的医生囚犯在没有任何卫生保健人员的情况下经营医疗诊所。

联合国指出,监狱的医疗保健服务"通常由以惩罚为导向的管理者而不是独立的公共卫生行动者来提供",这也妨碍了服务的获得。在监狱里,有的罪犯被剥夺医疗保健或获得药品作为惩罚,包括在乌兹别克斯坦。

总的来说,由于缺乏关于监狱罪犯的保健提供和保健结果的数据,表明对监狱卫生保健的重视程度较低。世界卫生组织的一项审查发现,在欧洲的 39 个国家中,只有 2% 的国家拥有监狱服刑人员超重或肥胖水平的数据。此外,在 39 个国家中,只有五分之一或更少的国家拥有有关乙肝/丙肝或艾滋病毒感染率的数据。

关于过度拥挤、贫困和不人道的拘留条件引起的严重健康问题的报告仍然存在。据报道,2019 年 10 月,刚果民主共和国布卡武(Bukavu)中央监狱有 45 人因营养不良和缺乏医疗服务而死亡。医护人员进一步报告说,监狱中将近五分之一的人患有严重营养不良,监狱关押人数超出其能力的 528%。在伊朗,拒绝向被监禁者提供适当医疗保健的一贯模式,加上受到污染的食物和水,以及啮齿动物和昆虫的侵扰,促使联合国在 2019 年采取了行动。

包括结核病、艾滋病毒和丙型肝炎在内的传染病仍然是许多监狱面临的重大挑战,拘留中心在提供治疗或减少伤害措施方面基本上被忽视,这使问题更加严重。联合国在《2019 年世界毒品报告》中对监狱中这些关键减少伤害措施的机会有限表示关切,因为这可能对监狱和社会的健康产生影响。

在全球范围内,估计有 2.8% 的囚犯患有活动性肺结核(TB),这一比率远远高于一般人口中不到 0.2% 的比率。一项更具体的研究显示,在特定国家,活动性肺结核的发病率很高,比如在加拿大,最近的数据发现,监狱中结核病的发病率是普通人群的 5 倍,监狱中结核病患者的死亡率是社会结核病患者的 4 倍。

尽管已经做出了一些努力来更好地满足囚犯的精神保健需求，但统计数据表明，在许多系统中，这是一个尚待解决的关键挑战。2018 年对中国台湾地区监狱的一项研究发现，十分之一的被监禁者患有精神疾病。在新西兰，近年来自杀和自残事件有所增加，被监禁的人被诊断出患有精神疾病的可能性是普通人的 3 倍。三分之二的女犯遭受家庭暴力、强奸或性侵犯，一半以上患有创伤后应激障碍，四分之三已诊断出精神健康问题。

有些国家的监狱已经采取了一些行动，动员和培训监狱工作人员和囚犯，以更好地保护和解决心理健康需求，其中许多是在专业人员很少的情况下进行的。在印度德里的一所监狱中开展的一项精神健康倡议，包括一组专职顾问和一个员工培训方案。据报道，这一举措大大地减少了囚犯在该设施内自杀的数量。在爱尔兰，将囚犯培训成同伴健康教育工作者的以社区为基础的急救和健康方案被认为减少了暴力行为，改善了健康状况，因而受到赞誉。国际刑罚改革协会和监狱改革信托基金的最新出版物为工作人员提供了实用的指导和信息，帮助他们识别监狱中女犯精神健康状况不良的迹象以及做出最佳反应。

（二）监禁安全与暴力

有报告显示，全球许多国家的监禁设施中的暴力事件数量正在增加。在警察拘留、审前拘留设施和监狱中，系统地使用酷刑和虐待仍然是受到严重关切的问题。例如，在阿根廷，国家监狱办公室（National Penitentiary Office）报告称，2018 年联邦监狱发生了 558 起涉嫌酷刑或虐待案件，2019 年 1 月至 6 月期间发生了 232 起案件。在乌兹别克斯坦，由于 Jaslyk 监狱的系统性酷刑和虐待被广泛谴责，该监狱于 2019 年关闭，尽管联合国禁止酷刑委员会报告称该设施可能被地方当局用作审前拘留。

通过预防性监禁监测防止酷刑和虐待的努力，冰岛建立了国家预防机制（National Preventive Mechanism），使拥有国家预防机制的国家达到 71 个。南非成为第 90 个批准《禁止酷刑和其他残忍、不人道或有辱人格的待遇或处罚公约》（OPCAT）任择议定书的国家，但它尚未设定其国家预防机制，而蒙古在 2015 年批准了该议定书。在乌兹别克斯坦，尽管该国尚未批准《禁止酷刑和其他残忍、不人道或有辱人格的待遇或处罚公约》，但议会于 2019 年 11 月通过了一项法律，为在监察专员的授权下建立国家预防机制铺平了道路。

联合国 2019 年报告称，官员暴力、过度和非法使用武力是在剥夺自由情况下造成严重伤害和死亡的主要原因之一。2019 年,发生了一系列监狱或警察官员与被监禁者之间的致命冲突,在喀麦隆,7 月有 4 名罪犯被监管士兵射杀身亡,阿富汗警方对毒品的搜查行动以当事人的死亡而告终。

有充分的证据证明,监狱中人数过多和过度拥挤导致监狱中暴力事件增加。工作人员对囚犯间暴力行为的宽容态度,以及其他体制问题,未能将监狱中可能相互冲突的人员分开,助长了暴力行为。这种暴力行为通常是有组织犯罪集团造成的,在整个拉丁美洲都很常见。

在包括哥伦比亚、巴西和黎巴嫩在内的一些国家,为抗击监狱中暴发的新冠肺炎疫情而采取的措施导致了骚乱。在意大利,2020 年 3 月因疫情引发的多所监狱的骚乱导致数人伤亡。

大量研究证明,单独监禁会对人们造成严重的身心伤害。但是,一些国家无视这种伤害,以维持安全为由过度使用单独监禁的现象正在增加。世界医学协会修订了其关于"单独监禁的声明",使之符合《联合国囚犯待遇最低限度标准规则》(《曼德拉规则》),这是对规范和限制这种行为的最新努力。[1]

据报道,在阿根廷,那些不服管教的被监禁者未经正当程序就被关在隔离牢房中。在阿拉伯联合酋长国,经常对因国家安全而被捕的人实行长期单独监禁;在美国,无论依据刑罚制度还是纪律处分制度,被单独监禁的人比率很高。最近的一项研究显示,2018 年,纽约州监狱的单独监禁制裁有 4 万起,有时长达一年多。另一项研究发现,女性比男性更容易因轻微违规而受到更严厉的纪律制裁,包括单独监禁;尤其是在黑人和性特别群体中。2019 年,几个国家通过了法律,将单独监禁的期限或适用于青年、孕妇或精神病患者等弱势群体的时间加以限制。

欧洲防止酷刑委员会对意大利在 2019 年 3 月对 272 名被判终身监禁的人实行单独监禁作为判刑的一部分的政策进行了批评。有报告称,拘留中对妇女的性暴力和基于性别的暴力行为严重案件不断。在海地,人权组织报告称,2019 年 11 月戈纳伊夫斯民监狱发生暴动,10 名女性拘留者,包括一名 15 岁女童和一名 62 岁妇女被轮奸。联合国关于被剥夺自由的儿童的全球研究报告证实,女童特别容易遭受包括性暴力在内的暴力侵害,并注意到

[1] World Medical Association, WMA Statement on Solitary Confinement, adopted by the 65th WMA General Assembly in October 2014 and revised by the 70th WMA General Assembly in October 2019, 2019.

在警察拘留和审前拘留中的风险更高，因为她们往往不与成年女性分开，有时也不与成年男性分开。2019 年，欧安组织的民主机构与人权办公室（Office for Democratic Institutions and Human Rights，ODIHR）发布了新指南，以预防和处理拘留中的性暴力，因为发现这是该地区的许多国家一个长期存在的问题。

在许多国家，对拘留设施中的暴力行为追究责任的程度仍然很低，或者根本不追究责任。在监狱仍不接受外界审查的情况下，可能难以确定被拘留者或工作人员死亡或受伤的原因。例如，2019 年中，拉丁美洲各地监狱发生了一系列暴力致死事件，其中委内瑞拉发生了一起事件，导致 29 人在狱中死亡。尽管官员们报告说，警察部队遭到了囚犯的枪击和手榴弹袭击，但人权组织坚持认为，冲突是在当局进入街区进行搜查并带走女性访客时爆发的。

（三）狱内死亡问题

世界各地有越来越多的警察和监狱设施中的被监禁者死亡，囚犯的死亡率比更广泛社会中的人死亡率高 50%。联合国人权事务高级专员办事处（Office of the High Commissioner for Human Rights，OHCHR）2019 年报告对监狱中严重伤害和死亡的原因和后果进行了审查，该报告为各国提供了详细建议，以预防和解决在押死亡人数不断增加的问题。

自杀通常是羁押期间最常见的死亡原因，尤其是在欧洲和大洋洲。2017 年，在 42 个欧洲国家，每 1 万名在押犯中平均有 10.8 人自杀，占在押犯死亡人数的 22.7%。相比之下，2015 年欧盟成员国平均每 1 万名居民有 1 人自杀。对于儿童来说，数据甚至更令人担忧，最近的联合国全球研究发现，被拘留儿童的自杀率是一般青少年人口的四倍多。

牛津大学的一项研究比较了 24 个高收入国家监狱中的自杀率，发现监狱中男性的自杀风险比普通男性增加了至少 3 倍，而女性的自杀风险可能性是普通女性的 9 倍。这项研究还发现，监狱自杀率上升的原因不能与人满为患等任何单一因素直接联系，因为自杀涉及更复杂的风险因素组合。

数据还表明，入狱和在囚初期是一个更容易自残或自杀的时期。例如，在美国犹他州，在过去的 5 年中至少有 71 人死于监狱，其中一半的死亡是自杀造成的，大多数死于入狱一周内。

在瑞士，协助囚犯自杀的问题是目前正在讨论的一个问题，它是应一名因患多种疾病而被判终身监禁的男子的请求引发的。虽然协助自杀在瑞士是合法的,但《刑法》和《医学道德守则》都没有提到在监狱中使用这一做法。2019年10月,瑞士刑事制裁执行能力中心(Swiss Center for Competence in Enforcement of Criminal Sanctions,SCCECS)的一份报告得出结论,基于自决权,服刑人员应该有这种可能性。该问题在2020年上半年举行全民公投。虽然在比利时,至少有15名囚犯要求安乐死,但在那些安乐死或协助自杀合法的国家,还没有在监狱实施安乐死或协助自杀的案例。

据报道,许多监狱罪犯死亡是由于自然原因,通常是因健康状况不佳。这可能与监狱与加速老龄化进程有关。罪犯保健需要可能得不到解决,而且鉴于罪犯在先前存在或恶化的健康状况比例很高,而且监禁条件恶劣,无论是短期还是长期监禁人们的生命受到威胁的情况很普遍。

在监禁场所,传染性疾病的发病率非常高,而且可能是致命的,特别是在非洲和亚洲。例如在尼日尔,联合国禁止酷刑委员会援引最近的报告说,在尼亚美(Niamey)的还押监狱中,疟疾和其他疾病造成的死亡率约为1%,并指出,由于监狱只有医务室,因此缺乏足够的医疗和治疗。在菲律宾,一名医院院长声称,比利比德(Bilibid)监狱每年约有5000人死亡(占监狱人口的20%),其中大多数是由结核病或其他传染病造成的。

监狱内的死亡也是由于执法人员的暴力行为和使用武力或监狱内罪犯之间的暴力造成的。这种暴力行为是造成被剥夺自由者死亡和严重伤害的重要原因,在某些情况下占在押死亡人数的17%以上。在智利,2016年全国报告的杀人案件中有9%发生在监狱中。同样,在博茨瓦纳、阿根廷、黑山和摩尔多瓦,监狱内杀人率比全国杀人率高出几倍。

土著人在监狱和警察拘留中的死亡仍然是澳大利亚面临的一个中心问题。一个记者小组进行的调查发现,自1991年"土著人死亡皇家委员会"(Royal Commission on Aboriginal Deaths)取消以来,已有400多名土著澳大利亚人在拘留期间死亡,包括2008年以来的至少153人,大多涉及疏忽大意或暴力。其他国家也报告了涉及土著人暴力死亡案件,如在印度,一名来自Rajahstan的部落男子据称因遭受酷刑而死在警察局。

监狱中的许多严重伤害、自杀和过早死亡是可以预防的,而且在许多情况下,缺乏调查和问责制使这些情况更加严重。缺乏或不充分的关于拘留期间死亡的数据和记录仍然是妨碍透明度和开展有效调查能力的主要障碍。在格鲁吉亚,2006年至2009年期间,据报每年监狱死亡人数在89人至

101人之间。然而,2010 年,国家监察局发现,这一年有 142 人死亡,说明矫正部提供的信息与监狱提供的信息之间互相矛盾。此外,该国的公设辩护人当时报告说,在 2011 年死于格鲁吉亚监狱的 140 人中,40 起与暴力事件有关。

各国记录拘留中死亡人数和原因的方法不同,因此,很难得出一般性结论和比较结果。在哈萨克斯坦,虽然记录显示近年来监狱中的死亡人数总体上有所减少,但这种差异可能是由于监狱系统从司法部移交给内政部这一事实而造成的。

人权机构继续着重指出,许多国家未能调查因警察或监狱当局的酷刑或虐待而导致的死亡事件。在一些国家,除非提起诉讼,否则警方或其他执法机构内的凶杀甚至没有记录在官方犯罪统计中。在某些情况下,尽管有些国家做出了政治承诺,但许多承诺并没有取得实质性兑现,有的仍然是无所作为,有的则进行了缓慢、不透明的调查。例如,2019 年越南至少有 11 人在拘留中死亡,但大赦国际报告称政府当局阻止了对死亡事件的独立调查,这引起对官方的有关引起死难的说法的质疑。

在监狱中发生致命暴力的情况下,可以看到进行适当调查和追究责任的类似障碍。联合国指出,涉及边缘化受害者的凶杀案更有可能无法解决。在监狱中,凶杀案很少得到解决或结案所需的足够注意。

从监狱释放后较高的死亡比例也是一个严重的问题。最近的一项研究发现,单独监禁可能会显著增加释放后的死亡风险,这可能与孤独的心理后果有关。丹麦的分析发现,被单独关押的人,即使只关押几天,在出狱后的 5 年内死亡的风险较高,主要是由于事故、自杀和暴力。

(四)监狱里武器与装备的使用

执法人员和监禁场所工作的人员所使用的设备类型因国而异。虽然警察携带枪支很常见(冰岛、爱尔兰和新西兰的少数国家例外),但监狱工作人员往往不携带武器。《联合国囚犯待遇最低限度标准规则》规定,与囚犯直接接触的工作人员不应携带武器,特殊情况除外。

然而,根据联合国的说法,在过去的几年里,主要是在发生重大安全破坏或监狱暴乱时,对囚犯使用致命武器,导致“数十名囚犯被杀害”。最近的一次事件发生在 2019 年 5 月,4 人在缅甸监狱暴乱中被枪杀。

在过去的十年里,“特别干预部队”(special intervention forces)——“防

暴队”(riot squads)或“应急小组”(emergency response teams)的使用有所增加,以应对此类重大事件。这些部队通常装备多种武器。在危地马拉,2019年6月,据称囚犯之间的口角升级,导致全副武装的防暴警察介入,造成至少7名在押人员伤亡。[1]

诸如化学刺激物(催泪瓦斯或胡椒喷雾)之类的杀伤力较小的武器也已被用于平息监狱暴动和其他安全理由。在英国,监狱警察在男犯监狱中经常使用胡椒喷雾剂,有人呼吁警官携带射弹电击武器。在巴西,监狱骚乱和暴力事件同比打破纪录,狱警经常使用包括胡椒喷雾和电击武器在内的各种武器,还发生过使用杀伤力较低的武器实施酷刑和其他虐待的案件。

私营部门在为监狱执法人员配备武器以控制监狱方面的作用正在扩大。欧米茄研究基金会(Omega Research Foundation)报告说,有越来越多的制造商直接向监狱当局推销各种各样的产品,还存在由制造商赞助的专业贸易活动,例如,美国的一个“模拟监狱暴乱”贸易展就在一个废弃的监狱里举行。[2] 私营部门还参与了对监狱工作人员进行的有关约束技巧的培训,在某些情况下,这种做法受到欧洲防止酷刑委员会的谴责。

《联合国囚犯待遇最低限度标准规则》禁止使用带有固有虐待性质的装备,如加重的脚镣和电击带。监管执法设备贸易的倡导工作正在取得进展,欧盟于2019年更新了《反酷刑条例》,禁止欧盟公司从事“违禁物品”交易,并监管其他执法设备的贸易。国际人权社会赞扬了该条例,欧洲委员会正在考虑类似的方法。随着2017年全球自由酷刑贸易联盟的启动,在制定用于酷刑或虐待的商品贸易的通用国际标准方面取得了进一步的进展,联合国在一项决议中呼吁对此类行为进行管制,2019年得到50多个国家的支持。

(五)罪犯自治

在世界各地的许多监禁设施中,犯人继续对日常活动行使相当大的控制权。在一些国家,监狱工作人员给他们指定了一些角色,作为回报,监狱工作人员会给他们分配特殊的任务。在另一些国家,非正式的牢房等级制

---

〔1〕 *At Least 7 Killed, 17 Injured in Shooting at Guatemala Prison*, Voice of America, 7 May 2019, http://www.voanews.com/americas/least-7-killed-17-injured-shooting-guatemala-prison.

〔2〕 *Mock Prison Riot* 2020, 2020, http://www.mockprisonriot.org/events/mock-prison-riot-2020/event-summary-a011d4c3736748e8947f9033ddff1702.aspx? lang = en.

度，又称为犯罪亚文化，存在于整个监狱系统中，行使不同级别的权力。

在最极端的情况下，有组织犯罪集团或“帮派”的领导人控制着整个设施，并充当事实上的监狱管理机构，这种现象在拉丁美洲最为明显。墨西哥国家人权委员会（CNDH）2019 年的一份报告发现，所有设施中有三分之一是在自治或与监狱当局合作下运作的。

罪犯自治常常是结构性和系统性管理失灵的结果。帮派规则可以与监狱和监狱人口规模的增长联系起来；犯罪团伙更有能力在大型、人满为患和资源不足的监狱中行使控制权，特别是在囚犯与工作人员比率高、工作人员薪水低且工作人员流动率高的情况下。例如，在格鲁吉亚，犯罪亚文化在罪犯集中、管理人员短缺、服务不足的大型设施中更为普遍。在其他地方也有报道称，在私人公司经营的设施中，罪犯自治可能会更加普遍。

腐败往往出现在监狱自治的同一背景下，与之平行，或是其后果。在腐败程度很高的地方，一个或多个囚犯群体更有可能对同龄人或监狱当局行使权力。美洲人权委员会指出，一些囚犯群体和监狱当局分享权力和利益的“自治”或“共同治理”制度与“危险的腐败圈子”有关。在存在犯罪亚文化的地方，属于某些群体的人更容易受到虐待。在摩尔多瓦，人们注意到，“囚犯守则”（囚犯中形成的不成文、非正式的规则和价值观）使人们能够支配和虐待被称为“不可接触的人”，如性少数群体个人、遭受性虐待的人或被指控或被判犯有性犯罪的人。在这种情况下，据报告，一项非正式的行为守则要求他们避免与他人接触，只在食堂指定的餐桌上用餐。在波兰，当局在 2017 年发现了 43 种“监狱亚文化的明显表现”，包括两次强奸，41 起欺凌事件和一千多次打架。[1]

在很大程度上由犯罪团伙控制的监狱中，几乎没有问责制，甚至根本没有问责制，因此很难有效地监视设施内部发生的事情。2019 年 11 月，联合国禁止酷刑委员会对拉脱维亚监狱中的囚犯等级和相关的囚犯之间的暴力行为表示关切，据报道，由于缺乏足够有效的调查，这种暴力行为有所增加。在格鲁吉亚，欧洲防止酷刑委员会对非正式监狱等级制度的有害影响表示关注，并指出，由于监狱等级制中的“观察员”，一些监狱里的人不愿或害怕向代表团讲话。

---

〔1〕 EU Agency for Fundamental Rights, Criminal detention conditions in the European Union: rules and reality, 2019, p. 43.

当监狱当局无法行使控制权时,暴力活动就很猖獗。在黑帮控制的设施中,毒品、武器和其他违禁品大规模扩散,与帮派有关的暴乱和谋杀事件屡见不鲜。正如联合国法外处决、即审即决或任意处决问题特别报告员的一份报告所述,其中涉及"囚犯管理监狱"的问题:"一些囚犯的暴力死亡几乎是监狱放弃权力给囚犯的必然结果"。[1]

仅在 2019 年 12 月,就有新闻报道说,洪都拉斯两座监狱至少有 34 名狱中男子死于帮派相关暴力,墨西哥监狱暴乱造成 16 人死亡,巴拿马监狱有 12 人死亡,委内瑞拉监狱有 10 人死亡。在巴西,在 2019 年不到三个月的时间里,在亚马逊和帕拉的五座监狱,监狱中的暴力事件导致 117 人死亡。巴西媒体报道说,在过去的 3 年里,没有人因杀害近 300 人而受到审判。

罪犯自治影响工作人员的日常生活、罪犯的人权和获得基本服务的机会,也妨碍了改造和重返社会的努力。在柬埔寨,当获得医疗服务的请求必须通过牢房头目提交时,保密和平等获得医疗的权利可能受到损害。此外,牢头和其他高层人员通常在监狱里有更多的"特权",如看电视、探亲、外出时间、教育和培训机会。在一些国家,牢头向当局报告监狱中其他人的行为,并就如何对待他们提出建议。

另一种更为成功的自治办法是有目的地实行自治并与主流监狱系统并驾齐驱的设施。在巴西,非政府组织巴西援助罪犯兄弟会(FBAC)管理着亚太地区监狱,主要由囚犯和志愿者管理和运作。这些非传统监狱关押那些在主流监狱已经服一部分刑期的人,侧重于改造和恢复性司法,特点是没有狱警和武器。巴西目前大约有 50 所这样的监狱,其他国家的一些监狱也采用了类似的方法,包括德国、匈牙利和哥斯达黎加。

(六)监狱工作人员

欧洲委员会新近通过的有关监狱和缓刑工作人员招聘、甄选、教育、培训和专业发展的准则重申,"监狱的任务包括确保安全和保障并组织监狱的日常生活,确保待遇不侵犯囚犯的人格尊严权利,应提供有意义的职业活动和干预措施,为他们释放和重返社会做好准备"。[2] 然而,在世界许多地方,

---

〔1〕 Philip Alston, Report of the Special Rapporteur on extrajudicial, summary or arbitrary executions, A/HRC/8/3, United Nations, 2 May 2008, para. 72.

〔2〕 European Committee on Crime Problems, Guidelines regarding recruitment, selection, education, training and professional development of prison and probation staff, 2019, para. 1.

监狱和缓刑工作人员工资低，负担过重，几乎没有什么手段实现这个目标。

在许多国家，囚犯生活条件的恶化与工作人员工作条件的下降相呼应，往往导致监狱内的紧张局势和暴力行为日趋严重。在美国亚利桑那州，在囚犯多次袭击工作人员后，矫正官员起诉该州"安保失败"（security failure）。新西兰的统计数据显示，2017 年 1 月至 8 月间，有 295 起袭击监狱工作人员的事件，女子监狱对工作人员的袭击从 2009 年的两次增加到 2018 年的 29 起。在法国，监狱管理部门报告称，2017 年对工作人员的实际袭击为 8883 起。

预算削减、监狱人满为患程度上升和工作人员短缺等相互关联的问题是造成监狱工作人员环境不安全的因素，新冠病毒大流行更是加剧了这些因素。例如，印度当局报告称，2018 年工作人员短缺比例为 28%。工作人员短缺很普遍，原因有多种，包括预算限制，以及监狱管理部门无法招聘和留住工作人员，尤其是低工资。欧洲防止酷刑委员会在其 2019 年有关格鲁吉亚的报告中指出："除非员工的工资比警察和私营部门的更有竞争力，否则不可能大幅增加员工。"[1]

除了工资低之外，监狱管理部门面临的一个共同问题是确保有一支受过充分教育和专业的工作人员队伍，这与工作满意度有关。部分原因是公众对监狱工作人员的负面看法，这在许多情况下是由媒体助长的。调查发现，监狱工作人员经常感到他们的工作被误解和低估。例如，在瑞士，参与这项研究的员工中有 61% 表示，他们所做的工作没有得到应有的赏识，造成这样后果的主要原因是媒体的负面报道。

警囚比可以很好地反映监狱制度的实际力量或不足。低比率也会抑制动态安保方法的运用。各国的数字差别很大。泰国每名工作人员有 32 名囚犯，摩洛哥、老挝和秘鲁则是每名工作人员有 8 名至 9 名囚犯。哥斯达黎加的囚犯与工作人员的比率较高，每名工作人员有 4 名囚犯，瑞典、丹麦和挪威分别不到 1 名。

但是，应当指出，报告的比率掩盖了各国内部和不同类型工作人员之间的差异。例如，虽然 2017 年喀麦隆囚犯与工作人员的总比例约为 1∶4.5，但

---

〔1〕 European Committee for the Prevention of Torture and Inhuman or Degrading Treatment or Punishment（CPT），Report to the Georgian Government of the visit to Georgia from 10 to 21 September 2018，2019，para. 96.

在30700人的监狱中,只有273名医务人员,即约1名医务人员与110名囚犯的比例。在北马其顿,在2017年,这一比例约为每名工作人员有4名囚犯,详细数据显示,一名狱警单独负责监管的人数为19人。

一些国家认识到培训对工作人员和他们所监督的人员具有同等利益,因此,国家正在采取措施为监狱人员提供更全面的培训。在挪威和智利,接受培训的监狱官接受了为期2年的理论和实践培训,包括日常监狱和囚犯管理以及犯罪学、法律、社会工作或改造支持。

一些监狱管理部门还制定了专门培训计划,包括在摩洛哥,那里的监狱长接受自杀预防和减少伤害方面的培训。在中国,一些监狱的官员接受了心理和咨询方面的培训,以便为监狱中的人们提供支持。

不仅在被监禁人员的多样性方面存在数据差距,而且在监狱部门工作的人员也存在数据差距。根据国际刑罚改革协会的观察和统计数据,监狱工作人员缺乏多样性是许多系统面临的一个共同问题,这加深了罪犯和工作人员之间的分歧,进一步加剧紧张局势,危及双方的安全。就性别而言,司法部门仍然以男性为主。在阿尔及利亚(2015年为89%)、肯尼亚(2017年为82%)和布基纳法索(2018年为85%)等许多国家,男性监狱人员的比例仍然很高。在印度,监狱高管中男性员工的比例为88%。

在监狱工作人员中,少数民族、土著民族和性少数群体成员的数量也很低。在英格兰和威尔士,监狱中黑人的比例很高,监狱里的大多数人年龄在40岁以下,大多数工作人员是白人,超过一半的人年龄在40岁或40岁以上。

(七)自然灾害和极端天气应对

当自然灾害威胁到罪犯的安全与保障时,监狱当局面临着重大挑战。是否撤离监狱的决定必须在安全问题与公共安全以及罪犯和工作人员的安全之间取得平衡。无论哪种方式,都可能对人权产生潜在的严重影响。

世界各地越来越多的监狱当局被要求在重大风暴、地震、火灾、洪水和其他自然灾害期间决定是否撤离设施。2019年9月,印度延长的季风季节在北方邦和比哈尔邦造成严重的洪水泛滥,迫使大约900人从巴利亚的一座监狱撤离。同月,在美国佛罗里达州的矫正部门在9月疏散或重新安置了4407名罪犯,以应对飓风“多里安”。2018年印度尼西亚苏拉威西地震期间,由于缺乏自然灾害准备指南或监狱程序,当局打开了关押500人的帕卢监狱。

2019年底,澳大利亚大规模疏散了监狱设施,以应对大面积和前所未有的森林大火。在新南威尔士州的奥伯伦矫正中心(Oberon Correctional Centre)受到火灾威胁后,监狱的工作人员和大约120名囚犯从该中心撤离。这些囚犯被转移到另外两所矫正中心,其中之一的利思高(Lithgow)矫正中心,在10天之后也被大火包围了。当局认为,考虑到道路关闭和火灾风险,把罪犯收容在监狱里会更安全,因此,利思高矫正中心的囚犯没有被疏散。

在任何监狱撤离情况下,人权问题都受到普遍关注。在2019年的佛罗里达州,罪犯亲戚报告说不知道其家人是否已转移,已经转移的,不知道他们去了哪里。在监狱设施之间运送罪犯的过程本身就是高风险,尤其是在本应该分开的人群中一起运输或在没有适当监督的情况下运输。例如,2019年10月,在加利福尼亚州监狱大火疏散期间,据报道有许多少年犯遭到与他们一起运输的其他人的殴打。后来调查清楚情况的是,运输囚犯的车辆中没有成人工作人员来监督少年犯,低度安全和高度安全的人们被一起运送了。

澳大利亚当局宣布,对关押在最低限度安全设施中的犯人进行培训,参与扑灭大火并进行清理、维护和当地重建工作,美国加利福尼亚州也有类似的制度。作为对这一倡议的回应,国际刑罚改革协会欢迎任何能够帮助人们学习新技能并使其能够为当地社区做出贡献的改造倡议,但警告说,这种紧急救济工作必须完全自愿,必须得到充分补偿,仅可在采取安全措施的情况下进行,并且应进行适当的培训。

监狱内部的极端高温和低温仍然是监狱工作人员和囚犯面临的一个问题。据报道,2019年法国监狱的温度达到45摄氏度,受热浪影响的人数不少于71000人。2018年8月,美国得克萨斯州刑事司法部门报告说,有19个犯人和监狱工作人员在一个月内接受了与热有关的疾病的治疗。美国"监狱政策倡议"智库发现,在2019年该国最热地区中,至少有13个州的监狱中缺乏公用空调,并指出使人们特别容易受到高温伤害的医疗条件在监狱中尤为常见。

(八)罪犯改造

尽管监狱管理面临众多难题,但是,许多国家在罪犯教育改造方面也有所创新,将一些新发展理念引入罪犯改造中。

作为监狱的一项核心职能,应提供广泛的改造方案,包括身心保健、体育活动、社会心理支持、教育和职业培训课程以及工作机会。越来越多的人认识到,这些方案的设计可以创造比改造服务更广泛的利益,包括在促进可持续环境变化方面(在监狱和社区)。越来越多的创新监狱项目将重点放在野生生物,可持续性,生物多样性和气候上,使监狱中的人们能够改善自己的自然环境以及整个社区的环境。

美国华盛顿州的“监狱可持续发展”项目(Sustainability in Prisons)在12个州监狱中开展了一系列科学、可持续发展和环境教育项目。这些计划包括濒危蝴蝶繁殖计划和草原保护,以及促进监狱设施内的可持续运作,如垃圾分类、堆肥、循环利用、园艺、节水和节能。从2017年至2018年,涉及的监狱转移了超过2787吨垃圾进行堆肥和回收;一所改用节能照明的监狱预计每年可节省超过22000美元。

注重环境的监狱项目通常是与社区组织合作的结果,该项目将监狱中的人们与当地倡议联系起来,并与他们从监狱中释放后建立联系。一些监狱提供培训课程,为参加者提供越来越受追捧的保护和其他环境角色的技能和资格。“大自然项目”还可以减轻监狱生活的压力,并可以为罪犯提供治疗价值。英格兰最近的研究发现,监狱中的园艺项目对参与该项目的罪犯的心理健康和福祉具有明显的积极影响。他们还提供了获得技能、资格和工作经验的机会,增加了就业潜力。美国俄勒冈州监狱最近开放了一个新的日式治愈花园,用于治疗监狱中患有创伤后应激障碍的罪犯。

尽管监狱农场并不是为监狱中的人们提供食物的新解决方案,但在粮食和农业可持续性方面已有一些创新。在印度尼西亚,IDEP基金会与巴厘岛的邦立(Bangli)州立监狱合作,向罪犯传授可持续农业、环保意识和营养的重要性,所种植的有机产品用于监狱人员的粮食问题,监狱还在当地社区出售有机种子。在巴布亚新几内亚,国家渔业局和监狱局的“监狱养鱼”联合计划向监狱中男犯传授建造土池和养殖淡水鱼的知识和技能,并为监狱饮食提供额外的蛋白质。根据该项目的资助者的说法,通过发展养鱼可向男犯传授来自乡村的宝贵技能,提高他们获释后重返社区的能力,并减少反社会行为。

另外,通过努力来建造环保监狱或调整现有监狱以使其更具可持续性。瑞典索伦蒂纳(Sollentuna)高度戒备监狱建筑最近因其一系列环保举措而获奖,其中包括由植物和草皮制成的绿色屋顶,旨在帮助当地农民养殖的养蜂业得以迅速地发展。此外,监狱厨房中的所有餐余垃圾都转化为沼气。在保加利亚,监狱中的人员接受了生产和安装太阳能板和热水器的培训,以供在监狱内外使用。

在巴拿马的 La Joyita 监狱中,大约 90% 的废弃物(包括铝和塑料)被回收,食品废弃物转化为肥料用于植物的生长,包括果树、药用和蔬菜以及用于重新造林的幼苗。在其他花园中因无利可图而无法种植的本地树木也得到培育。

长期以来,体育运动对身心健康的好处,以及对行为和社会互动的影响已广为人知。在预防犯罪和保护监狱环境中,它也被越来越多地认为是"解决犯罪和暴力等风险和保护性因素的有用工具"。《联合国关于女性囚犯待遇和女性犯罪非拘禁措施的规则》和《囚犯待遇最低限度标准规则》都鼓励为监狱服刑人员提供参加体育和运动的机会。研究证明,体育运动的深远好处不仅是改善健康和行为,还"具有改变观念、反偏见和激励人们的力量"。[1] 支持者还说,它可以为个人提供教育和职业发展的途径。体育也正在成为预防犯罪和世界各地的改造计划的一个内在方面。作为 2015 年与《多哈宣言》有关的承诺的一部分,联合国毒品和犯罪问题办公室于 2019 年发起了一项倡议,以促进在全球范围内将体育纳入青少年预防犯罪和刑事司法的战略。

许多国家已经发起了让体育在改造计划中处于中心地位的倡议。在肯尼亚,非政府组织 Espartanos Africa 与肯尼亚监狱管理局合作,发起了一项在最高安全性监狱中教授橄榄球的计划,并提供了教育和职业支持。在中国香港地区,一个监狱橄榄球项目"旨在将年轻罪犯与释放后的职业培训、教育和就业[2]联系起来"。2018 年,英国司法部对监狱的体育和体育活动进行了独立审查,有几个计划已经到位。其中,AIRnetwork 计划提供了一种多运动方法,让个人参与一系列的个人发展和社会心理干预。

欧盟基本权利机构(EU Fundamental Rights Agency)发现,尽管所有欧盟成员国都为监狱的体育活动提供了某种体育设施和机会,但体育活动的

---

〔1〕 *Integrating Sport Into Youth Crime Prevention and Criminal Justice Strategies in Focus at Expert UNODC Event*, UNODC, 6 January 2020, http://www.unodc.org/unodc/en/frontpage/2020/January/integrating-sport-into-youth-crime-prevention-and-criminal-justice-strategies-in-focus-at-expert-unodc-event.html.

〔2〕 *Rugby Changing Lives Inside Hong Kong Prison*, Alliance of Sport in Criminal Justice, allianceofsport.org/news/rugby-prison-hong-kong-alliance-sport.

质量、可及性和可获得性在各国之间差异很大,男犯和女犯使用体育设施的情况也不同——在某些地方,女犯使用体育设施的机会比男犯要少。

五、新技术的角色和使用

技术革新为改善刑事司法系统的有效运作和支持监狱服刑人员的改造提供了许多机会,但同时也带来一定的挑战。

在线教育、视频会见系统、电子档案管理系统和远程庭审在欧洲、北美、亚洲和大洋洲部分地区的监狱中的运用越来越普遍,但并非每个地区都可以使用这些技术,这是由于世界上有超过一半的国家限制或没有互联网的访问,而许多这类工具都依赖于互联网。在低收入和中等收入国家的监狱和刑事司法系统中通常资源稀缺,监狱不是优先事项,使这种数字鸿沟被放大了。对于触犯法律的人及其家人和法定代表人而言,缺乏互联网可能成为教育、与外界联系、寻求申诉和司法救助的障碍。

全球绝大多数监狱的监控技术都已经成熟,而且随着人工智能(Artificial Intelligence,AI)工具的引入,监控技术也在不断增加。关于传统监控技术的使用,2019 年,俄罗斯通过闭路监控对监狱中若干人进行永久性监控的问题被提交欧洲人权法院。法院认为,由于有关监控某些被拘留者的法律不够明确或详细,闭路监控侵犯了人的隐私权,因此,尊重私人生活的权利没有得到充分保护。捷克共和国一名被关押在还押期的人也提出了类似的申诉,该国监察员的结论是,在预审拘留中心使用监控探头的"一揽子"政策极大地影响了隐私权。

新技术也越来越多地运用于缓刑和社区矫正。这包括扩大电子监控和其他形式的远程监管,如电话登记或生物特征登记亭,在一些国家用于实现缓刑报告条件的自动化。大多数这些技术往往过分地强调管制和安全,提高和加强对缓刑犯严格遵守措施或制裁条件的控制,并减少超出这些规则的人为交往和支持,而不是改造。

在刑事司法系统中使用技术并不是什么新鲜事,但近年来,引进和扩大以人工智能为主导的预防犯罪和人员管理工具已成为该领域的主要新兴趋势之一。人工智能目前还没有统一的定义,但可以将其描述为一个笼统的术语,泛指致力于提高机器完成需要智能的事情的能力的一系列科学、理论和技术。人工智能系统是一个机器系统,可以针对给定的目标集作出建议、预测或决定。

使用人工智能技术的项目和工具已被许多国家的警察、法院、缓刑和监狱系统采用。潜在的好处包括节省成本,提高时间效率和判断的客观性。但是,在区域和国际层面的人权机构之间存在共同的担忧,即数字化和刑事司法判决的自动化对个人生活的影响以及所采用的新技术是否事实上导致了更安全的社会。民间社会和监管机构呼吁在进一步扩大人工智能在刑事司法系统中的应用之前,加强监管和影响考虑。

2019年10月,在欧洲理事会司法部长会议讨论技术在刑事司法系统中的应用时,人权专员发表声明,警告需要对人工智能系统进行人权影响评估;建立公共磋商;与私营机构合作;确保议会、司法和专家对刑事司法系统技术的使用进行有效监督。人权专员肯定了使用技术的积极一面,但也警告说,有必要"保护法官和证人免受不适当的干扰和数字盗版,并确保进行数字技术培训"。[1] 更广泛的是,人权专员就如何防止或减轻人工智能系统对人权的负面影响提出了指导意见,重点是10个关键的行动领域。

在包括监狱在内的拘留场所内,由人工智能主导的大多数系统主要和功能与安全性有关。新系统正在用于警示工作人员关于监狱中的犯人的行为或活动,该系统会标记为"异常"或"可疑"。在中国香港地区,腕带设备已经过测试,可以测量穿戴者的心率。在英国,一所监狱使用了一种装有人工智能的摄像头,通过检测违禁品、毒品和武器,以及某些被系统认定为"可疑"的人体动作和行为,来防止违禁品、毒品和武器进入监狱。

此类监视罪犯日常活动的工具采用人工智能技术,以最大限度地减少工作人员的时间。但是,这样做的代价是减少了与罪犯的人际互动,而这正是改造和确保罪犯需求得到了解并满足的关键因素。

与闭路监控一样,人们对记录和处理人们不断移动的数据的系统的隐私权也存在担忧。在美国的几个州,人工智能被用来监听电话。这类系统使用语音识别,语义分析和机器学习软件来构建可搜索单词和模式的数据库,以检测非法活动。

机器人和"智能"在监狱的引入,使"智能"监狱中的犯人可以利用电脑系统安排预约、探访、点菜和送餐,这意味着被拘留者和工作人员之间的互动进一步减少。但另一方面,它们可以积极地培养使用者独立性和自主性。

---

〔1〕 Council of Europe, Justice in Europe facing the challenges of digital technology, Speech by Dunja Mijatović, CoE Commissioner for Human Rights, CommDH/Speech(2019)11, 15 October 2019.

在中国香港地区,机器人看守项目正在监狱试行。该机器人配备了一个摄像头和一个麦克风,用于记录并发送图像给工作人员,支持工作人员和罪犯进行远程交谈。在韩国,2012 年在监狱设施中引入了“机器人警卫”,以“确保囚犯的生命和安全,并减轻恶劣工作环境中的惩教人员的工作量”。[1]

除监狱管理外,人工智能越来越多地被期望降低重新犯罪率,评估某人被判犯有刑事罪行的风险,甚至预测某人何时可能犯下第一桩刑事罪行。虽然通过犯因性需求评估某人的风险因素已经很成熟,并且是预测和减少再犯的可靠工具,但人工智能模型已通过人类评估得以应用。在已经开发并实施了人工智能(Artificial Intelligence,AI)模型以进行此类评估的国家中,在很大程度上消除了人工判断。

在美国和英国,一些法院和警察使用人工智能主导的程序来决定某人的自由或监禁,以及刑期的长短。其他国家也在效仿这类模式,比如在阿布扎比(Abu Dhabi),人工智能被引入该国,以检测量刑决定导致再次犯罪的风险。在肯尼亚,一项针对三所监狱的研究正在寻找人工智能如何预测监狱犯人的再犯行为,如果人工智能计划得以实施,可能会影响人们获知何时获释以及在何种条件下作出犯人获释的决定。

在此类刑事司法决策中使用人工智能主导系统的一个关键问题是其算法使用的数据源的可靠性。有证据表明,在决策中消除人为的判断可以促进更公平的决策,但有研究机构也指出了可能存在歧视性决策和缺乏透明度的根本性问题。在这种情况下,欧洲委员会对人工智能的建议是,在“不可能有意义地减轻(侵犯人权的)风险的情况下,人工智能系统不应该被任何公共当局部署或以其他方式使用”。[2]

缺乏透明度是普遍使用人工智能存在的另一个问题,这个问题在刑事司法决策中尤其重要,因为它对人们的生活及其家庭产生了重大影响。用于指导判决或监狱分类的评估系统通常由私营企业开发,通常被视为商业机密。这意味着司法行动者可能不理解其复杂的功能,使嫌疑犯、被告或罪犯没有机会查询或理解计算机生成的决策。

---

〔1〕 *CSD* 2018 *Annual Review*: *Commissioner's Foreword*, Hong Kong Correctional Services, 2019, http://www.csd.gov.hk/annualreview/2018/textonly/en/commissioner.

〔2〕 Commissioner for Human Rights, Unboxing Artificial Intelligence: 10 Steps to Protect Human Rights, Council of Europe, May 2019, p. 8.

结　语

概括地说,2020 年全球监禁趋势在许多方面是 2019 年趋势的延续,但也有一些新的发展变化。监禁率基本保持稳定,监禁仍然是一个难以打破的循环圈,重新监禁率居高不下。应对暴力极端主义和防止狱内暴力极端化仍然是许多国家和国际社会关注的优先事项。对许多国家而言,监狱工作不是国家优先事项,监狱系统资金保障不足,由此带来监狱管理不善,监狱暴力、自杀、自残行为增加,罪犯基本生活权利得不到保障,现有改造方案的减少或完全削减,与外界联系的机会减少以及医疗保健和其他基本服务减少等现实问题,同时也给罪犯及其家属带来经济负担。审前羁押人员比例远远高于定罪人员,仍然是导致许多国家监禁场所人满为患的主要原因,在审前羁押人员中弱势群体所占比例突出问题,也值得深思。从量刑改革来看,死刑和未成年刑事责任年龄改革呈两极化趋势,终身监禁适用继续增加。从监狱人口来看,女犯、老年犯持续增长,有精神健康问题或残疾的人员占比也很大,给监狱管理以及卫生保健带来了新的挑战。而 2020 年新冠肺炎疫情的突然暴发给本来就很困难的监狱卫生保健带来更严重的压力,资源不足和缺乏医护人员问题更加突出。狱内暴力和死亡问题突出,囚犯的死亡率远远高于社会人群。值得欣慰的是,罪犯改造方面有所创新和发展,促进环境可持续发展和保护生物多样性理念被引入罪犯教育改造项目中。这些项目在促进改造罪犯的同时,对环境产生了有益影响。新技术在罪犯管理中得到广泛应用,在减轻工作人员负担、节省成本、提高时间效率和减少人为因素方面发挥了重要作用,当然,也带来了隐私权被侵犯、数据泄露、数据可靠性等方面的隐忧和挑战。

世界在押犯人数最多的50个国家最新监狱统计数据

周　勇*

英国伦敦大学伯克贝克学院刑事政策研究所(Institute for Criminal Policy Research,ICPR)是国际上研究世界监狱人口状况和发展趋势最负盛名的学术机构之一,它通过全球各国的国家监狱管理部门、联合国统计机构、欧洲刑事统计局以及有关会议论坛等各种途径收集、汇总和更新世界223个国家和地区的监狱数据资料,编写《世界监狱人口清单》(The World Prison Population List,最新为2018年11月出版的第12版)、《世界女性监禁清单》(The World Female Imprisonment List,最新为2017年11月出版的第4版)和《世界未决/羁押监禁清单》(The World Pre-trial/Remand Imprisonment List,最新为2017年2月出版的第3版)等系列出版物,建立并运行"世界监狱简况"(The World Prison Brief)数据库,为监狱政策制定者、监狱管理人员、相关领域专家学者等提供世界各地的监狱系统信息,进而为促进全球范围内以证据为基础的监狱政策制定和发展提供支持。为全面了解和准确掌握当前全球监狱人口主要状况和发展趋势,本

* 周勇:司法部预防犯罪研究所副所长、研究员。

文根据“世界监狱简况”数据库和第12版《世界监狱人口清单》等资料,[1]选取世界上监狱押犯人数最多的50个国家为考察对象,从监狱监禁人数、监禁率、不同类型囚犯占比、监狱管理体系、监狱拥挤状况以及21世纪以来监狱人口发展趋势等方面进行了梳理分析,形成了最新监狱信息和统计数据,以供我国监狱工作理论界和实务界参阅。

一、监狱监禁人数

监狱监禁人数(prison population total),是指一个国家监狱系统中被监禁关押的人数,包括已决犯和未决犯。除厄立特里亚、索马里和朝鲜3个国家外,“世界监狱简况”数据库和《世界监狱人口清单》(第12版)提供了全球223个国家和地区最新的监狱监禁总人数。数据显示(见表1),目前全世界大约有1083万人被监禁关押在这223个国家和地区的监狱系统中,其中,监禁人数排名前5位的国家分别是美国(约209.4万)、中国(约171万)、[2]巴西(约76万)、俄罗斯(约48.3万)和印度(约47.9万)。这5个国家监狱监禁人数之和大约占全球监狱监禁总人数的一半(51%)。除这5个国家外,监狱监禁人数超过10万的国家还有泰国(约33.9万)、土耳其(约28.1万)、印度尼西亚(约25.2万)、墨西哥(约21.5万)、伊朗(约18.9万)、南非(约15.4万)、越南(约12.4万)、埃塞俄比亚(约11.4万)、埃及(约10.6万)和阿根廷(约10.3万)。监禁人数排名第50位的国家为阿富汗,其监狱监禁的人数为30748人。

数据显示,监禁人数排名前10位和前20位的国家监狱监禁人数之和分别占全球监狱监禁总人数的63%和74%,而监禁人数排名前50位的国家监狱监禁人数之和占全球累计监狱监禁总人数的89%。也就是说,世界上近90%以上的监狱人口居住在这50个国家中,剩下10%的监狱人口居住在其他173个国家或地区中。因此,从数量上看,押犯人数最多的这50个国家对于全球监狱来说具有较大的代表性。同时,从地域分布上来看,押犯人数最多的这50个国家也具有代表性,包括亚洲的17个国家,非洲的10个国家,欧洲的10个国家,北美洲的3个国家,南美洲的7个国家,中美洲/加勒比地区的2个国家和大洋洲的1个国家。

---

[1] http://prisonstudies.org,2021年2月22日访问。

[2] 本文中,中国监狱数据仅为中国大陆监狱数据。

表1　世界在押犯人数最多的50个国家监狱监禁人数与监禁率

序号	国 家	区 域	监禁人数/人	监禁率(每10万人口)/人	数据时间	数字来源
1	美 国	北美洲	2,094,000	639	2018年	美国司法统计局
2	中 国	亚 洲	1,710,000	121	2018年	世界监狱简况
3	巴 西	南美洲	759,518	357	2020年6月	国家监狱管理部门
4	俄罗斯	欧/亚洲	482,888	334	2021年1月1日	国家监狱管理部门
5	印 度	亚 洲	478,600	35	2019年12月31日	国家犯罪记录局
6	泰 国	亚 洲	338,806	488	2021年1月1日	国家监狱管理局
7	土耳其	欧/亚洲	281,094	335	2020年7月	土耳其司法部
8	印度尼西亚	亚 洲	251,546	92	2021年1月31日	国家监狱管理局
9	墨西哥	北美洲	215,232	166	2020年11月30日	国家监狱管理部门
10	菲律宾	亚 洲	215,000	200	2019年1月	卫生部长/世界监狱简况
11	伊 朗	亚 洲	189,000	228	2020年1月	联合国人权理事会
12	南 非	非 洲	154,437	259	2020年4月1日	国家监狱管理部门
13	越 南	亚 洲	125,697	130	2019年	世界监狱简况
14	埃塞俄比亚	非 洲	113,727	127	2013～2014年	国家监狱管理部门

续表

序号	国家	区域	监禁人数/人	监禁率（每10万人口）/人	数据时间	数字来源
15	埃及	非洲	106,000	116	2016年8月	国家监狱管理部门
16	阿根廷	南美洲	103,209	230	2018年12月31日	司法部
17	哥伦比亚	南美洲	97,303	193	2021年1月31日	国家监狱管理部门
18	秘鲁	南美洲	96,440	290	2020年4月30日	国家监狱管理部门
19	缅甸	亚洲	92,000	171	2018年	国家监狱管理部门
20	孟加拉国	亚洲	88,084	52	2020年2月	内政部
21	摩洛哥	非洲	85,767	237	2019年9月	国家监狱管理部门
22	英国	欧洲	78,065	130	2021年1月29日	司法部
23	巴基斯坦	亚洲	77,275	38	2019年9月30日	联邦监察员
24	马来西亚	亚洲	68,603	212	2020年8月	内政部
25	波兰	欧洲	67,894	179	2020年12月31日	国家监狱管理部门
26	尼日利亚	非洲	65,741	31	2021年1月18日	国家监狱管理部门

续表

序号	国 家	区 域	监禁人数/人	监禁率(每10万人口)/人	数据时间	数字来源
27	卢旺达	非 洲	65,000	511	2019年10月	国家人权委员会
28	阿尔及利亚	非 洲	65,000	153	2019年	美国国务院人权报告
29	法 国	欧 洲	61,102	90	2020年1月1日	国家监狱管理部门
30	沙特阿拉伯	亚 洲	61,000	197	2017年6月	联合国数据
31	西班牙	欧 洲	57,680	122	2020年4月15日	国家监狱管理部门
32	德 国	欧 洲	57,600	69	2020年6月30日	联邦统计局
33	古 巴	加勒比海	57,337	510	2012年	世界监狱简况
34	委内瑞拉	南美洲	57,096	178	2017年	世界监狱简况
35	乌干达	非 洲	55,229	124	2019年	内政部
36	韩 国	亚 洲	53,920	105	2020年6月30日	国家监狱管理部门
37	意大利	欧 洲	53,364	89	2020年12月31日	欧盟统计局
38	乌克兰	欧 洲	52,609	148	2020年1月1日	国家监狱管理局
39	日 本	亚 洲	48,429	38	2019年12月31日	国家监狱管理局

续表

序号	国 家	区 域	监禁人数/人	监禁率(每10万人口)/人	数据时间	数字来源
40	伊拉克	亚 洲	45,000	126	2015年中	联合国人权事务委员会
41	肯尼亚	非 洲	42,596	81	2020年9月	国家监狱管理局
42	澳大利亚	大洋洲	41,060	160	2020年6月30日	澳大利亚统计局
43	厄瓜多尔	南美洲	39,251	224	2020年1月1日	国家监狱管理部门
44	智 利	南美洲	38,950	209	2020年12月31日	国家监狱管理部门
45	加拿大	北美洲	38,570	104	2019年3月31日	加拿大统计局
46	萨尔瓦多	中美洲	37,190	572	2020年12月28日	国家监狱管理部门
47	柬埔寨	亚 洲	36,600	220	2019年11月	国家监狱管理部门
48	坦桑尼亚	非 洲	35,803	59	2019年12月	内政部
49	白俄罗斯	欧 洲	32,500	343	2018年10月1日	内政部
50	阿富汗	亚 洲	30,748	87	2018年10月31日	阿富汗重建特别检察长报告

资料来源:《世界监狱简况》,载 http://prisonstudies. org. ,2021年2月访问。

注:1. 中国数据不含中国台湾、香港和澳门地区。中国监狱监禁人数仅包括监狱关押的已决犯,不包括看守所关押的判决时余刑不足3个月的已决犯和所有的未决犯。

2. 英国数据只包括英格兰和威尔士。

二、监狱监禁率

衡量一个国家监狱状况的重要指标除了监禁人数外,还有监禁率。所谓监禁率(prison population rate)是指一个国家每10万人口中被监禁关押人员的数量。据《世界监狱人口清单》(第12版),2018年世界监狱监禁率大约为每十万人中145人。在押犯人数最多的50个国家中(见表1),美国的监禁率为每10万人中639人,高居全球榜首,紧随其后的依次为萨尔瓦多(572人)、卢旺达(511人)、古巴(510人)、泰国(488人)、巴西(357人)、白俄罗斯(343人)、土耳其(335人)、俄罗斯(334人)和秘鲁(290人)。中国的监禁率为每10万人121人,在这50个国家中位列第35位,在全球属于较低水平。需要指出的是,中国的监禁率没有包括所有的已决犯和未决犯,如果将所有的已决犯和未决犯计算在内,那么中国监禁率的实际数字可能会明显高于现有数字。

三、监狱监禁中未决犯、女犯、少年犯与外籍犯占比

监狱监禁中未决犯、女犯、少年犯与外籍犯占比分别是指一个国家监狱系统中被监禁关押的未决犯、女性罪犯、少年罪犯和外国籍罪犯占被监禁人员总数的比例。由表2可知,在押犯人数最多的50个国家中,监狱监禁中未决犯占比最高的是孟加拉国,其监狱关押的罪犯中高达八成是未决犯,未决犯占比排第二位至第九位的国家依次为菲律宾(75.1%)、尼日利亚(73.4%)、柬埔寨(71.9%)、印度(69.1%)、委内瑞拉(63.0%)、巴基斯坦(62.1%)、沙特阿拉伯(58.7%)和坦桑尼亚(51.0%)。在这9个国家中,未决犯占到了监狱全部监禁人数的一半以上。如前所述,中国监狱系统关押的都是已决犯。

关于监狱监禁中女犯占比(见表2),在押犯人数最多的50个国家中,只有泰国、缅甸、越南和白俄罗斯4个国家达到了二位数,分别为12.5%、12.3%、10.7%和10.5%。其他国家均在10%以下,其中,女犯占比在5%~10%之间的国家有21个国家,分别为菲律宾(8.9%)、中国(8.4%)、俄罗斯(8.2%)、日本(8.2%)、柬埔寨(8.2%)、澳大利亚(7.7%)、萨尔瓦多(7.5%)、卢旺达(7.4%)、西班牙(7.4%)、韩国(7.3%)、哥伦比亚(7.1%)、智利(7.1%)、肯尼亚(6.7%)、厄瓜多尔(6.7%)、沙特阿拉伯(5.7%)、德国(5.6%)、加拿大(5.6%)、墨西哥(5.5%)、秘鲁(5.5%)、委

内瑞拉(5.3%)和印度尼西亚(5.1%)。

关于监狱监禁中少年犯占比(见表2),在押犯人数最多的50个国家中,柬埔寨(4.9%)、墨西哥(4.3%)、阿富汗(4.0%)、坦桑尼亚(3.9%)和伊拉克(3.6%)列前5位。而其他国家监狱监禁中的少年犯占比均没有超过3%。超过半数国家监狱监禁中少年犯占比在1%以下,如中国(0.8%)、美国(0.2%)、俄罗斯(0.2%)、印度(0.1%)、日本(0.04%)。

随着经济全球化的进程,外籍犯逐渐成为世界各国监狱界共同面临的一个新问题。由表2可知,在押犯人数最多的50个国家中,监狱监禁中外籍犯占比最高的国家是沙特阿拉伯,其外籍犯占全部押犯的一半(49.0%)。外籍犯占比超过10%的国家依次为意大利(32.5%)、西班牙(28.1%)、德国(24.0%)、法国(22.1%)、马来西亚(20.5%)、澳大利亚(17.1%)和英国(12.2%)。此外,日本(5.7%)、美国(5.2%)、韩国(4.7%)、泰国(4.4%)和俄罗斯(4.3%)也比较高。从中不难发现,外籍犯占比较高的国家大多属于发达国家,而且外籍犯占比与一个国家的经济开放和移民政策控制程度成正比。这是因为,国际上的流动人口一般都是愿意向那些经济上开放、移民政策控制较松的国家流动。在中国,监狱监禁中外籍犯占比尽管还不算高,只有0.4%,但外籍犯的绝对数量已达到了6000多人。

表2　世界在押犯人数最多的50个国家监狱监禁中不同类型囚犯占比

国家	未决犯		女犯		少年犯		外籍犯	
	占比/%	数据时间	占比/%	数据时间	占比/%	数据时间	占比/%	数据时间
美国	23.40	2018	9.80	2016	0.20	2014	5.20	2014
中国	—	—	8.40	2018	0.80	2013.12	0.40	2015.6
巴西	30.10	2020.6	4.90	2020.6	0.00	2017.6	0.30	2017.6
俄罗斯	21.60	2021.1	8.20	2021.1	0.20	2021.1	4.30	2015.1
印度	69.10	2019.12	4.20	2019.12	0.10	2019.12	1.20	2019.12
泰国	16.50	2021.1	12.5	2021.1	—	—	4.40	2019
土耳其	43.10	2017.12	4.20	2017.12	1.20	2017.10	2.20	2016.9
印度尼西亚	19.10	2021.1	5.10	2021.1	0.70	2021.1	0.40	2021.1
墨西哥	41.70	2020.11	5.50	2020.11	4.30	2013.12	1.20	2013.12

续表

国家	未决犯		女犯		少年犯		外籍犯	
	占比/%	数据时间	占比/%	数据时间	占比/%	数据时间	占比/%	数据时间
菲律宾	75.10	2018.5	8.90	2016	0.40	2012.12	0.30	2018.5
伊朗	25.10	2014.12	3.10	2014.12	0.50	2014.12	2.90	2014.12
南非	29.30	2019.3	2.60	2019.3	0.10	2019.3	7.50	2017.7
越南	12.40	2018.6	10.70	2019	—	—	0.40	2019
埃塞俄比亚	14.90	2012	4.20	2014	—	—	—	—
埃及	9.90	2006.12	3.70	2006.12	—	—	1.00	2002.12
阿根廷	45.90	2018.12	4.80	2018.12	0.10	2018.12	6.50	2018.12
哥伦比亚	23.60	2021.1	7.10	2021.1	0.00	2019.3	1.30	2019.7
秘鲁	37.00	2020.4	5.50	2020.4	0.00	2020.4	2.40	2020.4
缅甸	15.10	2016	12.30	2017	1.60	2002	0.70	2017
孟加拉国	81.30	2019.5	4.10	2019.5	0.70	2012.5	0.80	2016.6
摩洛哥	39.10	2018.12	2.30	2018.12	1.50	2018.12	1.40	2015.12
英国	15.40	2020.12	4.00	2021.1	0.50	2020.12	12.20	2020.12
巴基斯坦	62.10	2019.9	1.60	2019.9	1.70	2012.12	1.20	2007.6
马来西亚	26.70	2018.6	4.50	2019	2.20	2002.9	20.50	2020.8
波兰	12.80	2020.12	4.50	2020.12	0.10	2016.12	1.90	2020.12
尼日利亚	73.40	2021.1	1.90	2021.1	1.70	2014.6	0.30	2014.6
卢旺达	7.50	2017.5	7.40	2017.5	0.50	2017	0.30	2002.6
阿尔及利亚	12.00	2019	1.50	2015.12	0.80	2015.12	3.80	2015.12
法国	32.70	2020.10	3.40	2020.10	1.20	2020.10	22.10	2018.2
沙特阿拉伯	58.70	2002	5.70	2002	0.90	2009.1	49.00	2018.1
西班牙	16.00	2020.2	7.40	2020.2	0.00	2019.12	28.10	2019.12
德国	20.60	2020.6	5.60	2020.6	2.40	2020.6	24.00	2017.3
古巴	—	—	—	—	—	—	—	—
委内瑞拉	63.00	2017	5.30	2017	—	—	2.30	2016

续表

国家	未决犯		女犯		少年犯		外籍犯	
	占比/%	数据时间	占比/%	数据时间	占比/%	数据时间	占比/%	数据时间
乌干达	49.80	2019	4.50	2019	0.00	2014.12	2.30	2017.12
韩国	35.10	2020.6	7.30	2020.6	1.60	2020.6	4.70	2020.6
意大利	31.70	2020.12	4.20	2020.12	0.30	2019.6	32.50	2020.12
乌克兰	37.20	2020.4	3.90	2020.4	0.20	2020.4	1.70	2011.9
日本	12.10	2019.12	8.20	2018.12	0.04	2014	5.70	2018.4
伊拉克	35.20	2014	2.60	2014	3.60	2014	—	—
肯尼亚	44.10	2019	6.70	2019	1.20	2013.12	0.60	2013.12
澳大利亚	31.90	2020.6	7.70	2020.6	0.00	2020.6	17.10	2020.6
厄瓜多尔	37.00	2020.1	6.70	2020.1	2.10	2014	8.10	2014.9
智利	35.50	2020.12	7.10	2020.12	0.20	2019.3	3.40	2012.9
加拿大	39.00	2019.3	5.60	2014	2.60	2015.3	—	—
萨尔瓦多	24.40	2020.12	7.50	2020.12	0.00	2020.12	1.30	2020.12
柬埔寨	71.90	2018.9	8.20	2019.11	4.90	2018.9	3.70	2019
坦桑尼亚	51.00	2019.12	3.40	2011.11	3.90	2009.9	3.70	2009.9
白俄罗斯	15.40	2018.10	10.50	2017.12	0.80	2018.10	3.10	2015.1
阿富汗	31.30	2014	2.60	2018.10	4.00	2007.1	0.90	2007.1

资料来源："世界监狱简况"，载 http://prisonstudies.org.，2021年2月访问。

注：1. "—"表示该项数据缺失。

2. 少年犯占比为0，主要是这些国家18岁以下的少年罪犯或未决犯关押在少年院等机构中，而后者不属于监狱系统管辖，因此，没有统计在监狱系统里面，导致该国家监狱监禁中的少年犯占比为0。

3. 中国数据不含中国台湾、香港和澳门地区。中国监狱监禁人数仅包括监狱关押的已决犯，不包括看守所关押的判决时余刑不足3个月的已决犯和所有的未决犯。

4. 英国数据只包括英格兰和威尔士。

四、监狱中央管理机关与监狱数量

监狱中央管理机关是指在一个国家中管理监狱系统的中央部门或机构。监狱数量是指一个国家设有多少个监狱，在很大程度上代表着监狱系统机构设置的规模大小。表3列举了世界在押犯人数最多的50个国家监狱中央管理机关的名称、隶属部门和监狱数量方面的信息。

由表3可知,在押犯人数最多的50个国家中,绝大多数设立了监狱局(矫正局)作为监狱中央管理机关。在监狱中央管理机关的隶属部门方面,有25个国家隶属于司法部(法务部、法务省),如美国、中国、巴西、俄罗斯、英国等;有20个国家隶属于内政部(公安部),如印度、越南、埃及、沙特阿拉伯、加拿大等;还有4个国家隶属于司法部和内务部,如菲律宾、委内瑞拉、萨尔瓦多和阿富汗。

关于监狱的数量,在押犯人数最多的50个国家中,美国的监狱数量最多,超过了4000所,巴西的监狱数量其次,为2608所,接下来依次为印度(1350所)、菲律宾(933所)、俄罗斯(923所)、中国(683所)和印度尼西亚(404所),其他44个国家的监狱数量均在400所以下,其中有30个国家不到200所监狱。结合表1中的监禁人数,通过分析发现,发展中国家中每所监狱的平均关押人数普遍较多、规模偏大,如卢旺达(约4600人)、中国(约2500人)、泰国(约2400人)和越南(约2300人),而西方发达国家中每所监狱的平均关押人数普遍较少、规模较小,如美国(约470人)、英国(约660人)、德国(约330人)、法国(约320人)、意大利(260人)、日本(约260人)和加拿大(约180人)。

表3 世界在押犯人数最多的50个国家监狱中央管理机关与监狱数量

国 家	监狱中央管理机关	隶属部门	监狱数量/所	数据时间
美 国	联邦监狱局	司法部	4455	2014
中 国	监狱局	司法部	683	2018
巴 西	国家矫正局	司法部	2608	2019. 8
俄罗斯	联邦刑罚执行局	司法部	923	2020
印 度	州和地区政府	内政部	1350	2019. 12
泰 国	矫正局	司法部	143	2019
土耳其	监狱和拘留所理事会	司法部	355	2020
印度尼西亚	矫正理事会	司法与人权部	404	2016. 11
墨西哥	预防与回归局	国家安全委员会	291	2020. 11

续表

国 家	监狱中央管理机关	隶属部门	监狱数量/所	数据时间
菲律宾	监狱管理和刑罚局	内政部、司法部、社会福利与发展部	933	2017
伊 朗	监狱局	司法部	253	2018
南 非	矫正局	矫正部	235	2019
越 南	监狱局	公安部	54	2019
埃塞俄比亚	联邦监狱局和州监狱局	联邦事务部	126	2015
埃 及	监狱局	内政部	184	2016
阿根廷	联邦和省监狱局	司法与人权部	308	2018
哥伦比亚	监狱局	司法部	132	2020
秘 鲁	监狱局	司法部	69	2019
缅 甸	矫正局	内政部	96	2020
孟加拉国	监狱局	内政部	68	2016.6
摩洛哥	预防与回归局	司法部	76	2018.12
英 国	监狱局	司法部	118	2018
巴基斯坦	各省政府	法律、司法与人权部	98	2019
马来西亚	监狱局	内政部	52	2019
波 兰	监狱管理中心局	内政部	215	2011
尼日利亚	矫正局	内政部	240	2018.7
卢旺达	矫正局	内政部	14	2017
阿尔及利亚	监狱与回归局	司法部	131	2013
法 国	监狱局	司法部	188	2019
沙特阿拉伯	监狱总局	内政部	110	2016
西班牙	监狱总局	内政部	82	2018
德 国	州监狱管理局	司法部	179	2018.11

续表

国 家	监狱中央管理机关	隶属部门	监狱数量/所	数据时间
古 巴	监狱局	内政部	200	2013.6
委内瑞拉	监狱局	内政和司法部	58	2016
乌干达	监狱局	内政部	254	2019
韩 国	矫正局	法务部	54	2020
意大利	监狱局	司法部	206	2020
乌克兰	国家监狱局	司法部	124	2020
日 本	矫正局	法务省	184	2018
伊拉克	矫正局	司法部	46	2007
肯尼亚	监狱局	内政和政府协调部	129	2020
澳大利亚	州矫正局	司法和海关部	111	2015
厄瓜多尔	矫正局	司法部	52	2014
智 利	智利宪兵队	司法部	113	2019
加拿大	矫正局	公共安全部	216	2015
萨尔瓦多	联邦刑罚执行局	司法和公共事务部	25	2015
柬埔寨	监狱总局	内政部	28	2018
坦桑尼亚	监狱局	内政部	126	2015
白俄罗斯	刑罚执行局	内政部	67	2016
阿富汗	监狱与拘留所管理局	内政/司法部	251	2013

资料来源:“世界监狱简况”,载 http://prisonstudies.org.,2021 年 2 月访问。

注:1. 中国数据不含中国台湾、香港和澳门地区。中国监狱数据不含关押判决时余刑不足 3 个月的已决犯和所有的未决犯的看守所。

2. 英国数据只包括英格兰和威尔士。

3. 美国的监狱数量中包括联邦监狱、州监狱和地方监狱。

五、监狱拥挤状况

一个国家的监狱拥挤状况通常用占用率(occupancy rate)来加以衡量。所谓占用率是指一个国家监狱系统某一天实际关押的被监禁人数占该国监狱关押容量(总床位数)的比率。一般认为,如果占用率大于100%,那么就表明该国中被监禁人数超过了监狱关押容量,即出现了监狱拥挤状况。

由表4可知,世界在押犯人数最多的50个国家中,有34个国家出现了不同程度的监狱拥挤状况。其中,监狱拥挤状况最为严重的国家是菲律宾(463.6%),监狱实际关押人数是关押容量的4倍多,其次为泰国(339.1%)和乌干达(319.2%),监狱实际关押人数在关押容量的3倍以上,再次是秘鲁(240.30%)、萨尔瓦多(215.2%)、孟加拉国(215.1%)和柬埔寨(206.1%),监狱实际关押人数在关押容量的2倍以上。由此可见,监狱拥挤已经成为世界各国面临的一个较为普遍的难题。

表4显示,世界在押犯人数最多的50个国家中,10个国家的监禁占用率低于100%,即没有出现监狱拥挤状况。其中,监狱最不拥挤的国家是日本(56.6%),其监狱实际关押人数不到关押容量的六成,未达到关押容量的国家还有乌克兰(68.3%)、俄罗斯(68.3%)、西班牙(77.9%)、德国(78.7%)、波兰(83.3%)、白俄罗斯(83.4%)、阿尔及利亚(89.3%)、墨西哥(98.2%)和美国(99.8%)等9个国家。表4还显示,还有中国、越南、埃塞俄比亚、埃及、沙特阿拉伯和古巴等6个国家因缺少数据,其监狱拥挤状况不详。

表4　世界在押犯人数最多的50个国家监狱拥挤状况

国家	关押容量/个	占用率/%	数据时间	国家	关押容量/个	占用率/%	数据时间
美国	2,150,000	99.80	2017	尼日利亚	50,153	146.80	2018.7
中国	—	—	—	卢旺达	57,481	101.30	2017.5
巴西	446,738	151.90	2020.6	阿尔及利亚	68,317	89.30	2014.12
俄罗斯	753,509	68.60	2020.4	法国	60,654	100.70	2020.10
印度	403,739	118.50	2019.12	沙特阿拉伯	—	—	—
泰国	110,000	339.10	2018.1	西班牙	74,071	77.90	2020.4
土耳其	233,194	125.60	2020.4	德国	73,193	78.70	2020.6

续表

国 家	关押容量/个	占用率/%	数据时间	国 家	关押容量/个	占用率/%	数据时间
印度尼西亚	135,875	185.40	2021.1	古 巴	—	—	—
墨西哥	219,078	98.20	2020.11	委内瑞拉	35,562	153.90	2016
菲律宾	40,610	463.60	2018.5	乌干达	17,304	319.20	2019
伊 朗	15,000	153.00	2018	韩 国	48,130	112.00	2020.6
南 非	118,572	137.40	2019.3	意大利	50,562	105.50	2020.12
越 南	—	—	—	乌克兰	88,807	68.30	2020.4
埃塞俄比亚	—	—	—	日本	89,310	56.60	2018.12
埃 及	—	—	—	伊拉克	29,303	139.20	2013.12
阿根廷	77,678	122.10	2018.12	肯尼亚	26,837	190.50	2018.9
哥伦比亚	80,645	120.70	2021.1	澳大利亚	36,730	112.20	2017
秘 鲁	40,137	240.30	2020.4	厄瓜多尔	29,463	133.20	2020.1
缅 甸	66,000	139.40	2018	智 利	42,218	100.40	2019.3
孟加拉国	40,944	215.10	2020.2	加拿大	38,771	102.20	2015.3
摩洛哥	61,170	136.90	2018.12	萨尔瓦多	18,051	215.20	2018.6
英 国	75,574	104.10	2020.12	柬埔寨	8500	206.10	2015.10
巴基斯坦	57,742	133.80	2019.6	坦桑尼亚	29,552	115.70	2015.10
马来西亚	52,000	131.90	2020.8	白俄罗斯	35,720	83.40	2014.12
波 兰	81,457	83.30	2020.12	阿富汗	16,711	179.90	2018.10

资料来源:“世界监狱简况”,载 http://prisonstudies.org.,2021 年 2 月访问。

注:1.“—”表示该项数据缺失。

2.英国数据只包括英格兰和威尔士。

六、21 世纪初以来的监狱人口发展趋势

据《世界监狱人口清单》(第 12 版),2000~2018 年间,世界监狱人口总数由 886.3 万增长到 1074.4 万,增长了 24%。考虑到这一增长率与同时期世界总人口的增长率(约 22%)差不多,世界监狱监禁率(每 10 万人中监狱

人口)的增长幅度并不明显,由2000年的142人上升到2018年的145人,基本保持稳定。

表5列举了世界在押犯人数最多的50个国家中世界主要国家21世纪以来至今的监狱人口发展趋势。从中可知,经过21世纪初至今约20年的发展,在押犯人数最多的50个国家中,有40个国家的监狱监禁人数和33个国家的监禁率呈现不同程度的增长,同时有10个国家的监狱监禁人数和17个国家的监禁率呈现下降趋势,不过增长的幅度(最大增幅高达5倍以上)要远远超过下降的幅度(最大降幅不超过1倍)。

从增长的幅度来看,21世纪初至今,在押犯人数最多的50个国家中,监禁人数和监禁率增幅均超过1倍的国家有柬埔寨(监禁人数从0.5万上升至3.7万,增幅565.2%;监禁率从45人上升至220人,增幅388.9%)、卢旺达(监禁人数从1.0万上升至6.5万,增幅548.6%;监禁率从135人上升至511人,增幅278.5%)、阿富汗(监禁人数从0.5万上升至3.1万,增幅484.3%;监禁率从22人上升至87人,增幅295.5%)、土耳其(监禁人数从4.9万上升至28.1万,增幅467.7%;监禁率从73人上升至335人,增幅358.9%)、厄瓜多尔(监禁人数从0.8万上升至3.9万,增幅388.9%;监禁率从64人上升至224人,增幅250.0%)、萨尔瓦多(监禁人数从0.8万上升至3.7万,增幅379.6%;监禁率从132人上升至572人,增幅333.3%)、印度尼西亚(监禁人数从5.3万上升至25.2万,增幅371.1%;监禁率从26人上升至92人,增幅253.8%)、委内瑞拉(监禁人数从1.4万上升至5.7万,增幅302.2%;监禁率从58人上升至178人,增幅206.9%)、秘鲁(监禁人数从2.8万上升至9.6万,增幅247.7%;监禁率从107人上升至290人,增幅171.0%)、巴西(监禁人数从23.3万上升至76.0万,增幅226.3%;监禁率从132人上升至357人,增幅170.5%)、缅甸(监禁人数从3.2万上升至9.2万,增幅190.7%;监禁率从68人上升至171人,增幅151.5%)、伊拉克(监禁人数从1.6万上升至4.5万,增幅175.9%;监禁率从57人上升至126人,增幅121.1%)和阿根廷(监禁人数从3.8万上升至10.3万,增幅172.4%;监禁率从102人上升至230人,增幅125.5%)。2000年至2018年,中国监狱监禁人数从142.7万上升至171.0万,增幅19.8%;监禁率从111人上升至121人,增幅9.0%。

从下降的幅度来看,21世纪初至今,在押犯人数最多的50个国家中,监禁总人数和监禁率下降明显的国家有乌克兰(监禁人数从21.9万下降至

5.3 万,降幅 76%;监禁率从 443 人下降至 148 人,降幅 66.6%)、俄罗斯(监禁人数从 106.0 万下降至 48.3 万,降幅 54.5%;监禁率从 729 人下降至 334 人,降幅 54.2%)、白俄罗斯(监禁人数从 5.7 万下降至 3.3 万,降幅 42.6%;监禁率从 566 人下降至 343 人,降幅 39.4%)、日本(监禁人数从 6.1 万下降至 4.8 万,降幅 20.9%;监禁率从 48 人下降至 38 人,降幅 20.8%)、德国(监禁人数从 7.0 万下降至 5.8 万,降幅 18.0%;监禁率从 85 人下降至 69 人,降幅 18.8%)、韩国(监禁人数从 6.3 万下降至 5.4 万,降幅 14.4%;监禁率从 136 人下降至 105 人,降幅 22.8%)和南非(监禁人数从 17.1 万下降至 15.4 万,降幅 9.9%;监禁率从 394 人下降至 259 人,降幅 34.3%)。

值得一提的是,21 世纪初至今,一些国家的监狱呈现监禁人数上升、监禁率下降的趋势,主要有美国(监禁人数从 193.7 万上升至 209.4 万,增幅 8.1%;而监禁率从 683 人下降到 639 人,降幅 6.4%)、加拿大(监禁人数从 3.5 万上升至 3.9 万,增幅 8.5%;而监禁率从 115 人下降到 104 人,降幅 9.6%)、智利(监禁人数从 3.3 万上升至 3.9 万,增幅 17.9%;而监禁率从 215 人下降到 209 人,降幅 2.8%)、尼日利亚(监禁人数从 4.5 万上升至 6.6 万,增幅 47.9%;而监禁率从 36 人下降到 31 人,降幅 13.9%)、肯尼亚(监禁人数从 4.0 万上升至 4.3 万,增幅 6.5%;而监禁率从 129 人下降到 81 人,降幅 37.2%)。分析其原因,主要是这些国家的社会人口增长率高于监狱人口增长率所致。

表 5 世界在押犯人数最多的 50 个国家监禁人数与监禁率的发展趋势

国家	21 世纪初			最新数据			发展趋势	
	监禁人数/人	监禁率(每 10 万人口)/人	数据时间	监禁人数/人	监禁率(每 10 万人口)/人	数据时间	监禁人数变化/%	监禁率变化/%
美国	1,937,482	683	2000 年	2,094,000	639	2018 年	+8.1	-6.4
中国	1,427,407	111	2000 年	1,710,000	121	2018 年	+19.8	+9.0
巴西	232,755	132	2000 年	759,518	357	2020 年 6 月	+226.3	+170.5
俄罗斯	1,060,404	729	2000 年	482,888	334	2021 年 1 月	-54.5	-54.2

续表

国家	21世纪初			最新数据			发展趋势	
	监禁人数/人	监禁率(每10万人口)/人	数据时间	监禁人数/人	监禁率(每10万人口)/人	数据时间	监禁人数变化/%	监禁率变化/%
印度	272,079	26	2000年	478,600	35	2019年12月	+75.9	+34.6
泰国	223,406	354	2000年	338,806	488	2021年1月	+51.7	+37.9
土耳其	49,512	73	2000年	281,094	335	2020年7月	+467.7	+358.9
印度尼西亚	53,399	26	2000年	251,546	92	2021年1月	+371.1	+253.8
墨西哥	154,765	156	2000年	215,232	166	2020年11月	+39.1	+6.4
菲律宾	79,299	102	2000年	215,000	200	2019年1月	+171.1	+96.1
伊朗	158,000	237	2001年	189,000	228	2020年1月	+19.6	-3.8
南非	171,462	394	2000年	154,437	259	2020年4月	-9.9	-34.3
越南	55,000	69	1998年	123,697	128	2019年	+124.9	+85.5
埃塞俄比亚	55,209	85	2000年	113,727	127	2014年	+106.0	+49.4
埃及	56,587	84	2001年	106,000	116	2016年8月	+87.3	+38.1
阿根廷	37,885	102	2000年	103,209	230	2018年12月	+172.4	+125.5
哥伦比亚	51,518	128	2000年	97,303	193	2021年1月	+88.9	+50.8
秘鲁	27,734	107	2000年	96,440	290	2020年4月	+247.7	+171.0
缅甸	31,648	68	2001年	92,000	171	2018年	+190.7	+151.5
孟加拉国	62,696	47	2000年	88,084	52	2020年2月	+40.5	+10.6
摩洛哥	54,288	187	2000年	85,767	237	2019年9月	+58.0	+26.7

续表

国家	21 世纪初			最新数据			发展趋势	
	监禁人数/人	监禁率(每 10 万人口)/人	数据时间	监禁人数/人	监禁率(每 10 万人口)/人	数据时间	监禁人数变化/%	监禁率变化/%
英国	64, 602	124	2000 年	78, 065	130	2021 年 1 月	+20. 8	+4. 8
巴基斯坦	78, 938	56	2000 年	77, 275	38	2019 年 9 月	−2. 1	−32. 1
马来西亚	27, 358	116	2000 年	68, 603	212	2020 年 8 月	+150. 8	+82. 8
波兰	70, 544	184	2000 年	67, 894	179	2020 年 12 月	−3. 8	−2. 7
尼日利亚	44, 450	36	2000 年	65, 741	31	2021 年 1 月	+47. 9	−13. 9
卢旺达	10, 021	135	1998 年	65, 000	511	2019 年 10 月	+548. 6	+278. 5
阿尔及利亚	33, 992	108	2000 年	65, 000	153	2019 年	+91. 2	+41. 7
法国	48, 049	82	2000 年	61, 102	90	2020 年 1 月	+27. 2	+9. 8
沙特阿拉伯	23, 720	116	2000 年	61, 000	197	2017 年 6 月	+157. 2	+69. 8
西班牙	45, 309	113	2000 年	57, 680	122	2020 年 4 月	+27. 3	+8. 0
德国	70, 252	85	2000 年	57, 600	69	2020 年 6 月	−18. 0	−18. 8
古巴	55, 000	487	2003 年	57, 337	510	2012 年	+4. 2	+4. 7
委内瑞拉	14, 196	58	2000 年	57, 096	178	2017 年	+302. 2	+206. 9
乌干达	21, 700	92	2000 年	55, 229	124	2019 年	+154. 5	+34. 8
韩国	62, 959	136	2000 年	53, 920	105	2020 年 6 月	−14. 4	−22. 8
意大利	53, 165	93	2000 年	53, 364	89	2020 年 12 月	+0. 4	−4. 3
乌克兰	218, 800	443	2000 年	52, 609	148	2020 年 1 月	−76. 0	−66. 6

续表

国家	21世纪初			最新数据			发展趋势	
	监禁人数/人	监禁率(每10万人口)/人	数据时间	监禁人数/人	监禁率(每10万人口)/人	数据时间	监禁人数变化/%	监禁率变化/%
日本	61,242	48	2000年	48,429	38	2019年12月	-20.9	-20.8
伊拉克	16,308	57	2006年	45,000	126	2015年6月	+175.9	+121.1
肯尼亚	40,010	129	2000年	42,596	81	2020年9月	+6.5	-37.2
澳大利亚	21,714	114	2000年	41,060	160	2020年6月	+89.1	+40.4
厄瓜多尔	8029	64	2000年	39,251	224	2020年1月	+388.9	+250.0
智利	33,050	215	2000年	38,950	209	2020年12月	+17.9	-2.8
加拿大	35,533	115	2000年	38,570	104	2019年3月	+8.5	-9.6
萨尔瓦多	7754	132	2000年	37,190	572	2020年12月	+379.6	+333.3
柬埔寨	5502	45	2000年	36,600	220	2019年11月	+565.2	+388.9
坦桑尼亚	45,611	135	2000年	35,803	59	2019年12月	-21.5	-56.3
白俄罗斯	56,590	566	2000年	32,500	343	2018年10月	-42.6	-39.4
阿富汗	5262	22	2004年	30,748	87	2018年10月	+484.3	+295.5

资料来源:“世界监狱简况”,载http://prisonstudies.org.,2021年2月访问。

注:1.监禁人数和监禁率的变化用百分比表示,“+”表示增长,“-”表示下降。

2.中国数据不含中国台湾、香港和澳门地区。中国监狱监禁人数仅包括监狱关押的已决犯,不包括看守所关押的判决时余刑不足3个月的已决犯和所有的未决犯。

3.英国数据只包括英格兰和威尔士。

罪犯矫正与管理

澳大利亚维多利亚州囚犯自杀预防框架及其借鉴

张桂荣*

研究表明,囚犯自杀率高于社会普通人群,自杀是囚犯死亡的主要原因。因此,预防囚犯自杀是各国监禁机构面临的一大挑战。澳大利亚也面临同样的问题。澳大利亚维多利亚州为预防囚犯自杀,州司法与监管部(Department of Justice and Regulation)制定了《矫正自杀预防框架》(Correctional Suicide Prevention Framwork, CSPF),为矫正机构提供系统的自杀预防方法及其指导。《矫正自杀预防框架》阐释了矫正机构自杀预防领域的主要理论依据和指导原则,详细总结了囚犯自杀的主要风险因素、可能增加囚犯自杀风险的诱发事件及提示囚犯可能有严重自杀想法的预警迹象,确立了监禁和社区矫正环境下预防罪犯自杀的六大行动领域及其目标、目标群体、相关行动以及关键性的支持活动。《矫正自杀预防框架》内容全面,对我国矫正机构预防罪犯自杀有很好的参考和借鉴意义。本文概要介绍了《矫正自杀预防框架》主要内容,并提出对我国罪犯自杀预防的几点借鉴,供相关部门参考。

---

* 张桂荣:司法部预防犯罪研究所研究员。

一、澳大利亚囚犯自杀概况

(一)矫正机构中的囚犯自杀情况

研究表明,与社会普通人群相比,囚犯的自杀率更高,且自杀是被监禁人群的主要死亡原因之一。一项对澳大利亚、比利时、加拿大、丹麦、英格兰/威尔士、芬兰、爱尔兰、新西兰、挪威、苏格兰、瑞典和荷兰等12国家2003~2007年间监狱内男性囚犯自杀现象的国际研究表明,澳大利亚的男性囚犯自杀率在12个被考察国家中是最低的,自杀率为每10万囚犯中58例,而其他大多数国家的自杀率为每10万人中100例以上,如图1所示。[1] 在1984~2013年的30年间,维多利亚州监狱内发生了76例因疑似或确切自杀导致的死亡案例。同期(不包括没有数据的2011~2013年间),澳大利亚全国范围内的监狱共发生了555例自杀,如图2所示。[2] 在这一期间,自杀是2011年中维多利亚州囚犯死亡的第一大原因,而在其他所有年份(不包括没有发生自杀的年份)中,自杀则是囚犯死亡的第二大原因。澳大利亚统计局2012年的统计报告显示,维多利亚州的标准化自杀率(standardised suicide rate)从2001~2005年间的每10万人10.8例下降到了2006~2010年间每10万人9.8例的水平。但是,在2011~2015年间,维多利亚州监狱内的平均自杀率又出现了显著升高,达到了每10万人36.4例的水平,尽管其仍低于澳大利亚全国所有监狱每10万人58例的平均水平。[3] 相关研究表明,在2008~2013年间,维多利亚州监狱内的原始自杀相对风险约为社会普通人群相应水平的3.8倍。

此外,囚犯自杀数还应考虑有自杀风险或潜在自杀风险的囚犯人数。2014年11月15日的数据表明,在维多利亚州6436名监狱囚犯中,有16人被发现存在当前自杀风险,42人被评估为有潜在自杀风险,3520人被确认有自杀行为既往史。

---

[1] Larney, S., Topp, L., Indig, D., O'Driscoll, C. and Greenberg, D., 2012, A Cross-Sectional Survey of Prevalence and Correlates of Suicidal Ideation and Suicide Attempts Among Prisoners in New South Wales, Australia, BMC Public Health 12:14, 2012, Royal Society for Public Health, London, p. 41 – 43.

[2] Australian Institute of Criminology(AIC), 2013, Deaths in Prison Custody, AIC, Canberra.

[3] Australian Bureau of Statistics(ABS), 2012a, 3309.0 Suicides in Australia, ABS, Canberra.

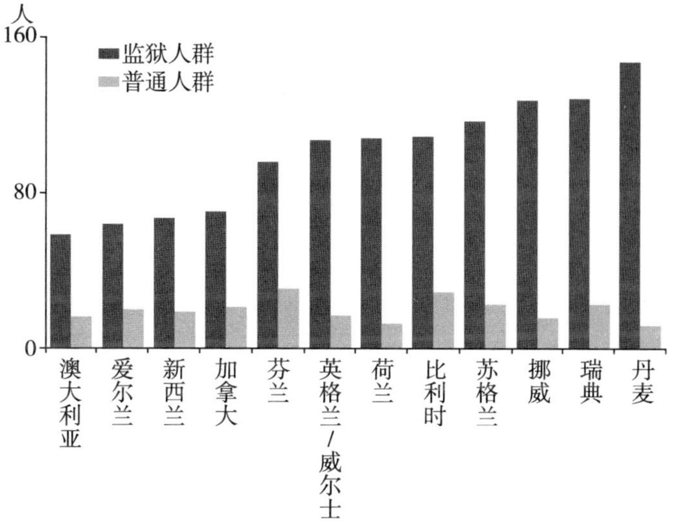

图1　2003~2007年间每10万囚犯的自杀率

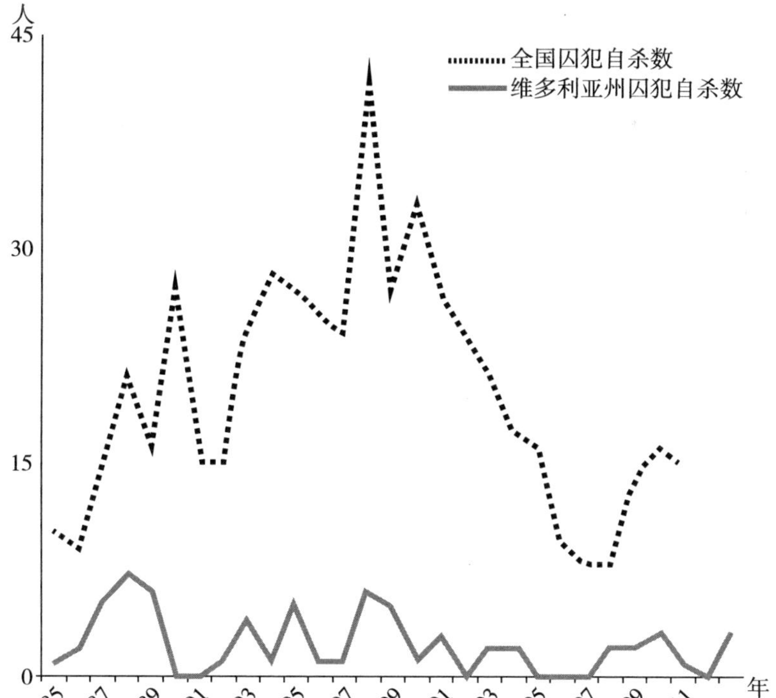

图2　1984~2013年间维多利亚州与澳大利亚全国范围内的囚犯自杀数

维多利亚州在囚犯自杀预防方面取得了积极的进展,自 1984 年以来,该州每 10 年的监狱自杀数都出现了明显下降。与 1983 ~ 1993 年这 10 年间发生 38 例自杀相比,该州在 1993 ~ 2003 年间的监狱自杀数下降到了 25 例,而 2003 ~ 2013 年间又进一步下降到了 13 例,如图 3 所示。

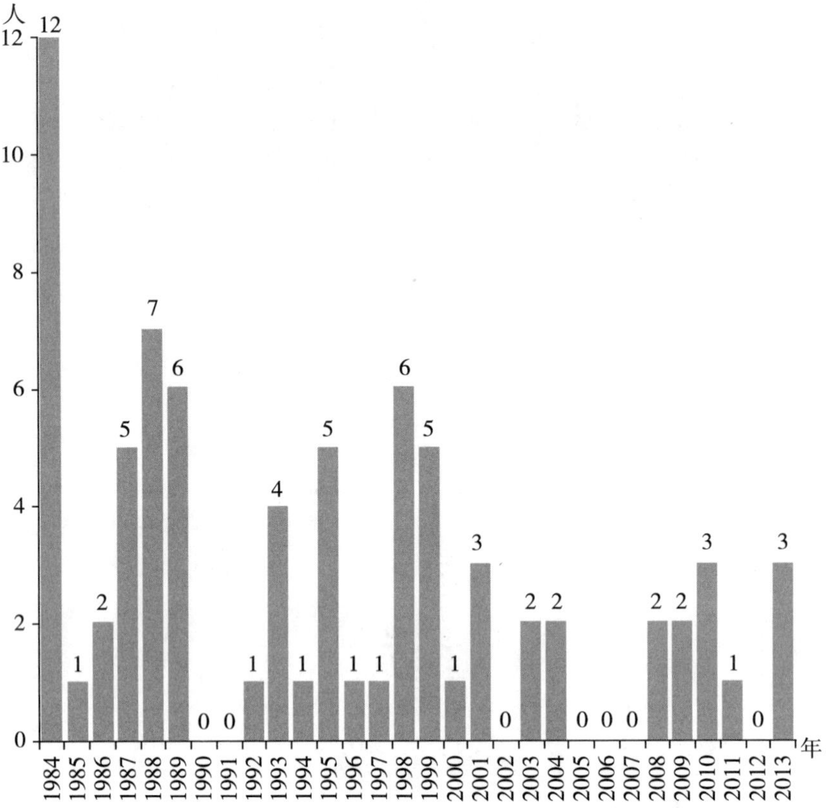

图 3　1984 ~ 2013 年间维多利亚州的囚犯自杀数

(二)社区矫正监管下的罪犯自杀情况

2009 年维多利亚州法医法庭所登记的自杀数据表明,在该年度内,维多利亚州共有 14 例被裁定社区令的罪犯自杀,同时还有 3 例被裁定强化矫正令(Intensive Correction Order)的罪犯自杀。

(三)获释囚犯的自杀情况

除了与监禁相关的风险之外,在从监狱释放后的前几周,这个群体的自杀风险高于一般人群。

2009 年维多利亚州法医法院登记的自杀(目前有数据可用的唯一年度)数据表明,在该年度内,维多利亚州共有两名囚犯在获释后 12 个月内自杀(分别发生在获释后 4 个月和 6 个月)。同年,维多利亚州另有 3 名假释囚犯自杀。2007 年新南威尔士州的一项研究发现,获释囚犯因自杀导致死亡的可能性比社会普通人群高 5 倍。[1] 从性别角度看,新南威尔士州的一项研究还发现,女性囚犯在获释后前两周内的自杀风险并不像男性囚犯那样会升高,这主要归因于女性通常拥有更强大的家庭联系和社会支持这一事实。[2]

(四)自杀囚犯的特征

了解监禁中囚犯自杀可能存在的规律对于指导自杀预防活动和识别监狱自杀风险较高群体具有重大作用。

对 1980 ~ 1981 年度至 2008 ~ 2009 年度这 29 年间维多利亚州监狱自杀事件调查发现,自杀囚犯具有以下特点:在性别方面,监狱中绝大多数的自杀都发生在男性囚犯身上(90.7%)。在年龄方面,因自杀死亡的囚犯(男性中位数为 31.7 岁,女性中位数为 28.5 岁)比那些因其他原因死亡的囚犯(中位数为 43.5 岁)更为年轻。在判决方面,未决犯占所有自杀总数的 41.9%。在罪行方面,因暴力犯罪(如谋杀、攻击和抢劫等)而被判刑的罪犯自杀的比例高于因其他原因死亡的罪犯。在自杀方法方面,上吊是最普遍的自杀死亡方法(100% 的女性囚犯和 82.3% 的男性囚犯选择了这一方法自杀)。入狱的时间方面,根据获得的信息[75 名自杀囚犯中有 61 人(81.3%)],其中约有三分之一的人在入狱后不到 30 天内自杀,大约三分之二在不到五个月的时间自杀。在出生国方面,在因自杀死亡且来源国信息明确的 58 名囚犯中,19%(11 人)来自海外。在土著囚犯方面,在报告期内,维多利亚州有一名土著囚犯自杀,占监狱自杀总数的 0.75%。在囚犯人数方面,存在一个有趣的有违直觉的结论,即随着囚犯人数的增长,囚犯自杀

---

[1] Jones, D. and Maynard, A. 2013, Suicide in Recently Released Prisoners: A Systematic Review, *Mental Health Practice*, Vol. 17 No. 3, Royal College of Nursing Publishing, Middlesex, p. 20 – 27.

[2] Kariminia, A., Law, M., Butler, T., Levy, M., Corbern, S., Kaldor, J. and Grant, L. 2007, Suicide Risk Among Recently Released Prisoners in New South Wales, Australia, Medical Journal of Australia, Australasian Medical Publishing Company, Sydney, p. 387 – 390.

数反而会减少。实际上,这一发现与维多利亚州矫正服务署任务小组的有关结论是一致的:“……那些年,日均囚犯数出现了显著增长,但实际自杀数和每千名囚犯的自杀率都出现了下降。”[1]关于自杀易发的时间点方面,维多利亚矫正局2010年的一份文献综述指出,自杀经常发生在19时至次日7时这一囚犯在监舍中独处且监狱人员配备水平降低的时段。

需要注意的是,尽管囚犯自杀人口统计学特征有助于监狱工作人员对某些已自杀囚犯的最普遍特征保持警惕,并对潜在自杀行为的预警迹象构成补充,但这些特征并不能用于自杀风险的预测,因此,监狱工作人员不应忽视那些不满足这些标准的囚犯。

二、囚犯自杀的相关理论

(一)自杀行为在监狱背景下的理解

自杀行为实际上是一个行为连续体。它包括囚犯思考自杀的行为(自杀意念)、威胁自杀的行为(自杀威胁)、实施自伤并伴随因自伤行为而导致死亡的意图的行为(自杀行为)、[2]经法医认定确因实施意图自杀的伤害行为而导致濒死的行为(自杀)。[3]

这一定义是将自杀行为理解为一个从自杀意念到自杀姿态再到自杀行动最后到自杀身亡这样一个连续体。实践中,尽管囚犯可能会启动这一连续体,并到达不同的节点,但并非所有人都会进展到自杀身亡这一步。

在监狱情境下的自杀最好用“压力—脆弱性模式”进行理解。在这一模式下,囚犯会因为无法成功应对某些压力而达到导致自杀行为的情绪转折点。个人脆弱性、监狱环境本身和导致囚犯产生压力的众多因素都可能是自杀行为发生的根源。[4]

澳大利亚相关的文献表明,“随机事件、心理脆弱性和监狱环境质量之

---

〔1〕 Victorian Correctional Services Task Force, 1998. Review of Suicides and Self Harm in Victorian Prisons, Department of Justice, Melbourne.

〔2〕 Australian Government Department of Health and Ageing, 2008, Living is For Everyone (LIFE): A Framework for the Prevention of Suicide and Self-harm in Australia, Canberra.

〔3〕 Queensland Health, 2008, The Queensland Government Suicide Prevention Strategy 2003 - 2008, Queensland Government Brisbane.

〔4〕 Bonner, R. 1995, Isolation, Seclusion and Psychological Vulnerability as Risk Factors for Suicide Behind Bars, p. 5.

间相互作用的结合,会对囚犯面临的压力因素的频率、性质和严重性及其面对压力事件时的压力强度产生影响”。[1] 入狱者生活发生的深刻变化对其心理健康有着重大影响,因此,可能会将其置于更大的自杀风险之中。澳大利亚健康与福利研究会的研究表明,除要认识到监禁带来的潜在压力外,承认入狱者面临比社会普通人群更大的心理困扰也非常重要。入狱女性通常比入狱男性面临更多的困扰。[2]

此外,无论是假释还是从监狱释放的囚犯都可能会继续面对其作为囚犯时曾经遭遇过的许多个体和社会风险因素(如抑郁、绝望、社会支持的缺失、应对技能的糟糕和社会孤立等)。尽管机构性风险因素会减少,但是在从监狱向社会过渡的过程中,新获释囚犯会面临许多新的压力。其中的大部分压力来自住房和就业需求、家庭和社会支持、刑事司法机构的监管等。英国的一项研究发现,三分之一的囚犯在监狱服刑时就失去了房子,三分之二失去了工作,而超过五分之二的囚犯甚至失去了与家人之间的联系。[3]

如果将这一“压力—脆弱性模式”适用于整个矫正系统,那么,矫正机构就应该将各种应对个体、社会和机构压力因素的措施结合起来,共同预防自杀。有效的自杀预防方法要求矫正机构必须确立“预防自杀是在监狱中生活和工作的所有人的共同职责”的指导思想。[4]

(二)自伤与自杀未遂

“自伤”一词通常被认为可与“自杀未遂”一词互换使用。但是,澳大利亚以及国际社会相当多的研究文献表明,两者之间实际上存在相当大的差异。自伤行为不一定含有自杀企图,但某些形式的自伤又可能包含自杀行为。自伤实际上通常被囚犯用作一种应对生活和消极情绪,如愤怒、沮丧、

---

〔1〕 Dear, G. 2008, Ten Years of Research into Self-harm in the Western Australian Prison System: Whereto next? Psychiatry, Psychology and Law, Vol. 15, Issue 3, Australian and New Zealand Association of Psychiatry, Psychology and Law, Melbourne, p. 478.

〔2〕 Australian Institute of Health and Welfare (AIHW), 2012, The Health of Australian Prisoners 2012, AIHW, Canberra, p. 42.

〔3〕 Social Exclusion Task Force, 2002, Reoffending by Ex-prisoners, Office of the Deputy Prime Minister, Social Exclusion Unit, London.

〔4〕 Carroll, A. 2011, Internal Review of Suicide Risk Assessment and Management Practices at Forensicare, Melbourne Assessment Prison, Forensicare, Melbourne.

抑郁、焦虑、恐惧、绝望和损失感的策略,而不是故意结束其生命的企图。自伤是矫正环境下的一个重大健康问题。由于其复杂的心理动力场,自伤需要人们采取独特的策略进行应对,以便将其频率和影响降至最低。

(三)关于"自杀过程"的理解

在制定自杀预防策略的过程中,除了要了解特定风险群体的特征外,了解自杀过程即自杀意念或自伤想法是如何开始、如何转变为计划并最终付诸行动这一过程也很重要。

在英国的一项关于囚犯自杀过程的研究中,[1]研究人员就自杀过程对19所监狱中曾实施过近乎致命自杀行为的60名男性囚犯进行了访谈。结果发现:从原因来说,对大多数囚犯而言,实施自杀企图的原因往往并不是单一的,而是多个原因并存。从意念到行动之间的间隔上,20%的囚犯表示,他们就这一行动思考了3个小时或以下;40%思考了3个小时以上;40%表示他们是出于冲动而实施自杀的,其考虑时间不会超过几分钟。为防止被发现而采取防范措施方面,三分之一的囚犯表示,他们采取了防范措施,以防止自己的自杀行为被发现。在自杀意图的交流方面,三分之一的囚犯曾明确将其自杀意愿告知他人。在自杀时机方面,大多数囚犯并没有考虑行动的时机问题(21%),或在选择时机时并没有特定原因(43%)。自杀能否预防方面,一半囚犯认为其行为本可预防,但45%的囚犯认为没有任何措施可阻止他们的行为。

(四)影响罪犯自杀的风险因素及其相互作用

许多因素都可能会增加囚犯自杀的可能性。在这些因素中,一些因素与监狱特定环境相关,而其他一些则可能与社会普通人群相关。

1. 风险因素的分类

对于罪犯自杀的风险因素,澳大利亚政府卫生与老龄化部在2008年出台的国家自杀预防框架即《大家都要活着:澳大利亚自杀与自伤预防框架》[Living is For Everyone(LIFE):A Framework for Prevention of Suicide and Self-harm in Australia,LIFE,以下简称《自伤预防框架》]中将其划分为以下

[1] Rivlin,A.,Fazel,S.,Marzano,L.,and Hawton,K.,2011,The Suicidal Process in Male Prisoners Making Near-Lethal Suicide Attempts,in Psychology,Crime and Law,19:4,Routledge,London,p. 305 – 327.

两类：一类是“动态”、“可改变”或“情境”风险因素。这类因素属于重大压力因素，可随着时间的推移而改变或被改变（如囚犯的自责感或失败感）。这类压力因素可能与环境相关，也可能只是囚犯的个人特征。另一类是“静态”、“不可改变”或“倾向性”风险因素。这类因素无法被改变但可作为潜在长期脆弱因素而发生作用（如囚犯的年龄、性别等）。[1]

由于风险因素之间的互动，一个人实施自杀行为的风险可能会随着时间的推移而发生变化。一些风险因素在个人实施自杀行为很久之前就已经存在（如个人基因组成）。这类风险因素通常被称为“远端”风险因素。还有一些风险因素则更接近个人实施自杀行为的时间，并充当了实际上的触发因素或引爆点（如消极人生经历）。这类因素通常被称为“近端”风险因素。（潜在的自杀风险因素详见附件1）

2. 风险因素的应用

《自伤预防框架》声明，自杀预防要考虑存在的风险因素、囚犯在这些风险因素面前的脆弱程度或适应程度以及如何改变这些风险因素以降低自杀风险的方法。

但是，在自杀预防中如果仅考虑风险因素的存在，可能会出现许多“假阳性”案例，因为风险因素的存在不一定真的会导致囚犯实施自杀行为。对此，《自伤预防框架》解释说，风险因素最理想的应用情境是风险群体的认定，而不是有自杀风险个体的识别。

就特定风险群体而言，并非所有囚犯都具有该群体的所有特征和风险。反过来，我们不能假设说，风险较低的囚犯就没有自杀风险，或只有一个风险因素的人实施自杀的可能性就必然要低于同时存在若干风险因素的囚犯。[2]

需要指出的是，尽管心理疾病可视为一项重大风险因素，但其并非自杀行为的唯一根源。例如，2013 年的一个统计数据中，13 名被评估为有自杀或自伤当前风险的囚犯中，4 人被发现存在需要强化或紧急护理的严重精神病症状或需要精神病治疗的重大持续性精神病症状，6 人被评估为精神病症状稳定，3 人被发现不存在任何精神病症状。

性别也是评估中需要考虑的一个重要因素。就监禁而言，女性囚犯的

---

〔1〕 Australian Government Department of Health and Ageing, 2008, Living is For Everyone (LIFE): A Framework for the Prevention of Suicide and Self-harm in Australia, Canberra.

〔2〕 Australian Government Department of Health and Ageing, 2008, Living is For Everyone (LIFE): A Framework for the Prevention of Suicide and Self-harm in Australia, Canberra, p. 11.

体验与男性囚犯是不同的:家庭压力和外部关系相关问题是她们特有的风险因素。被迫与自己的孩子分离、眼睁睁地看着自己的孩子被送进监护机构、因被监禁无法继续照顾年老家庭成员等都属于这类风险因素。

尽管风险因素的考察都将重点放在个人问题或脆弱性上,但承认监狱实践和做法及监狱工作人员履行注意义务的方式的影响也非常重要。[1]相关文献警告说,消极态度(例如,"如果一个人真的要自杀,那一般而言,无论你做什么都是无法阻止他的"的想法)通常可妨碍有目的的自杀预防活动的实施。[2] 正如一名美国监狱管理人员反思的那样:"当你开始用借口为糟糕的结果辩护时,无论这个借口是人员配备不足、资金不够,还是建筑物规划问题——这些我们天天都在面对的问题,那就说明你失去了一个重要理念,即任何一例死亡都是不可接受的。如果你有容忍自己的监狱系统出现几例死亡的想法,那你从一开始就已经输掉了这场战斗。"[3]

(五)导致自杀行为的引爆点(Tipping point)

《自伤预防框架》明确了一些可能会增加囚犯实施自杀行为风险的催化事件或情形,特别是涉及风险因素和较低适应力的事件或情形。这些事件或情形有时被人们称为引爆点。

引爆点包括关系不稳定、出庭日期临近、诉讼沮丧增加之类的事件。通过识别潜在的引爆点,工作人员可以提高警惕并对自杀风险升高的情形作出响应(潜在的自杀引爆点详见附件1)。

(六)自杀的预警信号(warning sign)

一些预警信号可能会提示某一囚犯的自杀风险升高或正在严肃考虑自杀这一问题。这类信号可能包括:人际交往方式的变化(如沉默寡言或自我孤立)、情绪状态的变化(如绝望感和无助感)、行为变化(如与人道别、安排

---

[1] Western Australian Department of Justice Suicide Prevention Task Force, 2002, Suicide in Prison, Department of Justice, Perth, p. 40.

[2] Hayes, L. M., 2005, Jail Standards and Suicide Prevention: Another Look, in Jail Suicide/Mental Health Update, Vol. 13, No. 3, Spring 2005, National Center on Institutions and Alternatives and the National Institute of Corrections, United States Department of Justice, Colorado, p. 5.

[3] Hayes, L. M., 2005, Jail Standards and Suicide Prevention: Another Look, in *Jail Suicide/Mental Health Update*, Vol. 13, No. 3, Spring 2005, National Center on Institutions and Alternatives and the National Institute of Corrections, United States Department of Justice, Colorado, p. 5.

后事等)、行为举止突然改善(如不现实地谈论出狱)。

“预警信号是囚犯求助的呐喊”,它们为囚犯家属和支持者、其他囚犯、矫正和卫生服务工作人员实施干预提供了机会。[1] 但是,《自伤预防框架》指出,许多自杀并没有明显的预警迹象,以至于人们无法提前发现,即使是最有经验的专业人员也一样(潜在的自杀预警迹象详见附件1)。

(七)降低风险的保护性因素

“保护性因素”是指那些可降低自杀行为发生可能性并改善囚犯应对压力情形能力的因素。

《自伤预防框架》指出,保护性因素与风险因素通常处于同一连续体的两个对立端,如社会孤立(风险因素)和社会联系(保护性因素)。与风险因素一样,保护性因素也可分为动态、可变化的因素和静态、不可变化的因素两种。保护性因素只是最近才成为自杀预防的一个关注点。现在,在进行罪犯自杀风险评估时,人们不仅会注意评估那些增加个人自杀风险的因素,而且也会注意评估那些会使个人更加强大、更具韧性且能够应对压力生活情境的因素(潜在的保护性因素详见附件1)。

(八)预防自杀的关键——打造韧性

通常情况下,许多囚犯在面对压力事件时能够应对这些挑战情形,而不至于考虑自杀,尽管这样做有一定的难度。但是,对于某些囚犯而言,这些经历却可能导致绝望感和自杀意念。因此,在培养个人应对生活事件的能力的过程中,打造个人的韧性,即积极适应和应对压力事件的能力,是自杀预防措施的主要重点之一。[2] 在矫正背景下,可以通过有针对性的治疗和个人发展项目来强化囚犯的韧性以及开发其生活应对策略。

三、囚犯自杀预防的主要框架

《矫正自杀预防框架》以《自伤预防框架》的关键要素为基础,并根据有关循证矫正研究成果进行了调整,明确了自杀预防的原则、自杀风险的评

---

〔1〕 Australian Government Department of Health and Ageing, 2008, Living is For Everyone (LIFE): A Framework for the Prevention of Suicide and Self-harm in Australia, Canberra, p. 22.

〔2〕 Australian Government Department of Health and Ageing, 2008, Living is For Everyone (LIFE): A Framework for the Prevention of Suicide and Self-harm in Australia, Canberra, p. 22.

估、保健与支持的领域及其目标与策略、保障措施等。

(一)预防囚犯自杀应遵循的基本原则

《矫正自杀预防框架》确立了18项指导原则,这些原则既包括《自伤预防框架》确立的一些原则,也包括一些与矫正背景有关的其他原则。

1. 自杀预防的目的必须是不对囚犯造成伤害。在采取预防囚犯自杀的活动时必须对一系列可能会产生冲突后果的复杂问题进行权衡。自杀预防措施必须确保其利益大于其可能对囚犯产生的任何不利后果。

2. 矫正机构必须采取预防措施以应对矫正环境下的自杀风险。在保护囚犯的基本权利、尊严以及监狱的良好秩序、安全和保障的限度范围内,必须采取预防措施以应对矫正环境下的自杀风险。

3. 矫正环境下的自杀预防是一项共同责任。自杀预防是广大社区、囚犯、家人和朋友、卫生服务提供者、矫正工作人员、政府机构和部门的共同责任。[1]

4. 工作人员必须为矫正环境下的自杀预防创造一种积极的、反应迅速和支持性的环境。监狱工作人员有责任创造一种积极的、反应迅速和支持性的环境,使囚犯觉得工作人员确实关心他们的福利和尊严。[2]

5. 矫正机构的自杀预防活动必须体现同情和理解。当经历心理或生理痛苦时,囚犯们需要监狱工作人员的同情和理解。[3]

6. 矫正机构的自杀预防活动必须采用约束性和侵入性最小的措施。在预防时,对囚犯应尽可能采用约束性和侵入性最小的措施,不得损害他们的健康和幸福。[4]

7. 矫正机构的自杀预防活动必须符合社会标准。囚犯自杀预防活动应以相当于社会标准的途径和质量来实施。

---

〔1〕 Australian Government Department of Health and Ageing, 2008, Living is For Everyone (LIFE): A Framework for the Prevention of Suicide and Self-harm in Australia, Canberra, p. 12.

〔2〕 Carfi Consulting, 2011, Clinical Management of Prisoners at Risk of Suicide and Self-Harm: Literature Review, Department of Justice, Melbourne, p. 2.

〔3〕 Government of South Australia, 2012, South Australian Suicide Prevention Strategy 2012 – 2016, Department of Health and Ageing, Adelaide, p. 18.

〔4〕 Corrective Services Queensland, 2012, Procedure-At-Risk Management (Self Harm/Suicide), Queensland Government, Brisbane, viewed 19 August 2013, http://www.correctiveservices.qld.gov.au/Resources/Procedures/Offender_Management/documents/ofmprosuicprevention.shtml.

8. 矫正机构的自杀预防活动必须纳入多目标干预措施。自杀预防活动的设计和实施应针对和覆盖整个监狱人群、具有自杀风险的已知特定群体和有自杀风险的囚犯个体。

9. 矫正机构的自杀预防活动必须是治疗性质,而不是惩罚性质。自杀预防活动应具有治疗而非惩罚目的。

10. 矫正机构的自杀预防活动必须包括针对危机和康复的专业治疗。自杀预防活动应为处于危机状态的囚犯提供临床或专业治疗,并为那些正在康复的囚犯提供支持。

11. 矫正机构的自杀预防活动必须解决社会和文化需求。自杀预防活动必须符合囚犯的社会和文化需求。

12. 矫正机构的自杀预防活动必须在正确的时机开展,以实现成果的最大化。信息、服务和支持的提供必须在正确的时间即其能够被最大限度地接受、理解和运用的时候进行。

13. 矫正机构的自杀预防活动必须惠及那些最需要的人。自杀预防活动的开展应在目标群体感觉舒适的地方和环境以及活动将能够到达和最需要的人可以到达的地方进行。

14. 矫正机构的自杀预防活动必须可持续。地方自杀预防活动必须可持续,以确保服务的连续性和一致性。

15. 矫正机构的自杀预防活动必须以证据为依据、以结果为导向。自杀预防活动应以证据为依据,以结果为导向且接受独立评估,或以此为努力目标。

16. 矫正机构的自杀预防活动必须对风险因素敏感。自杀预防活动应对可能影响自杀风险的广泛因素,即作用于生活质量和生活机遇的许多社会、环境、文化和经济因素以及这些因素是如何在不同文化、利益群体、个人、家庭和社区之间变化的这些问题具有敏感性。

17. 矫正机构的自杀预防活动必须包含多学科工作方法。面向被认定有自杀倾向的囚犯的服务应反映多学科工作方法,并致力于为囚犯提供一个安全、可靠和关爱的环境。

18. 矫正机构的自杀预防活动必须符合管理、安全和治疗重点。应对自杀行为的政策和程序必须对矫正机构的管理和安全重点具有灵敏性,同时又能够提供最符合囚犯治疗结果的、量身定制的个性化方法。

(二)自杀行为风险评估

维多利亚州矫正局针对自杀行为风险实施四级评估制度。矫正机构对囚犯实施管理的级别在《维多利亚州矫正局风险级别框架》(Corvections Victoria Risk Level Framework,CVRF)中进行了规定。该风险评级体系包含分配/安置、监视级别、监管人员与囚犯之间的互动、风险管理计划、风险评估团队的评估、精神科专业人员的临床评估六大主要元素。

四级自杀风险评估制度主要包含以下内容:

S1 评级:当前有风险。囚犯被评估为有迫切的自杀或自伤风险,且需要对其采取密集式管理和支持。这类囚犯包括:患有严重精神疾病,因而自伤风险很高的人;被认定在没有监管情况下(如在牢房关闭后或室外活动期间)有导致自伤或实施自杀可能性的人。

S2 评级:当前有风险。囚犯被认定有重大自杀或自伤风险,需要采取中度管理和支持。这意味着囚犯有显著(但非迫切)或慢性自杀或自伤风险;或者不再处于高风险状态,但仍需中度管理和支持;或之前被认定有较小的自杀或自伤风险,但其风险目前已升级。

S3 评级:当前无风险。囚犯被认定有潜在自杀或自伤风险,需要后续管理和支持。这意味着,囚犯被认定有多项风险因素,如果对其不干预,风险可能会升级,但其自杀或自伤风险并不没有达到高度或中度水平;或者需要一些干预,以确保其风险水平不再上升;或不再处于中度风险状态,但仍需后续管理和支持;或之前被归入当前无风险但有自伤行为史类别(见下文)且其风险已升级。

S4 评级:当前无风险。囚犯有自伤行为既往史。这类囚犯被认定当前无风险,但鉴于其自杀企图或自伤行为历史,其自杀风险可能升级。对于在接收过程中被评为 S4 级且首次被监禁的囚犯将在 48 小时内接受一次健康状态评估。

(三)保健和支持领域

为防止矫正环境中的自杀,维多利亚州司法与监管部确定了普遍策略、征兆识别、治疗和支持、持续保健和支持、自杀事件、自杀事件影响的最小化六大保健和支持领域,并明确了每一领域要实现的目标和采取的策略。这六大领域中有三个领域来源于《自伤预防框架》,其余三大领域是专门为矫正环境而额外确定的。这些领域与世界卫生组织心理健康与物质滥用司确立的自杀预防关键组件是一致的。具体见图4在每个领域的策略中都包含监狱和社区矫正服务两个部门的策略。

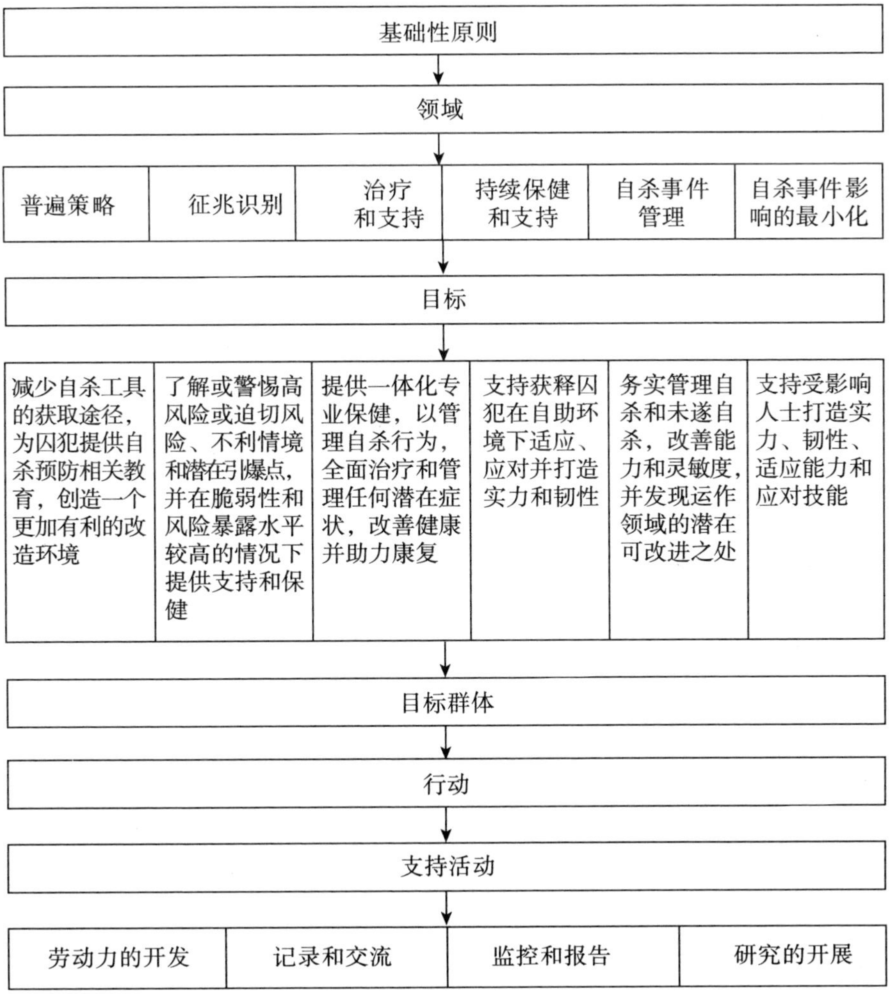

图4　矫正机构自杀预防框架的图示

1. 领域1:普遍策略

该领域的目标是减少自杀工具的获取途径,为囚犯提供自杀预防相关教育和创造一个更加有利的矫正环境等策略。

(1)监狱方面策略

具体有提供支持性矫正环境、无悬挂点牢房(cells without hanging points)、囚犯教育、家属与支持者的教育。

第一,提供支持性的矫正环境。维多利亚州矫正局的监狱标准确立了以人道和公正方式对待囚犯的囚犯管理制度,以保护囚犯个人的身心健康,为囚犯制定管理计划以确保囚犯可以获得一系列适合其需求的服务、计划和活动,包括为囚犯提供解决其个人问题和危机方面的协助。在监禁期间,矫正机构鼓励囚犯以建设性的方式利用其狱内时间,保持心理和生理健康并形成积极的社交习惯。维多利亚州矫正局努力为所有罪犯提供有意义和富有成效的工作,并为他们提供一系列的职业培训和教育项目,以改善其不利处境并支持其获释后成功参与社会和经济生活。罪犯可参与探视项目,以维系其与家人和朋友之间的积极、有益的关系。土著罪犯及具有文化和语言多元化背景的罪犯的管理则要体现他们特有的文化需求。残疾罪犯则被安置在安全、可靠的环境中,能够就监狱环境的适应接受协助,并参与旨在满足其需求的项目。

第二,无悬挂点牢房。为消除和减少监狱牢房中的潜在的悬挂点,维多利亚州矫正局专门启动了矫正机构建筑物设计评审项目(Building Design Review Project)。对于被认定当前有实施自杀行为这一迫切或重大风险的囚犯(S1 或 S2 评级)必须关押在满足建筑物设计评审项目所要求的牢房中。一般而言,具有潜在但非当前自杀风险的囚犯不需要安置在满足建筑物设计评审项目要求的牢房中。但是,鉴于非正常死亡和有自杀风险的囚犯数量都较高的事实,墨尔本评估监狱还对其建筑物进行了改造,使所有被评估为有潜在自杀风险或以上级别的囚犯(S1、S2 或 S3 评级)都能被安置在符合建筑物设计评审项目准则(法定要求)的牢房中。

在其他所有封闭式监狱中,在风险管理和保护性因素(如将囚犯安置在支持性监区环境中)均被纳入考量的情况下,风险评级为 S3 的囚犯应尽可能被安置在符合建筑物设计评审项目所要求的牢房中。另外,每一最高和中等安全级别监狱至少都要有一个监区配备有符合建筑物设计评审项目要求的牢房,以便在必要情况下将自杀风险升级的囚犯安置在其中。

第三,囚犯教育。作为接收过程的一部分,每一囚犯在进入监狱系统之初都会接受自杀预防相关教育。这类教育包括监狱内的自杀现象、可以获得的支持以及在关心同伴安全的情况下,如何将有自杀风险的其他囚犯报告给监狱。

第四，家属与支持者的教育。接收囚犯时，也要对囚犯家属及支持者进行如何报告安全和健康关切的教育。

(2)社区矫正服务部门策略

本部门在这一领域的策略主要是创造支持性的矫正环境。社区矫正服务部门要确保罪犯在参加项目和执行任务时有一个安全、有利的环境，同时能够获得依据其年龄、族裔、性别或残疾相关的特定学习方式及相关需求而量身定制的干预手段。社区矫正服务部门还为罪犯提供各种信息，保障其能够了解自身权利以及社会对他们的期望，同时激励他们参加并完成旨在矫正其犯罪行为并协助其重返社会的项目和服务。此外，社区矫正服务部门通过介绍和支持系列的社区教育和职业，为罪犯提供增强其社交、功能恢复和工作相关技能的机会，以满足他们的个人发展需求。

社区矫正服务部门的职责还包括协助那些从监狱获释的罪犯成功重返社会。

2. 领域2：征兆识别

该领域的目标是了解和警惕高风险或迫切风险、不利情境和潜在引爆点，并在脆弱性和风险暴露水平较高的情况下提供支持和保健。

(1)监狱方面策略

在这一领域，监狱的主要策略是做好风险评估。

在接收过程中，心理健康专业人员将在囚犯入监后24小时内对其开展心理健康和广泛的风险评估，包括自杀风险评估。评估目标包括发现和应对每一囚犯在其刑期之初最为关键的几天内的风险问题。此外，针对进入监狱系统后自杀风险立即升高的囚犯，启动自动转介程序。

转移至另一监狱后，所有囚犯均应在到达新监狱后24小时内尽快接受医疗从业人员或护理工作人员实施的医学筛查，包括自杀和自伤风险状况的评估。

从法庭(包括家庭法庭、电子法庭及出庭作证的情形)返回监狱后，所有囚犯均应在监狱接收后2小时内接受监护工作人员对其风险状态实施的进一步评估。如有必要，囚犯可被转介给心理健康专业人员。

通过电话或邮件了解到囚犯压力的工作人员应首先介入并调查其福利情况，如仍对囚犯状况存在疑虑，则应立即将这一信息传达给监区负责人，并将这一事件包括采取的任何行动都记录在囚犯档案中。监区负责人应就该事件向所有工作人员进行通报,并就适当监管作出指示。如囚犯行为或心理状态恶化到接受过培训的工作人员认定其有自杀风险的地步,则该工作人员应将囚犯转介至心理健康专业人员处。

同样,如果接受过培训工作人员通过自己的观察、囚犯自述或他人的报告(包括其他囚犯、任何工作人员、外部机构专业人员、囚犯朋友或家属的报告)认定囚犯有自杀或自伤风险,则应将囚犯转介至心理健康专业人员处。

如果囚犯的亲属或朋友、其他囚犯或其他任何人报告囚犯有自杀风险时,工作人员应告知报告人应采取何种措施来进行应对。此外,工作人员还应告知报告人,由于隐私法的存在,在囚犯不同意的情况下,囚犯状态相关调查的结果不能向其进行通报。在囚犯允许通报的情况下,工作人员应努力将上述信息告知报告人。如报告人希望保持匿名,则其身份不得向囚犯透露。

开展心理健康评估时,心理健康专业人员应考察包括:外貌、态度、行为和社会互动、运动强度、心情、情绪、自我观念、言语、思维过程、思维内容、智力机能、判断力和冲动控制能力、洞察力等领域的情况。

评估方法采用上述维多利亚矫正局开发的四级风险评估工具。

在进行风险评估的同时,还要对囚犯是否存在精神障碍进行评估。鉴于心理疾病的存在是实施自杀行为囚犯的一个已知风险因素,因此精神病评估及其后续治疗项目是自杀预防的一个重要元素。

(2)社区矫正服务部门策略

在接收时或者在法院,如果犯人被签发监管令且表现出自杀或自伤行为时,需要对罪犯进行自杀与自伤筛查。

3. 领域3:治疗和支持

该领域的目标是提供一体化的专业保健,以便管理自杀行为,全面治疗和管理潜在疾病,改善健康并助力康复。

(1)监狱方面策略

第一,精神健康保健。鉴于患有精神疾病是囚犯实施自伤行为的一个已知风险因素,因此,提供精神健康保健服务是自杀预防的一个重要元素。

治疗和支持的重点是早期干预和积极效果。卫生服务提供者应考虑最大限度地减少隔离措施的使用、最大限度地增加囚犯与他人之间的互动,同时确保所有人的安全。对于表现出棘手行为的囚犯,可适用现有的隔离程序。

当囚犯的病情需要服药时,卫生服务提供者应避免给其开具具有依赖或滥用风险的药物,只有囚犯出现临床指征的情况下才能开具此类药物。在开具精神药物时,卫生服务提供者还应考虑并监控药物的安全使用和潜在副作用。

A. 初级精神健康保健。监狱的初级精神健康保健模式应与社区卫生体系模式相同。该模式包含一个多学科健康团队,他们要提供:心理状态评估;当前的治疗、保健和管理计划(应与囚犯协商制定并定期评估);包括一系列相关疗法和干预的治疗;开展定期评估;在必要情况下,将囚犯转移至专门的住院单位或安保医院;最大限度地减少囚犯的精神障碍、预防复发并强化其社会康复。

精神健康服务工作人员应就患有精神疾病囚犯的管理需求与保健工作人员进行沟通,并在必要情况下为维多利亚州整个监狱系统的监禁工作人员和卫生工作人员提供监控和教育协助,以推动积极效果的实现。

在监禁期间表现出精神疾病症状的囚犯,应接受心理健康专业人员的分诊和评估,并在必要情况下被及时转介至精神科医生处。

心理健康的评估和诊断应是循证的,并使用公认的结果衡量工具以及国际公认的疾病分类体系,且符合《国家心理健康服务标准(2010)》[The National Standards for Mental Health Services(2010),NSFMHS]的规定。

对于专业评估,如神经学的评估,应根据个体临床需求进行。

卫生服务提供者应有一个根据囚犯风险、紧迫性、压力、失能和残疾情况对转介的轻重缓急进行排序并记录在案的系统,而转介后的保健协调和跟踪也应有章可循。

B. 门诊心理保健。对于需要比初级保健服务更复杂和更专业的技能和设施的囚犯而言,应有顾问级心理医生、精神病医生、精神病登记员和护师为其提供治疗和诊断服务。

在大都会还押中心(Metropolitan Remand Center)设有流动式法医心理健康单元(mobile forensic mental health unit),专门为那些心理功能有严重障碍的还押犯人提供全面的诊断评估、有针对性的心理干预和心理健康管理等服务。此外,该中心还为墨尔本评估监狱提供远程服务,为转出大都会还押中心的囚犯提供过渡外展服务,并为矫正工作人员提供囚犯心理健康方面的信息和支持。

C. 住院心理治疗。患有严重精神疾病且被认定需要最复杂、最专业临床护理、需要先进治疗和诊断服务的囚犯将作为住院病人被收容至监狱的心理健康重症病房。

D. 强制性心理治疗。被认定需要强制性心理健康重症治疗的囚犯应被收容至专门开展重症、持续和过渡保健项目的医院。

第二,转介囚犯的自杀风险评估。如果在接收或将囚犯转移至其他监狱的过程中发现有自杀风险或者在囚犯监禁期间其他任何节点发现风险的,应正式将囚犯转介至自杀风险评估部门。

转介程序应确保监狱工作人员与心理健康专业人员之间能够及时传递相应信息,并协助心理健康专业人员在必要时限内完成风险评估。

第三,监督评估及时进行。通过运用《风险评估转介清单》(Risk Assessmer Referral List,RARL)确保对所有被认定有自杀行为风险且被转介囚犯的健康评估的及时性进行有效监督。该清单记录了所有被转介囚犯的名单及其评估结果。

第四,协调囚犯的管理。风险评估团队是一个由相关专业工作人员组成的多学科团队,负责协调被评估为有实施自杀行为风险囚犯的管理。风险评估团队的职责是为囚犯制定风险管理计划,定期对该计划及囚犯风险状态进行评估,并在必要情况下对该计划作出调整。

风险评估团队通常由下列人员组成:负责协调和实施风险管理计划的个案协调员(可能为下列人员之一)、行动主管(operations manager)或总管(general manager)指定的其他人员、心理健康专业人员,如精神科护士或没有精神科护士情况下的一般护士、与囚犯有或将有大量接触的其他工作人员(如监区或项目工作人员)、临床医生(在囚犯存在重大行为问题和/或囚犯为犯人行为项目参与者的情况下)、重要囚犯监区(major offenders unit)的临床医生(在囚犯接受重要囚犯监区干预的情况下)、服务于土著囚犯的土著服务官员/土著健康官员、服务于有文化和语言多元化背景囚犯的文化宣传员或服务于有智力障碍或大脑损伤囚犯的专业人员。

在囚犯风险级别降低的情况下,至少须由一名行动主管与受过适当培训的心理健康服务工作人员组成风险评估团队对其作出降级评估。风险评估团队应适当指定一名个案协调员负责对风险管理计划的实施进行监控。

第五,囚犯自杀风险管理。有自杀风险的所有囚犯,在其风险提示行为被发现后的两小时内均应接受心理健康专业人员的初步评估。

在进行初步心理健康评估时,心理健康专业人员应考察下列领域的情况：外貌、态度、行为和社会互动、运动强度、心情、情绪、自我观念、言语、思维过程、思维内容、智力机能、判断力和冲动控制能力、洞察力等。

在对囚犯进行初步评估后，心理健康专业人员应制定临时风险管理计划。该计划应提交风险管理团队批准和完善，并形成最终的风险管理计划。风险管理计划应明确：风险水平、安置方法、监视级别（必要情况下还应明确日间或夜间、牢内或牢外时间、囚犯参与的不同日常活动等情形下的差异化监视要求）、应提供支持的类型和级别（咨询辅导、矫正官员/家属/同行支持、牧师服务、文化相应支持等）、治疗计划、日常活动、重大问题（如出庭日期和探视）、搜查机制、应倡导互动（如与囚犯/同伴、志愿者、探视者之间的互动）的类型和强度。

囚犯的风险管理计划还应明确监视机制之外矫正官与囚犯之间的互动强度，以强化矫正工作人员为囚犯提供支持性监管的必要性。

开展健康评估后，相关单位应制作风险人员登记簿，记录被认为有实施自杀行为风险的所有囚犯。监狱总管理人（prison general manager）应确保维多利亚州矫正局和心理健康专业人员在任何时候都能查阅该登记簿。

第六，安全安置囚犯。作为一项总体原则，囚犯应被安置在约束性最小但能够最大限度地提高其安全性的地方。依据《维多利亚州矫正局风险级别框架》规定，对于被评估为有即刻风险的囚犯应关押在特定的“Muirhead”监舍或监视监舍、墨尔本评估监狱中面向男性囚犯的重症部门（acute assessment unit）、面向女性囚犯的 A1、A2、Murray 部门、Marrmak 或医疗中心（菲利斯·弗罗斯特中心）、面向符合转移标准的囚犯的封闭式精神病医院等任一设施。对于被评估为有重大风险的囚犯应根据其需求进行安置，可包括“Muirhead”或监视监舍、单人监舍或特殊情况下的共用监舍。对于被评估为有潜在风险的囚犯应根据其需求进行安置，可包括单人或共用监舍，而在墨尔本评估监狱，被评估为这一风险级别的囚犯应被安置在符合建筑物设计评审项目要求的监舍中。在其他所有封闭式场所中，在其他风险管理和保护性因素（如将囚犯安置在支持性监区环境中）均被纳入考量的情况下，应考虑将被评估为有潜在风险的囚犯安置在符合建筑物设计评审项目要求的监舍中，对于被评估为有自杀行为既往史的囚犯应根据其需求被安置在单人或共用监舍中。

第七，信息共享。通过确保囚犯管理相关各方之间的有效沟通和信息共享（及记录），维多利亚州矫正局最大限度地提高了囚犯的安全性。

司法卫生处对矫正、卫生、心理健康、酒精及药物服务等机构提供书面指导,支持机构之间的信息共享,从而保障囚犯的安全、福利和健康。

根据司法卫生处规定,如果在面对以下任一情况时,卫生服务提供者可以未经囚犯许可,将在接收过程的医疗评估和常规健康会诊中收集到的囚犯信息向矫正工作人员进行披露:一是该披露就卫生服务提供者履行其正式职责即向囚犯提供健康相关服务而言属于合理且必要的;二是披露为了降低或预防针对囚犯自身、其他囚犯或矫正工作人员的严重的或即刻伤害风险;三是该披露系为了指导囚犯的安置和管理,从而保证囚犯安全和健康。

在亲属、其他囚犯或其他任何人就囚犯自杀风险表达关切的情况下,工作人员应指导其采取必要措施,以应对其关切(须符合隐私相关法律)。

第八,最大限度地减少自杀机会。为最大限度地确保囚犯安全,所有囚犯均须实施约束力最小且侵入性最低的搜查计划。搜查计划的目的是最大限度地减少囚犯获取自杀工具或手段的机会。搜查计划包括监舍搜查、裸体搜查和财物搜查要求,并且应在考虑囚犯的安置类型、日常活动计划、与其他囚犯或探视人员的接触情况、囚犯的心理状态及侵入性裸体搜查对其压力程度的潜在影响,且须与保护囚犯安全这一需求达成平衡等因素的前提下,根据囚犯个人情形确定。

第九,押送。在被评估为当前有自杀风险的囚犯在监区之间、监狱之间或监狱与法院之间进行转移之前,必须要做到:一是监狱押送工作人员应掌握囚犯的风险状态。二是风险评估团队对囚犯在转移期间是否应予隔离提出建议。三是被评估为有自杀风险的女性囚犯不与男性囚犯一起押送。四是囚犯的个人管理计划文档和健康档案应与囚犯同行。

囚犯在监区和监狱之间进行转移,转出监区的负责官员应该就囚犯的干预措施、所采取的策略和持续管理情况等向接收监区的负责官员进行口头通报。接收监区的负责官员应为囚犯分配最为适当的警员,并确保在囚犯到达之前向所有工作人员通报相关问题。

在可行且有选择的情况下,应使用较为安全的监狱车辆(如悬挂点较少或有监控系统的车辆)进行押送。在使用押送车辆的情况下,当车门打开囚犯下车的时候,工作人员应准备好用于紧急切割上吊绳索的干预刀具。

第十,紧急干预。在囚犯正在实施自杀且不愿停止其行为的极少数紧急情况下,工作人员可使用腰带对囚犯进行约束。为此,监狱局就这一约束手段的运用制定了非常严格的要求，以尽可能降低其约束性并最大限度地减少其给囚犯带来的不适，同时确保囚犯的切身安全。

第十一，行为监控。对囚犯实施监控时，监狱工作人员应采取合理措施确认囚犯不会受到伤害，同时应把侵入性行为可能会加剧囚犯压力的因素考虑进去。对被认定有实施自杀行为风险的囚犯应进行定期的、直接的人力观察；对被认定有迫切风险的囚犯应每15分钟观察一次，而对被认定有重大风险的囚犯则应每30分钟观察一次（可根据风险评估团队/卫生服务部门的建议延长或缩短间隔）；对被评估为有潜在风险的囚犯应每小时观察一次或按照风险管理计划/监区管理人确定的频率进行观察。针对日间和夜间观察、在牢内和牢外期间的观察、不同的牢外活动等不同情形，监狱可制定差异化的观察机制。

除观察机制外，矫正工作人员还应在适当环境下就囚犯当前关切和处境与其进行有意义的对话，并将对话内容简要记录在案。

第十二，同伴支持。在适当情况下，监狱可采用同伴支持的方式与处于严密观察状态的囚犯进行沟通，以降低观察牢房给囚犯带来的社会孤立感。

第十三，再评估。风险评估团队每天均应对每一名被认定有迫切或重大风险的囚犯的风险管理计划进行复核，而对于被评估为有潜在自杀风险的囚犯，风险评估团队至少每3天就对其风险管理计划进行一次复核。

第十四，康复监控。风险评估团队负责所有囚犯风险管理计划的实施和囚犯是否还有自杀风险的认定。

（2）社区矫正服务部门策略

第一，转介。筛查评估、接收和观察等情况应在监管和汇报会议上进行通报。如果罪犯在适用筛查清单后被发现有自杀风险，则应将其转介至全科医生（general practitioner）、符合规定的私人医生、健康指导中心（Headspace）（适用于25岁以下的年轻人）、社区卫生服务部门的辅导人员或心理健康社区支持服务部门处。在少数较严重的情况下，罪犯将转介到区域精神卫生服务机构（AMHS）。

当存在以下几种情况时，区域心理健康服务机构需要介入：一是引起中度至严重痛苦和损害的问题；二是涉及导致长期残疾这一较大风险的问题；三是涉及中度到高度伤害风险的问题；四是可能涉及并发症的问题；五是需要专业精神科治疗或社会心理干预的问题。

当个案管理人接收到紧急评估和治疗需求时，有时候需要联系区域心理健康服务机构。根据具体情况,可以采取不同的行动:一是个案管理人通过明确囚犯之前的处境并为其解决问题的方式帮助其将压力水平降低,之后再实施管理计划。如果囚犯仍无法管理其压力,则可以实施管理计划,包括联系区域心理健康服务机构的措施。二是将囚犯转介至全科医生处。三是联系区域心理健康服务机构的电话分诊部门。该部门将为社区矫正服务部门的病人确定最为适当的心理健康应对措施,包括呼叫"000"、要求病人立即前往急诊、安排社区心理健康团队的面对面评估等。分诊程序还可能将社区矫正服务部门的病人转介至其他服务机构,包括初级保健机构、健康指导中心(Headspace)(适用于25岁以下的病人)、土著心理健康支持项目及其他支持性服务机构等。四是如果属于以下情况,则需要联系警方:①社区矫正服务部门的病人威胁使用暴力且存在真实、迫切的自伤风险或伤害他人的风险;②社区矫正服务部门的病人持有武器;③为了人身安全,警察的存在和出现是合理必要的。

当社区矫正罪犯出现在社区矫正场所或与社区矫正场所联系时,表现出心理健康"危机"或压力或表达自杀倾向时,可能需要进行危机干预。在这些情形下,应呼叫区域心理健康服务机构的分诊部门。

区域心理健康服务机构的分诊部门应对囚犯开展初步评估并做出最适当的响应措施,包括呼叫"000"、要求病人立即前往急诊、安排社区心理健康团队的面对面评估等。需要注意的是,心理健康服务机构并非急诊部门,因此,不像救护车那样,在任何情况下都会作出紧急响应。

第二,心理健康。社区矫正部门的个案管理人员可以通过罪犯管理程序,加深对罪犯的了解,并对他们潜在的精神卫生保健需求作出判断。鉴于精神疾病的存在是从事自杀行为的罪犯的已知危险因素,提供卫生保健是预防自杀的一个重要因素。

除自杀想法或自伤行为外,下列指标可协助社区矫正服务部门的个案管理人员认定个人是否存在严重精神疾病并因此而需要接受区域心理健康服务机构的评估:怪异或异常思维,出现幻觉,重大心情变化,如明显抑郁、明显焦虑或明显心情亢奋,坐立不安、情绪激动和行为错乱,或活动量明显减少,社交、教育和/或职业机能显著受损,自理能力显著受损,破坏性或高风险行为,显著记忆障碍,思维混乱且迷茫无措。

当然,这些指标只是确认严重精神疾病或障碍存在与否的一个指南,而不是决定性因素。根据心理障碍程度和年龄差异,精神疾病的具体症状和迹象可能因人而异。为确认心理障碍诊断结果并认定损害程度和治疗需求,需要对病人实施精神病学评估。

第三,行为监控。在某些情形下,如果罪犯因违反指令而被裁定命令重新收治的情形,如其提出请求,则个案管理人仍需为其提供干预。同样,违反指令的罪犯可能会重新露面并请求帮助。如果罪犯现身于社区矫正服务部门相关场所时表现出实施自杀行为的风险,则应启动标准转介程序。

第四,沟通。社区矫正服务部门应与罪犯的主治专业人员进行沟通和磋商,以便就罪犯管理确定一个联络方案,并就其适当个案管理水平和联合个案管理的启动作出决定。“风险预警或建议行动”仅在与卫生专业人员进行了磋商的情况下方可降级。

4. 领域4:持续保健和支持

本领域的目标是让卫生专业人员、朋友和家属参与进来,支持获释罪犯适应、应对和打造在自助环境下的力量和韧性。

(1)监狱方面策略

第一,过渡与再融入项目。为囚犯提供一体化的过渡规划和支持服务。这种一体化服务应始于收监之时,在整个矫正期间延续,并在囚犯获释之后持续。

过渡服务应为囚犯的获释提供准备和支持,并努力将其与罪犯重返社会时需要的心理保健、住房和就业之类的关键服务联系起来。此外,酒精和药物服务、生存技能、家庭和社区联系等也是服务重点。

社会再融入路径有四个关键阶段:一是收监阶段。再融入路径始于监狱接收囚犯之时,其目的是支持每一囚犯面向监狱生活的过渡,并将监禁对囚犯的社会和经济影响降至最低。二是服刑阶段。在服刑阶段,囚犯可参与犯罪行为项目、教育、培训和工业等项目。此外,对于在收监阶段发现的问题可继续予以解决,以帮助囚犯为其获释做好准备。三是释前阶段。释前阶段提供一系列过渡性支持服务和转介,其目的是满足囚犯在其释放前发现的个性化需求。释前阶段涉及三个层级的服务,包括与复杂过渡需求相适应的团体服务和一对一服务等。四是释放后阶段。释放后阶段旨在为符合资格的出监囚犯提供有效的社会再融入项目,以满足其复杂的个性化过渡需求。这些需求的满足是通过反应性、量身定制且灵活多样的支持方式实现的,目的是协助囚犯重新融入社会,并减少其再犯。

第二,假释类释放。对囚犯进行有条件释放能够使囚犯在社会上服完其尚未服完的刑期,但前提条件是囚犯要继续接受假释规定的监管、支持和持续改造。

标准条件以及假释强化监管期确保囚犯在获释初期即风险和脆弱性最高的一个时期内能够接受管理和监管。除标准和强化监管条件外,成人假释委员会可能会给假释者施加其他条件,如必须参加个人发展项目、参加持续改造等,以满足其个性化需求和风险。

第三,监狱释放计划。有自杀风险和重大精神疾病的囚犯在获释之前应有详细的释放计划,且释放计划应有获释后将其转介至相应社区卫生服务机构的详细内容。该计划应详细描述囚犯的健康需求,概述囚犯在监狱期间接受过的保健服务及当前治疗情况,并包含面向社区卫生服务机构的转介信、外部治疗预约情况及与囚犯心理保健相关的其他任何信息。

获释时需要药物的囚犯会获得有关药物的名称、剂量、给药时间表和重大副作用的详细书面信息,以及多达 5 天的药物供应,以保证他们在社会上找到医疗从业人员之前能够保持治疗的连续性。

符合药物疗法治疗的囚犯获释后应被转介至社区药店,并从社区药店领取 4 周的药物补贴。

监狱应以易于理解的方式为囚犯提供社区服务和支持的相关信息,并就其获释后的首选保健服务机构征求其意见,以改善其释后服务的连续性。

(2)社区矫正服务部门策略

对被认定有自杀风险或已知存在自杀风险因素的罪犯而言,个案管理人在管理其释放和服务终止相关事项的过程中,应确保在最后一次约见罪犯之前已为其建立相应的社区服务和支持网络,并将其告知罪犯。

5. 领域 5:自杀事件管理

本领域目标是切实管理自杀和未遂自杀,并评估实践,以提高能力、反应,并发现运作领域的潜在可改进之处。

(1)监狱方面策略

第一,事件应对。矫正机构的囚犯自杀和未遂自杀应对方法详见矫正局长要求和副局长指令(Commissioner's Requirements and Deputy Commissioner's Instructions)。

第二,事件处置。

A. 维多利亚州矫正局的内部管理审查。事件发生后,维多利亚州矫正局将开展内部管理审查,并撰写一份报告,提供事件或主题相关细节,并发现程序和系统的可改进之处。这份报告是为特定内部受众撰写的,内部管理审查可提出建议,监狱应当根据建议制定行动计划。

B. 维多利亚州矫正局的正式汇报会。事件发生后,维多利亚州矫正局将召开正式的汇报会,以便从自杀事件中吸取经验和教训。汇报会可以不同的方式进行,但通常应对事件及相关政策、程序和做法进行审查,以便发现将来避免事件或改善管理的方法。

C. 司法卫生处的死亡审查。自杀发生后,司法卫生处将开展审查,以确定囚犯生前所接受卫生和保健服务的性质和效果。该审查致力于发现任何系统及新问题,并就服务提供的改善提出建议。

D. 矫正服务办公室的审查:死亡评估。监狱中发生自杀事件后,矫正服务办公室将对其进行评估,以确定导致囚犯死亡的事件情节、囚犯监禁管理及囚犯生前所接受监护的性质和效果等。此外,该评估还致力于认定死亡应急措施的性质和效果,包括对旨在为应对行动提供指导的程序的充分性、既定程序的合规程度、是否可进行系统性改进等问题作出认定。

此外,矫正服务办公室还会对囚犯在假释期间及罪犯从监狱无条件释放后 3 个月内的发生的死亡事件(包括自杀身亡事件)进行评估。

E. 验尸调查和评估。法医将对每一囚犯的死亡进行调查,以认定死者身份、死亡方式和死亡原因,并可就未来死亡事件的预防提出建议。

(2)社区矫正服务部门策略

命令执行任一阶段发生的、导致住院或者警方介入的罪犯自杀未遂事件的应对方法详见副专员指令。

6. 领域 6:自杀事件影响的最小化

本领域的目标是通过支持受自杀行为影响的工作人员、囚犯及其支持者,以打造抵抗力、韧性、适应能力和应对技能。

(1)监狱方面策略

第一,为监狱工作人员提供支持。受囚犯自杀行为影响的维多利亚矫正工作人员除了获得由监狱管理层和同事提供的支持外,还可以参加该部门的员工援助计划、专家创伤情况咨询会。

第二,为囚犯提供支持。重大事件发生后,监狱应为受事件影响的任何囚犯提供支持,以确保其有机会讨论其感受、就如何理解其感受接受帮助并在必要情况下获得进一步支持。

第三,为家属和支持者提供信息。尽管在为自杀囚犯的家属提供支持方面尚无具体准则,但监狱可自行将囚犯家属转介至各种支持机构或咨询人员处。

(2)社区矫正服务部门策略

第一,为社区矫正服务部门工作人员提供支持。除获得管理层和同事提供的支持外,因囚犯自杀行为受到影响的社区矫正服务部门工作人员也可参加司法与监管部实施的雇员援助项目。

第二,为家属和支持者提供的信息。尽管在为自杀囚犯的家属提供支持方面尚无具体准则,但社区矫正服务部门可自行将囚犯家属转介至各种支持机构或咨询人员处。

(四)保障与发展

为促进上述6个领域目标的实现,不断发展《矫正自杀预防框架》及其策略,要加强以下四个方面的工作:

1. 开展员工培训。在自杀预防政策中,最重要的部分应当说是机构工作人员的能力。维多利亚州矫正局的所有雇员(包括监狱工作人员和社区矫正工作人员)都必须接受与其角色相关的安全、重大事件管理、囚犯管理程序等方面的适当培训,包括对有实施自杀行为风险的囚犯进行识别。

培训的目标是为提高参与者将自杀预防理论转化为实践的能力。为新进的监管人员、社区矫正官和一线警察提供一个自杀预防强化培训包,包括自杀介绍、自杀行为的识别和管理等方面的内容,以及年度进修课程。

2. 加强记录和交流。在多个服务提供机构和不同报告义务并存的环境下,只有将有效的沟通方法落实到位并涵盖所有保健领域,《矫正自杀预防框架》的实施才可能取得成功。

所有自杀预防活动的全面记录对于任何自杀预防项目都至关重要。因此,监狱和社区矫正服务部门都要就囚犯文档和记录的管理制定详细的标准和程序。

3. 监管与报告。问责是框架付诸实施的一个重要元素。所有利益相关方在减少囚犯自杀行为方面取得的持续进展都应接受司法与监管部(Department of Justice and Regulation)的监管,而相关信息均可用于未来活动的指导,并继续降低维多利亚州监狱内的自杀率。

4. 开展理论研究。在澳大利亚国内和国际社会,人们都越来越强调自杀预防干预措施以证据为依据的必要性。但是,由于后勤和资源等方面的原因,关于《自杀预防框架》许多方面总体效果的研究仍然存在问题。由于自杀数非常少,以致无法提供充分样本对个体干预的有效性进行衡量是原因之一。

但是,就《自杀预防框架》具体活动的强化和效果的改善开展以"消费者"为依据的研究却有许多机会。例如,研究人员可就哪些信息最有帮助、如何才能以最有效的方式提供帮助等问题与囚犯及其家属/支持者进行探讨。

四、国外罪犯自杀预防措施和经验对我国罪犯自杀预防工作的借鉴

当前,我国监狱中罪犯自杀事件也时有发生,给监狱管理工作带来严重挑战。澳大利亚维多利亚州关于囚犯自杀预防的做法,对我国监狱预防罪犯自杀工作无疑具有参考价值。归纳起来,借鉴国外有益经验和做法,就我国罪犯自杀预防提出以下几点建议。

(一)加强罪犯自杀研究,揭示罪犯自杀规律,为预防罪犯自杀提供理论基础

尽管罪犯自杀具有隐蔽性、冲动性、绝然性等特点,预防起来比较困难,但是从国外的研究和实践来看,罪犯自杀的发生仍有一定规律可循,为此,我们应该加大对罪犯自杀现象的研究力度,积极探求我国罪犯自杀的动因、影响罪犯自杀的风险因素、罪犯自杀的前兆,最终总结罪犯自杀的规律,为有效识别和预防罪犯自杀提供理论基础。

(二)制定全国性的预防罪犯自杀指导意见,建立长效的罪犯自杀预防机制,为罪犯自杀预防提供制度保障

良好的实践源于良好的理论基础和制度保障,通过制定全国性的预防罪犯自杀指导意见,明确监狱以及监狱民警在自杀预防的职责、自杀预防应当遵循的基本原则、预防目标、预防措施与方法、自杀预防的程序等,为全国监狱有效开展罪犯自杀工作提供明确的指导,提高全国监狱管理水平,切实维护监狱安全与稳定。

(三)加大监狱民警的培训,提升监狱干警识别罪犯自杀迹象和预防罪犯自杀的能力,确保罪犯自杀预防措施落到实处

“任何自杀预防政策最重要的部分非机构工作人员的能力莫属”。[1] 在我国,监狱民警身处管教第一线,在日常生活中与罪犯接触最多,能够及时了解和掌握罪犯的思想和心理动向,是预防罪犯自杀的第一道防线。因此,要加强民警的培训,不断加深监狱民警对罪犯自杀的主要风险因素、可能增加囚犯自杀风险的诱发事件以及自杀规律的认识,提高其识别罪犯自杀迹象、处置与应对罪犯自杀行为、采取有效防控措施的能力,进而确保监狱预防罪犯自杀措施真正落到实处。

附件:

囚犯自杀相关风险因素、引爆点、预警信号和保护因素

风险因素

一般风险因素	
1	男性
2	变性和性别多样性
3	年龄(年轻或年老囚犯)
4	酗酒或非法药物使用史
5	以往精神病史(包括药物滥用障碍、情感障碍和精神分裂)
6	近期联系过精神病服务机构或从精神病住院设施获释
7	冲动行为史,包括针对自己或他人的暴力行为
8	既往自杀行为史,特别是在矫正背景下
9	创伤性事件史(如作为虐待事件的受害者)
10	首次被监禁,而那些被逮捕四次或四次以上的人在监禁几周或几个月后的风险似乎有所提高

[1] Carroll, A. 2011, Internal Review of Suicide Risk Assessment and Management Practices at Forensicare, Melbourne Assessment Prison, Forensicare, Melbourne.

续表

11	童年逆境
12	15 岁之前失去双亲或单亲 12 个月以上，或 15 岁之前双亲或单亲不在身边 12 个月以上
13	经济社会地位低下
14	家族精神疾病史
15	家族自杀史
16	学习障碍
17	应对技能糟糕
18	由于语言障碍无法交流
19	未婚、离异或丧偶
	监狱特定风险因素
1	针对他人特别是家庭成员或伴侣的暴力犯罪、纵火和性犯罪
2	对威权环境的不信任
3	对监禁非人化方面的感知
4	曾被短期安置在特定监禁机构（与监禁时间长短无关）
5	刑期（终身监禁相关风险要大于长刑风险）
6	预期服刑期限的不确定性
7	犯罪性质及囚犯在监狱社会等级中的社会地位
8	无聊和有意义消遣活动的缺失
	刚入监时的风险因素
1	明确的精神病史或精神病住院史
2	经证实的自杀行为史（过去两年内曾有自杀/自伤意图或计算机系统内有自杀/自伤符号标记）
3	自杀想法的表述或重大压力的外在表现
4	被控犯有一经认定可能遭致长期监禁的严重罪行（如谋杀）
5	18 岁或 18 岁以下
6	首次入狱
7	土著居民或托雷斯海峡岛民

续表

8	认知损害,包括智力残疾和获得性大脑损伤
9	被控违反了《家庭法法案》或违背了干预令
10	被控犯有怪异/性相关罪行或引起大量媒体关注的罪行
11	曾披露身体、性或情感虐待史
12	重新收押,以待精神病学报告出炉
13	患有致命性疾病
14	看起来压力很大、出乎意料被监禁或领受的刑期比预期的要长得多
临近获释囚犯的风险因素	
1	酒精滥用史
2	自伤史
3	被诊断患有精神疾病,特别是那些监狱提供的药物用尽后难以从社会供应商那里获得药物的精神疾病
4	绝望
5	重大损失
6	社会孤立
7	支持缺失
8	应对技能低下
9	失业
10	无家可归

引 爆 点

1	被判终身监禁/假释委员会听证会上假释被拒/被提出更多指控
2	外部关系丧失或中断
3	监狱内的冲突、欺凌和受害
4	法律挫折的增加
5	出庭日期的临近
6	家人死亡

续表

7	无法参加哀悼仪式
8	被关进单人监视牢房
9	违纪
10	不希望的监区安置或工作安排
11	从一监狱、法院或医疗机构转移至另一监狱
12	安全级别提高
13	重大有害生活事件
14	监狱内遭受性胁迫
15	与孩子失去联系(特别是与作为受抚养人的孩子或进入养护机构的孩子分离的女性囚犯)
16	身体疾病,特别是慢性症状和/或涉及疼痛和功能损害的疾病
17	无法继续赡养老年家庭成员
18	经历羞辱或排斥
19	配偶或伴侣患有晚期疾病
20	被家人或其他重要人物孤立
21	对未来缺乏把控能力的感知
22	社会支持的丧失
23	有意义活动的缺失
24	近期离异或关系不稳定
25	纪念日和重大日期
26	醉态或药物戒断症状
27	其他囚犯自杀的传染性影响
28	监狱环境的恶化(如禁闭)

预警信号

待人处物的变化	
	自闭和孤立,对人际关系缺乏兴趣

续表

行为变化	
1	哭泣
2	进行后事安排
3	送走物品、交出之前珍藏的其他物件
4	在交谈或文字中提及死亡、濒死或自杀
5	寻求被关押至单人牢房
6	囤积药物
7	与人道别
8	被观察到的预演行为
9	自杀想法的表述或自伤威胁
10	不熟悉和不确定引发的恐惧
11	过度自责
行为举止的突然改变	
1	不现实地谈论出狱(外在的乐观可能意味着囚犯已经下定决心以自杀作为其行动方式)
2	抑郁之后快乐得不同寻常
情绪状态的变化	
1	抑郁,包括睡眠不安、疲劳、兴趣丧失、心情悲伤、食欲紊乱等
2	绝望和无助感
3	强烈的负面情绪(通常表现为极端悲伤,但有时也表现为愤怒、沮丧或寻求复仇)
4	沉迷于过去且抓不住当前
5	情绪转换
6	表示生无可恋或生活没有目的感
7	冲动强化状态
8	两极化思维
9	自尊感弱
10	严重精神病

续表

情绪状态的变化	
11	严重焦虑状态
12	严重自责或犯罪羞耻感
13	被监禁羞耻感
14	被陷于冷漠、敌对世界的感觉
15	生理和情绪崩溃
16	使用愤怒、生气的表达方式

保护性因素

1	女性
2	父母或家人支持和爱护
3	家庭和谐
4	安全、可靠的生活环境
5	不存在酒精或非法药物问题
6	不存在家族精神病史
7	不存在家族自杀史
8	精神健康和幸福
9	良好的生理健康
10	良好的沟通技能
11	良好的应对技能
12	积极的生活前景和生活
13	积极的自我感觉
14	生活意义和目的感
15	没有自责和羞耻感
16	社会联系感
17	支持性社会关系
18	生理和情绪安全感
19	环境压力因素暴露少

国外老残犯和病犯的重新融入社会措施研究及其思考

葛向伟*

监狱押犯中有一些特定的罪犯群体面临着独特的社会再融入挑战，重新融入社会措施必须对这些挑战作出应对。具体而言，这些特定罪犯群体包括老年罪犯、残疾罪犯、精神病罪犯、药物依赖罪犯、艾滋病罪犯或其他需要特殊治疗的罪犯等。这些特殊罪犯群体面临的挑战和需求也与普通罪犯群体不同。例如，相对于被短期监禁后释放的罪犯而言，服刑时间特别长或被判终身监禁但正被考虑有条件释放的罪犯获释后面临的挑战非常不同。这些罪犯获释时，他们通常已经成了老年人，因而不得不面临老龄化相关挑战及独立、自立能力严重不足的问题。由于长期监禁，他们可能已经接受并内化了监狱社会的文化、价值观和社会生活，并已失去了与家人和社区之间的联系。因此，老年罪犯和在监狱内服刑时间较长的罪犯获释后特别需要实际帮助，以应对狱外生活并重新学习各种基本生活技能。又如，存在学习障碍的罪犯则可能在参加现有项目和获取释后协助时面临额外困难。满足特定罪犯群体的需求给监狱机构带来了较大挑

---

* 葛向伟：司法部预防犯罪研究所副研究员。

战，特别是在那些社区资源紧缺（且项目成本高昂）的情况下。况且，特别是在社区成员通常都无法享受额外服务的情况下，为罪犯和出狱人提供这些服务显然是强人所难。[1] 本文将重点介绍国外应对老残犯和病犯的挑战和需求的干预项目，结合我国具体情况，为我国研究制定相应群体的重新融入社会制度提供参考。

一、国外老残犯的重新融入社会措施研究

本文讨论的是老年罪犯及身体残疾罪犯行刑及回归社会的相关问题。

（一）老年犯

1. 挑战与需求

监狱人群与社会普通人群一样存在老龄化问题。社会上的老龄化群体会导致一国卫生和社会福利体系产生额外成本，而监狱中的老龄化群体也一样。而且，由于许多国家量刑方面的法律呈现趋于严厉这一趋势，监狱中刑期非常长的罪犯包括终身监禁罪犯的比例正在上升。因此，许多国家罪犯的年龄曲线正在上扬。

监狱压力对老年罪犯健康的影响比其对普通监狱群体的影响更大。研究表明，由于受监狱条件不够完善的影响，监狱内的老龄化进程甚至比监狱外的还要快。由于老龄化问题，许多老年人被监禁后通常会经历更为强烈的心理冲击，而且相对于年轻人而言，老年罪犯更难适应监狱内的新环境。[2] 因此，他们往往会觉得自己很弱势，而且可能面临被其他罪犯虐待的风险，特别是大龄女犯，往往会有被年轻罪犯威胁的感觉，而且通常会成为年轻罪犯的欺凌对象。[3]

还应注意的是，在许多情况下，年龄较大的罪犯获释后特别是长期服刑获释后所能指望的唯一支持就是福利机构或非政府组织提供的服务。但是，在许多社区，老年设施或养老院非常少，而出狱人进入的难度非常大。

---

〔1〕 参见联合国毒品和犯罪问题办公室《特殊需求罪犯手册》。

〔2〕 M. Davies, *The Reintegration of Elderly Prisoners: An Exploration of Services Provided in England and Wales*, Internet Journal of Criminology, 2011. Available from http://www. internetjournalofcriminology. com/ Davies_The_Reintegration_of_Elderly_Prisoners. pdf.

〔3〕 R. H. Aday and J. J. Krabill, *Women Aging in Prison: A Neglected Population in the Correctional System*(Boulder, Colorado, Lynne Rienner Publishers, 2011).

鉴于他们的多重需求和弱势特点,获释老年罪犯适当住所的缺失确实是一个非常棘手的问题。

最后,由于许多监狱系统罪犯年龄曲线的上升,老年或绝症晚期罪犯可能需要去世前的医疗、护理和临终关怀服务。

2. 对策与实践

监狱应对老年罪犯的需求予以特别关注,如可能,应尽量为其安排单独监区。老年罪犯不得被强迫从事任何繁重体力劳动或工作,但应有持续参加工作或其他有意义活动的机会。作为一项原则,国家应基于同情理由考虑释放绝症晚期罪犯。

英国有非政府组织专门致力于倡导罪犯和出狱人——特别是50岁以上的罪犯和出狱人——的关怀、安置和改造。这个机构提供宣传倡导、财务顾问、就业培训之类辅导、住房和健康相关指导等方面的支持服务,以协助出狱人掌控自己的生活,避免社会孤立并持续远离犯罪。[1]

英国卫生部和犯罪减降慈善机构国家罪犯关怀和安置协会(NACRO)联合开发了一个老年罪犯工作资源包。这个资源包描述了老龄化和健康工作的所有方面,以及老年罪犯活动、保健和安置等方面的良好实践。国家罪犯关怀和安置协会免费为罪犯提供在线数据库"安置服务发现者"(Resettlement Service Finder)相关访问服务。这个数据库能为罪犯提供住房、就业及其他服务,从而帮助罪犯成功重返社会。[2]

加拿大矫正服务署启动了一个旨在为没有任何社会资源可用的老年罪犯提供过渡住房的社区住房替代计划。这个计划的成功之处包括帮助罪犯成功过渡到独立的社区生活、获得就业、健康保险、社会保险及其他在社区中生活需要的身份卡、开通银行账户、使用公共交通系统等。[3]

加拿大矫正服务署还创建了一个强化式管理项目,专门为有条件释放的某类罪犯(包括老年罪犯)提供服务。诸如药物滥用、精神健康和行动能力差等相关服务都能在家里提供给罪犯。[4]

美国一些监狱创建了临终关怀项目,让罪犯照顾那些处于生命晚期的

〔1〕 载 http://www.recoop.org.uk/pages/home/,2020年11月20日访问。

〔2〕 英国卫生部和国家罪犯关怀和安置协会:《老年罪犯工作资源包》(伦敦,国家罪犯关怀和安置协会,2009)。

〔3〕 载 http://www.csc-scc.gc.ca/text/pa/ev-res-alt/ev-res-alt-eng.pdf,2020年11月20日访问。

〔4〕 载 http://www.csc-scc.gc.ca/text/pa/ev-res-alt/ev-res-alt-eng.pdf,2020年11月20日访问。

其他罪犯。国家矫正研究所和国家监狱临终关怀协会都就如何创建相关培训项目提供了指导方针。例如,在安哥拉市的路易斯安那州立监狱,罪犯们正协助运作一个临终关怀项目。这个项目提供的服务包括为接受姑息治疗的罪犯修面、洗澡或打扫牢房。许多项目参与者都是被判终身监禁的罪犯,他们将自己的志愿工作视为助人,但同时也是助己——他们希望,当自己的生命在监狱中走向终点时,有人将为他们提供同样的服务。尽管这种临终关怀项目并不是为老年罪犯重返社会服务的,但对那些参与其中的罪犯而言,具有一定的改造价值。

(二)身体残疾罪犯

1. 挑战与需求

依靠轮椅或拐杖行动的罪犯需要斜坡和电梯才能到达建筑物高层,而视力或听力受损的罪犯则可能需要引导和陪伴才能从一个地方移动到另一个地方。一些残疾罪犯可能需要更大的牢房,以安放其轮椅或特殊床铺。残疾罪犯有时可能无法参加所有监狱项目,而这将影响他们的释放准备,同时还可能影响他们参加提前释放或有条件释放项目的资格。身体残疾通常还会给寻找适当住所或就业的努力造成额外障碍。

2. 项目与对策

针对残疾罪犯,必须发动社区机构为残疾罪犯提供适当援助,并在其重新融入社会作准备的过程中提供协助。

有些国家有旨在解决残疾人需求的建设规范,有些国家已经颁行禁止歧视残疾人的法律。[1] 这种法律框架将对建筑物包括监狱的设计产生影响,如监狱的设计和建造不得妨碍或阻止存在暂时或终身身体残疾问题的罪犯使用有助于其改造的设施和服务。

在最低限度上,监狱警官应接受培训并对残疾罪犯的需求具备敏感性。除此之外,监狱应有针对这类罪犯的服务政策和规定。监狱工作人员可向在这类问题上经验丰富的社区组织咨询,从而获得如何为残疾罪犯改善监狱条件及如何协助其管理日常活动方面的建议和协助。特别是在资源有限的情况下,监狱工作人员可从这类组织捐赠的设备和提供的志愿者方面受益。与专业从事物理治疗和身体康复的机构建立合作伙伴关系还有利于身

[1] The Convention on the Rights of Persons with Disabilities, United Nations, Treaty Series.

体残疾罪犯再次融入社会。这种服务可提高罪犯应对其残疾问题的能力,从而使其更容易适应获释后的新工作和新环境。对于正常生活而言,他们的残疾将因此而不会成为特别严重的障碍。

二、国外病犯的重新融入社会措施研究

本部分研究的病犯包括精神病犯、艾滋病犯、药物依赖犯以及存在学习障碍和困难的罪犯。

(一)精神病犯

1. 挑战与需求

受精神障碍困扰的罪犯获释后通常会遇到一些独特的问题:他们可能会遭遇社会的孤立,且通常会在寻找适当住所和寻求就业方面遭遇意想不到的特殊困难,他们中的大多数人都有继续获得医疗和治疗服务及实际帮助(如财务管理)的必要性。而且,他们中的许多人来自贫困社区,被捕时可能已经无家可归或失业。这些因素可能会使他们成为自身及他人的一个风险因素。[1]

精神病犯通常是其他罪犯——有时甚至是监狱工作人员——施虐和侵害的对象。他们通常会因其无法控制的行为而被惩罚。精神病犯通常面临同步出现药物滥用障碍的风险。对精神病罪犯而言,如果没能成功再次融入社会或度过社区监管阶段,后果将尤其严重,因为再犯或违反判决条件可能导致其治疗中断及问题症状的再次发生。

2. 国际标准

《保护精神病患者和改善精神保健的原则》规定(第 7 条第 1 款),原则上,精神障碍的人有权尽量在其所属社区接受治疗和救助。鉴于监禁精神病人的害处特别大,刑事司法系统应尽可能将存在精神障碍的人转出刑事司法体系。

《联合国囚犯待遇最低限度标准规则》(《曼德拉规则》)之规则 109 第 1 款还规定,被诊断存在严重精神残疾的和(或)精神健康问题的人不应被关在监狱内。因此,要有转向项目和移交机制,以保证这类罪犯在专门的精神

[1] S. W. Hartwell and K. Orr, *The Massachusetts Forensic Transition Program for Mentally Ill Offenders Reentering the Community*, Psychiatric Services, Vol. 50, No. 9.

卫生设施或社区内接受充分的治疗。但是,在许多低收入国家,罪犯根本就没有或享受不到这类设施或社区资源,因此,精神病犯通常被关在监狱内,而没有得到适当救治或关注。

3. 干预项目

旨在协助精神病犯成功重返社区的干预项目的核心要素包括:(1)稳定罪犯病情,这是干预措施的优先事项;(2)提高罪犯独立生活能力;(3)维持内外监管,将其暴力行为和重新犯罪的可能性降至最低;(4)确定治疗人员与司法体系之间的联络人;(5)为罪犯日常生活提供一个规划;(6)适当使用权威;(7)管理罪犯暴力行为和冲动;(8)将治疗纳入案件管理;(9)提供治疗性生活的方法;(10)与罪犯家庭合作,确定其家人是否为可靠的社会支持来源。

由此可见,精神病犯应与其他普通罪犯群体分开,并由接受过专门培训且合格的人员监管。

精神疾病的正确诊断需要由合格的精神健康专家对罪犯进行认真细致的评估。在理想状态下,监狱系统应有自己的精神病学评估,以明确并保证实施必要的治疗和干预。但遗憾的是,监狱并非在任何时候都能提供精神健康专家的服务。在没有合格精神健康专家的情况下,监狱必须最低限度地对工作人员进行培训,以发现罪犯的心理或情绪压力表现,并识别精神疾病的征兆和症状。

对药物滥用精神病罪犯强化治疗项目进行的评估表明:(1)精神健康治疗通常能够降低精神病罪犯对非法药物的依赖性,并为其构建远离药物依赖的生活提供必要的技能;(2)减害政策,即旨在减少药物使用的害处但同时仍坚持药物戒除这一长期目标的公共卫生政策,已被证明比较严格的戒除模式更为现实和有效;(3)在要求严格戒除的情况下,处于强化监管状态下的罪犯往往比那些参加较宽松治疗项目的罪犯更容易违反释放附加条件。[1]

一旦获释,精神病罪犯面临的挑战将要求国家为其开发基于社区的继续治疗模式,这包括精神病治疗和社会服务领域(如住房、食物、残疾福利和职业培训方面的帮助等)的跨学科个案管理,以解决这一群体的风险、需求

---

〔1〕 Griffiths, Dandurand and Murdoch, The Social Reintegration of Offenders and Crime Prevention, p. 18 – 20.

和弱势等问题。此外,保证在罪犯重返社会的过程中能够接受持续药物治疗也是特别重要的一个环节。

(二)艾滋病犯

1. 挑战与需求

艾滋病和艾滋病毒是全球监狱的一大挑战。[1] 监狱中的艾滋病毒感染率通常远高于普通人群的感染率,监狱是艾滋病毒传播的高危环境。尽管如此,相关治疗在监狱中却很难得到保障,特别是在贫穷国家。毒品注射与艾滋病毒通常是关联的,因为监狱环境中一个主要的艾滋病毒传播方式就是共用感染了艾滋病毒的肮脏针头,而纹身、不安全的性行为和保健服务的缺失则造成了感染艾滋病的额外风险。许多监狱并没有足够的资金支付必要卫生服务所产生的成本,更不用说用于购买艾滋病毒抗逆转录药物的费用。即便在能够向监狱罪犯提供这种药物的国家,也经常因罪犯的释放而被中断治疗,而这可能会导致治疗的失败,同时产生严重的负面后果。

艾滋病毒感染者获释后必须能够参与社区治疗项目,以便其支持、辅导和治疗能够继续。女犯还应得到生殖健康和计划生育方面的服务。同时,出生即带有艾滋病毒的儿童在狱内狱外都应得到及时救治。这些项目不仅可帮助罪犯以安全方式重新融入社会,而且可预防在社区环境中的进一步传播。

进入慢性病或绝症晚期的罪犯,包括但不限于艾滋病人都需要专门的临终关怀。但是,在任何地方,很少有监狱能够提供这种关怀,但同情释放项目可使垂危罪犯在刑期结束之前提前获释。这种项目在世界卫生组织关于监狱艾滋病毒感染和艾滋病相关指针中也曾被推荐过。

2. 项目与对策

美国国际开发署(中亚国家)在乌兹别克斯坦成功资助了一个女子监狱艾滋病预防保护项目。这个项目提供的培训涉及监狱工作人员和罪犯双方,旨在减少艾滋病毒检测呈阳性罪犯的污名化。培训还包括抗逆转录病毒治疗、如何向艾滋病感染者提供支持及艾滋病感染者获释后如何继续健康生活等方面的信息。此外,罪犯自己也成立了艾滋病支持小组。

非洲国家斯威士兰的 Matsapha 中央监狱——斯威士兰的一个最高安全

[1] UNODC, HIV and AIDS in Places of Detention.

级别监狱——已成为该国首个面向罪犯的艾滋病辅导和检测中心的所在地。作为防止艾滋病毒扩散的方式之一,该监狱向出狱人提供安全套。

为防止艾滋病及其他传染性疾病的扩散,政府必须解决监狱过度拥挤及居住和卫生条件较差的问题,因为这两个问题都可影响疾病的传染率。其他预防策略则包括提供漂白剂、安全套和洁净针头及美沙酮等维持项目。此外,以非判断方式提高监狱工作人员和罪犯的艾滋病和艾滋病毒相关意识也非常重要,包括提供易懂、易获信息,使罪犯了解自身疾病的严重程度及防治其进一步传播的方法。监狱还应了解更多作为艾滋病毒感染者的罪犯信息,以便更加有效地评估和监测这一问题。

(三)药物依赖犯

1. 挑战与需求

从广义上看,获释后药物治疗的中断可对罪犯社会再融入前景产生非常不利的影响。监狱系统中药物依赖罪犯普遍较多,这一客观事实要求监狱机构在罪犯监禁期间和之后为其开发循证药物依赖治疗和康复项目,并以此作为监禁的替代手段。存在药物相关问题的罪犯通常在个人、健康、社会和经济等领域存在多重矫治需求。此外,在许多国家,监狱中的循证药物依赖治疗仅提供给已判刑罪犯。还押候审罪犯并非在所有情况下都能获得治疗,尽管其在被捕和拘押之前可能一直在接受这种治疗。

2. 项目与措施

事实上,对所有人都有效的唯一治疗方法并不存在。如果罪犯能够获得适合其需求且具备充分效果、强度和期限的治疗和康复服务,其药物依赖问题是可以有效解决的。因此,药物依赖罪犯应能接受或被移交以接受能够最大限度地满足其需求(包括减害需求),同时又考虑了性别、年龄、健康状况和风险行为等相关特定需求的治疗。治疗和康复服务可在减少药物滥用者面临的社会污名和歧视及支持其再次融入社会并成为健康、有益的社区成员这一过程中扮演关键角色。[1] 有效的治疗规划需要政府和非政府机构、提供商、服务使用者和社区之间的合作。

项目的完成及从监狱到社区或从社区到监狱这一过程中治疗的连续性

〔1〕《采用保健方法(而非惩罚方式)治疗毒品依赖症》,载联合国毒品和犯罪办公室官网,http://www.unodc.org/docs/treatment/Coercion_Ebook.pdf.,2020 年 12 月 8 日访问。

对于项目作用于个人药物依赖程度和精神健康的效果非常关键。治疗项目的耽误或中断可能还会对个人改变其生活方式及对药物态度的动机或再次获得治疗机会时完成项目的积极性产生消极影响。

(四)存在学习障碍和困难的罪犯

1. 挑战与需求

在整个刑事司法体系中,存在学习障碍和学习困难的罪犯遭遇歧视的问题具有人身攻击性、系统性和普遍性。[1] 学习障碍通常是隐性的,存在学习障碍的罪犯通常不愿意暴露自己的问题或不愿意向他人寻求帮助。存在学习障碍的罪犯通常会发现自己在监禁期间的处境非常困难,他们无法很好地读写这一事实,以及糟糕的口头表达和理解能力,都使他们难以在监狱中立足,且经常因此遭受嘲笑、剥削和孤立。这些罪犯经常不懂人们对他们的期望,而且无法非常有效地参与大多数项目。此外,他们向他人表达自身感受的能力有时也有限。因此,他们可能会经受高度的沮丧和焦虑。在没有协助的情况下,他们通常缺乏作出必要安排的知识或技能。尽管他们对支持的需求通常较少,但这种需求却是长期的,且可能涉及预算、缴费、生活自理和社交网络、就业申请或各种信息的查找等方面。

2. 项目与对策

当存在学习障碍的罪犯进行释放准备时,为他们制定有效的社会再融入规划是非常重要的。面向学习障碍者的有效干预和支持要以有适当的学习障碍筛查工具和程序为前提。因此,监狱工作人员应该有了解学习障碍技术的渠道,包括将罪犯移交给言语和语言治疗机构的机制。与存在学习障碍或困难者的识别问题相关的是信息流和保密的问题,即罪犯历经整个刑事司法体系并从监狱过渡至社区这一过程中的适当信息共享问题。相关机构间信息共享的指导性协议通常极其有效。存在学习障碍或困难的罪犯在释放时应被移交至专业服务机构,并在后续关怀期间继续得到支持。明确的移交程序有助于保证罪犯在获释后得到其需要的专业协助。

---

〔1〕［英］J. Talbot:《罪犯的声音:存在学习障碍和困难问题罪犯在刑事司法体系中的体验》(伦敦,监狱改革信托,2008),载 http://www.wwda.org.au/talbot1.pdf,2020 年 12 月 8 日访问。

三、我国老病残犯的特点和管理中存在的问题

(一)老病残犯的特点

研究表明,随着我国社会老龄化速度的加快,老年犯的数量也逐步呈现上升趋势。同时,监狱押犯中患有各种疾病尤其患有精神方面疾病的人数比例较大,且有上升的趋势。老病残罪犯大多受教育程度低,除了生理健康问题之外,心理健康指数也非常低。据统计,全世界大约有 900 万人被囚禁在各类监管机构中,其中至少一半有人格障碍,超过 100 万患有精神病、抑郁症等严重精神疾病。几乎所有的囚犯都出现过情绪低落或应激症状。在囚犯群体中,大约 4%(包括男性、女性)患有精神病;10%(男性)~12%(女性)患有严重抑郁症;42%(女性)~65%(男性)患有人格障碍,其中包括 21%(女性)~47%(男性)有反社会型人格障碍(Fazel 与 Danesh,2002 年)。还有"研究(Blaauw 等,1998 年)表明,89% 的囚犯有抑郁症状,74% 有与应激相关的躯体症状"[1]。我国监狱病犯数也较多且有增加的趋势,尤其是精神病犯的数量逐年增加。根据上海市统计,2011 年上海市监狱押犯中有精神病罪犯为 150 人,到 2016 年精神病罪犯数量增加至 234 人,占上海押犯的 1%。[2]

作为特殊罪犯群体,老病残犯面临着独特的社会再融入困难,因为这些特殊罪犯群体面临的挑战和需求也与普通罪犯群体不同。例如,相对于被短期监禁后释放的罪犯而言,服刑时间特别长或被判终身监禁但正被考虑有条件释放的罪犯获释后面临的挑战非常不同。获释时,他们通常已经成了老年人,因而不得不面对老龄化相关挑战及独立、自立能力严重不足的问题。由于长期监禁,他们可能已经接受并内化了监狱社会的文化、价值观和社会生活,并已失去了与家人和社区之间的联系。因此,老年罪犯和在监狱内服刑时间较长的罪犯获释后特别需要实际帮助,以应对狱外生活并重新学习各种基本生活技能。又如,存在学习障碍的罪犯则可能在参加现有项目和获取释后协助时面临额外困难。

---

〔1〕 [丹麦]拉尔斯·莫勒尔等:《监狱卫生——世界卫生组织关于监狱卫生的基础指导手册》,郑振玉、李顺平主译,山东大学出版社 2009 年版,第 114 页。

〔2〕 上海市监狱局生活卫生处、提蓝桥监狱联合课题组:《上海监狱精神病罪犯管理问题研究》,载《犯罪与改造研究》2017 年第 7 期。

(二)老病残犯管理中存在的问题

一是根据什么年龄标准来划分老年犯,这是老年犯管理中首先遇到的问题。我国目前在法律上出现了60周岁、65周岁和75周岁等多个年龄段标准。《老年人权益保障法》规定,“本法所称老年人是指六十周岁以上的公民”。也就是说“六十周岁”以上的人就是老年人。最高人民法院、最高人民检察院、公安部、司法部、国家卫生计生委印发的《暂予监外执行规定》(司发通〔2014〕112号)第7条规定:“对未成年罪犯、六十五周岁以上的罪犯、残疾人罪犯,适用前款规定可以适度从宽。”就是说65周岁以上的罪犯在办理暂予监外执行时可以从宽。《刑法》第72条规定:“对于被判处拘役、三年以下有期徒刑的犯罪分子,同时符合下列条件的,可以宣告缓刑,对其中不满十八周岁的人、怀孕的妇女和已满七十五周岁的人,应当宣告缓刑。”《刑法》的这一规定意味着,在其他缓刑条件具备的情况下,已满75周岁是老年罪犯应当适用缓刑的必要条件。应当如何看待这三个不同的年龄标准?是否科学?该如何修改完善?尤其是在刑罚执行中如何设置老年人从宽的标准?

二是狱内医疗水平有限,狱外就诊增大监管风险。老病残罪犯就医是非常频繁的。在有些情况下,狱内医院没有相关检查设施或遇到无法处理的疾病时,就需要带罪犯到社会医院就诊检查。实践中,很多监狱老病残监区罪犯的外诊次数还是比较多的。一名罪犯外诊常常需要几名干警押解,并配齐押解设备。押解干警如果外诊多了难免会有麻痹大意的思想出现,加之社会医院人多且杂,难以保证就诊检查过程中的监管,大大增加了监管风险。

三是减刑、假释、监外执行的从宽幅度难以裁量。虽然《刑事诉讼法》《最高人民法院关于办理减刑、假释案件具体应用法律的规定》《最高人民法院关于贯彻宽严相济刑事政策的若干意见》《暂予监外执行规定》等相关法律法规都有对老病残罪犯的从宽规定,给了监狱一定的自由裁量权,但是在司法实践中,对老病残罪犯减刑、假释使用率较低。原因就在于从宽或适度从宽的度难以掌握。[1]

---

〔1〕 参见耿少东:《法治视野下监狱老病残罪犯的规范化管理》,河北大学2016年硕士学位论文。

四、我国老病残犯的制度完善建议

本部分对我国需要重点研究的一些特定罪犯的行刑制度及回归社会问题进行思考,并参照国际上先进的做法提出修改完善的建议。

(一)修改完善我国老年犯行刑制度

国际实践表明,应当重视对老年犯的关注,包括相关服务不设置过高的年龄限制,充分发挥社会组织力量为老年犯重新融入社会提供服务,并基于人道主义提供临终关怀等。结合我国的现实情况,提出以下制度完善建议:

1. 修改完善老年罪犯缓刑的规定

我国《刑法》在缓刑的其他条件相同的情况,将已满75周岁规定为应当宣告缓刑的年龄条件,应当说有失之过严的嫌疑。尽管随着社会经济、医疗技术的发展,人的寿命有增长的趋势。据统计,2010年我国人均寿命是74.9周岁,2015年人均寿命是77.7周岁,其中男性74.2周岁,女性79.3周岁。与此同时,人均寿命呈现较大的地区差异性。但75周岁以上的老年活在世上的时间毕竟有限,如果能够活到90周岁也只有15年的时间,更何况2015年男性的平均寿命只有74.2周岁。老年人的社会危险随着年龄的老化还会进一步减轻,这是自然的规律。再考虑到人道精神以及对这些老年罪犯的临终关怀等因素,应当在法律上适当放宽对于老年罪犯缓刑的条件。建议在现有基本缓刑条件下,将应当宣告缓刑的年龄条件放宽到已满70周岁,对于已满75周岁的罪犯可以考虑被判刑罚提高到5年以下有期徒刑,即增加规定对于被判处拘役、5年以下有期徒刑的已满75周岁的犯罪分子,同时符合缓刑其他条件的,应当宣告缓刑。

2. 修改完善老年犯假释的规定

我国《刑法》中没有关于老年犯假释从宽的规定。《最高人民法院关于办理减刑、假释案件具体应用法律的规定》(法释〔2016〕23号)第26条规定:“对下列罪犯适用假释时可以依法从宽掌握:……(四)基本丧失劳动能力、生活难以自理,假释后生活确有着落的老年罪犯……”这里只规定了基本丧失劳动能力、生活难以自理的老年罪犯假释时可以依法从宽。这就意味着如果生活能够自理,不管年龄多大在假释时也不能从宽。这其实没有体现出对老年人假释从宽的精神。建议增加“已满七十周岁,同时符合假释的其他法定条件,假释后生活确实有着落的老年罪犯,应当依法假释"的规定。

3. 修改完善老年犯处遇规定

监狱对于老年犯的监管、教育改造应当有适合老年人特点的特殊制度,不能与年轻的成年罪犯一样对待。因此,应当从以下方面逐步建立与完善:在劳动方面,老年犯尤其是70周岁以上的老年犯应当建立自愿参加劳动的制度,不适用"凡有劳动能力一律参加劳动"的规定,即使老年罪犯愿意参加劳动也只能安排轻松的劳动项目,如打扫卫生、管理花草等。在会见方面,应当规定老年罪犯特别会见制度,如面对面会见、亲情会见、亲情会餐等。在社会保障方面,应当为老年罪犯建立养老保险制度,当然其他罪犯也应当有养老保险,但老年罪犯尤为迫切。如果没有养老保险,老年犯释放以后就出现一系列的社会问题,尤其是对那些"三无"老年犯释放人员,其生活可能就会没有任何保障。他们不可能像年轻罪犯一样去找工作、就业,自食其力。最后,借鉴国际的成熟实践,通过政府组织或者非政府组织,充分发挥社会力量为老年犯提供关怀和改造,帮助老年犯重新融入社会。

(二)修改完善身体残疾犯行刑制度

1. 修改完善身体残疾犯暂予监外执行制度

《刑事诉讼法》第265条规定,对被判处有期徒刑或者拘役的罪犯,有生活不能自理情形的,适用暂予监外执行不致危害社会,可以暂予监外执行。《暂予监外执行规定》第7条规定:对属于生活不能自理的累犯以及故意杀人、强奸、抢劫、绑架、放火、爆炸、投放危险物质或者有组织的暴力性犯罪的罪犯,原被判处死刑缓期二年执行或者无期徒刑的,应当在减为有期徒刑后执行有期徒刑7年以上方可适用暂予监外执行;原被判处10年以上有期徒刑的,应当执行原判刑期三分之一以上方可适用暂予监外执行。残疾人罪犯,适用前款规定可以适度从宽。这些规定其实不尽合理,如果一个的生活都不能自理了,其社会危害性很小或者可以说几乎没有。对于这些人还非要要求在监狱服刑7年以上或者执行原判刑期三分之一以上方可适用暂予监外执行。一方面没有这个必要,另一方面也不能体现人道主义精神。更何况随着我国社区矫正制度的建立和完善,这些人在暂予监外执行期间仍然会受到社区矫正机构的监管。因此,建议取消这些限定性的规定,对于生活不能自理的残疾罪犯,适用暂予监外执行不致危害社会,应当适用暂予监外执行。

2. 修改完善身体残疾罪犯的假释制度

《最高人民法院关于办理刑、假释案件具体应用法律的规定》(法释〔2016〕23 号)第 26 条规定,对基本丧失劳动能力、生活难以自理,假释后生活确有着落的身体残疾罪犯适用假释时可以依法从宽掌握。怎么从宽没有具体规定。建议修改如下:将现行的“累犯以及故意杀人、强奸、抢劫、绑架、放火、爆炸、投放危险物质或者有组织的暴力性犯罪被判处十年以上有期徒刑、无期徒刑的罪犯,不得假释”的规定,补充增加“基本丧失劳动能力、生活难以自理,假释后生活确有着落的身体残疾罪犯除外”的规定。将刑法中“被判处有期徒刑的犯罪分子,执行原判刑期二分之一以上,被判处无期徒刑的犯罪分子,实际执行十三年以上,如果认真遵守监规,接受教育改造,确有悔改表现,没有再犯罪的危险的,可以假释”的规定,修改为:对于基本丧失劳动能力、生活难以自理的被判处有期徒刑的身体残疾的犯罪分子,执行原判刑期三分之一以上,被判处无期徒刑身体残疾的犯罪分子,实际执行七年以上,如果认真遵守监规,接受教育改造,确有悔改表现,没有再犯罪的危险的,可以假释。

(三)修改完善病犯行刑制度

如何对待有疾病尤其是有严重疾病的罪犯,成为衡量一国刑罚执行制度先进性的尺度之一。给患有严重疾病的罪犯以人道待遇,是一国行刑文明进步的标志。因此,各国都采用相应的措施来应对有疾病的罪犯。总的措施是,尽量减少羁押、尽量采用监禁的替代措施,给这些罪犯提供治疗的条件和便利。我国也有针对这些人的相应的特殊的制度和措施,体现了行刑的人道主义精神。当然,随着经济社会的发展,我国的关于病犯的行刑制度及措施需要进一步修改与完善。

1. 修改完善保外就医制度

我国《刑事诉讼法》第 265 条规定:对被判处有期徒刑或者拘役的罪犯,有严重疾病需要保外就医的,可以暂予监外执行。对适用保外就医可能有社会危险性的罪犯,或者自伤自残的罪犯,不得保外就医。《暂予监外执行规定》第 7 条规定:对需要保外就医……的累犯以及故意杀人、强奸、抢劫、绑架、放火、爆炸、投放危险物质或者有组织的暴力性犯罪的罪犯,原被判处死刑缓期二年执行或者无期徒刑的,应当在减为有期徒刑后执行有期徒刑 7 年以上方可适用暂予监外执行;原被判处 10 年以上有期徒刑的,应当执行原判刑期三分之一以上方可适用暂予监外执行。这就意味着被判处无期徒刑、死刑缓期二年执行的罪犯,不管患了多么严重的疾病,即使有生命危险也不能保外就医。这里涉及对待有严重疾病的罪犯的价值取向的问题,当罪犯的生命、健康受到严重威胁的时候,我们是优先考虑社会安全、优先考虑公正还是优先考虑人道的问题。保外就医制度的本质是基于人道精神,是基于罪犯的生命健康优先的精神。如果我们对所犯罪行严重的罪犯(其实这些罪犯不一定就有很大的人身危险性)排除在保外就医之外,这对人道主义的实施就会大打折扣。特别是对原被判处死刑缓期二年执行或者无期徒刑的,应当在减为有期徒刑后执行有期徒刑 7 年以上方可适用保外就医;如果监狱对他们的严重疾病无力及时抢救、医治的情况下,岂不是会出现严重的生命健康问题。因此,建议取消这些限制性规定,对于原被判处死刑缓期二年执行或者无期徒刑的罪犯,确实有严重疾病,有生命危险的,也可以保外就医,不受原判刑罚及实际这些年限的限制。只要有完善的疾病诊断标准、程序,严格依法审批办理就应当可以适用保外就医。

2. 修改完善病犯的假释制度

对于患有严重疾病尤其是基本丧失劳动能力、生活难以自理的患严重疾病罪犯的假释应当从宽。我国现行的有关法律没有对这一情况作出特别规定,只是规定“对基本丧失劳动能力、生活难以自理,假释后生活确有着落的患严重疾病罪犯适用假释时可以依法从宽掌握”。法律规定:对累犯以及因故意杀人、强奸、抢劫、绑架、放火、爆炸、投放危险物质或者有组织的暴力性犯罪被判处 10 年以上有期徒刑、无期徒刑的罪犯,不得假释。因犯罪后被判处死刑缓期执行的罪犯,被减为无期徒刑、有期徒刑后也不得假释。也就是说,这些罪犯不管患多严重的疾病均不得假释。此外,患有严重疾病的罪犯假释的其他条件与一般罪犯相同。现行的这些规定的合理性同样值得商榷。建议作出适当的修改:对基本丧失劳动能力、生活难以自理,假释后生活确有着落的患严重疾病罪犯的假释不应受原所犯罪行、所判刑罚的限制。经过严格程序和严格诊断也可以适用假释。同时,适当降低这些罪犯的实际执行年限的规定。可以考虑修改为:被判处有期徒刑的犯罪分子,执行原判刑期三分之一以上,被判处无期徒刑的犯罪分子,实际执行 10 年以上,如果认真遵守监规,接受教育改造,确有悔改表现,没有再犯罪的危险的,应当假释。

3. 修改完善病犯的监管制度

有严重疾病的罪犯如果既不能通过保外就医也不能假释出去，仍然要在监狱中服刑，那么对于这些罪犯的监督管理就应当有别于其他罪犯，应当以治病及维护安全为主要内容。尤其是对于有精神疾病的罪犯，通常的监管及教育改造方法达不到相应的效果。为此，设置相应的监狱医院就显得尤为重要。我国多数省（自治区、直辖市）都设置了相应的病犯监狱，如北京市的延庆监狱、上海市的南汇监狱等。但这些病犯监狱仍然是监狱的建制，仍然是按照监狱的模式进行管理和运作的，缺少医院的建制和运作机制。北京市延庆监狱是北京市专门关押病犯的监狱，其共关押了200名精神病罪犯，但仅有4名精神科医生，仅有一些简单的设备药品。[1] 有的地方的监狱即使关押了精神病也没有相应的专科医生。由不具备相应医学专业能力的民警来监管教育，其结果是可想而知的。因此，对于严重疾病的罪犯，主要是治疗，应当设置相应的病犯医院而不是病犯监狱。主要应当按照医院的运作方式进行管理，而不是按照监狱的模式进行管理。工作人员主要是配置医生和护士，而不是监狱干警。当然，监狱罪犯所患病的种类也很多，监狱管理机关也不可能设置种类齐全的病犯医院，经费也难以承受。因此，最好的解决之道就是通过保外就医或者假释让这些罪犯回到社会上去治疗，通过社区矫正等方式对他们进行监管与矫正。

---

〔1〕 陈立平、高海平、曹广建、张颖：《监狱精神病犯的监管与矫治状况——以北京市延庆监狱为研究对象》，载《河北司法警官学院学报》2015年第9期。

国外女犯的重新融入社会措施研究及其思考

葛向伟*

女犯的身心特点以及她们在家庭中所承担的重要的、不可替代的角色，均要求对女性犯罪问题给予较多的关注，要求对女犯尤其是对作为未成年子女母亲角色的女犯建立特殊的法律制度，尽可能根据女犯的身心特点，给予情感、心理和精神上的关怀，减少她们因刑罚处罚产生不必要的痛苦和伤害，并尽量减少由于女性犯罪而给其家庭以及未成年子女带来不必要的伤害，这已经成了国际社会的共识。联合国及多数国家都采取了积极的行动，促进女犯顺利回归社会、回归家庭并保护她们未成年子女的利益。本文通过介绍国外相关实践，为我国研究制定和实施女犯重新融入社会制度提供参考。

一、国际标准

2010年12月21日，联合国大会第六十五届会议第71次全体会议通过了《联合国关于女性囚犯待遇和女性罪犯非拘禁措施的规则》（以下简称《曼谷规则》）。《曼谷

---

* 葛向伟：司法部预防犯罪研究所副研究员。

规则》[1]是女犯待遇相关国际规范和标准的一个重大里程碑。《曼谷规则》承认了女犯的特定状况和需求,并将这些需求放在了与男犯需求同等重要的位置。在此之前,尽管有些国际规范和标准可平等适用于男性和女性罪犯,但它们并没有在所有情况下都考虑女性的特定状况和需求,而《曼谷规则》就这一问题提供了具体指导。

(一)《曼谷规则》出台的背景

1955年通过的《联合国囚犯待遇最低限度标准规则》并未对女犯的特殊需要予以足够关注。随着全世界女性囚犯人数的增加,需要进一步阐明在女性囚犯待遇方面应予考虑的事项。联合国大会曾经根据2003年12月22日第58/183号决议,请各国政府、相关国际机构和区域机构、国家人权机构和非政府组织加倍注意女性囚犯包括女性囚犯的子女问题,以查明关键问题和解决问题的方法。大会考虑到《联合国非拘禁措施最低限度标准规则》(《东京规则》)中规定的替代监禁措施,并考虑到触及刑事司法制度的女性的性别特殊性以及女性囚犯是具有特殊需要和要求的脆弱群体之一,意识到世界各地现有的许多监狱设施主要是为男性囚犯设计,而过去这些年来女性囚犯的人数有了显著增加,一些女性罪犯并不对社会构成危险,如果与其他所有罪犯一样,对她们实行监禁可能会使他们更加难以重新融入社会。在此基础上,联合国预防犯罪和刑事司法委员会请联合国毒品和犯罪问题办公室于2009年在泰国曼谷召开了一次不限成员名额政府间专家组会议,按照《联合国囚犯待遇最低限度标准规则》和《联合国非拘禁措施最低限度标准规则》,制定了针对在押拘禁和非拘禁环境中女犯待遇的补充规则,即最终出台的《曼谷规则》。

(二)《曼谷规则》的内容框架

《曼谷规则》分为四个部分。第一部分是普遍适用规则,涉及相关机构的一般管理,适用于被剥夺自由的所有各类妇女;第二部分是适用特殊类别的规则,包括被判刑囚犯规则和被拘捕或候审囚犯规则;第三部分是非拘禁措施,包括对女性和少年女性罪犯适用非拘禁措施的规则,涉及刑事司法程序中拘捕、审前、判决和判决后这些阶段的规则;第四部分是关于研究、规

---

〔1〕 联合国大会第65/229号决议附件。

划、评价、提高公众认识和交流信息的规则。

《曼谷规则》的全部内容都与女犯的社会再融入相关。关于女犯待遇的所有措施都对女犯与其家庭成员建立更为紧密的关系,包括允许女犯与其子女保持密切关系非常重要。例如,在“与外界的接触”这一条目下,规则26~28旨在便利家庭成员对女犯的探视,允许配偶探视,并为探视提供适当环境。规则45鼓励监狱机构“在最大限度上对女犯适用探亲假、开放式监狱、中途之家和社区项目等措施,以降低其从监狱生活过渡到自由环境的难度,削弱其耻辱感并帮助其尽快与家人重新建立联系”。这种接触可减轻女犯的孤立感、孤独感和无助感,从而增强其外部联系感及其与子女和家庭成员之间的亲近感。《曼谷规则》中有许多明确涉及带着孩子服刑的女犯及如何解决随母留监儿童需求的相关规定。例如,规则49强调,“随母留监儿童任何时候都不得被当做罪犯。”此外,《曼谷规则》还呼吁在必要时为获释女犯提供额外的心理、医疗、法律和实际支持。

除了女犯待遇方面的内容,规则60认为,应为女犯开发监禁替代措施,并为其配置适当资源:“以便将非拘禁措施与干预措施相结合,解决导致妇女触犯刑事司法制度的最常见问题。这些安排可包括对家庭暴力和性虐待受害人的治疗和咨询服务,为精神残疾者提供的适当治疗,旨在改善就业前景的教育和培训项目等。这些项目应考虑女犯照顾孩子的需要及为其提供女性特定服务的需要。”

最后,提前释放项目同样应适用于女犯,而有条件提前释放(假释)相关决策则必须“积极考虑女犯的照看责任及其在社会再融入方面的特殊需求”(规则63)。

(三)《曼谷规则》的适用

《曼谷规则》在整体上有助于改善女性囚犯及其子女和社区的境况,各会员国应当为推动其实施做出努力,克服规则适用中的实际困难。《曼谷规则》并非要取代《联合国囚犯待遇最低限度标准规则》和《联合国非拘禁措施最低限度标准规则》,上述两套规则的所有规定继续无歧视地适用于所有囚犯和罪犯。

二、国际实践之一:性别敏感性项目

(一)背景

性别敏感性项目是根据性别敏感性管理方法开展的女犯矫正项目。由于女犯与男犯的需求大不相同,这些不同的需求必须反映在女子监狱管理的理念和实践中,做出对管理方式、评估、分类、项目、女犯保健及狱内抚养孩子等妇女待遇的改变。为确保女犯不受歧视并保障女犯需求,世界各国的刑事改革专家已经强调了对女犯需要使用性别敏感的监狱管理方法的必要性。早在1993年至1994年间,美国就此作了一个全国性的普查,结果表明用不同方式管理女犯人的必要性。2006年尼日利亚的一个非政府组织提出了建立一个性别敏感的刑事制度和对执法官员进行性别敏感培训的建议。之后,俄罗斯、印度等国的研究也强调,在女子监狱的管理中,需要性别敏感性方法并且需要紧急重新考虑建立没有男犯的女子监狱。女犯的性别敏感性管理方法要求承认妇女的不同需要并提供各种项目和服务满足这些需要。

性别敏感性社会再融入项目领域的研究,包括如何应对女性犯罪犯因性需求和风险因素方面的信息,基本上是空白。因此,能够为女犯提供各种项目或以性别敏感方式提供这类项目的国家在实践中相对较少。尽管近年来人们已经开发了一些性别敏感性风险和需求评估工具,[1]但是,为应对性别相关风险、需求和响应等因素,我们还有很多工作要做。除风险、需求和响应方面的差异外,女犯通常在情感和家庭关系方面也与男犯存在差异。女性与他人之间的关系通常与女性犯罪存在重大关联。因为女犯往往更容易因其与他人之间的联系而作出行为改变。她们的自信心和自我价值感通常更容易且更直接受其所维持关系的影响。

在项目实施中,人们发现,女性往往会对那些同时将重返社会各方面内

〔1〕 P. Van Voorhis and others, *Women's Risk Factors and Their Contributions to Existing Risk/Needs Assessment: The Current Status of a Gender-responsive Supplement*,载 http://www.uc.edu/womenoffenders and http://www.nicic.gov/womenoffenders.

容都纳入考量的“环绕式”服务作出更好地响应。[1] 环绕式服务模式通常合并使用各种干预措施,以应对罪犯同时面临的各种挑战。这些服务是相互联系、协调并作为服务包提供的,而不是相互脱节的一系列干预。这种模式需要人们清晰地理解女犯作为看护人、女儿、母亲和妻子或伴侣的不同角色,因为在与社会网络及其中关系隔绝的状态下,她们是不可能获得有效协助的。

性别敏感性社会再融入项目必须将女犯的生活、她们所关心的东西和社会对她们的要求等现实纳入考量。女性犯罪的终止似乎还跟广义上的所谓关系承诺和对他人责任的承担(如家庭背景下的责任)有关,因为许多女犯都将孩子丢给了丈夫、伴侣或亲属照顾,因而一直为孩子的幸福而焦虑不安。因此,支持作为母亲的罪犯与其孩子和家庭之间的交流是一种简单、实用的帮助,目的是帮助她们应对这种焦虑并缓解这种痛苦的项目对于她们的改造非常重要。

(二)项目内容

1. 与外界的接触

促进罪犯与外界之间的接触是旨在削弱监禁的有害影响并协助罪犯社会再融入策略的重要组成部分。人们发现,家庭接纳感是与出狱人成功就业、戒毒并对未来表示乐观等积极现象联系最为紧密的一个因素。[2] 有力的家庭联系和伴侣支持一直都是罪犯成功融入社会的关键要素,而有家人或朋友探视的罪犯重新犯罪的可能性也比那些没有人探视的罪犯要低。[3] 相对于男犯,女犯承担看护和子女抚养责任的可能性要更大,而这正是与家人和孩子分开及监禁造成的隔离对女犯危害尤其大的原因所在。[4] 因此,保证狱中女性有接受家庭成员探视的设施(包括可与孩子共度有意义时光

---

〔1〕 S. S. Vovington, *A woman's Journey Home: Challenges for Female Offenders and Their Children*, Paper Presented to the National Policy Conference from Prison to Home: The Effect of Incarceration and Reentry on Children, Families, and Communities, Washington, D. C., 30 – 31 January 2002.

〔2〕 S. Spjeldnes and S. Goodkind, *Gender Differences and Offender Reentry: A Review of the Literature*, *Journal of Offender Rehabilitation*, Vol. 48, No. 4 (2009), p. 314 – 335.

〔3〕 L. Bartels and A. Gaffney, *Good Practice in Women's Prisons: A Literature Review* (Canberra, Australian Institute of Criminology, 2011).

〔4〕 *Handbook for Prison Manager and Policymakers on Women and Imprisonment*, United Nations publication, Sales No. E. 08. IV. 4.

的场所)非常重要。

使罪犯探视成为优先事项并将其转化为督促罪犯为获释作好准备的机遇并不需要很多资源,通常只是一个重新调整工作人员工作时间和罪犯活动安排、建立适当安保措施并落实信息管理程序以追踪探视人及其联系信息的问题。但是,任何时候,监狱机构都应在探视之前征求女犯自己的意见,并赋予其拒绝接见某些探视人的权利。但遗憾的是,一些监狱机构采取了限制探视的做法,因为探视会给行政和安全管理带来不便,同时也会给监狱工作人员造成额外工作负担。

值得注意的是,由于女子监狱的数量有限,女犯通常被关押在离家较远的地方,女犯接受探视的机会可能会更少。因此,如果探视人要长途旅行才能到达监狱,应允许其适当延长探视时间——这被视为一种良好的实践。此外,会见子女时,应允许女犯与子女有身体接触,并应保证这种探视在适当环境下进行。允许女犯使用电话并增加女犯与其家庭成员之间的电话联系次数也是可取的,特别是在后者离监狱较远或无法前往探视的情况下。另外,监狱机构可与社区机构和组织合作,帮助女犯维持与家庭成员之间的联系。

2. 对有受害史女犯的干预

尽管女性在性和精神方面的受害现象在监狱内外都存在,但监狱或社区内的相关干预却通常处于缺失状态。在较富裕的国家,女性可接受强奸危机辅导人员的辅导,在接受医学治疗或咨询后还可接受精神健康评估,而且还可享受保护性监护或安全措施以及自我防御方面的培训。但在其他许多国家,这种干预则非常稀缺,女性通常不得不自己独自面对精神和情感方面的创伤。

在上述情况下,开发和提供监狱和社区环境下的性别敏感和创伤知情型精神健康护理和药物滥用项目应视为一项工作重点。如果有受过适当训练的辅导人员,在监狱内甚至在罪犯获释后为其举行集体或个别辅导活动、以了解其感受并协助其制作未来生活规划是可行的。很多时候,将自己的想法和感受讲出来的能力可以为存在受害史的女性就未来作好准备并为其战胜创伤提供额外力量。

3. 对有孩子女犯的干预

监禁给作为母亲的女犯造成了特殊挑战,特别是当其在监禁期间无法维持自己与子女关系的情况下。除其他挑战(如找工作和住所及贫困)外,女性获释后必须重新扮演母亲的角色。尽管家庭支持是其获释后最终重返家庭生活的一个重要因素,但监禁——哪怕是短期的监禁仍会导致家庭结构的变迁,从而提升离婚或分居的风险。

此外,监禁期间与子女分开可能对母亲和子女双方都产生非常有破坏力的后果。监禁加剧了子女可能面临的各种困难,却将作为母亲的女犯置于爱莫能助的境地。由于监禁,母亲相对于子女的权威地位可能会受到损害。因此,协助子女探视很明显是支持女犯维系其家庭纽带并为其未来家庭团聚做好准备的一项重大措施。但是,母亲罪犯的支持体系通常还需要其他干预措施。案件管理方法可能是对众多干预进行结构化处理,从而以性别敏感的全面方法解决女性多重需求的一种有效方式。

被监禁妇女的子女通常是一个被忽视的弱势群体。[1] 在许多情况下,他们都存在食物短缺、缺乏社会互动及无法享受教育和健康服务的问题。此外,他们还会因通过母亲与监狱系统发生联系而产生耻辱感。因抚养需求而与母亲在监狱内生活的儿童的平均年龄因国家的不同而不同。许多国家都规定了一个必须将这类儿童送出监狱并将其安置在罪犯家庭、朋友家庭或寄养家庭的最大年龄。

存在药物滥用问题且作为母亲的女犯在履行其哺乳职责及重返家庭方面将面临更大的困难。但是,有证据表明,希望获释后能与自己年幼孩子一起生活的女犯参加矫治项目的可能性更高。美国的一些监狱哺乳项目允许被监禁妇女在全部或部分刑期内与其婴儿生活在一起并照顾他们,从而允许其在有利环境中与婴儿进行亲密接触。美国内布拉斯加州妇女矫正中心的研究表明,参加哺乳项目后,女犯的再犯率确实降低了。[2]

(三)国家实践

2007 年,俄罗斯联邦政府为那些从监狱获释及被判处非拘禁措施的女犯成立了一个女子社会改造中心,被称为“俄联邦中途之家北极光中心”(Aurora Centre)。该中心为女犯提供法律咨询、心理辅导和训练、就业协助

---

〔1〕 See O. Robertson, *Collateral Convicts: Children of Incarcerated Parents—Recommendations and Good Practice from the UN Committee on the Rights of the Child Day of General Discussion* 2011, Human Rights and Refugees Publications(Geneva, Quaker United Nations Office, 2012).

〔2〕 L. S. Goshin and M. W. Byrne, *Converging Streams of Opportunity for Prison Nursery Programs in the United States*, Journal of Offender Rehabilitation, Vol. 48, No. 4(2009), p. 271 – 295.

及计算机能力培训等服务。

印度开展运营了妇女矫正之家。近年来，印度政府决定大幅增加妇女矫正之家的数量。这些妇女之家由该国妇女儿童部和社会福利部联合主办，专门安置怀孕女犯和有孩子的女犯，此外，还负责监管这些孩子的教育、疫苗接种和特殊营养项目。

欧洲委员会议会大会针对作为母亲的罪犯和随母留监幼儿的第1469（2000）号建议中，提出了以下建议：（1）为幼儿母亲开发和使用基于社区的刑罚，避免使用监狱拘禁刑；（2）针对作为母亲的罪犯及其幼儿开发刑事司法专业人员教育项目；（3）就确实需要这种监禁且作为母亲的少数女犯开发小规模封闭或半封闭监区，并提供社会服务支持——在这种环境下，儿童护理可在友好环境下进行，而在保证公共安全的同时，儿童最大利益应高于一切；（4）保证父亲拥有更灵活的探视权，以便孩子能够与双亲都相处一些时间；（5）保证监狱工作人员在儿童护理方面接受适当的培训；（6）为法院制定适当指导原则，以便其仅在罪行严重、涉及暴力且涉案妇女具有持续危险性的情况下判处怀孕妇女和哺乳期母亲以监禁刑。

肯尼亚实施了工具包项目。肯尼亚监狱服务署认识到了为每位作为母亲的女犯提供工具包的重要性。这种的工具包包含以下内容：各类婴儿服装、两块婴儿毛毯、两块小床单、一块中等大小的毛巾、两个尿布套、一打尿布、一块放在床单下保证床不被弄脏的塑料、一瓶凡士林（用于治疗疹子）、一个奶瓶、一个勺子和一个盘子。在婴儿两岁或三岁之前，女犯可亲自照顾他们，而且可带着孩子与其他罪犯住在同一牢房。此外，女狱警还接受了专门培训，以提高其对被监禁母亲需求的敏感性。

三、国际实践之二：女犯的释放规划与释后支持项目

（一）背景

释放规划和准备对所有罪犯都很重要。但是，就女犯而言，她们面临的挑战可能非常不同。监禁带来的社会污名在女性身上可能会更加明显，而由于她们给家庭和社区带来的耻辱，她们的家庭可能不会重新接纳她们。如果是因为通奸或其他有违道德的犯罪而入狱的，女性通常会直接被社会所抛弃，甚至获释后还会遭受身体虐待。此外，相对于男犯而言，女犯能够获取的资源往往更少，因为在许多情况下，她们在经济上是依附于其丈夫和

家庭的。在一些国家,财产权可能并不存在或保护欠佳。在重返社区时,女犯的经济依赖性会增加其脆弱性。

(二)项目内容

释放规划和准备应尽早进行,以便计划能够顺利完成并得到罪犯家属或社区组织的确认。如女犯担心自己的安全,则其计划应予保密,且需采取措施保证女犯释放计划相关信息不被可能对罪犯造成威胁的人所知晓。

鉴于其家庭状况、父母身份和抚养责任,监禁一段时间后重返社区的妇女有五个领域的广泛需求:儿童护理和抚养技能开发;保健、辅导和药物滥用治疗项目;住房和交通协助;教育、就业和工作培训服务;社会支持等。[1]相应地,释后支持必须同时应对女犯的多种挑战,包括保护需求和情感及心理支持。最重要的是,女犯要有机会接触那些能够倾听、鼓励并支持她们的监管者或服务提供者。[2]

一些妇女在寻找家庭或孩子下落并重新与她们建立联系方面可能需要帮助。因此,幼托服务及抚养协助对女犯从监狱过渡至外部这一过程非常有帮助。在监狱中,罪犯的日常生活都是由监狱安排和规划的,而在社会上,她们必须自己安排自己的生活。因此,学习或重新学习如何合理规划自己的生活不仅需要时间,而且需要帮助。如果女犯觉得自己有能力照顾好自己的孩子,那么她重返社会的信心可能会更大。如果连孩子都照顾不好,孩子就可能不愿意回到她的身边。与此同时,如果想找份工作,她也有寻找某类幼托服务的需求。在低收入国家,幼托服务可能无法获取,但家庭支持网络有时可在作为母亲的女犯外出工作时替其照顾孩子。

在寻找适当住所和工作方面,许多获释女犯还需要特殊协助。由于监禁带来的污名及对妇女声誉造成的损害,社会支持对低收入国家女犯成功重返社会至关重要。社区领导可在冲突解决、调解和分歧调和及鼓励社区成员接纳获释妇女方面发挥重要作用。此外,为防止贫穷女犯再次犯罪,增加低成本住房、食物和工作的供应——包括慈善渠道提供的——也非常重要。因此,诸如中途之家和过渡住所之类措施的使用有助于缓和从监狱到

---

〔1〕 J. R. Scroggins and S. Malley, *Reentry and the (unmet) Needs of Women*, Journal of Offender Rehabilitation, Vol. 49, No. 2(2010), p. 146 – 163.

〔2〕 J. E. Cobbina, *Reiteraration Success and Failure: Factors Impacting Reintegration Among Incarcerated and Formerly Incarcerated Women*, Journal of Offender Rehabilitation, Vol. 49, No. 2(2010), p. 210 – 232.

社区这一过渡过程,并为他们提供尽早与家庭重新建立联系的机会。

女犯应当获得职业培训和重返劳动市场方面的协助。大多数女犯的受教育程度都有限,而符合市场需求的技能也很少。但获释后,她们通常会成为自己和孩子的唯一收入来源。尽管教育和职业项目一直且持续是监狱改造项目的支柱,但女犯在狱中接受的培训经常因人们对女性适当角色和职业的偏见而受到了限制。

辅导项目是一种越来越受欢迎的女犯干预形式;对那些犯罪历史较短、罪行较轻且不存在非常严重问题(精神疾病、药物滥用或酒精依赖)的女犯而言,这很可能是一种最为有效的干预措施。[1] 但是,在支持女犯重新融入社会方面,有助于缓和社会再融入这一过程的社区过渡设施的供应要重要得多。对于这种过渡设施的开发和管理,目前有多种模式可供选择。

(三)国家实践

加拿大政府开展了妇女过渡住所项目。加拿大伊丽莎白·弗莱学会在全国范围内经营众多妇女过渡住所。此外,该学会还在获取长期经济住房方面为妇女提供帮助。住户可在支持性结构化环境中为其目标和社会再融入而努力。项目还提供个人和集体辅导、生活技能培训、实用帮助及资源。

阿富汗也开展了妇女过渡住所项目。在喀布尔和马扎里沙里夫,联合国毒品和犯罪问题办公室与阿富汗政府和非政府组织"为阿富汗妇女服务的妇女组织"(Women for Afghan Women)一起支持了两个服务于获释妇女的过渡住所。这些过渡住所为获释女犯提供读写和算术方面的教育、生活技能课程、职业培训、基本卫生保健、家庭辅导和调解等服务。必要时,还会提供家庭团聚服务。项目会为获释女犯提供至少6个月的后续协助,以促进其重新融入社区。

也门建立了妇女社会关爱之家。在德国政府的资助下,也门人权部在首都亚丁创建了一个面向妇女的社会关爱之家,以协助从监狱获释的妇女尽快重新融入社会。该项目的合作伙伴包括阿拉伯妇女和青少年支持基金会和曼苏拉监狱。这个社会关爱之家旨在帮助狱中及获释女犯自食其力,而不是依赖其家庭。在也门,许多获释妇女无法重返其家庭,因为她们犯的

---

[1] See M. Brown and S. Ross, *Mentoring, Social Capital and Desistance: A Study of Women Released from Prison*, Australian and New Zealand Journal of Criminology, Vol. 43, No. 1(2010), p. 31 – 50.

是“道德罪”,回去后可能遭遇暴力和虐待。此外,社会关爱之家还会安置暴力犯罪的女性受害人,并为其提供受教育机会、职业培训和读写课程。在这里,妇女可寻求义工、医生、心理学家和志愿者的帮助,而这些人也会尽力提供她们需要的东西,女律师还会为这些妇女提供法律援助,助其应对法律体系,所有住宿者都学习了读写课程并获得了手工技能。有一项技能课程的毕业生甚至还在亚丁美术学院继续深造,而其他妇女也都找到了工作并获得了经济独立。

四、思考与建议

女性罪犯的生理、心理的特性以及她们在家庭、抚养、教育子女方面所承担的重要的、不可替代的角色,均要求对女性犯罪问题给予较多的关注,要求对女犯尤其是对有未成年子女的女犯建立特殊的法律制度,以便尽量减少由于女性犯罪而给其家庭以及未成年子女带来不必要的伤害,尽可能地使她们的子女得到母爱,并尽可能避免母亲与子女的分离,造成精神上、情感上的伤害;尽可能根据女犯的心理特点,给予情感、心理和精神上的关怀,减少她们因刑罚处罚产生不必要的痛苦和伤害。这已经成为国际社会的共识,联合国及多数国家都采取了积极的行动,以便她们能够顺利回归社会、回归家庭以及保护她们未成年子女的利益。例如,尽可能地采用监禁的替代措施,开发旨在应对女性特定需求和处境的干预与服务的性别特定的社会再融入项目以及女犯释放规划与释后支持项目等。我国在处理女性犯罪问题方面,也有针对性的措施和制度,形成了较为有效的管理、教育矫正措施和方法,并取得了一定的成效。不过,随着社会经济的发展,随着刑事政策及刑罚制度、刑罚执行制度的改革及国际化发展的趋势,我国女犯的行刑制度也有进一步完善的空间。

(一)完善女犯的非监禁刑制度

尽可能地采用非监禁措施,是刑罚执行的国际化趋势。联合国大会通过的《曼谷规则》强调,许多女犯并不会给社会带来风险,应当为女犯开发监禁的替代措施。我国在这方面重点应当完善女犯的缓刑和假释制度。

1. 修改完善女犯缓刑制度

我国《刑法》第72条规定,对于被判处拘役、3年以下有期徒刑的犯罪分子,同时符合条件的,可以宣告缓刑,对其中怀孕的妇女应当宣告缓刑。这一规定仅仅是对怀孕的妇女应当宣告缓刑显然是不够的,还应当增加“对有八周岁以下子女的妇女应当宣告缓刑”的规定。其理由是,对于有8周岁以下子女的女犯如果符合缓刑的条件不对其适用缓刑,而是适用监禁刑,不管是对于女犯自身还是对于其未成年子女都是不利的。因此,对于正在抚养8周岁以下子女的被告应当采用能够适用缓刑就应当宣缓刑的法律制度。这对于女犯自身的回归社会、承担抚养的责任以及未成年子女的健康成长均有非常积极的意义。

之所以增加这一规定,是基于以下方面的考虑:其一,8周岁以下是人生最重要的阶段,其主要的心理、性格特征基本上是在这时期形成的。中国一句古话叫做“三岁看大,八岁看老(有的说是七岁)”,说明七八岁之前的生活环境、状态对人的一生极为重要。心理学的研究表明,人长大以后出现的各种问题都可以从七八岁之前的经历中找到原因。如果在这阶段缺乏家庭的温暖特别是离开父母,缺少母爱,就会深深伤害孩子幼小的心灵,使孩子缺乏安全感,造成心理或者人格上的缺陷、不健全。因此,这一阶段的孩子能够与父母尤其是与母亲生活在一起,是培养身心健康下一代的关键。作为孩子的母亲,即使犯了罪应受刑罚处罚,但应当优先考虑使用非监禁刑罚的方法。其二,我国《民法典》将8周岁规定为无民事行为能力人和限制民事行为能力人的年龄界限,不满8周岁的未成年人为无民事行为能力人,8周岁以上16周岁以下为限制民事行为能力人。因此,建议增加对有8周岁以下子女的妇女,如果符合缓刑的条件,应当宣告缓刑的规定。

2. 修改完善女犯假释制度

我国监狱行刑过程中,一般是大量使用减刑。减刑的比例一般能够达到在押犯的30%～40%左右,而假释的比例一般占监狱押犯总数的2%左右,其实这种做法不利于罪犯顺利回归社会,也不利于巩固监狱的改造成果。我国目前尚没有针对女犯假释的特别规定,建议增加相应的针对女犯假释的特别规定。从总体来说,相对于成年男犯,女犯的社会危险性相对较低,有必要对女性罪犯的假释规定从宽的条件,可以考虑增加“对于符合假释条件的女犯尤其是有未成年子女的女犯应当假释”的规定。具体可以规定为:被判处有期徒刑的、有未成年子女的女性犯罪分子,执行原判刑期二分之一以上;被判处无期徒刑的、有未成年子女的女性犯罪分子,实际执行13年以上,如果认真遵守监规,接受教育改造,确有悔改表现,没有再犯罪的危险的,应当假释。

(二)完善女犯的监管制度

由于女犯的心理、情感特点以及她们所承担的抚养子女的不可替代的重要角色,在女犯的监管方面,应当规定与她们的需要、特点相适应的制度、方法和措施。

1.完善女犯会见制度

保持女犯与家人、子女的会见、接触、沟通和交流是女犯最重要的情感需求,也是稳定情绪、促使她们安心改造的重要方面。因此,改革与完善女犯会见制度就显得尤为重要。

我国由于女犯数量相对较少,一般一个省只设一个女子监狱,并且多数女监设置在省城,对于家住偏僻、落后农村的女犯家人及子女来监探视就特别困难:有的家属来监狱要坐一天的火车,有的来一次省城需要花费三天的时间。据对某省女监的调查,仅有29%的在押女犯可以与子女进行正常的会见,40%的在押女犯只能通过电话和子女进行简单的交流,其余的在押女犯和子女没有联系。有探视的多数也就是一年一次。[1] 这就需要改革与完善女犯的会见制度,特别是对于有未成年子女的女犯会见制度。包括建立女犯区别于一般成年男犯的会见制度以及对有未成年子女的女犯在会见方面的特别规定,可以考虑改革女犯会见的方式、次数和时间,恢复女犯亲情会见制度,对于表现好的女犯,可以考虑使用亲情会餐、住宿等会见的方式,让女犯能够与家人一起吃饭,一起住宿。如果有未成年子女来会见的,住宿的时间可以延长到3~5天。我国没有未成年子女随女犯在监狱生活的规定,但应当建立未成年子女与女犯短期生活在一起的制度。如果女犯与探视的家属住在一起不具备条件,对于路途遥远、来一趟非常困难的家属,可以考虑建立短期连续会见的制度,即来探视的家属可以住在监狱附近的宾馆,这期间家属可以多次、连续到监狱来探视,不受会见的次数、时间及间隔的限制,并在总体上规定可以在几天内行使这一特别探视权,如3天或者5天内,并规定相应的条件及审批程序。

对于来监探视确实有困难的家庭,应当通过不断建立和完善视频会见的方式进行会见。目前,我国有的地方开始探索这一会见方式,效果很好,

〔1〕 刘威、单希政:《服刑女犯未成年子女家庭支持缺失与内外整合性替代》,载《学术交流》2018年第10期。

但开展的地方不多。如果建立统一的视频会见系统有困难的,还可以考虑直接通过智能手机的微信、QQ 等平台进行视频会见。当然,这一会见方式简单易行,但如何接入、如何确保安全均需要进一步论证、研究,可以通过试点的方式逐步推进。

2. 完善离监探亲制度

《监狱法》第 57 条规定:被判处有期徒刑的罪犯有前款所列情形之一,执行原判刑期二分之一以上,在服刑期间一贯表现好,离开监狱不致再危害社会的,监狱可以根据情况准其离监探亲。根据《监狱法》的规定,司法部 2001 年制定了《罪犯离监探亲和特许离监规定》,对离监探亲的条件、程序、监督等作出具体规定。离监探亲制度曾经得到了比较好的贯彻执行,也取得了很好的效果,但后来由于种种原因又一度终止执行。2017 年 12 月 20 日,司法部下发《关于开展监狱在押罪犯离监探亲工作的通知》,决定在 2018 年春节期间重启罪犯离监探亲活动,这次共批准了 999 名罪犯离监探亲,这些罪犯全部按时安全返回监狱。这一制度对于亲情观念、家庭观念很强的女犯来说尤其重要。如果多数女犯能够在春节期间离监探亲,与家人、子女团圆,不管是对于女犯自身的改造、家庭关系的维系,还是对于她们子女的健康成长均是有益的。因此,对于女犯来说,离监探亲制度不但要继续依法依规执行好,还应当修改完善离监探亲的有关规定。例如,可以考虑将女犯离监探亲的"执行原判刑期二分之一以上"的规定修改为"执行原判刑期三分之一以上"。对于女犯尤其是对于有未成年子女的女犯应当采用更为宽松的离监探亲政策,原则上让改造表现好的女犯每年均能够离监探亲一次。

3. 逐步设立开放式或者半开放式女子监狱

建议在一个省的女犯居住地相对集中的区域设置多处开放式或者半开放式的女监或者女子监区,以便她们白天能够回到家里或者到家附近的地方去工作、学习或者与家人在一起,晚上回到监狱居住。

(三)完善女犯心理矫治的相关制度

研究表明,监狱中女性罪犯存在的心理问题,如创伤后应激障碍、抑郁、焦虑、恐惧症、神经质和药物依赖等的比例相对较高,因此,为女犯提供有针对性的、个性化的心理疏导、咨询和健康治疗等相关教育矫正活动,显得尤为重要。女性罪犯的心理问题、心理障碍如果得不到及时疏通、解决,很可能会出现重大的安全问题。我国目前在女子监狱也开展了心理矫治的相关活动,但整体的专业化程度、针对性及成效均有待提高:一是从事心理矫治的工作人员专业化水平及程度有待提高。多数监狱是通过培训干警,在她们取得相应的心理咨询师资格后开始从事相应的心理矫治工作。由于她们没有经过系统的心理学训练,临床经验不足,再加上她们的干警的身份,开展起来效果就要大打折扣。二是尚没有开发系统的、适合我国女犯特点的心理评估的量表和工具,也没有形成针对女犯的心理咨询、治疗的方法、手段和项目。因此,建议司法部监狱管理局牵头,与社会上专业的心理教育、研究和治疗机构合作,共同研发相应的心理咨询、治疗工具、量表和项目,可以考虑委托专业的心理咨询、治疗机构及专家到监狱开展相应的心理矫治活动。

(四)完善女犯释放后的帮扶制度

对于从监狱刚刚释放出来的女犯,会遇到各种各样的不适和问题,特别是对于家庭不接纳的女刑释人员,她们的回归社会之路就更难了。因此,有必要为女刑释人员提供后续的帮扶服务,帮助她们度过过渡期,顺利地回归社会。目前主要应当从以下方面进行完善:

1. 设置中途之家和过渡性住所。尽管我国有些地方的社区矫正机构设有中途之家,但主要是针对社区矫正人员的,有的也对刑释的“三无”人员提供临时住处,但由于法律制度不健全,对提供临时住所的条件、期限、程序等均没有明确的规定,造成实践中存在许多问题,如应当为哪些人提供临时住所帮助,能够在过渡性住所住多长时间等均没有相应的规定和依据,以至于在实践中出现有的人住进来后就不走了,将临时住所当作固定的家了,于是,有的中途之家干脆就不接收任何人。可以考虑通过政府购买服务的方式,由社会机构来运作相关事务,通过刑释人员与专门机构签订临时住所的服务合同的方式来为没有住所的女刑释人员提供临时住处。

2. 为她们提供生活指导、心理辅导和职业技术培训等相关的服务项目。在我国的社会工作服务的相关机构不断建立和发展的情况下,可以考虑通过政府购买服务的方式委托专门的社工机构来从事相关的生活指导、心理辅导和职业技术培训工作。通过专业社工的社会工作服务,帮助她们解决所遇到的各种问题和困难,使她们尽快适应正常的社会、家庭生活,促使她们顺利回归社会。

国外监狱罪犯教育制度研究与思考

葛向伟*

受教育的权利是《公民权利和政治权利国际公约》赋予每个人的权利，同样，罪犯接受教育和文化活动的权利在国际规范中也有明确规定。[1] 监狱不应仅限于剥夺自由，相反，它应为囚犯提供获得知识和技能的机会，帮助他们在获释后成功地重返社会，避免再犯罪。因此，监禁机构应向所有囚犯提供教育，特别是年轻囚犯和文盲囚犯。国际规范积极倡导将监狱教育与每个国家的主流教育系统相结合，以便教育等级的标准具有可比性，使囚犯在获释后继续接受教育的可能性更大。[2] 本文总结了国外罪犯教育方面的制度性规定，包括国际标准和规范以及部分国家的罪犯教育制度，涉及罪犯教育的性质和种类、罪犯教育的组织模式、保障，并总结提出了完善我国罪犯教育制度的建议，以期为我国罪犯教育改革提供相关参考。

---

* 葛向伟：司法部预防犯罪研究所副研究员。

〔1〕《公民权利和政治权利国际公约》第 2 条。

〔2〕《囚犯待遇的基本原则》[A/RES/45/111(1990 年)]，原则 6“旨在充分发展人的个性”之规定；另见《美洲基本原则和最佳做法》原则 13，其中进一步澄清，未接受或完成小学教学整个周期的成年囚犯应免费接受初等教育或基础教育；《欧洲监狱规则》，欧洲委员会部长委员会向成员国提出的建议 Rec(2006) 2，第 106 条。

一、国外监狱罪犯教育的性质和种类

(一)罪犯教育的性质

关于罪犯教育的性质,各国存在权利说、义务说和权利义务综合说。因此,罪犯教育是强迫、自愿还是鼓励,不能一概而论,而是最终取决于国家制度认为获得教育是罪犯的权利、义务,还是既是权利又是义务。如果认为罪犯教育仅仅是罪犯的一种权利,那么一般是鼓励罪犯自愿参加;如果认为罪犯教育是罪犯的义务或者既是权利又是义务,那么就会强迫罪犯参加。对于基础教育(扫盲教育、义务教育),有些国家是强迫性的,罪犯必须参加。例如,国际规范就明确了罪犯基础教育是强迫性的,《联合国囚犯待遇最低限度标准规则》规定文盲囚犯及青少年囚犯应接受强迫教育。[1] 法国、意大利直接规定了罪犯教育是一种义务,[2]俄罗斯规定对于未满30岁的被剥夺自由刑人员应当在劳动改造机构内组织强制接受普通教育。[3] 美国对于罪犯240个小时的扫盲计划是强迫的,罪犯必须参加。还有一些国家不采取强迫性规定,鼓励罪犯自愿参加,但提供这方面的服务,加拿大以及澳大利亚的某些州就采取这种做法。《联合国保护被剥夺自由少年规则》则采取了鼓励和自愿相结合的原则,《欧洲监狱规则》也将教育视为一种权利,并且优先考虑缺乏基础教育和职业教育的罪犯。对于基础教育,日本和韩国的法律制度没有明确规定强迫还是自愿,只是规定了对于没有完成基础教育的罪犯,应当对其进行适当教育。对于高等教育,国外一般不会强迫罪犯参加,但是,意大利、美国、加拿大等国家鼓励罪犯参加高等教育。从教育规律来看,鼓励罪犯参加基础教育,并且罪犯能够自愿参加教育往往会取得更好的效果。

(二)罪犯教育的种类和内容

从教育的内容来划分,可以分为文化教育、职业技术教育、生活技能教育、宗教教育、特殊教育。从教育的水平级别来划分,可以分为扫盲教育、基

---

[1] 《联合国囚犯待遇最低限度标准规则》之规则104。

[2] 例如,《关于监狱制度和执行剥夺及限制自由措施的规定》(意大利《监狱法》)第60条规定,没有完成义务教育的未成年被监禁人员必须参加教育活动。由此来看,义务教育对未成年犯来说是强迫教育。

[3] 《俄罗斯联邦刑事执行法典》第112条第1款(被判处剥夺自由刑人员的普通教育)。

础教育、中学教育(中等教育)、中学后教育、大学教育(高等教育)。扫盲教育和基础教育基本相当于义务教育。从国外的共性来看,罪犯教育一般包括文化教育和职业技能教育,其中,文化教育中的扫盲教育和基础教育在罪犯教育中占有绝对重要的地位,包含在义务教育范围内。但是,不同的国家对于罪犯教育的侧重点也不一样,比如,加拿大矫正局的要求更高,重点是罪犯的高中文凭教育,澳大利亚则尤其侧重职业培训。

在国际规范层面,《联合国囚犯待遇最低限度标准规则》(《曼德拉规则》)规定应该设法对所有可从中受益的囚犯继续进行教育,包括在可以进行的国家进行宗教教育,尤其是要求监狱管理部门应予特别注意文盲囚犯及青少年囚犯应接受强迫教育。[1] 对于少年犯,《联合国保护被剥夺自由少年规则》将教育和职业培训视为协助少年犯成功再融入社会的两大主要手段,并将其规定为少年犯的权利。达到义务教育年龄的所有少年均有权获得与其需要和能力相应并以帮助其重返社会为宗旨的教育。文盲或有认知或学习困难的少年应有权接受特殊教育。除了适龄少年之外,应允许和鼓励超过义务教育年龄但仍想继续学习的少年继续学习,应尽力为他们提供获得适当的教育课程的机会。除了文化教育之外,所内少年均应有权获得职业培训,所选职业应能使其为今后的就业做好准备。[2]

《欧洲监狱规则》规定,应当优先考虑有识字、算术方面需要的犯人和缺乏基础教育、职业教育的犯人。应当特别注意对年轻犯人和有特殊需要的犯人的教育。[3] 《关于非洲监狱条件的坎帕拉宣言》则明确将罪犯教育和技能培训的提供与支持罪犯释放后再融入社会的需求结合起来。[4]

《法国监狱法》将罪犯基础教育和法语第二语言的教育作为服刑人员的义务。在被监禁人员的服刑义务一节里明确规定,如果服刑人员没有经过基础教育,应当首选读、写和计算学习。如果服刑人员不会法语,首选就是学习法语。[5]

《意大利监狱法》设定了义务教育、高中阶段教育课程、大学教育和相当

---

〔1〕《联合国囚犯待遇最低限度标准规则》之规则104。

〔2〕《联合国保护被剥夺自由少年规则》第38~42条。

〔3〕《欧洲监狱规则》第28条。

〔4〕 Economic and Social Council resolution 1997/36, annex. (Kampala Declaration on Prison Conditions in Africa)第7款。

〔5〕 2009年11月24日第2009-1436号《法国监狱法》第27条,NOR:JUSX0814219L。

于大学程度的教育,[1]鼓励罪犯学习大学课程和相当于大学程度的课程,支持参加函授课程、广播电视教育课程的学习,还特别重视对25岁以下囚犯的文化和职业培训。[2]

在美国,联邦监狱局的教育计划注重为罪犯提供识字和社会技能的机会,以便他们获释后找到工作。所有监禁机构都提供识字班、育儿班、健康教育、成人继续教育、休闲活动教学。在大多数情况下,没有高中文凭或普通教育发展(GED)证书的罪犯必须参加至少240小时的扫盲方案,或直到他们获得高等教育。非英语罪犯必须把英语作为第二语言。职业培训计划基于罪犯的需要、一般劳动力市场条件和机构劳动力的需求来制定和执行。工作培训是职业培训的一个重要组成部分,罪犯通过机构工作分配和在联邦监狱工业公司工作接受培训。联邦监狱局还促进并提供职业领域的中学后教育以及大学教育。育儿班帮助罪犯在监禁期间发展适当的育儿技能,为他们释放后寻找育儿工作做好准备。休闲和健康活动鼓励罪犯养成健康的生活方式和习惯。[3]

在加拿大,《矫正和有条件释放法》、矫正局局长指令和指南规定了罪犯教育的类别,包括成人基础教育(中学文凭教育)、适应性成人基础教育(类似技能教育)、英语/法语教育、中学后先修科目教育、中学后教育。成人基础教育(ABE)规划是加拿大矫正局的教育重点,[4]它涵盖1~12年级(或同等级别)的教育内容。当罪犯完成12年级时,他们将获得中学文凭(或同等级别)。尽管加拿大矫正局的教育重点是获得高中文凭,但并非所有罪犯都能完成。因此,就有了成人基础教育—适应计划,该计划是为有特定教育需要但无法包含在传统的成人基础教育课程中的罪犯开展的适应教育的计划,对应四个成人基础教育水平,侧重于为罪犯提供必要的知识和技能,以帮助其获得和维持就业,释放后在社区守法生活。英语/法语教育是为不能

---

〔1〕《意大利监狱法》第19条、第41条~第44条。《意大利监狱法》全称为《关于监狱制度和执行剥夺及限制自由措施的规定》,该法律于1975年7月26日颁布,编号354。次文本包含截至1997年12月31日的修订条款。由于本法律经数项体例不同的法规修改,因此,在文字形式上存在这一些技术方面的不统一,如条款标号的不一致(2000年6月30日第230号总统政令)。

〔2〕该法律于1975年7月26日颁布,编号354。次文本包含截至1997年12月31日的修订条款。由于本法律经数项体例不同的法规修改,因此,在文字形式上存在这一些技术方面的不统一,例如条款标号的不一致。

〔3〕https://www.bop.gov/inmates/custody_and_care/education.jsp.

〔4〕CD700矫正干预、CD720囚犯教育和服务计划、GL720-1教育计划指南等。

用官方语言(英语或法语)阅读、书写或发言的罪犯提供适当的附加语言教育。罪犯在监禁期间可接受中学后教育。中学后先修科目计划适用于已经拥有高中文凭(或同等学历)的罪犯,为他们提供了参加中学后学习、职业课程或就业所需的额外中等学分的机会。中学后教育计划允许罪犯学习一个行业或职业或更新行业资格。想要修中学后课程的罪犯必须满足大学或学院的学术要求,该课程通常通过与社区学院或大学之间的通信完成。[1]

在澳大利亚,南澳大利亚州矫正署给罪犯提供经认可的算术、识字和非常广泛的职业教育,所有的教育以突出就业技能为重点,目标是促进罪犯改造和重返社会。广泛的职业课程包括园艺、土建、厨房操作和烹饪等。识字课程为那些因阅读、写作和理解能力差而无法有效参加犯罪行为计划的罪犯开设,算术课程向需要提高算术技能的罪犯开设,以便他们能够更好地利用职业培训,做好准备,在出狱后为社区贡献力量。[2]

韩国《矫正机构罪犯的管理和处遇法案》规定,监狱长可对已定罪罪犯实施教育,以便其获得必要的知识和文化,从而顺利融入社会。根据罪犯意图、年龄、知识水平及其他条件,监狱长应对尚未接受任何韩国《教育框架法案》第 8 条所述义务教育的已定罪罪犯实施适当教育。同时规定,为协助已定罪罪犯顺利融入社会,监狱长可为其提供旨在开发职业能力的培训("职业培训"),以便其获取和改进技能。[3]

《日本刑事设施和被收容者处遇法》规定了刑事设施长对被收容者的学校教育进行教科书指导。因欠缺作为社会生活基础的学历能力从而给改善更生和顺利复归社会造成障碍时,进行教科指导,具体参照《学校教育法》(昭和二十二年法律第二十六号)中学校教育的内容进行指导。除此之外,对提高学习能力能够促进顺利复归社会的服刑者,刑事设施长应当根据其学习能力状况进行教科指导。[4]

二、罪犯教育的组织

关于罪犯教育的组织,涉及组织部门及其具体计划的制定和实施,包括

---

〔1〕 Education programs,加拿大矫正局。

〔2〕 https://www.corrections.sa.gov.au/Rehabilitation education-and-work/education-and-training/education.

〔3〕 韩国《矫正机构罪犯的管理和处遇法案》第 63 条、第 69 条,更新至 2007 年 12 月 21 日第 8728 号法案修订。

〔4〕《日本被收容者法》第 104 条。

制定教育计划、确定课程内容、安排授课地点和时间、不同组织部门或机构之间的任务分工与合作等。监狱教育的国际规范积极倡导将监狱教育与每个国家的主流教育系统相结合,以便教育等级的标准具有可比性,让罪犯在获释后有更大的可能性继续接受教育。因此,罪犯教育的组织涉及两个重要方面:一是教育计划的制定,二是罪犯教育的主导部门以及相关部门的协调与合作。

(一)国际标准与规范的有关规定

《联合国囚犯待遇最低限度标准规则》规定,在可行范围内,囚犯教育应同本国教育制度结合,以便囚犯出狱后得以继续接受教育而无困难。[1] 对于少年犯,《联合国保护被剥夺自由少年规则》规定,义务教育这种教育应尽可能在拘留所外的社区学校里进行,但无论如何应有合格的教师,其课程应与本国的教育制度一致,以便获释后能继续学业而不感到困难。职业培训所选职业应能使其为今后的就业做好准备。而且,向拘留所内的少年颁发毕业文凭或学历证明时,不应以任何方式表示该少年曾受拘留教养。[2]

《欧洲监狱规则》明确规定了罪犯教育不仅仅是监禁部门的工作,需要在外部教育机构的支持下进行,还将教育计划写入规则。具体来说,每所监狱都应当设法向所有犯人提供尽可能全面的、能够满足他们的个人需要且考虑他们的愿望的教育计划,在外部教育机构的支持下进行。《欧洲监狱规则》强调,狱内教育与国家的教育和职业培训制度相结合,以便在释放之后,罪犯可以顺利地继续接受教育和职业培训。[3]

(二)教育计划

在西方国家,罪犯教育计划是矫正计划的重要组成部分。教育计划的内容与一国关于罪犯教育的规定相对应,一般都包括文化教育、职业教育和生活技能教育。西方国家监狱中罪犯普遍存在文化程度偏低、文盲和半文盲的罪犯所占比例较大的问题,为了帮助这部分罪犯提高文化水平,监狱中大力推行扫盲文化教育或者基础教育。尽管西方国家一般都制定罪犯教育

---

〔1〕《联合国囚犯待遇最低限度标准规则》之规则 104.2。

〔2〕《联合国保护被剥夺自由少年规则》第 38 ~42 条。

〔3〕《欧洲监狱规则》第 28 条。

计划,但在制度建设中,将教育计划写入矫正立法的并不多见,只有少数国家纳入相关立法中,如加拿大在其《矫正和有条件释放法》中明确规定了加拿大矫正局必须在矫正计划中包含罪犯的教育计划。[1] 根据规定,在矫正计划中,将教育确定为矫正的需要,教育计划按照《CD705-6 矫正规划和犯罪概况》优先实施。教育计划的目标主要是满足罪犯的教育需求,提高罪犯的基本读写能力、社会认知和解决问题的能力,使罪犯做好参加矫正计划的准备,以及为他们提供获得和维持就业所需的知识和技能,并在获释后做社区守法居民。[2] 矫正局持续提供教育课程,罪犯可以随时在课程有空位时开始实施教育计划。教育课程没有设定的结束日期,罪犯参加这些计划的时间长度将取决于他们的需要和计划进展。[3]

(三)罪犯教育的主导部门

国外罪犯教育的组织主要有三种模式:一是由教育部门主导,二是教育部门与司法部门平等合作,三是由监狱主导,外部教育机构予以支持。在欧美地区,教育部门参与的较多;在亚洲,监狱部门主导罪犯教育的做法更为常见。

1. 教育部门主导

加拿大是典型的由教育部门主导罪犯教育的国家。在加拿大,省级教育部对成人基础教育课程(ABE)进行规范。教育计划明确规定了教育标准和教师认证。教学认证和标准由省和地区教育部管理,地方罪犯教育参照省级教育立法的规定。[4] 因此,各地教育计划可能有所不同。但是,加拿大矫正局确保提供标准一致的服务水平。这一标准允许罪犯在加拿大各地的机构中适用相同或类似的教育计划。[5] 由于加拿大的教育计划属于省级立法,只有省级认证的教师才能提供。[6]

---

[1] Corrections and Conditional Release Act, Sections 3, 4, 5(b), 76, 77, http://laws-lois.justice.gc.ca.

[2] Education programs,加拿大矫正局。

[3] Education programs,加拿大矫正局。

[4] Provincial education legislation includes: New Brunswick Education Act, Nova Scotia Education Act, Quebec Education Act, Ontario Education Act, Alberta Education Act (all institutions in the Prairie region adhere to the Alberta education curriculum), British Columbia School Act.

[5] Educationa Programs,加拿大矫正局-SCC.gc.ca。

[6] Education Programs,加拿大矫正局-SCC.gc.ca。

2. 公共教育部门与司法部门平等合作

意大利是典型的由教育部和司法部就罪犯教育开展平等合作的国家。《意大利监狱法》明确规定了罪犯义务教育阶段的课程以及高中阶段中相关义务学习的课程由公共教育部和司法部在平等基础上合作组织开展,并且详细列出了各部门的任务和分工,教育课程以上述部门之间所签订的协议为基础。在地方,由地区教学办公室的负责人根据监狱主管机构和教学机构负责人提供的正式要求,结合罪犯需要,在省级部门范围内与地区监狱行政机构负责人共同商定义务教育阶段不同种类的课程。教育主管部门负责组织教学及实施具体教学工作。教育场所和配套设施由教育单位的主管机构提供。监狱机构负责在教学课程中向罪犯转达适当的信息并帮助其能够最大限度地参与课程。每一所监狱都应当成立教育委员会,承担咨询和建议职责,监狱长担任委员会主席,负责召集委员会会议,同时负责教师待遇,并于每年或每两年提交教育计划书。教育机构还可以开展与学历教育相关的课程,经与监狱领导机构协商同意,课程可以由具备资格志愿者参与,但这些工作都应当由学校的教育工作人员负责。

《意大利监狱法》还规定,根据教学制度规定的进程,可以在监狱内开设高中课程。关于高中阶段教育课程,以及根据现行规定包含于义务教育中的课程,由监狱行政机关向公共教育部提出要求,在确定的监狱机构内建立上述阶段学校的分支机构,确保每个地区至少有一所分支机构。为方便那些无法按时参加课程的被判刑人和被收容人,监狱的领导机构可以与就近的高中合作,组织个人准备考试,以进入高中课程的下一学年。这种做法同样适用于参加职业资格的人员。而且还可以给被告人提供这些便利。经与教育机构协商同意,监狱会尽可能给罪犯提供进行上述考试的不同课程。[1]

3. 监狱主导+外部教育机构支持

在韩国和日本,由监狱长(日本为刑事设施长[2])决定对罪犯的教育和职业培训,以便他们获得必要的知识和文化,从而顺利融入社会。由此可以看出,日本和韩国的罪犯教育是由监狱主导的。韩国《矫正机构罪犯的

[1] 该法律于1975年7月26日颁布,编号354。次文本包含截至1997年12月31日的修订条款。由于本法律经数项体例不同的法规修改,因此,在文字形式上存在一些技术方面的不统一,如条款标号的不一致。

[2] 《日本被收容者法》第104条。

管理和处遇法案》规定,教育确有必要,监狱长可允许罪犯前往外部教育机构接受教育。委托外部教育机构在本机构内提供教育服务,教育课程、外部学校出勤、委托教育等相关必要事项应以司法部长令的形式另行规定。[1]

在澳大利亚,许多监狱与注册培训组织(如 TAFE SA)合作,提供各种科目的学习,包括商业证书及最高 IV 级证书的获取。南澳大利亚州矫正署有认可的注册培训组织 VTEC-SA。矫正机构在每周的大多数日子都提供课程,大多数罪犯可以根据罪犯制度上课。在矫正设施中,除阿德莱德候审中心和阿德莱德释前中心外,所有矫正场所都有教育中心。关于如何继续学习相关课程,罪犯需要与他们的教育协调员交谈,后者将与其讨论各种可用的选择。[2]

三、罪犯教育的保障与激励

(一)教育保障

1. 教育资源保障

教育资源是罪犯教育的重要物质保障,包括师资、图书馆资源,还有些国家提供计算机设施。

《联合国囚犯待遇最低限度标准规则》要求在监狱中长期培训足够的教师,这些教师可以由非全职工作者和志愿者作为补充,还规定了每个监狱都应有一个储备完备的图书馆,供各类囚犯使用,并应鼓励他们使用。[3] 对于少年犯,《联合国保护被剥夺自由少年规则》规定,每一拘留所均应有图书馆,藏有数量足够宜于少年阅读的知识性和娱乐性图书,应鼓励所内少年能够充分利用这些图书。

《欧洲监狱规则》规定,每所矫正机构都应当设立一座供所有罪犯使用的图书馆,其中应当有足够的娱乐和教育资源、书籍和其他媒体。监狱图书馆应当尽可能与社区图书馆服务机构开展合作。[4]

---

[1] 韩国《矫正机构罪犯的管理和处遇法案》第 63 条、第 69 条,更新至 2007 年 12 月 21 日第 8728 号法案修订。

[2] https://www.corrections.sa.gov.au/Rehabilitation-education-and-work/education-and-training/education.

[3] 《联合国囚犯待遇最低限度标准规则》之规则 40、64、78 和 102。

[4] 《欧洲监狱规则》第 28 条。

《意大利监狱法》较为细致地规定了图书馆服务。监狱管理应为罪犯和被收容人提供进入监狱图书馆的便利,以使其能够阅读图书馆的读物,并为其以适当的方式在监狱内利用图书馆拥有的读物提供便利。图书馆在选择书籍和期刊时,应注意文化的多元性,体现社会中多种文化的均衡性和代表性。图书馆服务一般委托给一名教育工作者负责。图书馆负责人负责维护图书馆出版物、制作图书卡片、分发书籍期刊、发起文化传播活动,以及依照《监狱法》第12条的规定从罪犯和被收容人中选出辅助前述活动的代表,可以聘用一个或多个书记员,并按照规定支付报酬。关于罪犯的代表,图书馆应根据监狱人数是否超过500人,依照《监狱法》规定,通过随机抽选的方式确定。图书馆应配备阅览室,并对罪犯和被收容人开放。罪犯和被收容人中的劳动者和学生应能够在其工作或学习结束后去阅览室阅读。图书馆开放的时间和方式由监狱内部制度规定。[1]《意大利监狱法》还规定,在可能的情形下,对大学生罪犯和被收容人可以安排方便学习的房间和部门,还可为他们提供合适的公共场所。经批准,这些大学生罪犯可以在自己的房间内或其他学习场所,持有书籍、出版物及其他所有学习所需的工具。

在加拿大,矫正局下属的所有机构都设有图书馆。罪犯图书馆支持为所有干预措施提供支持,满足罪犯的娱乐、文化、精神和教育参考资料需求,在罪犯成功重返社会方面发挥着独特的作用。矫正机构的图书馆既是信息、教育和致富的资源,也是一个娱乐阅读的地方。有些机构还有读书俱乐部和/或写作小组。为丰富其图书资源,矫正局一直欢迎其工作人员和公众捐赠支持罪犯识字和学术提升的新书籍或常用书籍。

在加拿大,矫正局允许罪犯以受控方式使用矫正机构中的指定计算机,以便开展学习和工作、制定计划、满足法律需求以及娱乐需要。这些计算机是独立的,并未链接到矫正局的安全系统、外部网络或互联网。目前,矫正局正在某些地区试行计算机扫盲计划,如微软办公(Microsoft Office)认证。矫正局继续探索引入数字技术以实现重返社会目标的方法,将其引入矫正干预的不同组成部分,包括引入罪犯教育。加拿大矫正局将在一个地点为罪犯提供数字化教育环境,罪犯将能够访问在线课程内容,并将技术支持纳入教育计划。此试点项目以《2015年评估报告罪犯教育计划和服务》为基础,目的是应对支持日常生活的技术进步,特别是在寻求就业方面。通过计

---

〔1〕《意大利监狱法》第21条。

算机系统提供并管理教学内容,使矫正局能够应对技术差距给矫正计划拟订带来的挑战,同时支持罪犯从机构返回社区以及在监督期间的安全过渡。[1]

2. 教育时间保障:教育与劳动之间的协调

《联合国囚犯待遇最低限度标准规则》要求就整个改造制度而言,囚犯工作之余应留出足够的时间用于参加教育和其他改造活动。[2]《欧洲监狱规则》规定,[3]在监狱制度中,教育应当具有不低于劳动的地位,犯人不得因为参加教育活动而在经济上或者其他方面处于不利地位。

《法国监狱法》规定,如果服刑人员从事劳动活动,将调整学习时间,[4]《意大利监狱法》规定,监狱的领导机构应负责,课程时间表的安排应与劳动工作和其他监狱组织的活动时间不冲突。高中阶段教育课程,以及根据现行规定包含于义务教育中的课程,万一无法同时进行学习和根据《监狱法》第41条第4款规定劳动活动,被判刑人和被收容人在第41条第1款规定的上课期间,可以免除劳动。对于那些为准备第41条第4款规定的考试,参加课程的人员提出要求可以免除劳动。正在参加大学课程的人员提出要求后,考虑到他们所承担的学习和获益,可以免除劳动。

3. 教育资金保障

保障罪犯教育资金,是实现罪犯教育目标的一个重要条件。从国外规定来看,罪犯教育资金,尤其是义务教育资金,一般是由国家财政来保障的。在联合国层面,联合国教育权问题特别报告员提出,应保障对被监禁人员的教育,并应从公共资金中提供充足的资源。[5]《意大利监狱法》第2条明确规定执行刑罚的费用由国家负担,第45条第8款详细规定了对参加学习的罪犯提供的补助金和生产奖励金数额以及应当由司法部长和财政部长每年共同颁布的政令作出规定,并写入预算和财政计划。对于义务教育之外的其他教育内容,其花费却并非都是由国家财政负担,如美国监狱局对于一些传统的大学课程也是提供的,但罪犯需要自己承担课程费用。[6]

---

〔1〕 Education programs,加拿大矫正局。

〔2〕《联合国囚犯待遇最低限度标准规则》之规则40、64、78和102。

〔3〕《欧洲监狱规则》第28条。

〔4〕 2009年11月24日第2009-1436号《法国监狱法》第27条,NOR·JUSX0814219L。

〔5〕 联合国教育权问题特别报告员弗诺·穆尼奥斯,A/HRC/11/8(2009)的报告,第90(a),92,96~97段。

〔6〕 https://www.bop.gov/inmates/custody_and_care/education.jsp.2020年12月5日访问。

(二)教育激励

为了促进罪犯学习的积极性,有些国家的监狱对参加学习的罪犯制定了各种激励措施,让参加教育的罪犯获得某种形式的报酬或其他好处,以避免需要工作的罪犯去参加学习而处于不利地位。[1] 在美国、加拿大、英国等国家的很多监狱中,参加学习的罪犯可以获得的奖励包括货币形式的津贴、折抵刑期、免除劳动等;在意大利,参加学习的罪犯,可以免除监狱劳动;在澳大利亚的南澳大利亚州矫正署,参加经核准的教育或培训课程的罪犯可领取津贴;[2] 在新西兰,政府向参与就业培训的罪犯支付少量"奖励津贴"。[3]

《意大利监狱法》对于教育奖励的规定非常详细,不仅规定了奖励的形式,还在立法层面规定了奖励的程序和计算方式。具体来说,《监狱法》规定了发放给学生的经济补助,即补助金和奖励性收益。除此之外,还有津贴和奖学金:(1)参加职业化培养课程的次数应当与政令中所规定的,按照不同程度发放的补助金时间相符合。(2)课程可以在劳动时间内进行,但是必须是无法在不同的时间进行学习和劳动的情况下。在这种情形下,对于罪犯和被收容人所领取的劳动次数,酬金比例,是根据开展有效劳动的时长计算的,另外则需考虑《监狱法》的相关规定,有效按时参加学习课程的时长。(3)对于参加二年级学习课程的罪犯,所获得补助金的天数,按照政令中规定参加的次数以及非自愿性缺席的次数。在上一年学年结束、新学年开始之前,学生应当根据符合补助金对应工作日天数,依据政令的规定,在一学年中通过课程学习,获得积极的成果,并领取报酬。(4)在每一个学年结束的时候,学生如果通过法定的考试,可以单独继续进行第二学年的学习,包括那些将参加公立或类似大学的人员,以及已经通过所有考试,税费的支出,应符合监狱总局规定的生产奖励限度。总而言之,罪犯和被收容人通过课程学习,获得积极的成果,可以按限度获得监狱总局规定的奖励性收益。

[1] 一般来说,如果罪犯参加工作的话可以获得一定的报酬,但是,如果参加学习的话,就获取不到工作报酬,因此,为参加学习的罪犯也提供一定的物质激励,可以避免因为学习而丧失了获得工作报酬的机会,并有助于提高罪犯参加学习的积极性。

[2] https://www.corrections.sa.gov.au/Rehabilitation-education-and-work/education-and-training/education. 2020年12月5日访问。

[3] 新西兰矫正局:《罪犯就业政策(2001年)》,第14页。

有奖学金或津贴的人员，不再享有经济补助。对于补助金和生产奖励金数额，由司法部长和财政部长每年共同颁布的政令作出规定，并写入预算和财政计划。[1]

（三）罪犯教育的排除情形

尽管有些国家规定罪犯教育是一种义务，但是在特殊情况下，如果罪犯无法完成相关教育内容，则被排除在外。《意大利监狱法》就规定了排除专业化课程学习的情形。具体规定，罪犯或被收容人无论是在专业化学习课程还是单独学习中，如果其行为表现出无法完成学习，则应将其排除在课程学习之外。在程序上，排除学习的决定应由监狱长批准，并听取观察与待遇小组以及教育机构的意见，须阐述排除的原因，特别是排除决定与上述机构意见不一致的时候。但是，如果罪犯或被收容人重新获得能够继续学习的能力，应允许其重新进行学习。[2]

〔1〕 参见《意大利监狱法》第45条。
〔2〕 参见《意大利监狱法》第46条。

英国威尔士监狱教育主体改革及相关实践*

安文霞**

监狱不仅是对罪犯施以惩罚的场所，其也是对罪犯进行改造的场所。罪犯教育是帮助罪犯弃恶从善、顺利回归的关键手段。罪犯教育不仅应注重提升罪犯的文化水平，也应重视提升罪犯的职业技能以帮助罪犯回归社会之后获得就业机会，这也是降低再犯的重要因素。自2009年以来，威尔士政府就一直负责监狱的教育和就业，迄今已有十余年时间。本文主要就威尔士监狱[1]罪犯教育主体的转变过程、当前威尔士监狱教育主体与相关机构之间的运行关系及罪犯教育主体改革后的相关实践等内容进行介绍。

一、威尔士监狱教育主体的转变过程

在权力移交之前，英国威尔士监狱的教育责任由英

---

* 资料来源：https://gov.wales/sites/default/files/publications/2019 - 03/reforming-outcomes-a-review-of-offender-education-in-wales_0.pdf。

** 安文霞：司法部预防犯罪研究所副研究员。

〔1〕 威尔士的监狱设施由6所监狱组成，均为男子监狱。威尔士没有独立的女犯监狱，被判监禁的威尔士女性则被关押在英格兰的女子监狱。这6所监狱中有5所为公立监狱，一所私立监狱（帕克监狱），同时该私立监狱内设有一个少年犯机构。

国前创新、大学和技能部(Department for Innovation,Universities and Skills)以及儿童、学校和家庭部(the Department for Children,Schools and Families)共同承担,并与英国司法部密切合作。威尔士监狱的教育工作则由当时的国家罪犯管理服务局(National Offender Management Service,NOMS)代表英国司法部负责。创新、大学和技能部负责资助威尔士罪犯管理服务局提供监狱教育和相关服务。

2007年6月,威尔士政府向英国政府前教育和技能部(Department for Education and Skills)部长递交有关威尔士监狱教育权力移交的正式要求。在全面移交权力之前,威尔士议会、政府在2008年至2009年期间,与威尔士国家罪犯管理服务局签订了一份谅解备忘录,目的是确保威尔士政府从2009年4月1日起根据《1952年监狱法案》(the Prisons Act 1952)第47条履行监狱教育责任。根据《1952年监狱法案》第47条进行权力移交后,威尔士各部长(Welsh Misters)目前负责制定有关威尔士监狱、未成年犯机构及安全培训中心等为罪犯提供教育和培训及图书馆服务的规定。英国政府关于权力移交的解释性备忘录指出,威尔士议会、政府将与威尔士罪犯管理服务局(负责威尔士监狱教育服务的委托和提供事宜)合作,以确保通过一致性的方式在威尔士所有监狱提供教育和培训。该解释性备忘录指出,前创新、大学和技能部与当时的威尔士议会、政府达成一致,前创新、大学和技能部分别在2009年10月和2010年11月向后者移交了2,656,000英镑和2,733,000英镑。所有相关各方一致同意,威尔士政府将与威尔士罪犯管理服务局合作,估算在威尔士境内扩建或改变监狱设施所需的资金。他们将向英国财政部提交一份商业案例报告,申请将监狱扩建的资金纳入补充预算。该备忘录最后指出,权力移交后,威尔士政府和/或威尔士国民议会将负责对移交后的职能进行监督或审核。

2009年,英国政府在监狱教育方面对威尔士政府实施了进一步的权力移交和职能转移。英国政府在1996年《教育法》第10条项下做出过教育权力移交,相关权力已于1999年(《行政立法性文件集》SI1999/672)移交给威尔士国民议会,现由威尔士各部长(Welsh Misters)根据2006年《威尔士政府法案》行使。2009年的权力移交是在这一基础上所做的进一步的移交措施。

二、当前威尔士监狱教育主体与相关机构之间的运行关系

一项政策的有效运作需要健全的框架和明确的职责结构作为基础,而

基础的缺失可能使政策陷入模糊和混乱并存在根本性的缺陷。距离英国政府与威尔士政府罪犯教育权移交迄今已有十年时间,威尔士政府如何对监狱教育承担责任和行使权力,威尔士政府采取哪些审查措施以及威尔士政府与英国司法部之间有哪些交流合作,明晰威尔士罪犯教育的这些职责结构及其相互关系,对于评估及发挥其政策效果具有重要意义。总体而言,英国威尔士为罪犯和刑释人员提供教育的主体为威尔士政府,而罪犯教育的运行还涉及英国司法部以及英国监狱和缓刑服务局。

(一)威尔士政府与英国司法部的关系

司法部(Ministry of Justice)是英国的一个政府部门,成立于 2007 年 5 月 9 日,合并了宪法事务部(过去被称为大法官部)和内政部,负责英格兰和威尔士的刑事司法政策、判决政策、假释、监狱和防止重新犯罪的部分。威尔士政府与司法部通过确认和衡量各自的责任和利益,在透明、信任和共识的基础上开展工作。在罪犯教育权移交之后,目前威尔士所辖范围内的 6 所男犯监狱的罪犯教育权已归威尔士政府负责,但由于威尔士并无专门的女子监狱,被判监禁的威尔士女犯仍被关押在英格兰的女子监狱。因此,威尔士女犯教育尚未发生权力移交。威尔士与英国的政府人员以及各部长需要定期举行会议,以确保相关各方都在为公众的最佳利益服务。

最近,威尔士政府人员参加了新成立的威尔士司法战略小组。该小组由威尔士议会和威尔士政府共同担任主席,成员来自威尔士政府、威尔士议会和司法部。该小组的职责是确保司法部和威尔士政府参与政策制定和改革的关键领域,并在威尔士整个司法系统内尽力实现更好的成果。

(二)威尔士政府与英国监狱和缓刑服务局之间的关系

英国监狱和缓刑服务局是一家英国政府机构,可以作为英国司法部与威尔士政府之间的协调者,其所发挥的协调作用非常重要,因为威尔士政府与英国司法部之间的协定指出,威尔士政府与英国政府部门之间的良好的工作关系对于有效提供公共服务和确保政府业务持续顺利、有效地进行至关重要。

威尔士政府一直与英国监狱和缓刑服务局密切合作,为威尔士全境的监狱制定就业和教育战略。该战略强调要与雇主更紧密地合作,并更有效地利用劳动力市场情报,以更好地将干预措施集中在实际就业机会上。威尔士政府重视重塑罪犯的就业能力，以帮助其获取并维系可持续就业的技能和经验。威尔士政府通过谅解备忘录与英国监狱和缓刑服务局紧密合作，以确保所有罪犯都有平等的教育和技能培训机会，并确保其支持符合威尔士政府的《就业计划》。根据英国政府的解释性备忘录，自 2009 年威尔士政府承担监狱教育职责时起，其即负有“发挥战略规划和管理作用……[并]制定适合威尔士罪犯教育的具体政策”之责任。此外，在年度谅解备忘录中，威尔士政府负责制定有关威尔士公共监狱教育情况的绩效指标。除对监狱内关押罪犯的教育职责外，威尔士政府还通过“就业技能方案”，向在威尔士接受缓刑机构法定监督的获释人员提供就业技能培训。相关技能课程提供商的目标是每年向 200 名获释人员提供教育。迄今为止，已有 191 名参与者加入该方案，其中 17 人已实现就业。

威尔士政府高度重视减少再犯，再犯每年给威尔士社会造成约 150 亿英镑的损失。在威尔士，英国监狱和缓刑服务局以及威尔士政府都认为，提高罪犯获释后的就业机会对巩固改造成果至关重要。英国监狱和缓刑服务局与威尔士政府的共同目标是确保所有罪犯都能获得教育和技能培训，进而获得能力和经验，在获释后获得并保持可持续的工作。

威尔士政府在战略和操作层面上与英国监狱和缓刑服务局密切合作，不断研究如何进一步提高监狱罪犯学习的质量，确保技能培训符合威尔士政府在“推动威尔士进步和就业能力计划”（Taking Wales Forward and the Employability Plan）中概述的优先事项，其最近的举措包括：制定支持性措施、增加就业机会和解决获释罪犯面临的工作障碍。他们还在罪犯培训期间和培训以外，与监狱教育方面的关键利益相关方接触，寻求更有效的合作方式来改善罪犯的培训结果。根据就业和教育战略，英国监狱和缓刑服务局目前正在对威尔士监狱的培训进行战略审查，正在与包括威尔士政府在内的主要利益相关者进行协商。审查将着眼于当前交付的内容，评估拨款质量，并根据审查结果寻求改进，并探索在释放时最大限度地增加就业机会的方法。

但在实践中，英国监狱和缓刑服务局在制定和实施威尔士监狱政策方面发挥着更大的作用。在许多政府活动中，其他公共部门都会支持政策决策者履行职责。威尔士和英国政府的情况都是如此。这是政策治理的有益实践，因为这种做法确保可以听取专家意见，针对系统缺陷制定解决方案。如果政策由威尔士政府全权管控，此类缺陷可能难以被发现。

此外,英国监狱和缓刑服务局也是威尔士所辖卡迪夫监狱、斯旺西监狱、厄斯克监狱和普雷斯科特监狱的教育培训提供方,这些监狱会直接雇佣教育人员。伯文监狱与帕克监狱则分别由与英国监狱和缓刑服务局签订合同的机构向其提供教育课程与教育培训。因此,英国监狱和缓刑服务局完全有能力就如何以最有效的方式制定教育方案向威尔士政府提供建议。

目前,英国监狱和缓刑服务局与威尔士政府商定了一项谅解备忘录,强调了各方应该采取的行动。此外,威尔士政府还针对教育培训的各个方面制定了一项广泛的战略,这是对谅解备忘录的补充。英国监狱和缓刑服务局无需征得威尔士政府的同意,即可自行开发教育工具、允许专家主导的政策制定。英国监狱和缓刑服务局非常希望政府对他们的提议进行更多问询,更严格的审查将促使他们为罪犯和广大公众提供更好的服务。总体而言,签订谅解备忘录是威尔士政府在参与政策制定方面表现出的最积极的举措。该谅解备忘录签订后,英国监狱和缓刑服务局就成了政策的实际执行者。谅解备忘录对各相关方起到约束作用,因为他们清楚相关标准不会低于谅解备忘录的要求。威尔士政府的持续参与将推动英国监狱和缓刑服务局的创新,并在潜在问题出现之前加以解决。威尔士政府也依赖英国监狱和缓刑服务局的反馈作为其衡量政策效果的佐证,因为英国监狱和缓刑服务局拥有最全面的数据,能够提交相关报告。

三、威尔士监狱教育主体改革后的相关实践

威尔士政府在罪犯教育权力移交的十年间开展了诸多相关实践,同时尤为重要的是在前期发展的同时也提出了未来发展的相关建议与规划,总结而言主要有以下几点:

(一)开展契合市场需求的罪犯职业技能培训

为监狱罪犯提供优质教育的主要目的是降低再犯率。威尔士政府与英国监狱和缓刑服务局基于如何实现这些目标来具体规划教育内容。威尔士政府的“全民繁荣:就业能力计划”(Prosperity for All:Employability Plan)承诺向人民提供就业所需的技能。英国监狱和缓刑服务局也有类似的目标,即提高获释人员找到有意义的工作的机会。这在成功改造罪犯,确保其有机会通过学习和掌握技能获得资格认证,并最大限度地增加其获得和维持一份稳定和有意义的工作中发挥关键作用。为此,威尔士政府与英国监狱

和缓刑服务局均期望改善监狱教育结果。

1. 注重提升罪犯的就业技能。威尔士政府在狱内开展的职业技能培训注重提升罪犯的就业能力，确保获释人员具备现代工作所需的技能会促使他们成为积极的有生产力的社会成员，使罪犯感受到自身的价值。以劳动力市场信息为基础设计教育方案，监狱才能针对雇主的需求提供适当的技能培训。如威尔士卡迪夫监狱的“网络轨道”（network rail）伙伴关系项目（提供非常必要的培训，使社会和个人受益）；伯文监狱的软技能发展服务；斯蒂亚尔监狱与维珍铁路公司合作的创新计划；帕克少年犯机构提供优秀的木工实用技能；斯旺西监狱配有一套新的呼叫中心培训设备；普雷斯科特监狱的许多罪犯需要获得临时获释许可才能在当地雇主之处工作；厄斯克监狱不仅提供相关培训，罪犯还有机会参与开放大学课程等长期教育机会。

2. 注重监测当地就业市场数据。威尔士政府在开展狱内职业技能培训时尤为注重监测当地就业市场数据，这对于确保获释人员长期融入社会至关重要。数据能够向监狱提供获释人员所在地区的就业机会，以便监狱向罪犯提供适当培训。威尔士政府与英国监狱和缓刑服务局在着手制定一项基于当地就业市场数据的战略，帮助监狱实现减少再犯的任务。数据显示，南威尔士监狱80%的罪犯在南威尔士地区获释。要提供适当的教育、学习和技能计划，监狱长需要准确的数据，因此报告建议威尔士政府与英国监狱和缓刑服务局持续监测当地就业市场数据的战略，确保最新的数据以及尽可能细化的数据便于被相关人员查询/使用。未来威尔士政府拟就当地就业市场数据在威尔士所有监狱之间广泛共享，而不是仅提供监狱所在地的就业信息，这有利于获释后的回归地不在监狱所在地的罪犯准确查询就业信息。此外，威尔士政府与英国监狱和缓刑服务局拟与司法部共享此类数据，以便惠及英国监狱收押的威尔士女犯。

（二）提高利益相关方在罪犯教育上的参与度

确保利益相关方参与政策的制定和实施至关重要。这不仅使政府能够接触大量的理念和人才，还确保威尔士各监狱能获得平等的教育资源。威尔士政府通过使利益相关方参与政策制定、在威尔士各监狱分享教育理念、充分发挥监狱长的职责以及改善获释人员回归社区服务等提高利益相关方的参与度。

1. 提高公共部门的参与度。公共部门的参与具体而言是在威尔士政府与英国监狱和缓刑服务局合作的基础上,确保监狱教育安排能够更好地吸纳威尔士利益相关方的意见。实践中,英国公共部门雇主尤为重视与监狱的整体合作,如卡迪夫监狱与英国铁路网合作,提供"个人轨道安全"和"直流导体"轨道卡和小工具票。关于公共部门参与的未来发展,威尔士政府的"全民繁荣:就业能力计划"建议:威尔士职业发展局要与英国监狱和缓刑服务局合作,确保他们提供的服务与监狱教育和重新安置过程相辅相成;威尔士政府应与威尔士就业管理局和威尔士创业管理局共同制定战略,为有潜力的罪犯的商业发展提供个人支持计划;威尔士政府也应与外部利益相关方(如妇女援助组织)合作,为希望获得辅导的女性罪犯设立辅导方案。威尔士就业管理局为寻求就业或培训的人员提供优质服务。英国监狱和缓刑服务局与威尔士政府希望威尔士就业管理局提供的"威尔士工作建议"服务能成为改善就业的转介机制。威尔士政府监狱管理团队拟在威尔士就业管理局设置一个联络点,以便于在双方之间建立牢固的工作关系,这对于取得积极的教育和就业成果至关重要。此外,也尤应注意监狱长作用的发挥。监狱长是所在领域的专家,他们知道如何应对再犯问题,如何改善监狱罪犯的教育成果。监狱长也强烈希望更多地参与到政策制定的实际行动中,同时监狱也因为监狱长与威尔士政府决策者的更多交流而获益。

2. 提高私有部门的参与度。威尔士政府在影响威尔士各地雇主并逐步改善获释人员就业方面,具备极大潜力。虽然在就业问题上,威尔士政府不应该过于优先考虑获释人员而非其他求职者的工作情况,但那些在监狱培训和教育过程中表现出求职决心的罪犯不应因其犯罪历史而受到歧视。各级决策者已经意识到,他们可以利用合同来推动社会改革。这是通过社会条款来实现的,社会条款对成功获得合同的雇主具有约束作用。威尔士政府的预算约为160亿英镑,能够对社会条款施加最大影响。政府尤其是地方当局通过其直接政策、供应商和影响范围,鼓励私营企业改善有关所有求职者的雇佣标准。威尔士政府是最早采用社会条款的政府之一,这是政府的一项重要工具,目的是确保他们在公共服务上进行有效支出,但同时要求获得合同的私营部门进行雇佣调整。威尔士的监狱与当地企业就有良好合作的案例,例如,帕克监狱已经与当地一家室内装潢公司就专职培训建立了伙伴关系;斯蒂亚尔监狱和维珍列车公司建立了伙伴关系,为罪犯提供相应的培训,以便帮助他们实现长期就业。维珍列车公司雇佣获释人员的历史已有5年,雇佣的人数接近受训人数的一半。这是私营企业与监狱合作改善罪犯就业机会的完美实例。

（三）开展监狱内外一体化终身学习与教育

传统上由监狱系统为狱内罪犯提供教育存在的主要问题是罪犯在狱内的教育与其社会上接受的教育存在脱节，包括课程和教学实践之间缺乏一致性、无法共享学生数据和跟踪长期结果，以及工作人员能力和培训不足。威尔士在罪犯教育方面注重罪犯在入狱前、服刑期间以及出狱后的教育衔接。

1. 注重掌握罪犯入狱前的教育学习情况。威尔士政府与英国监狱和缓刑服务局不仅重视罪犯在狱内的学习与培训，同时也是为了提升罪犯狱内教育有效性而注重把握其在入狱前的教育学习情况。监狱会在罪犯收监时实施强制性的数学和英语能力评价。如果罪犯拥有其他资历，如特定专业、职业或学术技能等，也会将其记录在案。除非新收犯已有相关教育、健康和护理计划，否则其必须接受强制性评估，包括针对存在学习困难者的筛查。如筛查显示有需求，则应推定相关罪犯必须接受额外支持和适应帮助。鉴于监狱人口中存在学习困难者较多这一事实，监狱长应就这一重要群体的进展及其参与监狱活动的情况进行特别审查。

2. 重视罪犯获释后在狱外的继续学习与教育培训情况。英国监狱和缓刑服务局与威尔士政府最近商定了一项新的威尔士监狱学习和技能战略，该战略旨在罪犯获释后能够进一步学习，提升技能和改善工作。然而，调查结果显示，威尔士监狱教育需要更明确的职责界定和侧重点。以"数字校园"为例，狱内罪犯与数字技术脱节的情况非常严重，尤其是那些长期服刑的罪犯，他们的脱节问题更为严重。当前社会需要人们具备基本的数字技能，从网上银行，到获得社会保险支付，或在网上求职。要使教育成为解决再犯的整体工具，需要提高罪犯的数字技术知识。这些技能不仅促进获释人员就业，更能帮助他们获得公共服务。部分监狱已经在执行软技能开发方案上率先做出示范，如伯文监狱的罪犯可以网上订餐或网上预订资源。英国司法部正在制定政策解决方案，英国监狱和缓刑服务局也在起草远程学习计划。两种努力都有可能降低再犯率。在获释人员从监狱回归社会的过程中，"数字校园"将提供支持帮助。英国监狱和缓刑服务局正在制定相关计划，而威尔士政府则在考虑如何使该计划同时惠及女性罪犯和男性罪犯。

(四)开展回归社区配套支持服务

研究表明,有效的"回归社区"服务能确保再犯率的降低。即将获释的罪犯,尤其是已在监狱服刑数年的罪犯,将面临一段调整期。他们需要支持,才能平稳地回归社会。这意味着,要尽量消除罪犯在获释后立即面临的复杂局面。这似乎与监狱教育不直接相关,但如果缺乏整体的罪犯福利支持,良好的教育和就业结果则难以实现。

1. 提供人员与机构支持。威尔士商业管理局(Business Wales)擅长帮助个体创业,其利用这种专长,为获释后希望创业的罪犯提供支持。此外,其也在罪犯服刑期间以及获释之后为有就业意愿的罪犯提供支持,有些是个人职业建议,有些是针对监狱外的潜在创业机会建立种子基金和支持方案,以便在监狱内设立相应的培训计划、产品开发或业务计划。

2. 消除就业障碍。威尔士就业管理局为寻求就业或培训的人员提供优质服务。罪犯再就业时面临诸多挑战,他们的情况与其他公民不同。举例来说,虽然有些罪犯在狱内已接受建筑培训但出狱后仍因无法取得建筑技能认证卡而无法从业。认证卡要花费36英镑,建筑行业培训委员会(CITB)的健康、安全和环境考试要花费21英镑;不仅如此,获释人员较难获得考试机会。此外,越来越多的雇主通过是否持有认证卡来衡量求职者的资格。这些因素均为罪犯释放后的就业设置了不必要的障碍。他们在狱中主要学习高质量的建筑技能,但由于找不到工作,他们在获释后也难以学以致用。有观点认为,罪犯应该在获释时申请认证卡,但其实罪犯的获释补助只有46英镑,这不足以支付认证费用。因此,威尔士政府考虑在为罪犯开展此类技能培训的同时,考虑帮助罪犯在监狱获得建筑技能认证卡,这既为其就业消除人为设置的障碍,也使监狱教育真正落到实处。再如,获得住房和地方当局的其他服务是罪犯所面临的一个困难,没有住房,罪犯将无法找到工作,也无法利用他们在监狱中学习的技能。因此,威尔士政府拟鼓励地方当局设置一名监狱外联专员或直接在当地监狱派驻专员。当罪犯能够在获释前与专员沟通时,威尔士政府就为他们提供了稳定感,并提高了罪犯更积极上课的可能性。

监狱卫生保健

全球新冠肺炎疫情蔓延态势下多国监狱疫情及其应对*

戴艳玲** 谢晓燕***

随着新冠肺炎疫情全球蔓延并在多国形成了严峻的暴发态势，各国普遍将关注与响应升至最高级别，出台了一系列，甚至是“超常规”的严防严控疫情发展的举措。当“封国”“封城”“封路”等各项封闭之举以及“禁足居家”之令在社会上广泛实施的时候，监狱——这类本就“封闭”“禁足”的场所也难以躲避新冠肺炎病毒“入侵”。从目前公开报道的情况看，在多国都发生了监狱场所的新冠肺炎疫情，而且在有些国家监狱疫情多点暴发、聚集暴发，俨然形成了蔓延的严峻态势，多国紧急采取应对措施。

一、多国监狱新冠肺炎疫情发展态势及其特点

2020 年，在新冠肺炎疫情全球大流行的背景下，多国频频爆出监狱场所内的确诊病例和感染疫情，新冠肺炎

---

* 本文资料主要来自央视网、央视新闻客户端、中国新闻网、新华网、环球网、凤凰网、腾讯网、搜狐网、环球博讯网、联合国新闻网、世界新闻网、欧洲头条网、欧洲时报、华人头条、海外网、上观新闻、联合日报、德国之声网、新西兰中文先驱网、时代在线网、每经网、东方网、观察者网、来源网、《星岛日报》、第一财经网、msn 新闻网、侨报网、《澳门力报》、随笔南洋网等。

** 戴艳玲：司法部预防犯罪研究所研究员。

*** 谢晓燕：司法部预防犯罪研究所助理研究员。

疫情监狱蔓延态势受到广泛关注。

意大利。截至2020年3月25日,已有15名囚犯的新冠病毒检测呈阳性。

英国。截至2020年4月7日,已经有9名囚犯感染新冠病毒死亡。一方面,英国很多监狱已经达到囚犯羁押的上限,疫情之下,监禁拥挤加剧监狱内感染风险。而另一方面,监狱工作人员不足也凸显压力。截至2020年3月24日,大约有3500名监狱工作人员因为患病或隔离而无法坚守工作岗位,约占英国全部监狱工作人员的10%。

法国。截至2020年4月15日,监狱42,000名狱警中有204名狱警以及76名囚犯确诊感染新冠病毒,一名狱警和两名囚犯感染新冠病毒而死亡。

美国:新冠肺炎疫情严重,监狱疫情多点暴发和聚集性暴发情势严峻。截至2020年4月21日,美国32个司法管辖区反馈给疾控中心的数据报告称,至少420所监狱和拘留所报告了经实验室确认的感染病例。4月10日,兰辛惩教所证实有16名工作人员和12名囚犯确诊感染新冠肺炎,另有7名囚犯正在隔离进行观察。4月25日,美国密歇根州监狱管理局数据显示,该州莱克兰监狱的1400名囚犯中,有642名囚犯确诊新冠肺炎。截至4月28日,洛杉矶县圣佩德罗市特米纳尔岛监狱的1055名囚犯中有443人新冠病毒检测结果呈阳性,另有10名监狱管理人员检测结果为阳性,成为美国联邦监狱管理局体系中疫情最严重的一座监狱。5月3日,位于俄亥俄州的一所监狱近2500名囚犯中有80%以上确诊感染,另外还有至少175名工作人员确诊感染,为目前美国最严重的聚集性感染事件。根据目前的统计数据,美国已有13,436名囚犯和5312名工作人员确诊感染新冠肺炎。这还只是在检测数量非常有限的情况下的统计数字。据美国当地媒体报道,当地时间5月9日,加州隆波克市一所联邦监狱中本周受新冠病毒感染的服刑人员增至792人,约70%服刑人员确诊新冠肺炎,成为全美疫情最严重的监狱,超过了圣佩德罗终端岛联邦监狱644名服刑人员被感染的记录。隆波克市联邦监狱和圣佩德罗终端岛联邦监狱的确诊病例现在约占全美监狱系统内新冠肺炎患者总数的47%。

印度。位于孟买的亚瑟路监狱,截至2020年5月7日共有103人被确诊感染新冠病毒,其中包括26名监狱管理人员。亚瑟路监狱按规划可收容800人,但现有囚犯2600名,是印度最拥挤的监狱之一。

秘鲁。截至2020年4月28日,全国范围内共有645名囚犯感染新冠肺炎,其中30名在监狱中死亡。此外,秘鲁国家监狱机构中有224名工作人员感染新冠肺炎,其中 7 人死亡。

摩洛哥。摩洛哥南部一所监狱于 2020 年 4 月 23 日报告了 130 多例新冠病毒感染病例,该监狱已有 60 余人在此前的检测中呈阳性。

从以上相关报道的资料数据来看,新冠肺炎疫情监狱蔓延态势大体出现以下三方面特点:一是监狱疫情在多国暴发。监狱确诊病例及发生疫情在时间上有先后迟早,规模或大或小,感染者有囚犯也有监狱工作人员。情况各有不同,但监狱疫情实实在在已在多国蔓延。二是有的国家监狱疫情多点暴发,且聚集性突出,严重威胁正常的监狱工作秩序。三是监狱疫情与其国内疫情关系密切。新冠肺炎疫情较为严重(或在较为严重的阶段),监狱疫情相对凸显。以上各国监狱的疫情再次印证了,监狱场所封住的只是"围墙",封不住的是与社会千丝万缕的联系。

监狱场所囚犯的生活居住环境普遍呈高密度,甚至持续在拥挤状态,无论是囚犯之间,还是囚犯与监狱工作人员之间基本没有条件"保持社交距离",场所内的防疫及医疗资源也通常不及社会上的相关水平等,这些因素共同推升了监狱场所新冠肺炎疫情风险。不仅如此,监狱囚犯中年龄偏大者、老年病和慢性病患者、药物成瘾者以及因长期监禁、焦虑和恐慌等不良心理因素导致免疫力下降者等,这些相对更加易感且愈后困难的群体,无疑将加剧监狱疫情的严峻态势。

二、多国采取的紧急应对措施

鉴于对监狱种种"高危"因素的担忧,为紧急应对监狱场所内的疫情,多国都采取了临时应对措施,防控疫情并维持安全秩序,概括梳理主要包括以下一些措施和办法:

(一)有选择、有条件地紧急释放部分囚犯

一些国家为遏制或者防范监狱暴发疫情之危势,紧急采取了有选择、有条件地释放部分囚犯的措施。

美国。2020 年 4 月 3 日,美国司法部长下令尽快将那些易受感染并且符合条件的囚犯释放,进行居家监禁,尤其是受疫情打击最严重的奥克代尔监狱以及另外两所监狱;释放身体状况较差或是罪刑较轻微的囚犯;刑期短于 30 天的囚犯皆获得提早出狱。而此前,出于对新冠肺炎疫情的担忧,美国地方当局正在提前释放数千名囚犯,十多个州的监狱正在将轻罪和年老或

多病的囚犯提前释放。洛杉矶当地监狱及矫正机构虽未有确诊病例,为了保护易受感染的人群,自2020年2月底开始,已释放逾600名囚犯。

意大利。截至2020年4月26日,自2月29日以来,囚犯总数减少了6500人,其中部分原因和新冠肺炎疫情有关。

法国。2020年3月中旬,政府宣布防疫紧急状态多项命令,其中一项是提前释放服刑期还剩两个月就结束的犯人。

英国。司法部同意将社会危害性低的囚犯释放,但这些囚犯需要佩戴电子追踪器;怀孕的囚犯或家中有婴儿的囚犯也获准释放。但犯有暴力罪、性犯罪或恐怖主义罪行的囚犯没有资格获释。

伊朗。为防止新型冠状病毒进一步传播带来的影响,全国大约有70000名囚犯已经临时获释。

秘鲁。司法部已在2020年4月23日宣布,将根据特赦法释放约3000名最易受病毒感染的囚犯,包括孕妇、带有3岁以下儿童者、刑期在4年以下者、未犯下严重罪行的70岁以上的高龄者、余刑6个月以内的服刑者,以及那些因身体条件而感染风险较高的囚犯。

土耳其。2020年4月14日,土耳其国会通过一项法律,允许临时释放数万名囚犯,以遏制新冠肺炎疫情在监狱蔓延。这一法律为约4.5万名囚犯获释提供了机会,包括孕妇和患有其他疾病的年长囚犯等数种类型的囚犯,但排除杀人犯、性侵犯和毒品犯。符合条件的人将在司法控制下被释放,直至5月底,司法部可以将这一期限延长两次,每次最多两个月。

菲律宾。在多名囚犯被检测出感染新冠肺炎后,司法部正在“加快”处理囚犯的假释和缓刑的进程以舒缓监狱人满为患的问题。

缅甸。政府已宣布释放近2.5万名囚犯,人数将近囚犯总数四分之一,以减少新冠肺炎疫情可能对监狱造成的风险。

肯尼亚。2020年4月2日,国家司法行政委员会和肯尼亚高等法院释放了4800余名囚犯,包括刑期在半年以下的轻罪犯人以及剩余刑期不到半年的囚犯。

联合国人权高级专员办事处表示欢迎一些国家采取措施,释放最容易感染的囚犯,包括存在其他主要疾病的囚犯、孕妇、老年人、艾滋病毒感染者以及残疾人。与此同时,联合国人权高级专员办事处强调,各国必须确保这些措施不会助长暴力犯罪不受惩罚的现象。

从上述例举可见,为遏制或者防范新冠肺炎疫情在监禁场所中的传播和蔓延,多国采取了有选择、有条件地紧急释放部分囚犯的措施,虽然具体做法不尽相同,但是,该措施的实施目标是一致的,那就是降低关押密度,紧急遏制或者防范新冠肺炎病毒在监禁场所中的传播和蔓延,当然,同时也要兼顾防卫社区安全的必要需求。该措施大体有以下几个特点:一是有选择适用。主要适用于年长者和慢性病患者等新冠肺炎更加易感或者容易发展成重症患者的高危人员;怀孕和带有儿童或家中育有婴儿的囚犯;轻罪者;即将刑满释放或者余刑较短者,而且适用前通常要经过“安全性”评估。而对于暴力罪、性犯罪、毒品犯罪以及恐怖主义罪行等重罪者则明确排除适用,以防范其危害社会。二是有条件适用。对获释者实施电子定位、追踪等居家监控手段,对其施以必要的约束。三是应急适用。该措施紧急适用于新冠肺炎疫情严重的特殊时期,具有“临时释放”之意,有国家还明确了释放期限以及“期限延长”的相关要求。

(二)暂停探监

在新冠肺炎疫情严重的特殊时期,监禁场所暂停探监活动,控制、减少监狱内外人员流动,对于防控病毒进入“墙内”具有积极的物理阻隔作用。也正因为如此,多国采取了这项举措。例如:

美国。美国联邦监狱管理局暂停了全美所有122座联邦监狱的探监。

意大利。意大利政府在下达大面积“封城令”后,暂停了囚犯家属的探视活动,全国监狱会客取消将持续至2020年5月底。

英国。英国司法部发布公告指出,疫情之下监狱内已经停止了一切教育性的集体活动,同时亲属探视也被禁止。同时,英格兰和威尔士的55座监狱提供900部手机,可用于特殊时期在押囚犯与家人的沟通联系。据悉,相关手机只具备通话功能,不能上网,且只有风险评估通过的囚犯才有与家人通话联系的资格。

德国。在2020年3月监狱里发生的首例病毒感染病例以后,德国16个联邦州中有11个联邦州禁止人们探视囚犯。

韩国。在韩国,在将新冠肺炎传染病危机预警级别上调至最高级别后,监狱已采取防疫措施,限制一切探监活动。

尽管暂停会见有助于减缓新冠病毒传播、蔓延,但此举也可能推升狱中紧张、焦虑和恐惧情绪和氛围。有的国家实施监狱暂停探视遭到了部分囚犯及其家属的抗议,甚至升级至激烈的冲突,引起骚乱、暴狱、越狱等严重事件,但是,该项措施作为临时应急的权宜之策还是得到了广泛认同和多国采纳。

(三)限制囚犯及监狱工作人员流动

限制人员流动被认为是阻挡病毒“路径”进而防范病毒传播和蔓延的有效途径,多国在监狱场所内实施了限制囚犯及监狱工作人员流动的措施。例如,美国监狱管理局对监狱职工不再采取轮岗制,而是固定他们的岗位,以减少病毒的传播。监狱之间也限制转移囚犯,美国监狱管理局推行了一项全国性的政策——从2020年4月1日起,所有囚犯在自己的牢房中关14天禁闭。

(四)特定人员的隔离与流行病学调查

对于特定人员设立专门的隔离区实施定向、有效的隔离观察和诊疗也被认为是积极有效的防护措施,主要包括对新入监者、有症状者以及疑似和确诊患者等。

美国。美国监狱管理当局规定新入监囚犯必须隔离14天。

新西兰。新西兰监狱管理当局规定在大流行期间,新进入监狱的囚犯都会与其他囚犯分开两个星期。监狱之间仍会转移囚犯,但如果有囚犯去过监狱之外的任何地方,如出庭,或前往医院,他们也将被隔离14天。

新加坡。新加坡监狱署要求所有新囚犯在进入监狱时先与其他囚犯分开居住14天,接受观察及每天两次测量体温。同时,对疑似和确诊患者进行流行病学调查,通过其“来龙去脉”追踪密切接触者并实施隔离观察和医学评估。

此外,各国借鉴社会医疗机构等有关部门的防控办法和经验是比较普遍的做法,包括对“受感染区域”进行消毒,场所内的卫生清洁工作,严格进入监狱场所的人员管控及体温检测,狱警和其他工作人员以及囚犯每天的体温检测及配戴口罩和手套等防护装备,以及与社会专业机构合作对监狱工作人员进行培训以提升他们对监狱疫情传播的认识和控制能力等。

三、疫情防控之下的应急连锁反应

尽管上述应对措施在防止监狱疫情传播和蔓延方面发挥了重要作用,但相关应对措施也限制了罪犯的正常活动,影响了其日常生活,加之对疫情的恐惧和担心,在疫情防控过程中也产生了一些应急连锁反应,一些国家的监狱发生了严重暴力事件。例如,暂停家属探视或者由于"封城""封路"措施阻碍了家属探视,监狱中的囚犯感觉受到了与家人见面、接受家人带来的食物、物品等方面的限制,加之监狱环境下空间狭小、拥挤、封闭,囚犯们对新冠病毒焦虑和恐慌心理加剧,引发了袭击看守、暴动、越狱、骚乱等严重破坏监狱秩序的行为。

意大利。2020 年 3 月 8 日,意大利多地监狱因囚犯不满新冠疫情实施的禁止探视的新规,发生连环暴动事件,造成至少 3 名囚犯死亡;包括狱警在内的多人受伤。在那不勒斯、巴勒莫等近十个城市的地方监狱也发生类似暴动事件。在发生因感染新冠肺炎死亡事件的摩德纳监狱,囚犯点燃床垫,登上围墙,超过 20 名狱警和工作人员被迫离开监狱,称"监狱已完全被毁"。3 月 9 日上午,共有 50 名囚犯在骚乱中逃出意大利南部的福贾监狱,警方虽然成功制止了其中 30 名囚犯越狱,但仍有 20 名囚犯在逃。

巴西。2020 年 3 月 16 日晚,在圣保罗州的一所监狱,约 400 名囚犯集体越狱。据悉,囚犯因原定于次日(17 日)进行的放风活动被取消而进行反抗,并劫持了狱警等工作人员。随后,囚犯集体逃脱,至少 1000 名囚犯越狱。当天下午,共有 3 所监狱同时发生越狱事件。

法国。法国政府决定关闭全国各地监狱的探访室,在一些监狱引发了一波骚乱。2020 年 3 月 17 日,法国南部的格拉斯、佩皮尼昂等城市都面临监狱囚犯骚乱,数十名囚犯表达了他们对政府决定关闭探访室以防控病毒传播措施的不满。

泰国。武里南府立监狱的在押人员于 2020 年 3 月 29 日发生暴动,约 100 名囚犯在饭堂和会客室等处纵火,至少 11 名囚犯逃狱,其中 7 人已被抓回。据悉,这场囚犯暴动的起因是狱中流传有关新冠病毒的谣言。

美国。2020 年 3 月 24 日 20 时左右,南达科他州一所监狱的 9 名女囚犯逃离监狱,此前,该监狱一名囚犯的新冠病毒检测结果呈阳性。4 月 9 日,因不满监狱应对疫情的政策,美国芝加哥库克县监狱囚犯发起抗议。堪萨斯州的兰辛惩教所在 9 日发生骚乱,大约 20 名男囚犯参与,他们在办公室内捣乱、打碎玻璃窗及纵火,直到 10 日凌晨 2 点骚乱才得以平息,有两名囚犯受轻伤。

阿根廷。2020 年 4 月 25 日,阿根廷首都布宜诺斯艾利斯的维拉德沃托监狱发生囚犯纵火暴动,他们在得知该监狱有人感染新冠肺炎后,要求被释放以防止感染新冠病毒。在此次暴乱中,大批囚犯参与暴乱,并纵火焚烧床垫并占领监狱两层楼,数十人站在监狱屋顶上手持矛和棍棒等武器。囚犯家人在监狱外呼吁释放亲人,以软禁代替他们的刑期。阿根廷其他几座监狱当月早些时候也发生过类似骚乱或暴动。

委内瑞拉。2020 年 5 月 1 日在的洛斯・利亚诺斯监狱,囚犯的反抗导致 47 名囚犯丧生。

秘鲁。2020 年 4 月 27 日,的米格尔・卡斯特罗・卡斯特罗监狱爆发骚乱,造成 9 名囚犯死亡。

哥伦比亚。2020 年 3 月 21 日,23 名囚犯在安全部队镇压拉莫德罗监狱的暴乱过程中死亡。

在新冠肺炎疫情期间,囚犯对疫情的恐惧,囚犯及其家属对于监狱方面保护措施和医疗照护的疑虑和担心不可低估,需给予足够重视。多国监狱场所发生的与新冠肺炎疫情有关的暴力冲突事件,反映了囚犯对受到传染的担心和对监狱可能缺乏医疗保障的不安,而一些囚犯亲属在监狱外聚集"声援"狱中暴动,也是由于担心监狱疫情以及监狱应对疫情的各种物资保障,担忧狱中亲属感染新冠病毒。

面对监狱疫情,无论是政府主动释放囚犯,还是囚犯暴力越狱,无疑给疫情之下的社会带来了更多的安全隐患。据美媒报道称,美国各地枪支销售店都出现了比平时明显增多的客流量:加州洛杉矶的枪支销售店排起长龙,爱达荷州一家店铺在货架卖空后开始限购;在美国东北部,民众在当地的枪支商店门口排起了长龙。尽管有报道称,法国矫正机关提前释放了 5300 名几周内即将刑满的囚犯,目前只有 4 人因不遵守规定再次回到监狱。对于该项紧急举措,目前还难以做出客观评价,有网民担心这类旨在减少羁押的紧急措施可能助长犯罪行为,甚至还有人提醒大家在"犯罪浪潮"下要学会自卫。

截至目前,新冠肺炎疫情仍在全球蔓延,多国监狱前期各项措施的实施力度、效果以及关联影响还有待全面观察和综合评估,随着未来疫情的发展变化,这些措施将如何调整值得关注。

我国新冠肺炎疫情全面稳步向好,目前已经转入常态化防控,监狱场所也同步转入常态化防控阶段。由于全球新冠肺炎疫情仍然严峻,外防输入、内防反弹不仅是我国社会防控疫情的任务和目标,也同样是监狱场所常态化防控的重点。一方面,要认真总结前期防控疫情经验教训,密切关注国外防控监狱场所疫情的应对举措、相关影响及实施效果等。特别关注超押拥挤、警力不足、违禁品查处及劳动工具的严格管理、心理疏导、多样化亲属联系手段和途径,以及医疗服务和医疗物资储备及保障等,发现问题,及时补足短板。另一方面,要落实监狱疫情防控纳入地方当局联防联控体系,完善监狱场所重大疫情应急预案,力求构建布局精准、保障有力、责任明确、联防有序、措施到位、督导跟进预警及防控体系。

国外监禁场所新冠肺炎疫情防控措施介绍及思考*

葛向伟**

在新冠肺炎疫情大流行期间,全世界近1100万监狱服刑人员及监狱工作人员成为高危群体,所有监狱成了高危环境。监狱接收和释放罪犯、罪犯与监狱工作人员、医务人员、来访者和服务提供者之间的日常互动使监狱卫生与公共卫生紧密联系在一起,如何应对监狱疫情是各国卫生和监狱部门面临的紧迫挑战。本文介绍了国外监禁场所新冠肺炎疫情防控措施,总结归纳了其特点,并就国外监禁场所疫情防控措施对我国的借鉴提出了思考建议,以期为健全完善我国监狱卫生保健制度及疫情防控机制提供参考。

---

* 本文资料来源于联合国毒罪办网站、世界卫生组织网站、英国司法部网站、英国皇家监狱局网站、美国联邦监狱局网站、加拿大矫正局网站、泰国司法部司法研究所网站等。

** 葛向伟:司法部预防犯罪研究所副研究员。

第一部分　国外监禁场所新冠肺炎疫情防控措施情况

一、联合国

（一）出台《监狱防范应对新冠肺炎的措施》立场文件

2020年3月，联合国毒品和犯罪问题办公室发布了《监狱防范应对新冠肺炎的措施》的立场文件。文件指出，在新冠肺炎大流行期间，各国应当认识到新冠肺炎对那些无法保持人身距离的受监禁人群以及监管囚犯的警员所构成的特殊风险。监狱人口的健康状况相对较差，因此这种风险也就更高。为向监狱内和监狱外的人提供保护，迫切需要在监狱中采取循证的新冠肺炎防控措施，而且这些措施应当完全按照《联合国囚犯待遇最低限度标准规则》执行。

文件指出了监狱卫生和公共卫生的密切联系。囚犯和监狱工作人员属于易感染新冠肺炎的高危群体，监狱变成新冠肺炎的高危环境，毕竟绝大多数囚犯终将返回各自的社区，因此，毫无疑问，如果监狱系统内新冠肺炎传染率快速升高，将对社会普通公众中的疫情产生放大效应。囚犯入狱和获释的高周转率，以及囚犯与狱警、医疗保健专业人员、访客和服务人员的日常互动等，都使监狱与公共卫生问题息息相关。基于这些理由，社区中实行的新冠肺炎控制战略如不包括监狱环境则无法持续下去。

（二）监狱防范应对新冠肺炎的主要措施

联合国推荐的监禁场所防控措施主要包括以下三个方面：

1.基于人权保护的强有力的感染防控措施。《监狱防范应对新冠肺炎的措施》的一个依据为《联合国囚犯待遇最低限度标准规则》中规定的：“为囚犯提供医疗保健是国家的责任。囚犯应享有的医疗保健标准应与在社区中能够享有的相同，并应能够免费获得必要的医疗保健服务，不因其法律地位而受到歧视。”

防控措施应将监狱和其他拘留场所列为国家应对新冠肺炎疫情的卫生和应急计划中不可或缺的组成部分。监禁场所中的防范、预防和应对措施的设计和实施应当符合世界卫生组织制定的专项指南。这些措施应当包括:具体的风险评估和应急计划;强有力的卫生和感染控制措施;个人防护装备等相关用品的不间断供应;与地方和国家公共卫生主管部门之间保持密切联系;以及对监狱工作人员和医疗保健专业人员的支持和能力建设。应当进一步将新冠肺炎应对措施纳入监狱整体医疗卫生战略,以确保继续关注监狱人口中更广泛的医疗需求,包括其他各种常见疾病。

感染防控措施必须以确保囚犯、狱警、监狱其他工作人员和访客的健康和福祉为核心考量,同时须尊重《联合国囚犯待遇最低限度标准规则》中所列明的各项基本保障措施。重要的是,其中应包括以下要求:除例外情形,不得一天内对囚犯实行 22 个小时或更长的没有实际意义的人际接触的监禁,而且最长不得超过连续 15 天(长期单独监禁);确保外部检查机构和法律顾问能够继续与囚犯接触;只有医疗保健专业人员才可做出临床决定;避免完全暂停与其家人的联系。在任何情况下,监狱中的新冠肺炎措施都不得构成不人道或有辱人格的待遇。

应当承认,监狱工作人员和在监狱中工作的医疗保健专业人员所发挥的职能对于应对新冠肺炎疫情至关重要,因此,必须使他们获得必要的教育、设备和支持。为囚犯开展有针对性的提高认识活动和建立透明的沟通渠道,对于那些已经身处限制性环境的人群做好准备以接受可能必须采取的额外程序同等的重要,这些程序是保护他们自身的健康以及他们的家人和社区的健康所必需的。

面对新冠肺炎疫情,各国还须寻找其他方法来缓解监狱系统预期将要承受的压力。许多监狱人满为患,而且长期被忽视,致使它们在整体基础设施、设备和人力资源诸方面的准备不足,甚至无力启动最基本的防控措施来应对一场新的瘟疫的流行。

2. 非监禁措施。《监狱防范应对新冠肺炎的措施》的另一个依据为《联合国非拘禁措施最低限度标准规则》(《东京规则》)的规定:"为了根据违法行为的性质和严重程度、罪犯的个性和背景以及保护社会的需要采取更为灵活的处理办法,并避免不必要地使用监禁手段,刑事司法制度应制定出一套从审前至判决后处置的范围广泛的非拘禁措施。"

要遏制入狱人数的持续增加并加快释放适当类别的囚犯,需要采取的基本办法是重新评估通常采用的监禁手段,确定哪些类别的囚犯特别容易受到新冠肺炎的影响。对许多国家来说,减少囚犯的人数可能是采取有意义的防控措施的前提条件。法官和治安官在此方面发挥着关键作用,他们需要根据病毒的发展演变情况对接受强化审查的个人作出还押候审或判刑的决定。

审前拘留的替代办法和减刑或暂缓执行某些刑罚将是减少新入狱人数的重要手段。这对于轻微罪行,包括非暴力和非性侵性质的罪行来说尤其重要。例如,芬兰已经采取措施,推迟执行6个月及以下的刑期和罚款转换刑期,以防止新冠肺炎在监狱中传播。

释放机制尤其关系到新冠肺炎对其构成特别风险的囚犯,例如,老年囚犯和患有慢性病或其他疾病的囚犯,以及其他特定类别的囚犯,包括孕妇、抚养子女的妇女、即将服刑期满的囚犯和因轻罪被判刑的囚犯。在此种情形中,应考虑采取保外就医、有条件释放或提前释放的处理办法,以及考虑对各类经过谨慎选择后确认不会损害公共安全的囚犯实行赦免或大赦。为遏制新冠肺炎的蔓延,伊朗伊斯兰共和国暂时释放了85,000名囚犯,埃塞俄比亚、美国、德国、阿富汗也已下令释放部分囚犯。全球还有超过15个国家正在采取其他措施来减少狱中人数以应对新冠肺炎威胁,这些国家包括阿尔巴尼亚、澳大利亚、阿塞拜疆、巴林、法国、希腊、印度、印度尼西亚、爱尔兰、以色列、约旦、尼泊尔、波兰、苏丹、土耳其和英国。此类措施通常将某些类别的囚犯排除在外,包括被判犯有性犯罪、家庭暴力和其他暴力犯罪的人。

为减少狱中人数的所有努力都需要得到社区的缓刑服务、社会服务和医疗服务的综合支持才能具有可持续性,而这些服务机构也由于新冠肺炎大流行而正在对其服务提供工作作出相应的调整。

3. 敲响警钟。监狱和其他拘留环境中容易暴发新冠肺炎的问题必须引起所有国家的严重关切。此种疫情暴发不仅会使囚犯和负责看管他们的人员遭受惨重的影响,还同样会削弱社区正在进行的防控努力,从而更加重了本已捉襟见肘的公共卫生服务的负担。

因此,监狱和其他拘留场所必须成为国家新冠肺炎应对工作不可或缺的组成部分。在这场前所未有的危机中,拘留和监禁这类在封闭环境中的措施必须仅限于那些无法采取其他措施的人,同时还须向刑事司法系统所查办的人提供有意义的支持。

防止新冠肺炎在监狱中暴发,包括为此采取积极措施减少狱中人数,要比一旦疫情暴发后才设法加以控制容易得多。因此,监狱管理部门以及政府和社会所有其他相关部门的协调一致和紧急行动至关重要。

(三)开展新冠肺炎疫情对犯罪影响的研究

为了深入了解新冠肺炎疫情对犯罪和刑事司法系统特殊脆弱群体的影响,联合国毒品和犯罪问题办公室开展了《新冠肺炎疫情对基于性别的暴力对妇女和女童的影响》《新冠肺炎疫情期间保护被剥夺自由的儿童》等研究课题,呼吁各国刑事司法系统关注上述影响。关于《新冠肺炎疫情期间保护被剥夺自由的儿童》,联合国毒品和犯罪问题办公室就如何确保在新冠肺炎疫情期间被剥夺自由儿童的福祉向各国提供建议和技术支持。

联合国毒品和犯罪问题办公室的技术援助主要体现在以下几个方面:一是制定计划,促进审前拘留替代措施、减刑或暂时中止某些判决,以减少拘留设施的新收儿童;为特定类别的儿童制定早期释放计划(例如,因身份犯罪而被剥夺自由的儿童;因新冠肺炎感染而出现并发症风险最高的儿童,包括先前有身体和精神健康状况的儿童;因非暴力、轻微或轻微犯罪被逮捕、指控或判刑的儿童;因与恐怖主义或暴力极端主义团体有联系而根据国家安全理由被拘留的儿童)。二是向法官、检察官、律师和司法系统所有其他有关行为者提供咨询服务,促进在诉讼的所有阶段,包括仍处于审前拘留阶段的儿童,采用替代措施,以替代正式司法程序(如转处)。三是制定战略,建立政府和非政府机构和行为者之间的协调机制,以便尽早将儿童释放到家庭和社区或适当的保健设施或替代照料机构。四是制定儿童法律援助方案的程序和管理,特别注重目前被剥夺自由的儿童,确保儿童新冠肺炎疫情期间获得法律咨询,使他们能够准备和提出提前释放或替代正式程序和剥夺自由的替代措施。

(四)收集会员国开展新冠疫情对犯罪影响的专项研究资料

2020 年 4 月初,联合国毒品和犯罪问题办公室公共政策与趋势分析司数据编制与分析处向会员国发出新冠肺炎疫情影响犯罪的数据收集号召,并确定了六个感兴趣的主题(1)与新冠肺炎流行病直接有关的刑事犯罪,如贩运(伪造)药品/设备和盗窃设备/药品;暴力骚乱,与违反新冠肺炎疫情规定的限制有关的犯罪。(2)在不同环境(如公共空间、家庭暴力、监狱)下可能间接受新冠肺炎影响的刑事事件,如暴力罪行(凶杀、身体/性侵犯),以及财产罪行和网络罪行。(3)刑事司法制度的活动/职能(如被捕人数和在狱人数、释放囚犯前的情况、监狱的情况)。(4)有组织犯罪集团使用的犯罪手法(如活动或动态)的变化,包括贩运人口、偷运移民和贩运枪支的趋势。(5)非法毒品贸易趋势及模式(如毒品检获数据/报告/价格)。(6)毒品使用和健康后果趋势以及为药物使用障碍提供的治疗。

目前,联合国毒品和犯罪问题办公室处于收集各种形式信息的初始阶段,希望会员国提供任何相关数据、报告、论文和其他材料,说明新冠肺炎在刑事司法领域对本国的影响,并将利用收集到的信息,经常更新关于新冠肺炎正在或将会如何改变全球和地方犯罪和毒品格局的信息。联合国毒品和犯罪问题办公室表示其与会员国共同构建的研究成果将提供有关病毒大流行影响的信息,并产生下游应对措施。

二、世界卫生组织

(一)制定发布《监狱和其他拘留场所新冠肺炎的防控和应对——临时指南》

2020 年 3 月 12 日,新冠肺炎疫情被世界卫生组织宣布为大流行。2020 年 3 月 15 日,世界卫生组织根据新冠肺炎疫情暴发的最新证据,发布了《监狱和其他拘留场所新冠肺炎的防控和应对——临时指南》。该指南包括 15 个部分的内容:引言;基本原理;应急计划原则和人权考虑;范围和目标;受众读者;一般方法;新冠肺炎(病原体特征、症状和传播);准备、应急计划和风险水平;培训和教育;风险沟通;重要定义(疑似病例、确诊病例、联系人、病例报告);预防措施;评估监狱/拘留场所人员的新冠肺炎疑似病例;案例管理;信息资源。

该文件依据的是与监狱管理和非拘禁措施有关的预防犯罪和刑事司法国际标准和规范以及关于监狱健康的国际指南,包括《联合国囚犯待遇最低限度标准规则》、《联合国女犯待遇和女犯非拘禁措施规则》、《少年司法最低限度标准规则》、《联合国非拘禁措施最低限度标准规则》和世卫组织《监狱卫生保健指南(2014 年)》。该文件旨在协助各国针对国际新冠肺炎疫情制定具体计划和(或)巩固针对监狱和其他拘留场所的进一步行动,同时考虑准备计划、预防和控制战略以及应急计划,以便与更广泛的卫生和应急规划系统对接。下面概括介绍一下该临时指南的主要内容。

(二)监狱防控新冠肺炎的基本原理

被剥夺自由的人(如监狱中的罪犯),可能更容易受到各种疾病的影响。被剥夺自由这一事实通常意味着监狱和其他拘留场所的人彼此距离很近,这很可能导致像新冠肺炎这样的病原体在人与人之间传播的风险增加。除人口特征之外,监狱中的人通常比普通人有更大的潜在疾病负担和更差的健康状况,并且由于压力、营养不良或共存疾病(如血源性病毒、结核病)的流行和药物使用障碍,经常面临更大的风险,如卫生条件差和免疫防御能力弱。在这种情况下,防止病毒传入监狱和其他拘留场所是避免或尽量减少在这些场所及其他地方发生感染和严重疫情的一个重要因素。

在所有国家,应遵循的基本方法是防止传染媒介进入监禁场所,限制在监狱内的传播,并减少从监狱向外界传播的可能性。在传播更频繁的国家,这将更具挑战性。每个国家都有责任提高他们的准备、警戒和反应水平,以识别、管理和护理新的新冠肺炎病例。各国应做好应对不同公共卫生情景的准备,认识到对新冠肺炎病例和暴发的管理没有放之四海而皆准的方法,因此各国应根据该临时指南和当地情况调整其方法。

(三)应急计划原则和人权考虑

人权框架为确定应对新冠肺炎暴发制定应急计划提供了指导原则,所有受影响者的权利必须得到维护,所有公共卫生措施必须在没有任何歧视的情况下实施。监狱和其他拘留场所的人不仅更容易感染新冠肺炎,他们还特别容易遭受侵犯人权行为。为此,世界卫生组织重申了15条在监狱和其他拘留场所应对新冠肺炎时必须遵守的重要原则,这些原则牢牢扎根于人权法以及预防犯罪和刑事司法的国际标准和规范。

(四)感染防控的一般方法

控制感染在监狱和其他拘留场所的传播,对于防止在此类环境中新冠肺炎的暴发、保护所有在监狱中生活和工作的人以及探访他们的人的健康和福祉以及保护外部社区至关重要。建立这种防控机制取决于保健和监管人员的协调努力,与地方和国家公共卫生机构、司法部和内政部及其地方对应部门合作,建议采用下文概述的一般方法。

1. 需要采取行动,在国家指导下,促进和支持各组织之间的协调、协作努力，以实现感染预防和控制。这种行动应与当时的紧急程度相称，以避免恐慌，并确保在适当的时候采取最适当的应对措施。

2. 联合规划

(1)监管/拘留工作人员应与监狱和其他拘留场所的卫生保健小组合作，遵循现有的国家协议和国家安排，以便能够在雇员中识别疑似病例，并根据国家指南对其进行后续管理。

(2)监管/拘留工作人员应与监狱和其他拘留场所的卫生保健小组合作，以便能够在囚犯/被拘留者中发现疑似病例，随后将他们隔离在单独的住处，并随后进行临床评估。

3. 风险评估/风险管理

(1)应当在监狱入口进行筛查。卫生保健和公共卫生小组应当对所有进入监狱的人进行风险评估，无论社区中是否有疑似病例；收集有关咳嗽和/或气短病史、患者近期旅行史以及过去 14 天内可能接触确诊病例的信息。

(2)被检查的人员应包括囚犯/被拘留者、来访者和监狱工作人员。

(3)清晰的信息传递非常重要，以便有近期旅行史或来自受影响地区并出现新冠肺炎症状的员工可以在家隔离，并且管理者可以为其员工提供高度的警惕和支持；还应提前向访客提供建议，以便不得不访问的人不会处于不利地位；那些有症状的人应该被排除在外。

(4)对于近期有旅行史或来自受影响地区的无症状访客，应制定允许进入协议(如法律顾问)，但应考虑其他措施，如非接触式访问。

(5)限制措施或限制探视的决定需要考虑对囚犯精神健康的特殊影响，以及与儿童和外界隔离可能导致的焦虑程度增加。

(6)应当保持进出监狱的人的每日详细登记。

(7)监狱/拘留管理部门应考虑采取措施，根据具体国家/地区的风险程度，限制监狱/拘留系统内人员的流动性和/或限制非必要工作人员和访客进入监狱和其他拘留场所；需要考虑并尽可能减轻这些措施的心理影响，应为监狱中受影响的人提供基本的情感和实际支持。

(8)监狱/拘留管理部门应主动与被拘留者分享更多关于新冠肺炎的信息。限制(包括对访客的限制)，需要事先仔细解释，并应引入其他措施来提供与家人/朋友的联系，如电话或 Skype 通话。

4. 转诊制度与临床管理

(1)在当前新冠肺炎暴发的情况下,限制策略包括快速识别实验室确认的病例,并在现场或医疗机构对其进行隔离和管理。对于实验室确认病例的接触者,世界卫生组织建议将这从最后一次接触新冠肺炎患者起隔离14天。

(2)使用推荐的个人防护设备(PPE),包括眼睛保护(面罩或护目镜)、手套、面罩和罩衣的医疗保健团队,应确保根据公共卫生机构的建议,从任何疑似病例中提取适当的生物样本,并根据当地规程,按照临床和信息管理程序,及时送往当地微生物服务机构进行分析。应保持个人防护设备库存的安全,以确保其在指定情况下可用。

(3)应向监狱管理部门通报并告知他们可以将需要住院的人转移到哪些医院(呼吸支持和/或重症监护室)。需要对任何确诊病例采取适当的措施,包括根据需要转移到专科设施进行呼吸隔离和治疗;应采用适当的护送方式,并遵循关于安全转移的建议。但是,应考虑能够在现场管理患者的协议,并有明确的转送医院的标准,因为不必要的运输会给运输人员和接收医院带来风险。

(4)应制定旨在减少病原体传播以及表面和无生命物体污染的环境和工程控制措施,应包括提供足够的人与人之间的空间、足够的空气交换和环境的常规消毒(最好每天至少一次)。

(5)应考虑采取措施,如在房间/监舍而不是公共食堂分发食物;或者分开监舍外的活动时间,这种时间可以按监舍/单元划分,以避免囚犯/工作人员即使在开阔的空间集中。根据这些注意事项,囚犯应保持在户外活动,每天不得少于一小时。

5. 监狱/拘留管理和保健工作人员应与当地公共卫生机构合作,实施本文件所述的国际监狱方案建议,任何时候他们都必须平衡公共健康风险与监狱和其他拘留场所以及更广泛的安全和拘留场所的任何运作压力。

(五)防控准备、应急计划和风险等级

为了控制新冠肺炎的暴发,负责监狱和其他拘留场所人员健康和福祉的部门(卫生和司法或内政部门,视情况而定)之间需要有效的规划和强有力的合作安排。这种合作对于确保监狱和拘留场所内可持续的保健提供系统至关重要。建立这种协作计划的重要步骤包括以下内容:

1. 应制定适当的应急计划,包括清单,以帮助监狱和拘留系统自我评估,并提高其应对新冠肺炎的准备程度。

2. 应与地方和国家公共卫生管理部门及其他相关机构(如地方危机管理单位、公民保护机构)建立密切协作/直接联系;在整个规划期间保持定期联系,以共享信息、风险评估和计划。

3. 应在规划阶段开始时进行全面的风险评估,并定期审查;应该有来自公共卫生管理部门的投入(或由公共卫生管理部门领导),并包括对流行病学情况的最新评估。至关重要的是要确定不同程度的风险,以及这些风险可能对监狱系统和其他拘留场所产生的影响(例如,该国的输入案件;国内当地但有限制的流动;当地流动,包括监狱所在地区;监狱系统内的流动)。

4. 应制定特定国家/监管机构的行动计划,以减轻评估中确定的所有风险。一些行动将由国家公共卫生管理部门负责实施;一些将由当地卫生服务提供者负责;监狱和其他拘留场所将对其他行动计划负责。每个行动计划都应规定谁负责交付实施特定的行动,交付的时间表,以及如何以及由谁来确保交付实施。行动计划应包括:

(1)与国家传染病应急计划和响应计划相结合;

(2)指挥和控制安排,以促进信息的快速交流和有效的情况分析和决策;

(3)疾病监测和检测[例如,谁将被筛查新冠肺炎症状?是否对所有入狱人员(工作人员/访客)进行初步症状筛查?如何诊断和确认这种疾病?如何管理确诊病例和接触者?];

(4)病例管理[例如,如何处理被拘留人群中的疑似新冠肺炎病例?如果检测到潜在的新冠肺炎病例,是否有合适的地方进行快速健康评估和隔离?可以创建容纳疑似病例或联系人的单元吗?是否有安全运送生病访客到指定医院的机制,包括确定适当的救护车服务?在涉及监狱和其他拘留场所人员的卫生保健紧急情况下,有什么应对措施?环境清洁和消毒(包括床单和餐具)是否有标准操作程序?];

(5)员工应急计划,特别关注(a)员工可用性和业务连续性,包括当地最低服务(如基本药物、糖尿病检查、伤口处理等);和(b)医疗保健需求和提供——讨论在监狱内提供护理的可能性/可行性,以及将病人转到社区医疗保健服务机构进行专门/重症护理的需求,以及对监管人员应急计划的预期影响。

在针对呼吸道传染病(如新冠肺炎)的任何准备计划中,需要仔细考虑的一个基本要素是基本用品的供应,包括个人防护设备和手部卫生、环境卫生和消毒产品。因此,建议监狱管理当局与监狱和其他拘留场所的保健专业人员合作,评估个人对防护设备和其他基本用品的需求,以确保供应的连续性和即时性。应当指出,为了避免不当使用和误用个人防护设备,监狱中的工作人员和其他相关人员应接受充分培训。在一些国家,符合流感疫苗接种标准的被拘留人口比例被用作在拘留环境中新冠肺炎暴发的情况下对保健服务潜在需求的基本替代衡量标准。

考虑到一些常见的消毒剂(如含酒精的消毒剂)可能被误用,肥皂和水以及个人毛巾应被视为手部卫生的首选。这些应在房间/监舍日夜供应。氯基凝胶可被监狱看守和监禁场所的人在公共场所和/或没有肥皂和水的情况下使用。

三、英国

(一)制定监狱防控新冠肺炎的指南文件及相应的刑罚执行文件

新冠肺炎疫情发生后,司法部、皇家监狱局、监狱和缓刑部采取一系列措施,限制新冠肺炎在监狱的蔓延和影响,保护工作人员和囚犯的健康,维护安全和秩序,并尽量减少这一流行病对国民保健制度的影响。

英国司法部和卫生部发布了《监狱和其他拘留场所防控新冠肺炎指南》;2020 年 3 月 13 日,英国司法部及皇家监狱和缓刑部发布了《英格兰和威尔士监狱防控新冠肺炎疫情指南》;3 月 31 日发布了《囚犯亲友相关新冠肺炎疫情防控的问答》;3 月 28 日发布了《居家监禁宵禁指南》;4 月 24 日发布了《拘禁终止和临时释放指南》,为在新冠肺炎大流行期间病毒防控、刑罚执行和在狱中囚犯的家人和朋友提供指导。上述有些文件内容将随疫情变化不断更新。

(二)监狱防控新冠肺炎的主要措施

1. 英格兰和威尔士的监狱探访。根据指示,监狱探视暂停,人们保持警觉,控制病毒,拯救生命。无法探望囚犯的替代措施有很多,例如,使用监狱语音邮件服务留下语音邮件,或使用为囚犯服务的电子邮件向他们发送电子邮件,也可以给囚犯写信。作为一项临时措施,将给 55 所监狱的囚犯配备安全电话,经过风险评估的囚犯能够与少数预先授权的联系人交谈。除此之外,还有许多其他帮助热线可以给囚犯提供指导。英格兰和威尔士的监狱和少年犯机构(YOIs)将引入安全视频通话。在 HMP Berwyn 成功试用后,皇家监狱和缓刑管理局(HMPPS)正在 10 个机构安装这项技术,并在其他监狱进行更为广泛地推广。此外,有关当局还发布了囚犯亲友问答,详细列出相关问题和答案。

2. 保障监狱人员的安全。监狱一直与公共卫生和国民保健系统服务机构密切合作,制定强有力的应急计划。这些计划优先考虑工作人员、囚犯和访客的安全。现有的、完善的用于管理传染病暴发的程序已经到位,如果发现病例,监狱将做好准备。针对监狱工作人员自我隔离的需要,制定了处理工作人员缺勤问题的计划。囚犯、工作人员和访客可以使用洗手设施,与供应商密切合作,确保肥皂和清洁材料的供应。作为保护国民健康保险制度并拯救生命的国家计划的一部分,在释放日期两个月内接受风险评估的囚犯将暂时释放出狱。

3. 制度变更。暂停监狱内一般制度的实行,以遵循社交距离的要求,这对保护囚犯和工作人员的安全以及防止病毒的传播至关重要,但同时也意味着囚犯不能再参加通常的娱乐活动,如使用健身房、做礼拜或到图书馆阅读等。只有厨房员工或清洁工等基本工人才能继续工作,但人们仍然会得到报酬,在此期间仍将继续提供对囚犯的支持,如关于监舍内做礼拜、锻炼和对焦虑处置的建议。

4. 假释委员会听证会和审判。所有面对面的假释委员会听证会和新的陪审团审判已暂时中止,假释委员会将通过远程听讯和书面审查程序,有时与案件管理听讯相结合,推动案件审理的进展。

5. 法律访问。目前正在进行紧急工作,以便改善监狱中的囚犯与其法律团队之间的联系,包括提高监狱中的视频会议能力。

6. 新冠肺炎病毒对监狱的影响的相关信息发布。如果对来访者的一般建议或监狱系统的运作有更改,将更新指南页面上的建议,并在 Twitter 上发布更新@ HMPPS 和@ MoJGovUK。此外,还有一系列方式向监狱人员传达建议和提供指导,包括国家监狱电台。如果对监狱囚犯有紧急情况需要马上进行处理,可直接给监狱打电话,相关详细资料可在监狱发现者号上查阅。与此同时,监狱还向囚犯家属公布了求助热线。

（三）刑罚执行的变更

英国司法部、监狱和缓刑部通过新建楼房和一些临时释放相结合，创造更多的空间来保护和隔离弱势囚犯和新收罪犯。

根据《拘禁终止临时释放计划》（ECTR），在获释日期两个月内接受风险评估的囚犯可以暂时释放，但不是每个符合资格标准的人都必须或即将被释放。释放可能针对的是特定监狱，以减轻与新冠肺炎相关的影响。这将根据业务需要和公共卫生指导作出决定。该计划对于释放理由、法定标准、释放条件、监督、评估等一系列问题作了详细的规定。

根据《人道主义释放计划》，与《拘禁终止临时释放计划》程序分开，一些囚犯可能符合人道主义临时释放标准，如怀孕或极其容易感染新冠肺炎的情形。监狱管理当局根据安全情况进行逐案评估，可考虑签发临时许可证释放这些囚犯，不符合资格条件或不适合释放者，将采取更广泛的一揽子措施，包括采用《拘禁终止临时释放计划》，这将有助于保护被关押的囚犯。

《居家监禁宵禁指南》规定了关于居家监禁宵禁计划运作的规则和指导。该指南针对监狱、少年犯机构、安全培训中心和安全护理之家、缓刑机构和青少年犯罪小组的所有相关从业人员。该计划允许提前释放服刑刑期在12周以上4年以下的罪犯。符合资格标准并通过风险评估的罪犯将在电子监测的宵禁下获释，以便利他们从监禁过渡到社区。

（四）开展研究评估分析

2020年4月27日，英国司法部、英格兰公共卫生部（PHE）、监狱和缓刑部发表了关于新冠肺炎与监狱人口管理战略的研究和分析报告，报告评估了针对新冠肺炎大流行在监狱中实施的各项监狱人口管理战略的影响。研究结果表明：英格兰公共卫生部与英国监狱管理局和英国国家医疗服务系统密切合作，加强社交距离，保护最脆弱者，并加强英格兰监狱的隔离；目前，监狱暴发了影响工作人员和囚犯的新冠肺炎疫情；但英格兰公共卫生部收集的早期新数据表明，在大流行浪潮开始时担心的新冠肺炎的“爆炸性暴发”并未被发现；相反，有证据表明疫情已经遏制；这可能由增加的社交距离和隔离驱动，繁殖数量（R0）减少到1或以下。英格兰公共卫生部进行了建模，表明保持这种社会接触的减少将对监狱人口的感染风险以及住院或死亡等后果产生重大影响；目前的数据表明，一旦监狱内出现特定疫情，新感染的入侵主要是由新收犯，也可能是监狱中受感染工作人员造成的；反向群体单元是防止新接收囚犯感染入侵的最佳防御，但仍需努力确保在必要时提供这些单元，并有足够的能力满足现在和将来的人口流动；在没有疫苗或有效治疗的情况下，监狱场所暴发大规模疫情的风险依然存在。这些风险可能在2020年晚些时候升级，涉及放宽更广泛的社区限制、恢复一些正常的警察和法院活动，从而对囚犯流动造成影响，可能超过区域协调会的能力；下半年也可能因季节性流感暴发的风险而变得复杂。

四、美国

新冠肺炎暴发后，美国联邦监狱局（BOP）谨慎监测新冠肺炎病毒，与任何类型的紧急情况一样，审慎评估如何最佳地确保监狱职员、囚犯和公众的安全。为了减轻新冠肺炎的蔓延，应对新冠肺炎的威胁，美国联邦监狱局通过制定应对新冠疫情指南、应急计划、一般响应、与相关部门开展协作等形式，采取了如下措施：

（一）联邦监狱局实施《应对新冠肺炎修改后的运营计划（指南）》

为了减轻新冠肺炎的蔓延，监狱局暂时修改了运营计划。该计划每30天评估一次，根据该计划，为了减轻新冠肺炎疫情的传播，联邦监狱局将在未来30天内在以下条件下运行，具体如下：

1. 社会访问：社会访问暂停。整个监狱局层面，囚犯电话系统分钟数将增加到每月500分钟。

2. 囚犯流动：囚犯内部流动暂停，但存在有限的例外。然而，这一暂停并不意味着停止所有囚犯的流动，因为联邦司法系统和州法院还在继续处理刑事案件。囚犯流动的例外情况可包括但不限于与法医研究、令状、拘留者州际协议（IAD）、医疗或心理健康原因（包括当地医疗旅行）和RRC安置相关的转移等。显然，监狱局可能需要转移囚犯，以便更好地管理拘留床位，并确保行政设施不会超出现有资源而过于拥挤。在下列条件下，所有囚犯都有权从所有设施进行流动：

（1）囚犯必须在联邦监狱局的拘留期间超过14天。

（2）对新冠肺炎症状（发烧、咳嗽、呼吸急促和体温）进行退出筛查。

①如果囚犯没有症状，体温低于100.4华氏度，囚犯将可以被转移；

②如果囚犯有新冠肺炎症状，或温度大于100.4华氏度，他们不会被转

移,而是将立即被隔离;

(3)区域主任将在转移囚犯前通知联邦监狱局紧急行动中心,以便跟踪和监测囚犯转移。

联邦监狱局强调,所有囚犯,无论他们住在哪里,在行动前都要接受新冠肺炎筛查,并且对囚犯和工作人员都使用筛查协议。

3. 法律访问:法律访问暂停30天,届时将重新评估是否继续暂停。允许在地方一级逐案批准,并允许进行保密的法律电话,以确保囚犯获得律师帮助。如果律师获准亲自访问,需要使用与工作人员相同的程序进行筛查。获得法律咨询仍然是首要考虑,并将在可行范围内予以满足。

4. 公务差旅:除搬迁外,公务人员差旅暂停。

5. 培训:除新工作人员的基本培训外,所有工作人员培训均暂停(包括会议)。

6. 承包商。对基本系统执行基本服务或必要维护的承包商将接受高级健康检查,包括体温检查,所有承包商的访问都被暂停。需要进入监狱的承包商将在进入前通过与工作人员相同的程序对新冠肺炎症状进行筛查。承包商提供的基本服务包括医疗服务、精神卫生服务、宗教服务和关键基础设施维修等。

7. 志愿者。除非获得监狱局副局长的批准,否则志愿者访问也将被暂停。对于要求与宗教顾问交谈的囚犯,将建议囚犯考虑通过通信手段进行。获准进入的志愿者将在进入监狱前通过与工作人员相同的程序对新冠肺炎症状进行筛查。所有访客、志愿者和承包商都需要获取一份访客/志愿者/承包商新冠肺炎筛选工具的副本。所有矫正机构的工作人员将在矫正机构的大厅向来访者提供副本的服务。

8. 工作人员筛查。联邦监狱局将在“持续社区传播”地区和医疗转诊中心加强对工作人员的健康检查。“持续社区传播”由疾病预防控制中心(Centers for Disease Contro,CDC)确定,并将在联邦监狱局资源页面的地图上指示,其中州社区传播指示“是”。此类筛查包括未来30天的自报告和体温检查,届时将重新评估该过程。

9. 囚犯筛查。联邦监狱局将继续按照先前指明的做法对囚犯进行新冠肺炎筛查:所有联邦监狱局新入囚犯都接受新冠肺炎暴露危险因素和症状筛查,并对无症状的囚犯进行接触性危险因素的隔离。具有暴露危险因素的有症状的囚犯将被隔离,并按照当地卫生当局协议进行新冠肺炎测试。

10. 进入机构的参观。参观暂停。任何例外情况都必须由副局长批准后才可以进入监狱进行参观。如果获得批准,参观者将在进入前通过与工作人员相同的程序对新冠肺炎症状进行筛查。

11. 修改业务。联邦监狱局正在运营修改后的业务,以尽可能地扩大矫正设施的社会分离。这种分离措施包括考虑囚犯错开用餐时间和错开娱乐时间,限制囚犯聚集与聚会。

12. 私营拘留机构承包商。《应对新冠肺炎修改后的运营计划(指南)》正在与私营监狱和无线资源控制层(Radio Resource Control,RRC)分享,以便向这些设施的工作人员和囚犯传送,并执行类似的议定书。

(二)联邦监狱局新冠肺炎的应急响应

每个机构都像一个小城市,为了应对重大紧急情况或其他正常业务的重大中断,它们都有"连续运营计划"(COOP),为工作人员提供业务指导。这些计划包括处理暴乱或火灾、在发生自然或人为灾难时进行大规模疏散、应对炸弹威胁或管理其他重要紧急情况(如新冠肺炎)的信息。

虽然不同的紧急情况需要不同的反应,但这个计划向执行者提供了一个蓝图,这个计划几乎可以适用于任何紧急情况。典型的应急计划包括关于通知指挥人员、控制局势、通知并与地方当局协调、提供临时和后续医疗保障以及其他关键问题的信息。灵活性对于更好地实施计划也至关重要。

联邦监狱局每年对每个设施的应急计划进行审查和更新,并要求员工每年对这些计划进行评估,定期对执行这个应急计划的人员进行多方面的培训。联邦监狱局的区域和中央办事处该有相应的应急计划,协助它们在发生危机时支持外地行动。这些计划包括与其他联邦、州和地方机构的必要的沟通和联系职能。

(三)联邦监狱局的新冠肺炎响应

2020 年 2 月,根据卫生与人类服务部(HHS)的助理卫生部长(OASH)的要求,联邦监狱局(BOP)公共卫生服务部(PHS)准备应对新冠肺炎事件。因此,联邦监狱局开始规划其新冠肺炎疫情对策,并采取了全面管理以及监督。监督包括与所有联邦监狱局区域办事处、所有联邦监狱局中央办公室(负责监督项目级职能)以及与国家惩教所(NIC)协调州和地方监狱的情况。联邦监狱局实施了其批准的大流行性流感计划。

联邦监狱局的规划使用事件命令系统(Incident Command System,ICS)对新冠肺炎疫情相应的框架进行结构化。国家预防保健中心利用世界卫生组织(WHO)、疾病预防控制中心(CDC)、人事管理办公室(OPM)、司法部(DOJ)和副总统办公室的指导采取具体行动。联邦监狱局(BOP)的"事件行动计划"包括但不限于连续运营计划、用品、囚犯流动、探视、工作人员培训和正式工作人员旅行。事件命令系统指挥中心每天举行简报会,向高级管理层提供最新情况。作为政策和程序问题,联邦监狱局机构在发生任何传染病暴发时都有大流行准备计划。

中央办公室发布了指南备忘录(Guidance memos),包括了联邦监狱局医学主任于2020年1月31日和2020年2月29日向所有现场临床人员发出的指导意见。该指南描述了筛查新冠肺炎的最佳做法、提供囚犯和工作人员筛查工具以及疾病预防控制中心(CDC)预防疾病传播的最佳做法。工作人员筛查工具已在联邦监狱局的内部和公共网站上公布。2020年3月6日,中央办公室向联邦监狱局现场发送了其他指南,以评估联邦监狱局的个人防护装备(Personal Protective Equipment,PPE)库存情况,并正在实施国家采购计划,以获得大宗采购、储存供应品并协调分配。所有联邦监狱局地点的传染病个人防护装备供应品清单已经完成,正在探索使用替代供应链选择。2020年3月9日,联邦监狱局的卫生服务司和人力资源管理司向所有联邦监狱局工作人员发布了关于工作人员与新冠肺炎疫情有关的筛查以及如何分配休假的指导——《联邦监狱局休假协议遵循指南》。

(四)联邦监狱局与其他部门的新冠肺炎协作努力

联邦监狱局在新冠肺炎疫情防控方面提供机构间代表、资源和协作,以便与联邦应急管理局、美国法警署、生物业务威胁资源联邦工作队等部门合作。联邦监狱局已部署公共卫生服务部门干事在机场开展与国家旅行有关的筛查,并要求联邦监狱局的国家矫正研究所(NIC)与州和地方矫正人员分享与联邦监狱局的有关指导。联邦监狱局通过电话会议与疫病控制中心开展合作,以交换与新冠肺炎和矫正相关的信息。疾病预防控制中心经常请联邦监狱局提供适当的管理艾滋病毒、肝炎、大流行性感染和许多其他公共卫生情况的矫正医疗保健专业知识。目前,疾病预防控制中心正在惩教和拘留设施中,就冠状病毒病的管理提供临时指导。美国矫正协会(American Correctional Association,ACA)也定期与联邦监狱局矫正保健领域的知名专家协商相关事宜。事实上,美国矫正协会已经在其公共网站上发布了联邦监狱局开发的工作人员和囚犯新冠肺炎筛查工具。

五、加拿大

(一)加拿大矫正局矫正机构防控新冠肺炎疫情的概况

加拿大公共卫生部(Public Health Agence of Canada,PHAC)是加拿大政府授权防控新冠肺炎的机构。加拿大矫正局(CSC)隶属于加拿大公共安全部。新冠肺炎暴发后,加拿大矫正局继续遵循公共卫生部的指导,并作出相应决定。加拿大矫正局在其所有的矫正机构中都设有专门的医疗保健服务部门,并制定了全面的程序,以处理流感和其他呼吸道疾病(新冠肺炎)病例。加拿大矫正局认为,矫正机构的员工和罪犯的持续健康、安全和福祉至关重要,保持安全环境和公共安全的持续能力也至关重要。在这次公共卫生危机期间,加拿大矫正局维护公共安全和安全管理罪犯的核心任务仍在继续。2020 年 3 月 30 日,加拿大矫正局发布了《新冠肺炎疫情:准备和计划》,加拿大矫正局正在采取前所未有的步骤处理新冠肺炎问题。

为了保护工作人员和罪犯,加拿大矫正局在新冠肺炎暴发后暂停了公众和志愿者的访问、所有机构的临时出勤(医疗需要除外)、罪犯的工作释放。作为访问监狱的替代措施,囚犯及其家人和朋友可通过其他方式与其保持联系,如视频访问或电话。加拿大矫正局希望囚犯在暂停探视期间与家人保持联系,为协助这项工作,加拿大矫正局已免除囚犯在机构使用电话系统所支付的费用,加拿大矫正局官方网站现已提供通过多端口转发器(Hub)和电子邮件提供给员工的最新消息及其更新。

加拿大矫正局与全国各地的当地公共卫生部门保持密切联系,以便能够随时了解最新问题,以便采取相应的应对措施。加拿大矫正局与加拿大公共卫生部保持合作伙伴关系,并与工会开展合作,采取必要步骤确保每个人的安全。

(二)应对新冠肺炎的防控措施:《新冠肺炎疫情:准备和计划》

2020 年 3 月 30 日,加拿大矫正局发布了《新冠肺炎疫情:准备和计划》,该计划具体应对新冠肺炎疫情的措施如下:

1. 一般方法。一是加拿大矫正局集中力量尽量减少向机构、社区矫正中心和工作场所传入新冠肺炎的风险。具体的做法是在病毒传入矫正局各机构时,注重病毒的早期识别、遏制和适当治疗方面的积极规划。二是加强感染预防程序,以加强对工作人员、罪犯、志愿者和公众的保护。三是积极聘请公共卫生和感染预防专家针对疫情防控工作开展相关指导。

2. 治理机构与机制。加拿大成立了应对新冠肺炎内阁特别委员会,加拿大矫正局的主管部门即公共安全部,部长是应对新冠肺炎内阁特别委员会成员。加拿大矫正局的国家医疗顾问是联邦、省和地区(Federal - Provincial - Territorial,FPT)特别咨询委员会成员,该委员会向联邦、省和地区特别咨询委员会报告卫生部副部长的联邦—省—地区会议情况。加拿大矫正局与公共卫生部门的合作主要体现在以下三个方面:一是加拿大矫正局派代表参加公共卫生部组织的后勤咨询委员会;二是加拿大矫正局积极与地方公共卫生部门合作,负责新冠肺炎的检测和追踪;三是加拿大矫正局与公共卫生部定期举行会议。如果所需的医疗服务超出加拿大矫正局的能力,当地医院将为罪犯提供医疗服务。加拿大矫正局还积极与国家医疗咨询委员会合作,提供临床领导。加拿大矫正局经常通过狱警和管理层与囚犯和囚犯委员会沟通。此外,加拿大矫正局还与各级工会开展合作。

3. 囚犯卫生保健服务。加拿大矫正局正在努力提高保健中心管理与应对更复杂的卫生需求的能力。具体举措如下:加拿大矫正局尽可能雇用更多卫生专业人员,以提供基本卫生服务;与当地医院制定明确的协议,规定何时将囚犯转院接受护理;扩大囚犯获得保健的机会,以满足基本的医疗保健需求。加拿大矫正局与囚犯合作,评估现有的治疗计划,重点是老年罪犯和那些由于先前存在基本健康状况而更加脆弱的囚犯。必要时,加拿大矫正局将暂停一些不太紧急的保健服务,包括牙科和验光服务,紧急护理除外,这是符合社区惯例的。在可行的情况下,加拿大矫正局增加远程医疗。加拿大矫正局注重医学知识的传播,建立了一套流程,向所有卫生专业人员传播新冠肺炎特有的关键科学和卫生文献。另外,加拿大矫正局还与医学伦理学家协商,以评估临床决策。

4. 感染预防和控制。加拿大矫正局制定了较为完善的感染预防指南。该指南要求加拿大矫正局工作人员和罪犯开展预防疾病和传播教育,包括良好卫生习惯的重要性教育;加拿大要求加拿大矫正局加强所有机构的清洁实践。根据该指南,加拿大矫正局还应与感染预防和控制专家合作,继续评估感染预防实践和程序。

5. 用品和设施。加拿大矫正局全面清查现有的个人防护装备供应，并与公共卫生部门合作采购其他用品，作为联邦、省和地区特别咨询委员会工作内容之一。同时，加拿大矫正局正与制药行业合作，以确保充足的药物供应。加拿大矫正局还向囚犯和工作人员分发额外的肥皂、清洁用品和洗手液。关于设施访问，加拿大矫正局积极筛查所有进入矫正局机构的人，包括工作人员和罪犯，推迟所有非必要的进入和活动，那些提供医疗和精神健康、餐饮服务和清洁服务等关键服务的人员除外。

6. 监禁场所工作人员。加拿大矫正局强化洗手、社会消解、咳嗽礼仪等重要公共卫生信息的重要性，只有因职责性质而不能在家工作的关键员工才能在工作场所工作。为了尽量减少接触机构的工作人员的风险，加拿大矫正局将进入机构的人员减至最低。加拿大矫正局机构通过审查其业务，在可行的情况下调整其常规，以减少人员配置需求，推迟所有非必要的面对面工作人员培训，将病毒传染的风险降至最低。所有返回加拿大的国际旅行者和与国际旅行人员同住的员工须实施强制性自我隔离 14 天。例外情况将逐案进行评估。

7. 罪犯。对罪犯的管理包括六项措施：一是暂停对罪犯的探视、暂时缺勤（医疗护送除外）和工作释放，通过视频访问或电话支持囚犯与家庭和社区保持联系，并研究采取其他措施，以维持监狱的安全。二是免除囚犯的电话、住宿和食品扣减，并在他们的电话账户中提供额外的分钟数。这一做法将有助于他们继续与家人、朋友和支持网络连接。三是暂停所有区域和国际间囚犯移交工作。四是增加对罪犯的用药供应，以减轻卫生保健系统的负担，并为罪犯在去药店或看医生之前争取更多的时间。五是加大对进入加拿大矫正局机构的罪犯新冠肺炎的筛查。六是要求法律顾问推迟访问监禁场所及其他相关机构，通过电话保持访问。如有必要，将逐案进行调整。

8. 社区项目运营。加拿大矫正局把公共安全作为一切工作的基础。在社区项目中，加拿大矫正局已与其社区合作伙伴（包括社区居住设施）接洽，以应对当前面临的挑战。加拿大矫正局为假释官员和项目官员提供灵活性政策，使其在监督罪犯的同时，能够调整监督策略，以尽量减少新冠肺炎传播的风险。目前，加拿大矫正局正在履行向受害者提供服务的所有义务，包括通过受害者门户、加拿大矫正局网站页面和社交媒体与受害者联系和沟通，告知他们取消工作释放等情况。

9. 新冠肺炎筛查问题（略）。

10. 联邦矫正机构新冠肺炎检测（略）。

11. 在新冠肺炎疫情期间，囚犯获得法律顾问的机会。加拿大矫正局理解囚犯在新冠肺炎疫情期间继续获得法律顾问的重要性。囚犯可以通过电话、邮件和传真与法律顾问沟通。关于囚犯在疫情期间获得法律顾问的机会，加拿大矫正局总结了一些常见问题（frequently asked questions），例如，由于新冠肺炎疫情的发生，有哪些变化会影响罪犯获得法律顾问的机会；法律顾问如何与联邦监狱里的客户沟通；电话接入以及与电话相关的费用、法律顾问如何向位于联邦监狱的客户发送信函、向律师之外的人发送传真、法律顾问如何联系联邦监狱里的客户，以便了解紧急事件；加拿大矫正局能否将囚犯文件通过电子邮件发送给法律顾问；如果有进一步的问题怎么办；等等。

六、泰国

（一）泰国监禁情况概述

泰国有 143 所监狱/矫正设施，总共可以容纳 254302 名囚犯，共有 305,312 平方米的睡眠区。然而，该国目前有多达 377722 名囚犯（2020 年 3 月 25 日）。也就是说，囚犯人数超过监狱/矫正设施的官方容量 123000 多人。就囚犯人数而言，泰国排名世界第六（仅次于美国、中国、俄罗斯、巴西和印度）。在东盟地区，泰国囚犯的人数排名第一。至于监禁率，泰国每 10 万人口中有 535 名囚犯。如果仅根据这一比率进行排名，泰国在世界上排名第四。

根据泰国矫正署的统计，监狱总人口的 17.7%（66788 名囚犯）尚未被定罪（他们在调查、法庭审判期间被拘留，在上诉法院/最高法院），或已被判处监禁或监禁代替罚款。按犯罪类型分类，80% 以上的被定罪囚犯因毒品犯罪而被监禁，第二大群体是那些被判犯有财产罪的人（8%），此外是被判犯有危害生命和身体罪的人（6%），被判犯有性犯罪的人（3%），以及违反森林法、赌博法、枪支法、移民法或犯有其他轻罪的人（3%）。

按刑期分类，一半以上的被定罪囚犯（55%）被判处 3 个月至 5 年的徒刑。第二大群体占 20%，是被判处 5 年至 10 年监禁的人，约 12% 的人被判处 10 年至 20 年监禁，另有 12% 的人被判处 20 年至 50 年监禁，剩下的 2%

是被判 50 年以上徒刑或死刑的人。

由于监狱过度拥挤，泰国的囚犯通常生活在拥挤的环境中。每个囚犯平均只有不到一平方米的睡眠空间。此外，他们每天在自己的卧室里待 14 个小时。尽管囚犯一般都有个人便利设施（如杯子、衣服和床上用品），但他们共享公共区域——用餐区、浴室和洗衣空间。因此，他们很难在这样封闭、有限的空间里保持物理距离。

在过去几年里，监狱过度拥挤造成了一系列管理问题，特别是缺乏足够的资源和基本保健设施（包括药品、医疗服务、设备、隔离室）。护士与囚犯的比例是 1∶1250，大多数监狱没有值班医生。现在，随着新冠肺炎的迅速传播，过度拥挤和有限的医疗资源增加了监狱风险的暴发概率。这种风险如果暴发，将对外部社区产生不利影响。

（二）泰国矫正署预防监狱中新冠肺炎感染/暴发的措施

泰国矫正署已经采取措施，根据“内部人员不得出境，外部人员不得入境”的原则，防止新冠肺炎在监狱中传播。换句话说，探访囚犯是被禁止的，囚犯在矫正设施外工作的活动也是被禁止的，囚犯只有在需要向法院报告或向医院寻求治疗时才被允许离开监狱。此外，在新冠肺炎危机期间，外人不得为监狱囚犯组织任何活动。

此外，泰国矫正署采取了更多的预防措施，如筛查新囚犯、从其他设施转来的囚犯以及从法庭听证会回来的囚犯。对有出入高风险国家记录的囚犯的筛查尤为严格。如果囚犯有发烧或呼吸道症状，泰国矫正官员会提醒当地公共卫生官员进行诊断和治疗，没有任何可疑症状的囚犯仍将被隔离和密切监测 14 天。此外，泰国矫正署鼓励每所监狱定期清理其大院、会客室、寝室、厨房和经常接触的设施，建议囚犯经常戴口罩和洗手，以努力预防/减少新冠肺炎风险。

泰国矫正署和公共卫生部合作开展监狱保健工作，并取得了具体成果。例如，他们成功开发了一个全面的医疗保健系统，并对监狱卫生志愿者进行了培训，这些切实的成就反映了保护囚犯福利的努力。随着新冠肺炎情况的恶化，泰国矫正署还与公共卫生部、疾病控制署、省级公共卫生办公室和主要医院密切合作，重点放在筛查和为监狱工作人员提供个人防护装备上。疾病控制部与矫正部医疗服务司合作，制定了在感染得到确认的情况下如何调查和控制新冠肺炎的准则，该准则旨在确保做好准备并及时做出反应。

(三)泰国司法部司法研究所相关研究

泰国的监狱和矫正设施在物质基础设施、囚犯密度和工作人员准备方面有所不同。由于新冠肺炎在该国的情况日益变化,泰国司法研究所根据泰国监狱所面临的局势,就如何应对监狱新冠疫情,发布了以下建议,以支持紧急情况下的监狱管理,确保有效和可持续地伸张公平与正义。

1.非拘禁措施

国际准则建议监禁应仅作为刑事处罚的最后手段。只有当没有其他适当的措施来惩罚罪犯时,才适用监禁措施。几十年来,泰国政府一直在努力支持对轻微犯罪使用非拘禁措施,目的是在为受害者伸张正义、保障违法者的基本权利以及保护公共安全之间实现平衡。

监狱中新冠肺炎暴发的全球趋势表明,该疾病的传播对健康和安全构成了严重威胁,并导致狱中暴力事件的发生。为最大限度地降低泰国监狱发生此类事件的风险,相关部门应优先减少囚犯人数,在审前、审判、判决或判决后阶段实施以下非监禁措施:

(1)为了减少被送进监狱的人数,有关部门应考虑对非严重罪行的罪犯采用短期监禁的替代办法,特别是对那些有感染新冠肺炎风险的人,如老年人、根据紧急法令发布的条例公告中提到的有潜在健康问题的人、孕妇和其他轻微犯罪但对社会没有威胁的罪犯。监禁替代措施可包括罚款、缓刑、软禁和使用电子监控设备等方式。

(2)为了减少监狱拥挤,有关部门应考虑采取紧急措施,释放被认为不会对公共安全构成威胁的囚犯,同时考虑其所犯罪行的性质、具体的行为、剩余刑期以及他们的健康风险,所采取的措施可包括提前释放、假释、临时释放以及将剩余的刑期转为软禁等。此类措施应在个案基础上谨慎而适当地实施,并应优先考虑以下囚犯群体:

①还押囚犯(正在接受警方调查或等待审判的人)和被监禁以代替支付罚款的人,这个群体大约有67,000人。

②剩余刑期不到一年的囚犯,这个群体大约有72,000人(其中,19,161人的服刑时间不到3个月,18,716人的服刑时间在3至6个月之间,34,800人的服刑时间在6至12个月之间)。

③被定罪的60岁以上的老年囚犯,这个群体大约有5800人。

④被判犯有非暴力或轻罪的囚犯(如违反森林法、移民法、赌博法和其

他轻罪),这个群体大约有 9400 人。

(3)在实施第(1)项和第(2)项措施时,有关部门应密切合作,为获得有条件释放的囚犯制定有效的监测和报告制度。为了确保公共安全和减少被释放囚犯的污名化,应该有关于释放前健康检查的明确指南,还应告知囚犯如何保护自己免受新冠肺炎的伤害,如何安全地迁移到他们的家乡省份,并应在释放后获得适当的就业支持。

2. 监狱管理的一般措施

(1)监狱应采取具体措施,治疗易受感染的囚犯群体,包括老年犯、孕妇、与母亲一起居住在监狱中的儿童,以及根据《紧急法令》发布的《条例公告》中提到的患有疾病或潜在健康状况的人。此类措施应关注每个人的具体需求,对性别问题有敏感认识,并考虑到特定囚犯群体可能面临更高的感染风险。

(2)监狱应当以囚犯理解的形式和语言,定期向所有囚犯提供关于新冠肺炎的病因、疾病症状和预防措施的信息,以增强他们的理解,缓解焦虑,并指导囚犯如何监测自己的健康状况。

(3)监狱应教育囚犯正确使用口罩,并免费提供足够数量的口罩以及保持个人卫生所需的物品,如肥皂和洗发水等。

(4)监狱应鼓励使用新的通信技术,如视频会议和其他网上平台,用于法庭审判、与律师的咨询会议和家庭探访。在这方面,监狱应采购足够的设备,以满足囚犯对此类通信的需求。

(5)每个监狱应以适当的方式在单独的区域隔离新囚犯至少 14 天,以便根据医务人员的建议监测他们的健康状况。

(6)监狱应该减少大群囚犯聚集的时间,尤其是在睡觉的地方。应采取适当措施,包括减少囚犯在睡眠室的时间,以遏制病毒传染的风险。

第二部分　国外监禁场所新冠肺炎疫情防控措施的主要特点

我们研究总结国际组织和部分国家就监禁场所应对新冠肺炎疫情的措施发现,国际组织和有的国家基本建立了较为系统的常态的监狱卫生保健、疾病流行防控制度和特殊时期的新冠肺炎防控治理体系,总体呈现以下特点:

一是充分认识到监狱卫生问题就是公共卫生问题及其给全社会带来的

巨大挑战,强调全政府和全社会共同努力应对。联合国和世界卫生组织在其立场文件、指南文件中均指出了监狱卫生与公共卫生的密切联系。经验表明,传染性病原体在社区的广泛传播对将病原体引入监禁场所构成了威胁,疾病在监禁场所迅速传播的风险可能会对这种流行病产生更大的影响,使受影响的人数迅速增加。正因为此,监狱卫生问题被广泛地认为是公共卫生问题。如果在监狱和其他拘留场所不采取强有力的感染预防和控制措施以及充分的检测、治疗和护理,社区控制新冠肺炎疫情的努力可能会面临失败的危险。由于监禁场所罪犯已经被剥夺了自由,对强加给他们的进一步限制措施可能会有不同的反应,这也是监禁场所防控新冠肺炎疫情所面临的巨大挑战,因此,需要全政府和全社会的共同努力。在许多国家,司法部或内政部负责为监禁场所提供卫生保健服务,即使这一责任由卫生部承担,为保护监禁场所以及更广泛的社区中人们的健康,卫生和司法部门之间的协调与合作也是至关重要的。

二是分层次、分等级(轻重缓急)制定一系列规范性文件,为监禁场所卫生保健和新冠肺炎疫情防控提供系统全面的指导。一般来说,由国家司法部、卫生部和联邦一级的监狱局制定监狱卫生保健指南、疾病大流行指南,并在此基础上,制定一系列监禁场所新冠肺炎防控措施规范性文件,包括立场文件、指南、临时指南、应急预案、一般响应等。例如,2020 年 3 月 31 日,联合国毒品和犯罪问题办公室发布了《监狱防范应对新冠肺炎的措施》,推荐了基于人权保护的强有力的防控感染措施和非监禁措施,就新冠肺炎在全球的肆虐,向世界各国监狱敲响了警钟。2020 年 3 月 15 日,世界卫生组织出台了《监狱和其他拘留场所新冠肺炎的防控和应对临时指南》,就基本原理、应急计划原则和人权考虑、防控一般方法、防控准备、应急计划和风险水平、培训和教育、风险沟通、评估、案例管理和信息资源等做了详细规定。而在此之前,世界卫生组织曾经于 2014 年发布了《狱内卫生保健手册》,就监狱内卫生保健的标准、伦理、感染疾病和非感染疾病的措施、特殊脆弱群体的需求、监狱初级卫生保健等做出相关阐述。就部分主要国家而言,也都以世界卫生组织的双重指南为模式,制定本国的双重指南。例如,美国联邦监狱局发布的《应对新冠肺炎修改后的运营计划指南》(2020)、《新冠肺炎应急响应计划》(2020)、《新冠肺炎一般响应计划》(2020)都是针对新冠肺炎防控的专门计划,美国联邦监狱局曾经发布过《大流行性流感计划》(2012)、《季节性流感临床指南》(2018)等文件。新冠肺炎暴发后,英国司法部和卫生部联合发布了《监狱和其他拘留场所防控新冠肺炎指南》,司法部和监狱和缓刑处联合发布了《英格兰和威尔士监狱防控新冠肺炎指南》(2020),此前英国公共卫生部还曾出台《监狱和其他指定拘留场所预防和应对季节性流感病例或暴发指南》(2017 修订)。上述文件一般都涵盖制定背景、防控机构、防控对象、合作伙伴、风险评估等内容,为监禁场所防控疫情做出较为详细、系统的指导。就各国发布的规范性文件效力而言,其低于上位法的效力,也就是说,如果这种规定与本国卫生部门的传染病防治相关法律冲突的话,适用相关上位法律的规定。

三是监禁场所新冠肺炎防控措施的内容一般涉及与防止病毒传播与感染治疗、监狱日常管理制度变更、刑罚执行变更三个方面。防控措施尤其注重人权保护、囚犯获得法律咨询、非监禁措施、囚犯释放、多部门间的协作以及整个过程中的互联网信息化手段运用。例如,在监狱与各级卫生机构及其他机构的协作方面,除及时向卫生部门报告情况外,加拿大矫正局还与防疫卫生专家合作,审查评估现有措施和程序实施效果;美国联邦监狱局与联邦应急管理局、法警署、国家矫正研究所、矫正协会就新冠肺炎相关的矫正保健事项通过举行电话会议进行协商。在刑罚执行方面,考虑适用非监禁措施以减少新冠肺炎对监狱的影响,英国正在实施一系列的临时释放、人道主义释放、居家宵禁措施。囚犯如何获得法律咨询受到特别重视,美国、加拿大、英国都分别就囚犯亲友关注问题清单及回答在监狱局官方网站公布,告知他们如何与囚犯取得联系,以缓解囚犯及其亲友的焦虑情绪。这同时也体现了国外在信息化手段的运用方面,能够充分利用监狱网站,发布相关罪犯亲友及监狱工作人员所需信息并及时更新。

四是针对新冠肺炎疫情对犯罪及罪犯的影响,开展相关研究并提出防控建议措施。联合国毒品和犯罪问题办公室开展了《新冠肺炎疫情暴发后针对妇女和女童暴力犯罪研究》《新冠肺炎对被剥夺自由少年的影响研究》,针对新冠肺炎疫情期间如何保护女性、保护被剥夺自由少年这个特殊脆弱群体的权利提出了一系列技术援助和法律援助计划,泰国司法部司法研究所开展了泰国监狱新冠肺炎感染局势及新冠肺炎防控对策研究,英国监狱局开展了新冠肺炎疫情期间监狱人口管理的各项措施评估研究,对各项措施取得的效果做出总结,以便根据循证研究结果随时调整防控措施,达到最佳效果。

五是注重新冠肺炎防疫专业知识文献在监狱的宣传发放,以提高监狱工作人员和罪犯对疫情及其影响的认识。世界卫生组织呼吁各国向监狱工作人员和囚犯发放相关知识材料,加拿大矫正局向所有监狱卫生工作人员发放有关新冠肺炎传播的科学性和卫生方面的文献资料,美国联邦监狱局和国家疾控中心经常请各自专家互相分享相关矫正医疗专业信息,这些都是为了使监狱工作人员及罪犯及时掌握新冠肺炎疫情发展及其对监狱的影响,减少疫情带来的负面情绪,有利于保障监狱的安全和稳定。

第三部分　关于完善我国监狱卫生保健制度及防控新冠肺炎疫情的思考

一、我国监管场所防控新冠肺炎疫情概况

2020 年 2 月,新冠肺炎疫情全面暴发之后,司法部、公安部、国家卫健委联合发布了《关于进一步加强监管场所新型冠状病毒肺炎疫情防控工作的通知》,认识到监管场所防控新冠肺炎疫情的极端重要性,强化部门间的联防联控机制,完善协作机制,做好救治工作,并注重物资保障。此前,司法部于 2014 年 10 月 14 日发布了《关于加强监狱生活卫生管理工作的若干规定》(司发通〔2014〕114 号),为加强监狱生活卫生工作的管理,切实维护罪犯合法权益,确保监狱安全稳定提供了依据。

各地监狱系统在此基础上,依法依规,结合本地具体情况,制订了一系列应急预案和防控计划,绝大多数监狱零感染,监狱内防控取得了较好成效。例如,北京市监狱局高度重视疫情暴发,成功运行 13 种战时机制,涉及严防输入、联防联控、物资保障、应急处置、暖警爱警、战时教育等方方面面,取得了监所零疫情、民警零感染、生产零事故的阶段性成果;四川省监狱管理局自从新冠肺炎疫情暴发后,根据疫情的变化,先后制定了“1 +12 标准”、“1 +13 标准”并且正在制定“1 +14 标准”,为新冠肺炎疫情期间的监狱管理指明了方向,同时,在确保一个监区一名法律顾问的情况下,还将罪犯获得法律咨询和法律援助纳入社会法律援助体系,在社会法律援助热线咨询为监狱罪犯法律咨询预留专门席位,非常有效地保障了罪犯法律咨询的权利,建立了较为完善的罪犯法律援助机构和机制;山东省鲁南监狱在《处置突发公共卫生事件应急预案 2018》《2019 年流感疫情防控预案》基础上,特别针对新冠肺炎疫情期间刑释罪犯的衔接安置,通过建章立制、统筹协调地方支持,主动作为,做实了罪犯安置工作并开展了深入研究,严格把控好罪犯释

放这个重要的出口环节的安全稳定。

从我国监狱疫情控制来看，尽管各地监狱采取的措施均取得了较好的成效，但是，从联合国和世界卫生组织所要求的按照病毒感染防控、囚犯人权保障、非监禁措施适用等原则相结合来看，以及从整体的制度规定和具体实践来看，都有必要继续健全完善我国的监狱卫生保健制度及疫情防控治理体系。

二、完善我国监狱卫生保健制度及新冠肺炎疫情防控措施的建议

虽然新冠肺炎疫情在我国境内的防控取得了阶段性胜利，但是，目前疫情依然在国外肆虐，给未来全球疫情带来很大的不确定性，也让我们看到了监禁场所疫情防控工作的长期性、艰巨性和复杂性。现结合国际组织的建议和国外相关做法，就如何完善我国监狱卫生保健制度以及更加科学规范应对突发公共卫生事件，提出以下建议：

1. 参照联合国和世界卫生组织发布的关于监禁场所卫生保健和新冠肺炎疫情防控文件，评估完善国内相关规范性文件。我国由司法部、公安部、国家卫健委联合发布的防控新冠肺炎疫情的规范性文件以及监狱卫生相关文件，相对来说都比较宏观和概括，建议司法部监狱局会同预防犯罪研究所在调查研究的基础上，根据联合国和世界卫生组织的相关规定，参照美国、英国、加拿大等国家的相关指南和防控计划，审查、评估以往制定的制度，制订发布系统、详细的监狱卫生保健制度和针对新冠肺炎疫情的防控措施，构建我国较为详细完善的双重制度规范体系，即一般的狱内卫生保健制度和专门的新冠肺炎疫情防控措施体系，为我国监狱卫生保健和疫情防控提供更强有力的指导。

2. 监狱疫情防控措施除联防联控机制、物资供应协调等内容外，还需充分考虑评估机制、罪犯权利保障、刑罚执行等问题。在这方面，有必要由司法系统、卫生管理系统共同建立疫情防控评估机制并根据该机制开展评估研究并总结其效果，以建立循证的疫情防控实践。针对世界卫生组织特别关注的罪犯权利保障，应当将国内各省监狱系统的良好实践进行调研总结，并参照国际组织的建议进行完善，将特色实践在国内各监狱系统共享。为充分体现对罪犯权利的保障，可借鉴国外实践做法，制订罪犯及其家属常见问题清单，将可以公布的信息在监狱系统官方网站公布。根据疫情的发展及其对监狱管理的影响，适时会同司法部门研究非监禁措施在疫情特殊时

期的适用。尤其是在刑罚执行完毕后罪犯释放环节,监狱管理部门尽量与安置帮教部门、地方卫生管理部门充分协调,确保该环节不出现对社会安全稳定造成不利影响的因素。此外,由于疫情影响带来的财政紧缩政策,在经费预算上要考虑做好预算计划。

3. 及时跟进疫情对犯罪和罪犯影响的研究,尤其是对监狱内弱势服刑群体的影响,采取必要的犯罪预防措施和弱势罪犯群体保护措施。在这方面,我们可响应联合国毒品和犯罪问题办公室的号召,通过大数据平台持续跟踪研究新冠肺炎疫情对相关犯罪的影响,总结涉疫犯罪的特点和趋势,做好涉疫犯罪预防对策研究。同时,对监狱工作人员和监狱罪犯开展相关疫情影响和需求调研,确保按照联合国和世界卫生组织的疫情防控原则,做好疫情防控期间监狱工作人员和罪犯相关权利的保障。

4. 及时收集、编译、制作并发放监狱相关卫生保健的专业知识宣传文献资料,提高监狱工作人员和罪犯对疫情及其影响的认识。建议由司法系统研究机构来主导收集、编译联合国、世界卫生组织和美国、英国、加拿大等主要国家相关监狱卫生保健制度及新冠疫情防控制度文件的规定,以及相关实践做法,汇编成主题文献资料,发放监管场所进行科学性的文献宣传,整体提高监管场所相关人员对公共卫生知识的了解,加强对公共卫生知识和监管场所疫情防控的重视,同时缓解由于缺乏信息资源带来的情绪恐慌,有助于整个监管场所的安全稳定。

5. 加强国际合作,将我国疫情防控的特色实践宣传出去,为推动全球监禁场所疫情防控治理体系的科学化建设提供中国方案。我国首先发现了新冠肺炎疫情的大规模暴发,我国监狱及时采取措施,相对世界其他受疫情影响国家的监狱治理而言,我国监狱特别重防控,我们的应急响应机制起到了很好效果,有些特色做法值得推广到国际社会,这种严格的防控机制可以通过联合国毒品和犯罪问题办公室向其他国家推介。另外,备受国际组织和世界主要国家重视的囚犯人权、囚犯权利保护问题,特别是罪犯获得法律咨询方面,调研中发现的四川省监狱系统通过电话热线形式将罪犯法律咨询纳入社会法律援助体系的做法已经远远超过了许多发达国家,建议我们通过国际组织与其他国家共享我们的治理经验,为推动共同建立全球监管场所科学治理体系建设作出贡献。

英美监禁场所传染病防控策略及思考借鉴

张桂荣*

鉴于监禁环境和监禁人口的特殊性，监禁场所往往在传染病暴发时面临巨大风险和严峻挑战。为此，许多国家都非常重视监禁场所的传染病防控工作。当下，新冠肺炎疫情肆虐，我国监狱戒毒系统也面临防控新冠肺炎疫情的艰巨任务。本文主要介绍了英美监禁场所传染病防控策略与措施，以期为我国监狱戒毒系统提供参考借鉴。

一、监禁场所防控传染病面临的特殊挑战

监狱环境、监狱人口特点以及监禁场所疾病流行情况决定了监禁系统在传染病防控方面具有较大的挑战。首先，从监狱环境来看，具有传染的风险。监狱环境封闭，空间相对有限，比较拥挤，人员在相对密集的空间大量流动，牢房、卫生间，淋浴间和食堂共用，人与人之间在活动中的接触程度较高，环境净化不良，食物处理和卫生状况不良，通风不良，个人卫生差，饮水、肥皂或清洁衣物获得的机会有限以及缺乏减少伤害措施，监狱工作人员

* 张桂荣：司法部预防犯罪研究所研究员。

也缺乏应对传染病知识,诊断、治疗和隔离的设施有限,存在诊断和治疗延误等。监狱每天还面临人口变化,有新收有释放,相互交织。其次,从监禁场所人员情况来看,被监禁和拘留的人通常来自某些传染病风险较高的人群或群体,如血液传播的病毒、艾滋病毒以及性传播感染和结核病(TB)。与社会人群相比,绝大多数罪犯来自健康状况差的高危社会经济群体,无法获得良好的常规医疗护理,这些因素导致与非监禁人群相比,他们患慢性病和传染病的比例也要高得多,在呼吸系统疾病(哮喘)、免疫抑制或其他慢性疾病(心血管疾病、糖尿病或肝病)的患病率更高。此外,随着社会人口老龄化的现象,与以前相比,监狱罪犯的年龄比以前更大,病情更重,被关押的时间更长。上述这些因素大大增加监禁场所传染病流行的风险,如果没有适当的控制措施,很可能会暴发传染病。

从现实情况来看,监禁机构传染病的预防分为两种类型:一类是预防监禁机构内自身可能发生的传染病,如由于吸毒、贫困、监禁环境等因素,导致罪犯患有传染病如病毒性肝炎、结核病、HIV、性病以及其他传染性疾病。另一类是当社会传染病大流行时,预防外部传染病进入监禁机构,如流感、SARS 病毒、埃博拉病毒等。

当下,新冠肺炎疫情在我国正在流行。根据《第六版新型冠状病毒感染的肺炎诊疗方案(试行第六版)》,新冠肺炎由病毒引发传染性疾病,其症状以发热、乏力、干咳为主要表现,少数患者伴有鼻塞、流涕、咽痛和腹泻等症状。传染源是新型冠状病毒感染的患者,无症状感染者也可能成为传染源,传播的主要途径是,经呼吸道飞沫和密切接触。在相对封闭的环境中长时间暴露于高浓度气溶胶情况下存在经气溶胶传播的可能。而根据《流行性感冒诊疗方案(2019 年版)》,流行性感冒(Influenza)(也称为流感)是由流感病毒引起的一种急性呼吸道传染病,其特征是发烧、发冷、头痛、肌肉和关节疼痛以及疲劳。引起感染的主要类型有甲型流感和乙型流感两种,大多数流感的暴发是由甲型病毒引起的。传播源是流感患者和隐性感染者,传播途径主要是飞沫、接触传播,在特定场所,如人群密集且密闭或通风不良的房间内,可能通过气溶胶的形式传播。鉴于流感与新冠肺炎之间在传染和预防机制方面具有相似性,因此,英国、美国监禁场所防控流感暴发的相关策略与措施,无疑对我国监管场所防控新冠肺炎疫情具有重要参考借鉴价值。

二、英国监禁场所防控流感暴发的策略与措施

(一)事先制定专门的监禁场所应对流感暴发的手册和指南

在英国,监禁场所的传染病预防和控制已纳入国家整体的防控体系,由公共卫生部负责全国的监狱、看守所以及其他法定监禁场所的卫生防疫工作。在公共卫生部设有专门的国家司法卫生小组(National Health & Justice Team)负责为地方医疗防卫应对小组和疫情控制小组提供专家咨询和支持,在国家一级开展监测,与合作伙伴共享情报,并制定预防和管理疫情的全国性指南。国家司法卫生小组负责收集关于疫情及其影响的监测数据,以便为实时的业务系统应对工作提供信息,并支持规划和准备工作,主要是通过提前制定传染病防控指南和应急计划来应对传染病在监禁机构的暴发。每个指南在出台时都会设定一个审查期,每隔 1 年或者 2 年对其进行重新修订,以吸收新方法,应对新情况新变化。例如,英国公共卫生部卫生防护署罪犯卫生处在 2011 年 6 月出台了《监狱和拘留场所预防感染和控制传染病医护人员和相关人员手册》(5.0 版),并于 2013 年对其进行了重新审查修订。该手册内容丰富详实,明确了“暴发”的界定、各种传染病的定义、各种传染病的宿主、致病病毒、症状、传染方式、潜伏期、传播期、治疗、预防措施,还提示风险人群等,工作人员、疾控人员、医护人员各方的职责、操作流程描述非常明确详细,如就洗手一项,明确了洗手的定义,流程、洗手用的产品、什么时候洗手、洗手设施配置、摆放、更换等。公共卫生部国家司法卫生小组于 2014 年出台了专门应对监禁场所结核病暴发的《公共卫生部中心卫生防护小组关于监狱及其他拘留场所应对结核病事件暴发指南》(第 2 版)。以上这些指南是常规性的,而对于突发的传染病暴发,公共卫生部联合全国罪犯管理服务局、内政部移民执法局、全国医疗服务局共同制定了《英格兰监狱和其他监禁场所管理传染病或其他卫生保健事件暴发多机构应急管理计划》(Multi-Agency Contingency Plan for the Management of Communicable Diseases and other Health Protection incidents in Prisons and other places of detention in England),该计划于 2013 年制定,2017 年更新为第二版(7.0 版),目的是在负责被监禁者健康和福祉的伙伴组织之间进行有效的预先计划和强有力的协作安排,以管理传染病的暴发、水污染事件或其他造成传染病的事件,防范监禁机构的工作人员,囚犯/被拘留者和其他进入监狱/拘留

场所的人的健康风险。文件明确了识别和管理事件或暴发所需的特定操作,还描述了所涉及的合作伙伴组织的角色和职责。相比2013年版本,2017年版(7.0版)增加了暴发胃肠道感染(包括腹泻和呕吐)的指南。每个监狱都应签署应急计划的副本,以便在暴发期间应遵循此步骤实施。

为预防和应对季节性流感病或疫情,英格兰公共卫生部还制定专门预防和控制季节性流感在监禁场所暴发(病毒性感冒)的指南,指导监禁场所的工作人员和医疗保健人员开展工作。例如,《2017/2018年监狱和其他指定拘留场所预防和应对季节性流感病例或暴发的指南》(2014年发行,2017年修订),2019年出台了《2019年至2020年英格兰监狱、移民遣返中心和其他法定的成人拘留场所的医疗保健和监护人员季节性流感指南》(6.0版),取代之前的相关指南。该指南(6.0版)说明了制定的背景、明确了国家司法卫生小组的角色、分析了上一年流感暴发情况,提出了监禁机构应对流感的建议。

(二)监禁场所防控流感暴发的主要措施

1.做好相关准备工作

在准备工作方面,监禁场所遵循与社会相同的指导原则。准备工作包括为所有临床高风险群体(包括慢性呼吸道疾病、慢性心脏病、慢性肾脏病、慢性肝病、慢性神经系统疾病、糖尿病、抑制免疫反应、脾功能不全、孕妇、病态肥胖)、监禁场所的医护人员、监禁场所中起到与卫生或社会护理工作者同等作用的工作人员接种疫苗,迅速诊断(包括评估是否为疫情暴发情况),确保有效和适当的护理,包括为病人或有并发症危险的人提供抗病毒药物或预防感染,具有良好的感染控制措施和资源,医疗团队任命一名流感负责人来监督准备工作,包括季节性流感疫苗注射活动。

监禁场所要与地方公共卫生的卫生防护小组以及英格兰全国卫生服务司法卫生小组(NHS England Health & Justice)专员达成明确的安排,以确保机构了解如何在年度疫苗接种期之前及时订购疫苗用品,计划并协调合格人员的疫苗接种,识别可能的疫情并迅速报告,在办公时间和非工作时间获得公共卫生建议和支持,快速进行病毒检测(和检测拭子处理),以支持针对临床风险人群的及时诊断和“低门槛治疗”政策的需求,提供抗病毒药物,确保有足够的个人防护设备。

2. 加强对病例的诊断和识别

所有工作人员(监管人员和医疗保健人员)都能够识别流感样疾病(Influenza Like Illness,ILI)症状,并且及时向医疗保健机构报告可疑病例是非常重要的。由于监管人员通常与囚犯/被拘留者接触最多,因此,可以很好地识别病例。有流感样疾病症状和体征的工作人员应向其全科医生寻求建议,并告知其直属主管和职业健康提供者。如果怀疑患有流感样疾病,必须立即采取行动。并按照世界卫生组织确定的流感临床认定标准来识别病人。监禁场所的医疗团队应尽快抽检最初发生的几例病例(最多5例)。一旦确诊为流感,所有符合临床病例定义的其他病例均被视为疑似流感,不再做进一步检测。然而,10月(流感季期间)可以考虑在疫情结束前进行进一步的检测,或者在情况复杂的地方(如涉及多个部门或单位)进行检测,或者确认任何新病例都可以不予考虑。

3. 采取措施防止流感传播

(1)病人的隔离和集中。出现流感症状的罪犯/被拘留者应被隔离在单人牢房并尽快进行临床评估。隔离一直保持到评估结束。如果认为是疑似病例,隔离应持续直到症状消失(通常是发病起5天,但有潜在健康问题的人士可能更长)。

理想情况下,应将疑似/确诊的流感病例隔离在单人牢房中。在需求超出容量的情况下,病例可能会集中在一起(在共享单元中配对),如果病例集中在某一特定区域或附属监狱,暴发控制小组(Outbreak Control Team)可考虑将所有病例都集中在同一地区内,进行集中管理,接受运营和安全评估。

如果一个牢房是两人或两人以上共享,当其中一人成为可疑/确诊病例时,这些牢房中无症状的病例接触者,也可能构成感染风险,应与一般人群隔离(从与可疑/确诊病例最后一次接触48小时为宜),操作上可以考虑决定将其留在原来的地方,或者可以转移到其他远离病友的地方。

(2)实行访问(会见)限制。有症状的来访者不能来监禁场所,直到不再有症状。应劝阻有潜在健康状况和更严重感染风险的访客(各种慢性疾病患者)在疫情暴发期间不要来访。与病人福利相一致,探访有症状的囚犯/被拘留者的机会应保持在最低限度,向来访者提供卫生方面的建议,非紧急的探访应该重新安排时间,直到疫情结束。

4. 积极开展治疗与护理

对症治疗应让病人卧床休息,并根据临床需要口服扑热息痛或布洛芬。根据国家卫生和保健示范研究所(National Institute for Health and Care Excellence,NIHCE)有关指南,使用抗病毒药物预防和治疗流感仍然是监禁场所中流感控制措施不可或缺的一部分,公共卫生部已发布了有关使用抗病毒药物的其他指南。对于感染并发症高危人群的疑似/确诊的流感病例,应考虑使用抗病毒药(通常是奥司他韦,更常见的名称是达菲)进行治疗。公共卫生和公众服务部建议,即使是接种了疫苗的囚犯,也要考虑接受治疗。

对于处于临床风险组的患者,无论季节性流感疫苗的状况如何,都建议使用抗病毒剂进行接触后预防。如果暴发范围很广,暴发控制小组应该考虑向所有附属监狱或整个监狱受影响的临床风险人群提供抗病毒药物进行预防。

流感防控计划应包括抗病毒药物的订购过程和供应。这些计划需要考虑在症状发作后 36 ~ 48 小时内开始适当使用抗病毒药物的需要。对个人的所有抗病毒药物供应都应记录在其临床记录中,除非该人无法管理自己的药物。无法使用达菲的患者可以使用其他抗病毒药物。

应储备流感疫苗和抗病毒药物。流感疫苗通常由批发商或制造商提供。对于在疫情期间紧急供应的抗病毒药物,可通过在制造商的包装上添加患者姓名、日期和地点名称,并口头指示该人有关剂量,建议他们阅读包装上的患者传单,工作人员在服用药物时如果有任何疑问可以联系医疗保健人员。

司法卫生专员应在疫情暴发时检查和确认抗病毒药物的储存,并可能需要获得紧急储存的支持(如公共卫生部门同事的支持)。紧急区域储备是最后的手段,需要由持有供应品的药房提供,抗病毒药物和药房费用的所有费用由专员直接向药房报销。

5. 严控流感暴发

如果怀疑或确认了季节性流感暴发,强烈建议卫生部医疗防护小组召集一次暴发控制小组会议(具体参照有关监狱和其他监禁场所疾病暴发的多机构应急计划)。

暴发控制小组将与合作伙伴一起查看有关感染程度和严重性的信息(包括有关需要转移到医院的个人的信息),收集有关临床发病率的数据,以指导有效控制措施的管理,审查感染控制措施,考虑在囚犯/被拘留者和工作人员群体中接种疫苗,以及考虑对包括工作人员在内的病例或接触者进行抗病毒治疗或预防,应邀请国家司法卫生小组、现场服务(Field Services)和国家感染服务(the National Infection Service)的专家来支持。

在流感暴发期间,暴发控制小组需要考虑以下问题:确保进行季节性流感检测;是否需要接种疫苗;是否需要采取抗病毒预防措施,对哪些人进行,以及如何确认当前最新的病人团体指导已经到位;安全设施的运行状态;转移进出/区域限制等;作为更广泛的感染控制措施的一部分,隔离或集中囚犯/被拘留者;确保在可能的情况下,工作人员可以处理有流感症状的被拘留者,也可以处理没有流感症状的被拘留者,但不能同时处理两者;管理入院事宜;有关沟通和媒体问题。

具体的感染控制应注意以下事项:一是应重新强调手和呼吸卫生措施。二是公共卫生部门建议使用氯基/漂白剂产品对污染地区进行消毒和深度清洁,以控制感染。三是如果有症状的病例需要通过其他人正在等待的区域,则他们应该戴上防液外科口罩。四是监狱官员、矫正官和医护人员在对疑似流感患者进行评估时,如果是近距离接触(小于1米)提供护理,应按照国家指导穿戴适当的个人防护装备。五是在疫情暴发期间,患有流感类疾病的监狱和医疗人员应不参加工作,由他们的全科医生管理。六是如果员工在工作期间生病,应立即送回家或隔离直到可以将他们送回家。七是工作人员和被拘留者中的病例应报告给医疗防护小组。

在暴发期间有关信息方面,也应特别注意:应向工作人员提供有关使用抗病毒药物进行治疗和预防的信息,可以向工作人员发出“告知和建议”信,告知他们暴发情况并提供相关建议。

三、美国监禁场所防控流感暴发的策略与措施

(一)制定监禁场所防控流感的指导性文件

美国同样制定了相关指南和指导性文件。其相关指导性文件通常是由联邦监狱局制定的。在2005年美国联邦监狱局制定了《传染病管理》(NO. 6190.03)政策性文件,该政策于2014年6月重新修订(NO. 6190.04)。此外,在2012年10月针对流感的暴发,制定了《大流行性流感应对计划模块1:监测和感染控制》。各州也会出台相应的监禁场所传染病控制政策。

2018年联邦监狱局发布了《季节性流感临床指南》。

(二)监禁场所防控流感暴发的具体措施

1.做好相关准备工作

在2012年的计划中,将流感应对划分为预备、响应和恢复三个阶段:(1)当高危国家出现新的家畜暴发、海外有疑似人类暴发时即进入预备阶段。(2)响应阶段从国外社会已宣布确认在人群暴发时开始,涉及进行最后一刻的准备以及实际应对大流行性流感。当海外已确诊有感染病例、国外多地暴发人类感染、全美出现第一例感染、全美暴发即进入响应阶段。(3)恢复阶段包括从大流行中恢复,评估大流行期间采取的行动以及为更多流感做准备。

在准备阶段,监禁场所要做好以下工作:一是要确定负责流感监测和感染控制的人员。二是要加强对良好健康习惯的重视和教育,尤其是洗手,呼吸礼仪,避免触摸眼睛、鼻子和嘴巴,以阻止流感的传播。在所有员工和监舍的洗手间中提供肥皂分配器或洗手液。并制定计划以确保定期补充皂液器,确保囚犯有充足的肥皂。对员工和囚犯开展手卫生、呼吸礼仪和避免触摸眼睛、鼻子和嘴巴的预防教育,在医务室尽量使用含酒精的擦手器(只有在管理员授权的情况下)。定期评估员工和囚犯的手部卫生习惯并进行设计改善手部卫生的措施,确保员工和访客在进出设施时可以洗手。三是强调经常清洁和消毒高接触区域,如门把手、钥匙、电话等。四是确定用于流感监测和控制的资源。跟踪国际、国家、区域和本地流感趋势,确定公共卫生部门的流感联系人,与当地的卫生部门进行沟通,并讨论在大流行性流感防范方面的合作,以确定有关流感/大流行性流感的任何当地或州报告要求,确定能够处理流感病毒培养物和新型(大流行)流感培养物的实验室。五是通过监测季节性流感开始追踪流感趋势。六是建立用于大流行流感的流感筛查程序。七是确定实现"社交距离"的行政措施。八是确定设施内可用于隔离和观察隔离的区域。九是制定储存和分发感染控制用品的计划。十是提供有关流感传播及预防和控制措施的常规培训。十一是进行与大流行性流感的监测和感染控制有关的模拟演练。

在2018年指南中,把接种疫苗作为预防措施,建议对监禁场所所有的工作人员和囚犯接种流感疫苗。

2. 减少感染传播

(1)教育员工和囚犯养成良好的健康习惯,勤洗手、呼吸礼仪(咳嗽或打喷嚏到袖子或纸张中)、避免触摸眼睛,鼻子或嘴巴,这是预防流感的三大关键措施。每个机构都应确保为囚犯和工作人员提供足够的卫生用品和设施,以便他们能够勤洗手。医护人员应有权使用根据消防和安全规定提供的酒精洗手液,应规定员工和访客在进入设施之前和之后要洗手,以各种方式促进良好健康习惯的三要求,如教育项目、海报、竞赛、评估手部卫生的依从性等。

(2)定期对经常接触的物体表面进行环境清洁。要例行清洁经常触摸因此可能被细菌污染的物体表面。这些可能的地方包括门把手、钥匙、扶手、电话、计算机键盘、电梯按钮、监室单元栅栏等。当传染病暴发时,要提高这些表面的环境清洁频率,从而防止诸如普通感冒、季节性流感和耐甲氧西林金黄色葡萄球菌(Methicillin Resistant Staphylococcus Aureus, MRSA)。监禁场所可以通过增加从事这项工作的人员数量来提高对经常接触的物体表面的环境清洁频率和程度。

(3)将感染者与未感染者分开。通过将感染者与未感染者分开,可以防止大流行性流感的传播。如果发生大流行性流感,应采取多种措施将生病者与未感染者分开。首先,建议生病的工作人员在家休息。大流行性流感最有可能进入设施的途径是通过受感染的员工,如果发生大流行性流感,而员工有流感症状,应留在家中。如果员工在工作中生病,应建议他们及时向他们的主管报告并回家。通常,恢复工作的时间表是一个人的体温恢复正常后的24小时。其次,是立即识别并隔离患有流感样疾病的囚犯。及时识别和隔离流感样疾病罪犯至关重要。大流行性流感期间,应根据医务主管的指导对所有囚犯进行筛查,如果流感样疾病在机构内流传,应在分诊分流/电话求诊,以及在转移或日常运输之前进行筛查。此外,应建议所有工作人员及时报告任何有症状的囚犯,立即为所有被识别为患有流感样疾病症状的个人上戴上口罩(如果可以忍受的话),将他们单独隔离或与其他患病的囚犯集中隔离。在此期间,应对做好新收罪犯的筛查,对看病的罪犯也要做好筛查,询问其流感症状,如果出现症状,应要求其戴上口罩,并与其他病人进行物理隔离;如果在这期间,需要运送罪犯,则应在运送前进行筛查,如果发现患有流感应推迟运送,直至体温恢复正常24小时后。再次,单独隔离或集中隔离感染大流行性流感的囚犯。大流行性流感的关键感染控制措施是迅速将患流感症状的囚犯与未感染的其他囚犯区分开。囚犯可以单独隔离,或者可以将一群感染者集中在一个单独的单元中。患有流感样疾病的囚犯被单独安置或集体居住的房间应指定为“流感隔离单位”。在流感隔离单位内,应遵循标准预防措施。在大流行期间,所需的呼吸防护类型(面罩与呼吸器)将根据医疗主管的指导确定。护理病人的医护人员应戴手套,以应对所有可能涉及与病人接触或可能接触病人环境中污染区域的影响。如果必须带走流感样疾病囚犯去隔离,则应让患病的囚犯戴上口罩,以减少因咳嗽或打喷嚏而喷飞沫的风险。如果患有流感样疾病的犯人必须经过可能会产生气溶胶的程序(如抽吸或施用雾化药物),则应在指示负压且每小时换气6次至12次的空气传播隔离室(AII)进行。在护理病人时,应戴上呼吸器、眼罩(护目镜或面罩)并穿上防护服,以防病人的血液、体液、分泌物或排泄物溅出,如吸血或雾化治疗时。在大型宿舍或营地中,可能无法隔离。如果隔离不可行,可以尝试将病囚床铺放置在与其他囚犯至少6英尺的距离处。最后,要对流感病例和隔离观察者进行接触调查。确定与大流行性流感病例的密切接触者并将其隔离在单独的单元中。隔离观察的目的是确保将已知已感染流感病毒的囚犯与其他囚犯分开,以评估他们是否出现流感症状,是否暴露(“暴露”是指处于与流感样疾病患者的呼吸道飞沫和/或体液极有可能接触的环境中)。密切接触的例子包括共享饮食用具,或人与人之间可能导致呼吸道飞沫接触的任何其他接触,但通常不包括诸如被感染者走路或在有症状的病人对面坐在候诊室或办公室等活动。在联邦监狱局机构内,大流行性流感期间的观察时间为4天。在可行的情况下,隔离观察囚犯的床/婴儿床应至少相距3~6英尺,隔离观察的囚犯应被禁止转移、探视或与一般人群混合,与被隔离囚犯直接和密切接触(6英尺内)的工作人员应戴口罩。值得提醒的是,一旦在多个住房单元中发生了多个流感病例,就可以决定放弃接触者调查以及随后的接触者隔离。在这种情况下,机构中的每个人都成为“接触人”,接触者调查和隔离不再是有用的或适当的控制策略。

(4)增加人与人之间的“社交距离”。在社会上,预防流感大流行性传播的一种重要方法是通过采取各种“社交距离”措施来增加人与人之间的距离,例如,关闭学校、剧院和教堂;错峰工作时间表;不鼓励使用公共交通工具等。虽然“社交距离”在矫正环境中更难实现,但还是有可能进行干预的。联邦矫正设施中的社交距离措施可能包括:限制聚会(团体用餐、宗教服务、工作、课堂、娱乐场所、公共区域);结束探视;停止招募志愿者和承包商;不鼓励握手等。单个单元可以分别被划分为娱乐场所和餐厅,并在两者之间进行彻底的环境清洁。每个地方流感大流行规划委员会都应确定在其机构内实现社交距离的方法。如果发生多起流感病例,则应与地区医务主任协商,逐案考虑对个别监舍,建筑物和整个机构进行封锁。

(5)与流感病例密切接触时做好个人防护。与大流行性流感病例密切接触的任何人都应提供个人防护设备,进行呼吸系统防护,季节性流感患者使用口罩(非呼吸器)。呼吸器通常用于如肺结核患者,以防止小的空气传播颗粒。如果发生大流行性流感,则可以根据疾控中心和联邦监狱局医疗总监的指示使用呼吸器。应在可能将病毒雾化的情况下佩戴呼吸器,包括产生气雾的程序(如气管插管,雾化器治疗),对患者进行复苏或向已确诊或怀疑与流感有关的肺炎的患者提供直接护理时。照顾患者的医护人员在进行所有可能涉及与患者接触或在患者环境中潜在污染区域的活动时均应戴手套。如果戴了手套,请在穿戴手套之前和脱去后进行手部清洁。当预计会发生喷雾或飞溅或体液,分泌物或排泄物(如吸痰、使用雾化药物)时,医护人员应穿戴护目镜和防护服。面罩可用作护目镜的替代感染控制。当与被隔离囚犯密切接触(在 6 英尺之内或暴露于流感样疾病的无症状房屋)时,建议使用口罩(口罩不需要进行适合性测试)。在运输过程中,还应为患有流感样疾病的人员戴上口罩,以防止飞沫扩散。

(6)如果广泛传播流感,有针对性地分发口罩(仅在联邦监狱局医疗主任或指定人员的许可下)。

(7)提供持续的感染控制教育。对大流行性流感的成功应对将在很大程度上取决于在实际事件发生之前和之中的大力教育。大流行性流感感染控制教育与联邦监狱局设施的其他重要感染控制教育密切相关。有关手部卫生、呼吸礼仪和环境清洁的教育使囚犯和员工受益于各种传染病,继续进行传染控制教育,运用各种媒体(海报、新闻通讯、视频)会增加员工和囚犯遵守感染控制建议的可能性。

3. 加强流感暴发应对

当疫情发生时,根据发生的流感样疾病病例数及其在医疗机构内的分布情况,采取相应的应对措施。具体分为三种情况:一是隔离方案——当发生流感样疾病单例,传播极少或没有传播时;二是隔离区方案——流感样疾病限于单个房屋单元或建筑物内;三是广泛传播的情况——在整个机构中发生流感样疾病。对于每种情况,联邦监狱局对要实施的适当控制感染措施提出一般性建议,具体需要咨询地区办事处以获取有关特定疫情暴发情况管理的指导。在此期间要做好筛查、隔离、临床治疗工作,相关建议如表 1 所示。

表 1 概述了基于疫情即机构中流感样疾病病例的数量和分布的感染控制措施的建议,因为每种疫情暴发情况都是不一样的,因此,这些建议仅供参考。有关特定疫情暴发的管理,需要咨询区域办公室。

表 1 联邦监狱局大流行性流感暴发的情景及控制措施

控制措施	暴发情景		
	隔离 流感样疾病单例,传播极少或没有传播	隔离区 流感样疾病限于单个房屋单元或建筑物	广泛传播 整个机构中有多个流感样疾病病例
遏制目标	防止传播到整个机构	防止传播到整个机构/综合体	防止在所有联邦监狱中扩散
流感样疾病病人的隔离	在流感隔离单位隔离流感样疾病的囚犯	尽可能隔离/集中流感样疾病罪犯	集中流感样疾病犯人(可能不可行)
流感接触检疫	不适用	尽可能对流感病例接触者进行无症状隔离	无隔离观察指示。事实上,整个机构实际上是“隔离的”
呼吸系统防护*	流感隔离单元中戴口罩或呼吸器*	• 流感隔离中单位戴口罩或呼吸器。* • 与被隔离的囚犯直接、密切接触(6 英尺内)戴面罩	• 当与有症状的囚犯密切接触时时使用口罩或呼吸器。* • 考虑分发口罩措施**
筛 查	接收筛查	• 接收筛查。 • 转移前筛查囚犯。 • 每天筛查接触者。 • 查找整个机构流感样疾病病人	查找整个机构的流感样疾病案例

续表

<table>
<tr><td rowspan="2">控制措施</td><td colspan="3">暴发情景</td></tr>
<tr><td>隔离
流感样疾病单例，传播极少或没有传播</td><td>隔离区
流感样疾病限于单个房屋单元或建筑物</td><td>广泛传播
整个机构中有多个流感样疾病病例</td></tr>
<tr><td>访客、患有流感样疾病症状的访客受到限制</td><td>除流感患者外，其他人没有访客限制</td><td>隔离单位/建筑物的访客限制</td><td>不能有访客</td></tr>
<tr><td>抗病毒治疗</td><td>对高风险者</td><td>对高风险者</td><td>对高风险者</td></tr>
<tr><td>病人护理</td><td>• 推送流体
• 密切观察</td><td>• 推送流体
• 密切观察</td><td>• 推送流体
• 密切观察</td></tr>
<tr><td>抗病毒药物</td><td>• 怀孕的亲密接触者
• 考虑高风险的近距离接触者</td><td>• 怀孕的亲密接触者
• 考虑高风险的近距离接触者</td><td>• 怀孕的亲密接触者
• 考虑高风险的近距离接触
• 如果人员严重短缺，请考虑为工作人员使用抗病毒药物**</td></tr>
<tr><td>转 移</td><td>流感病例不得转运</td><td>不得进出隔离单位</td><td>不得转入或转出机构</td></tr>
</table>

*关于是否需要戴口罩和口罩相关的决定将基于医务主任的指导。

**仅在联邦监狱局医疗主任或指定人员的许可下。

4. 重视疫情的报告、监测和评估

要重视疫情发展的监测和报告、评估工作。对感染者按照联邦监狱局电子医疗记录的代码要求进行编码。在一周之内出现5例或以上流感样疾病的情况，应使用BP-A664传染病/暴发报告向该地区报告。此外要进行流感疫苗接种率和流感样疾病发生的监测。当流感进入恢复期后，监禁场所要做好有关措施的评估，为以后的大流行性流感做好应对准备。要维持流感监测（以发现随后的大流行性流感浪潮），评估大流行性流感期间监视和感染控制措施的有效性，并总结监测结果。评估感染控制用品的充足性和补充库存的需求并补充感染控制用品。

附件1:

联邦监狱局(BOP)大流行性流感计划[1]

模块1:监测和感染控制(2012年10月)

一、联邦监狱局大流行性流感应对阶段

联邦监狱局大流行性流感计划分为三个阶段,作为联邦监狱局应急计划标准。在该计划中,这三个阶段旨在与联邦政府应对大流行性流感的阶段相关联。

联邦监狱局大流行性流感的应对阶段如下:

1. 准备阶段(联邦响应阶段0~1)。该计划中的大多数细节都涉及准备阶段。

2. 响应阶段(联邦响应阶段2~5)。此阶段始于宣布已确认在国外人群中暴发时开始,涉及进行最后一刻的准备以及实际应对大流行性流感。

3. 恢复阶段(联邦响应阶段6)。此阶段包括从大流行中恢复,评估大流行期间采取的行动以及为更多流感做准备。根据我们从以前的大流行中了解到的信息,一旦大流行性流感消退,随后的流感浪潮可能随之而来。

联邦政府应对阶段*		联邦监狱局流感应对计划	
		联邦阶段	监狱局阶段
0	高危国家新的家畜暴发	0~1	预备
1	海外疑似人类暴发		
2	海外已确诊人类暴发	2~5	响应
3	海外多地人类广泛暴发		
4	北美出现第一例		
5	在全美暴发		
6	恢复和准备后续浪潮	6	恢复

*联邦政府应对阶段不应与世界卫生组织大流行性流感阶段相混淆。

[1] Federal Burea of Prisons Health Servies Divison, Pandemic Influenza Plano: Module 1: Surveillance and Infection Control, October 2012.

二、概述

从现在开始，每个联邦监狱局机构都应创造性地，积极地倡导三种中断流感传播的健康习惯：定期的手部卫生；呼吸礼节（咳嗽或打喷嚏时用袖子或纸张遮挡）；并避免触摸自己的嘴、鼻子或眼睛。

本指南提供有关大流行性流感的一般信息，如果发生大流行，医务主管将发布与该事件有关的具体指南。

在 1918～1919 年大流行性流感（流感）期间，某些城市的状况比其他城市要好。那些既迅速采取措施控制流感又实施了多层防护措施的美国城市，流感病例更少，总体死亡率更低。该计划中概述的监控和感染控制程序包括多层保护。随着大流行性流感的发作，联邦监狱局医疗总监将根据流感暴发的严重程度指导感染控制措施的实施。保护员工和囚犯的关键是基于预先计划的迅速、果断、协调一致的行动。

流感如何传播？

当感冒的人咳嗽或打喷嚏时，他们会释放传染性飞沫，这些飞沫可以通过眼睛、鼻子或嘴巴进入另一个人的身体。流感细菌可以通过空气传播，最远距离到患病者六英尺远。流感病毒颗粒不会保持悬浮在空气中。但是，如果感冒患者接触了电话和门把手等物体的表面，表面可能会被流感病毒污染。然后，其他人通过触摸这些物体的表面，然后触摸其眼睛、鼻子或嘴巴而感染该病毒。

一个人什么时候可以传播流感？

为了本指南的目的，流感的传染期通常定义为：发烧开始前一天至发烧结束后 24 小时，有些人可能会长时间感染病毒。然而，研究表明，发烧消除后，传播感染的能力大大降低。

症状发展需要多长时间？

预计潜伏期（从感染流感到生病的时间）通常为 1～4 天（平均 2 天）。

三、监测

监测是指检测和跟踪疾病的过程。流感监测包括筛查流感症状（以快速识别流感患者并加以隔离）；以及收集、分析和报告有关被诊断患有流感样疾病的个人的数据。联邦监狱局采用了以下类似流感的定义：

流感样疾病：发烧（温度为 $100^{0}F/37.8^{0}C$）加上咳嗽或喉咙痛——除了流感以外，没有其他已知原因。

在流感大流行期间，将使用联邦监狱局电子医疗记录跟踪流感样疾病。

每天都要向联邦监狱局电子医疗记录报告以下情况:流感样疾病,复杂的流感样疾病(需要处方药或静脉输液),与流感样疾病相关的住院治疗以及与流感样疾病相关的死亡安康。这将使地方设施以及中央和区域办事处密切跟踪联邦监狱局管辖的机构中发生情况。

四、感染控制

感染控制包括中断疾病传播的措施。附表 1 – 1 列出了各种中断流感传播的措施,并在下文中进行了讨论。

附表 1 – 1　大流行性流感感染控制措施

1. 在员工和囚犯中养成良好的健康习惯。
a. 保持手部卫生;
b. 呼吸礼仪(咳嗽或打喷嚏到袖子或纸张中);
c. 避免触摸眼睛、鼻子或嘴巴。
2. 定期对经常接触的物体表面进行环境清洁。
3. 将感染者与未感染人群分开。
a. 建议生病员工在家休息;
b. 立即识别并隔离患有流感样疾病的囚犯;
c. 隔离或集中感染大流行性流感的囚犯;
d. 对流感病例和隔离接触者进行接触调查。
4. 在人与人之间建立“社交距离”。
5. 与流感病例密切接触使用个人防护设备。
6. 如果广泛传播流感,请考虑有针对性地分发口罩(仅在 BOP 医疗主任或指定人员的许可下)。
7. 提供持续的感染控制教育。

1. 在员工和囚犯中养成良好的健康习惯

预防流感传播的关键是要养成良好的健康习惯,包括:

a. 保持手部卫生;

b. 呼吸礼仪(咳嗽或打喷嚏到袖子或纸张中);

c. 避免触摸眼睛、鼻子或嘴巴。

从现在开始,预防大流行性流感涉及改善对这些基本感染控制措施的依从性。每个机构都应确保为囚犯和员工提供足够的用品和设施,以便他们能够勤洗手。

医护人员应有权使用根据消防和安全规定提供的酒精洗手液。美国疾病预防控制中心(Centers for Disease Control and Prevention,CDC)对于使用非酒精类擦手液未提出任何建议,但使用这些产品大概比根本不洗手更好。

在缺乏洗手设施的关键区域(饭厅外、访客区域等)应考虑通过分配器提供无酒精的洗手液。

应规定员工和访客在进入设施之前和之后要洗手,应当以各种方式促进良好健康习惯的三要求,即教育项目、海报、竞赛、评估手部卫生的依从性等。有关医疗工具的信息可在 Sallyport 的卫生服务部页面上获得。

2. 经常对频繁接触的表面进行环境清洁

另一种普遍的感染控制措施是例行清洁经常触摸因此可能被细菌污染的表面。这些可能包括门把手、钥匙、扶手、电话、计算机键盘、电梯按钮、囚室单元栅栏等。现在也可以开始提高这些表面的环境清洁频率,从而防止诸如普通感冒、季节性流感和耐甲氧西林金黄色葡萄球菌。一些设施通过增加分配给这项工作的在押工人的数量,提高了对高接触表面的环境清洁程度。

3. 将病人与健康人群分开

通过将患病者与未感染者分开,可以防止大流行性流感的传播。如果暴发大流行性流感,应采取多种措施将病者与未感染者分开。附表 1 - 2 是两个重要术语的定义,这些术语与将病者从未感染者中分离有关并且经常相互混淆。

附表 1 - 2 "隔离"Isolation 和"隔离观察"Quarantine 的定义

隔离:将患有流感的患者(ILI 病例)限制在单个房间中,或与其他流感患者一起将他们隔离。 隔离观察:将处于潜伏期(直到暴露结束后的 4 天)内接触流感病例的无症状人员隔离观察。

建议采取以下措施将感染者与未感染人群分开:

(1)如果工作人员发病建议在家休息

大流行性流感最有可能进入设施的途径是通过受感染的员工。当暴发大流行性流感时,如果员工有流感症状,应接受教育以留在家中。如果员工在工作中生病,应建议他们及时向他们的主管报告并回家。通常,恢复工作的时间表是一个人的体温恢复正常后的 24 小时。

(2)立即识别并隔离患有流感样疾病的囚犯

及时识别和隔离流感样疾病犯人至关重要。大流行性流感期间,应根据医务主任的指导对所有囚犯进行筛查。如果流感样疾病在机构内流传，应在分诊分流/电话求诊，以及在转移或日常运输之前进行筛查。此外，应建议所有工作人员报告任何有症状的囚犯。

立即在所有被识别为患有流感样疾病症状的个人戴上口罩(如果可以忍受的话)。应将他们隔离或与其他患病的囚犯同住(请参阅下文)。

①接收时的筛查。应根据每个机构的具体情况对到达时的囚犯进行筛查，目的是使新来者与其他囚犯隔离开，直到完成筛查过程为止。筛查应使用经修订的流感样疾病筛查表进行。

②分流/求诊时的筛查。如果流感样疾病在机构内流行，应询问患病的囚犯有关流感样疾病症状的信息；如果出现症状，应要求这些囚犯戴上口罩，并与因其他原因就医的囚犯物理隔离。

③转运和日常运输的检查。如果流感样疾病在设施内流行，则应在运输之前对囚犯进行流感样疾病筛查。通常，如果在囚犯中发现了流感样疾病，则应将其转移或运输推迟到该囚犯 24 个小时内不再发烧(不使用减少发烧的药物)。

(3)隔离或集中感染大流行性流感的囚犯

大流行性流感的关键感染控制措施是迅速将患流感症状的囚犯与普通人群中的其他囚犯区分开，囚犯可以隔离在单人监舍里；或者可以将一群感染的囚犯集中在一个单独的单元中。

患有流感样疾病的囚犯被单独安置或集体居住的房间应指定为"流感隔离单位"(见附件 1.7)。通常，不需要特殊的空气处理。根据囚犯的病情，双层床可能合适也可能不合适。

理想情况下，该设施应连接浴室。如果不是这样，囚犯应戴上口罩进入房间外的浴室。流感隔离单元的门应保持关闭状态，并在房间的门上放置一个标牌，表明它是一个流感隔离装置并列出推荐的个人防护设备。

在流感隔离单位内，应遵循标准预防措施。在大流行期间，所需的呼吸防护类型(面罩与呼吸器)将基于医疗主任的指导。照顾病人的医护人员应戴手套进行可能涉及与患者接触或患者环境中潜在污染区域的所有相互作用。

如果必须带走流感样疾病囚犯去隔离，则应让患病的囚犯戴上口罩，以减少因咳嗽或打喷嚏而喷飞沫的风险。

如果患有流感样疾病的囚犯必须经过可能会产生气溶胶的程序(如抽吸,施用雾化药物),则应指示负压且每小时换气6次至12次的空气传播隔离室。在患者护理活动期间,应佩戴呼吸器,护目镜(护目镜或面罩)和工作服,这可能会引起飞溅,喷溅的血液、体液、分泌物或排泄物,例如,抽吸或雾化器处理。

在大型宿舍或营地中,可能无法隔离。如果隔离不可行,请尝试将病囚床铺放置在与其他囚犯至少6英尺的距离处。被公认的是,如果设施内有广泛的流感传播,将隔离作为策略可能不可行。有关流感隔离装置的感染控制程序的更多信息,请参见附件1.7,下一页将讨论隔离单元中的个人防护设备。

(4)对流感病例和隔离接触者进行接触调查

确定与大流行性流感病例的密切接触者并将其隔离在单独的单元中可能是适当的,隔离的目的是确保将已知已感染流感病毒的囚犯与其他囚犯分开,以评估他们是否出现流感症状。出于本文档的目的,暴露的定义为处于与流感样疾病患者的呼吸道飞沫和/或体液极有可能接触的环境中。密切接触的例子包括共享饮食用具,或人与人之间可能导致呼吸道飞沫接触的任何其他接触。密切接触通常不包括诸如被感染者走路或在有症状的病人对面坐在候诊室或办公室等活动。

在联邦监狱局内,大流行性流感期间的隔离观察的时间为4天。在可行的情况下,隔离囚犯的床/婴儿床应至少相距3~6英尺,隔离的囚犯应被禁止转移、探视或与一般人群混在一起。有关接触者调查和隔离的程序和表格,请参阅附件1.8和1.9。建议与被隔离囚犯直接密切接触(6英尺内)的工作人员戴口罩。

注意:一旦在多个住房单元中发生了多个流感病例,就可以决定放弃接触者调查以及随后的接触者隔离。在这种情况下,机构中的每个人都成为"接触人",并且联系人调查和隔离不再是有用的或适当的控制策略。

4.在人与人之间制造"社交距离"

在一般社区中,防止大流行性流感传播的一种重要方法是通过采取各种"社交距离"措施来增加人与人之间的距离,如关闭学校剧院和教堂;错综复杂的工作时间表;不鼓励使用公共交通工具等。联邦监狱局设施中的社交距离措施可能包括:限制聚会(团体用餐、宗教服务、工作、课堂、娱乐场所、公共区域);结束探视;停止招募志愿者和承包商;不鼓励握手等。个人单元可以单独使用分别与娱乐场所和餐厅分开,在两者之间进行彻底的环境清洁。

每个地方大流行性流感规划委员会应确定在其设施内实现社交距离的方法。如果发生多起流感病例,则应与地区医务主任协商,逐案考虑对个别宿舍,建筑物和整个机构的封锁。

5. 使用个人防护设备与流感病例密切接触

与大流行性流感病例密切接触的任何人都应提供个人防护设备。

(1)呼吸系统防护。建议季节性流感患者使用口罩(非呼吸器),因为流感的主要传播途径是飞沫传播(非空气传播)。呼吸器通常用于如肺结核患者,以防止小的空气传播颗粒。

如果发生大流行性流感,则可以根据疾病控制与预防中心和联邦监狱局医疗总监的指示使用呼吸器。应在可能将病毒雾化的情况下佩戴呼吸器,包括产生气雾的程序(如气管插管、雾化器治疗),对患者进行复苏或向已确诊或怀疑与流感有关的肺炎的患者提供直接护理时。

(2)手套。照顾患者的医护人员在进行所有可能涉及与患者接触或患者环境中潜在污染区域的相互作用时,均应戴手套。如果戴了手套,请在穿戴手套之前和拆卸后进行手部清洁。

(3)当预计会发生喷雾或飞溅或体液、分泌物或排泄物(如吸痰、使用雾化药物)时,医护人员应穿戴护目镜和防护服。眼镜不足以保护眼睛,适当地配戴具有制造商防雾涂层的间接通风型护目镜可为防止呼吸道飞沫传播提供最可靠、最实用的保护,并且其样式可安装在眼镜上。面罩可用作护目镜的替代感染控制。

(4)当与被隔离囚犯密切接触(在6英尺之内,暴露于流感样疾病的无症状房屋)时,建议使用口罩。口罩不需要进行适合性测试,但应在患有流感样疾病的人员戴上口罩,以防止液滴扩散。

6. 如果广泛传播流感,请考虑有针对性地分发口罩(仅在联邦监狱局医疗主任或指定人员的许可下)

在大流行性流感暴发期间是否有针对性地分发和使用口罩是否会中断流感的传播尚不清楚。由于在联邦监狱局的设施中人员之间的密切接触,因此已储备了口罩,以备在发生大流行性流感时分发给员工和囚犯。在定向分发口罩之前,必须获得联邦监狱局医疗总监的许可。

7. 提供持续的感染控制教育。

对大流行性流感的成功控制应对将在很大程度上取决于在实际事件发生之前和之中的大力教育。大流行性流感感染控制教育与联邦监狱局设施的其他重要感染控制教育密切相关。有关手部卫生、呼吸礼仪和环境清洁的教育使囚犯和员工受益于各种传染病防治中。应继续进行感染控制教育——越多越好。使用各种媒体(海报、新闻通讯、视频)会增加员工和囚犯遵守感染控制建议的可能性。中央办公室卫生服务部提供有关 Sallyport 的教育工具,并将提供与大流行性流感有关的定期 Centra 计划。

五、流行性感冒暴发情况和控制措施

根据发生的流感样疾病病例数及其在医疗机构内的分布情况,制定了三种流感暴发情景和相关的感染控制措施(请参阅附件 1 – 1)。

这三种情况包括:

1. 隔离方案:流感样疾病单例,传播极少或没有传播;

2. 隔离方案:流感样疾病限于单个房屋单元或建筑物;

3. 广泛传播的情况:在整个机构中发生流感样疾病。

对于每种情况都对要实施的适当感染控制措施提出了一般性建议,针对每种情况列出的控制措施仅供参考。有关特定暴发情况管理请咨询地区办事处以获取指导。

六、大流行阶段的行动步骤

(一)准备阶段(联邦响应阶段 0 ~ 1,请参阅仅在准备阶段提供的标准操作程序)

1. 确定负责流感监测和感染控制的人员。

2. 加强对良好健康习惯的重视,以阻止流感传播,尤其是洗手、呼吸礼仪,并避免触摸眼睛、鼻子和嘴巴。

a. 在所有员工和囚室的洗手间中提供肥皂分配器或洗手液;

b. 制定计划以确保定期补充皂液器;

c. 确保囚犯有充足的肥皂;

d. 对员工和囚犯进行手部卫生,呼吸礼仪和避免触摸眼睛、鼻子和嘴巴教育;

e. 最大限度地使用医疗部门的酒精类洗手液分配器(仅当由监管人授权);

f. 定期评估员工和囚犯的手部卫生习惯并进行设计改善手部卫生的措施;

g. 确保员工和访客在进出设施时可以使用洗手设施。

3. 强调需要经常清洁和消毒的频繁接触区域,如门把手,钥匙,电话。

4. 确定用于流感监测和控制的资源。

a. 跟踪国际、国家、区域和本地流感趋势;

b. 确定公共卫生部门的流感联系人(包括24/7联系信息);

c. 与当地的卫生部门进行沟通,并讨论在大流行性流感防范方面的合作;

d. 确定有关流感/大流行性流感的任何当地或州报告要求;

e. 确定能够处理流感病毒培养物和新型(大流行)流感培养物的实验室。

5. 通过监测季节性流感开始追踪流感趋势。

6. 建立用于大流行流感的流感筛查程序。

7. 确定实现"社交隔离"的行政措施。

8. 确定设施内可用于隔离和观察隔离的区域。

9. 制定储存和分发感染控制用品的计划。

10. 提供有关流感传播及预防和控制措施的常规培训。

11. 进行与大流行性流感的监视和感染控制有关的模拟演练。

(二)响应阶段(联邦响应阶段2~5)

从世界各地确认的人类大流行性流感暴发开始:

1. 加强有关流感感染控制的教育。强调良好三合一的健康习惯:手部卫生,呼吸礼节,并且不要触摸眼睛、鼻子和嘴巴。

2. 考虑在没有洗手设施的关键区域(饭厅外、访客区域等)放置非酒精洗手液分配器。

3. 提高频繁接触表面(如门把手、按键、电话)的环境清洁程度。

4. 教育员工和来访者如果有流感症状,请不要来设施。

5. 评估感染控制用品(包括口罩、呼吸器和手套)的充足性,并审查分发计划。

6. 如果有医务主任指示,请为可能被指派与流感隔离监狱或运输中的囚犯接触的任何雇员提供呼吸器适合性测试,医学评估和培训。

7. 根据标准操作程序中所述,在入院时和分诊/求诊时开始筛查流感样疾病。

8. 进行主动监测以查找流感病例(检查温度记录、分类/求诊电话、住院、员工缺席、无法解释的死亡等)。

9. 每天都要进行联邦监狱局电子医疗记录:流感样疾病,复杂的流感样疾病与流感样疾病相关的住院以及与流感样疾病相关的死亡。定期生成有关机构内流感样疾病状况的报告,以供机构领导使用。

10. 审查可能采取的措施以增加“社交距离”。

11. 审查/修订指定的流感隔离和检疫单位清单,并根据需要制定扩大床位的方案。

12. 劝告医护人员报告与流感样疾病患者(在工作或在家中)的任何未经保护的密切接触。

在设施中诊断出疑似大流行性流感病例后开始:

13. 使用附件 1.7 中概述的流感预防措施,立即在“流感隔离单位”中隔离或集中患有流感样疾病的囚犯。

a. 加强员工的感染控制流程教育,以照顾流感患者;

b. 确保有足够的感染控制用品和个人防护设备,如口罩、呼吸器和手套等;

c. 在流感隔离装置的门上放置预防措施标志。

14. 如果设施中有流感传播,请开始检测流感样疾病囚犯的所有转移和日常运输。

15. 在求诊电话时进行分类,以快速识别患有流感症状的囚犯,并实施将病人与健康人群分开的程序。

16. 对发现的最初的流感病例进行接触调查,并按照相关附件概述的程序隔离接触。隔离检疫门上的警告标志,并确保充足的口罩供应。实施日常体温和体征及症状检查。立即隔离任何出现流感样疾病症状的囚犯。

注意:如果多个房屋单元中有多个大流行性流感病例,则实施接触调查和隔离可能是不合适的,因此应将其作为策略而放弃。

17. 采取措施增加社交距离。

18. 审查流感暴发情况和控制措施(附件 1 - 1),以评估机构中暴发的当前状态并确定适当的控制措施。

19. 继续对工作人员和囚犯进行感染控制培训。

20. 监控对感染控制准则的遵守情况。

21. 监控感染控制用品的日常使用并进行日常库存控制。

(三)恢复阶段(联邦应急阶段6)

在最初的流感消退之后,先前的流感大流行与随后的流感"浪潮"相关。最初的大流行性流感暴发后,很可能在随后再次暴发。恢复期将包括从大流行紧急情况中恢复,评估联邦监狱局的响应以及为随后的大流行性流感做好准备。

1. 维持流感监测(以发现随后的大流行性流感浪潮)。

2. 评估大流行性流感期间监视和感染控制措施的有效性,并总结观察结果。

3. 评估感染控制用品的充足性和补充库存的需求。

4. 补充感染控制用品。

模块1 准备阶段的监控和感染控制标准操作程序(联邦响应阶段0~1)

在准备阶段,请根据设施的特殊情况调整此标准操作程序模板
1. 确定负责规划和指导大流行性流感期间卫生保健工作的人员。
在此设施中,以下人员被分配了责任:
2. 更加重视良好的三合一健康习惯,以阻止流感传播:洗手,呼吸礼仪,并且不要触摸眼睛、鼻子和嘴巴。
a. 如下所示,在所有员工和囚室的洗手间中提供肥皂分配器或洗手液:
b. 制定计划以确保定期补充皂液器,如下所示:
c. 确保囚犯有足够的肥皂供应,如下所示:
d. 对员工和囚犯进行手部卫生、呼吸礼节教育,并避免触摸眼睛、鼻子和嘴巴
将为员工提供以下常规教育:
将为囚犯提供以下常规教育:
手部卫生和呼吸礼仪的海报将放置在以下位置:
e. 最大限度地使用以下医疗单元中的酒精基洗手液分配器(仅在获得监管人授权的情况下):
f. 定期评估员工和囚犯的手部卫生习惯,并设计改善手部卫生的措施。实施如下评估手部卫生状况的系统:
对于医护人员:
对于其他矫正工作者:
对于囚犯:

续表

g. 确保员工和访客在进入和离开设施时可以洗手,如下所示:		
3. 强调经常清洁和消毒高接触区域。		
a. 确定此设施中的“频繁接触”表面(门把手、按键、电话):		
b. 将实施以下计划,以增加该设施中高接触表面的清洁和消毒的频率以及范围:		
4. 确定用于流感监测的资源。		
a. 利用以下资源跟踪国际、国家、地区和当地的流感趋势。在北美以外地区报告大流行性流感时,增加监测频率。 联邦监狱局内部网:http://sallyport. bop. gov 联邦大流行性流感网站:http://www. flu. gov/ 疾病控制与预防中心:www. cdc. gov/flu/weekly/fluactivity. htm		
b. 确定公共卫生部门的流感联系人(包括24/7 联系信息。)		
当地县/社区公共卫生联系人:		
地 址:		
电话/电子邮件:		
国家卫生部联系人:		
地 址:		
电话/电子邮件:		
c. 与您当地的卫生部门进行沟通,并讨论在大流行性流感防范方面的合作,记录讨论的计划。		
d. 确定有关流感/大流行性流感的任何当地或州报告要求。 □没有报告要求 □对________〈管辖的地〉流感报告的要求是(还附上必需的报告表格):		
e. 确定能够处理流感标本和新型(大流行)流感标本的实验室。		
□附上为您的实验室获取流感标本的程序副本。		
	参考实验室	国家实验室
实验室名称		
联系人		
地 址		
电 话		
传 真		
电子邮件		
5. 通过监控季节性流感开始追踪流感趋势。		

续表

a. 开始对已识别流感样疾病的囚犯进行常规数据收集。在联邦监狱局电子病历中输入发生流感样疾病的数据。 注意:流感样疾病的定义是“发烧(温度为 100° F/37.8° C)加上咳嗽或喉咙痛——在没有流感以外的其他已知原因的情况下。”在该设施中,将按以下方式完成流感样疾病的监视:
b. 当出现非典型的流感临床症状或在流感季节期间因严重呼吸道疾病住院治疗时,获取流感标本。 注意:在持续的流感暴发期间,无需收集标本。
c. 编制有关季节性流感病例的年度摘要报告(10 月 1 日至 4 月 30 日),与感染控制委员会一起审查流感样疾病年度统计数据。
6. 建立用于大流行流感的流感筛查程序。
a. 新收囚犯:应使用感冒病筛查表(附件 1.3)指派雇员以筛查所有新来的囚犯。筛查将包括测量犯人的体温并询问有关症状的问题。如果犯人的病情符合流感样疾病的临床定义,则应提出进一步的问题,以确定大流行性流感的危险因素。理想的情况是,当囚犯离开巴士进入候车区之前,应单独进行筛查。根据天气条件和物理布局,筛查不可行时,筛查计划应根据以下情况进行调整:每个设施,目的是使新来者与其他囚犯隔离,直到完成检查程序。 筛选新来此设施的囚犯的计划是:
如果在到达的囚犯中发现了流感样疾病,则应进行以下操作: • 给囚犯戴上口罩。 • 将囚犯带到指定的流感隔离区。 • 将在同一区域乘同一辆公共汽车抵达的所有囚犯隔离 4 天。
b. 分诊/病假:在响应阶段,对因病而分诊的囚犯进行流感症状筛查,如下所示:
任何有流感样症状的囚犯都将被要求戴口罩,并将其与其他等待中的囚犯隔离。如果有任何流行性感冒风险的证据,应将犯人隔离(有关感染控制,隔离和隔离观察的更多详细信息,请参阅附件 1.7)。
c. 普通囚犯筛查:在报告大流行性流感病例后,可能需要对普通人群进行更深入的筛查。这可能包括获得筛选温度和进行症状筛查,并建议矫正人员报告有症状的囚犯。常规筛查流感症状的策略包括:
d. 员工筛查:如果员工因患流感症状而生病,他们将被要求下班回家,并在工作中自愿报告流感症状。
在大流行性流感暴发期间,将使用以下系统来跟踪和报告员工的疾病:
7. 确定实现“社交距离”的行政措施。

续表

讨论使用各种行政措施来实现社交距离,以防止该设施中的大流行性流感传播。
a. 确定一般的"社交距离"措施。以下是可能的措施:
- 限制聚会(团体用餐、宗教仪式、工作、课堂、娱乐、公共区域)
- 停止握手
- 停止探视(志愿者、承包商)
- 限制未感染者与病者之间的接触
- 限制(将囚犯限制在其牢房中)
- 按单位分开提供娱乐和用餐(中间进行消毒)

此设施可以使用以下其他社交距离措施:

b. 通过分类/求诊将病人与未感染人群分开。在大流行性流感期间,将使用以下方法将流感的囚犯与其他健康问题的囚犯分开:

8. 确定设施内可用于隔离和隔离观察的区域。

确定设施中可以适当安置大流行流感或与流感患者接触过的囚犯的地方,如病房、体育馆、自助餐厅。
定义:
- 隔离:将流感病例限制在一个房间内(或与其他流感患者同住),以减少流感传播的可能性。
- 检疫:在处于潜伏期(通常在暴露结束后 4 天)内,将与流感病例有联系的人员封闭。根据囚犯的病情,双层床可能不适合。隔离和隔离单位不需要特殊的空气处理。理想情况下,这些单元均设有连接浴室(如果没有,囚犯必须如果可能,应将隔离区中的病床/婴儿床隔开 3 ~ 6 英尺,以减少流感传播的可能性)。

在下表中列出隔离和隔离观察的可能位置。

房间类型	位 置	可容纳人数(囚犯人数)
隔离(单独)		
隔离(同类群组)		
隔离观察(联系人)		

□审查附件 1.7 和 1.8 中关于大流行性流感预防措施的程序,并准备予以实施。
□审核附件 1.8 和 1.9 中进行联系调查和隔离的程序和表格,并准备实施。

9. 制定储存和分发感染控制用品的计划。

a. 确保手部卫生用品和口罩的存放与中央办公室的指导一致,制定物资储存计划。出于安全原因,请勿在本文档中记录存储位置。

续表

b. 根据中央办公室的指导说明耗材的配额: • 液体或泡沫洗手液　配额:____ • 含酒精的手部护理　配额:____ • 口罩　配额:____ • 香皂　配额:____ • N-95 口罩　配额:____ • 手套　配额:____
c. 下文概述了监督和管理库存物资的总体计划。 • 轮换用品的计划是: • 保证物资供应的计划是: • 在大流行性流感期间分发手卫生用品的计划是: • 在大流行性流感期间为囚犯和雇员分发和更换口罩的计划是:
d. 制定计划,对将负责照料大流行流感患者的工作人员进行呼吸器适合性测试。
10. 提供有关流感传播的常规培训以及预防和控制措施。 在该设施中提供有关流感传播,预防和控制的持续培训的计划是:
11. 进行与大流行性流感的监视和感染控制有关的模拟练习。 模拟练习将进行如下:

附件 2:

季节性流感临床指南(联邦监狱局 2018 年)[1]

该指南有哪些新内容?

(1)新清单。附录 1 中添加了一页的流感暴发应对清单。

(2)手部卫生。在流感季节,建议机构制定一项计划,强调员工和囚犯的手部卫生。特别在药物滥用治疗计划中要注意手部卫生,因为在项目中握手是该计划不可或缺的一部分(如 RDAP、挑战和勇敢)。在暴发期间,应考虑在这些程序中暂时中止握手,但必须获得中央办公室心理治疗程序的许可。

[1] Federal Bureau Prisons, Seasonal Influenza Guidance, December 2018.

(3)抗病毒药物。除了在住院长期护理环境中流行性感冒暴发期间,很少建议进行抗病毒药物预防。疾控中心有关抗病毒预防的指南在第5.c节中介绍。

(4)健康警示标志。附件2中提供了有关可咳嗽和液滴预防措施的双语标志,可以复制和张贴。

1. 概述

提供以下指南来管理季节性流感。附录1提供了可选的流感暴发应对清单。

2. 流感样疾病的定义

疾病控制与预防中心将流感样疾病定义为:在没有流感以外的其他已知原因的情况下,发烧(温度高于或等于100^{0}F/37.8℃)加上咳嗽和/或喉咙痛。

3. 预防

(1)疫苗接种。流感疫苗接种是预防季节性流感的最关键措施。疾病预防控制中心建议所有6个月以上的人都应接种流感疫苗。

建议为设施中的所有工作人员和囚犯提供疫苗接种:

①应大力促进所有员工进行疫苗接种。

②为囚犯接种疫苗时,处于流感高风险(见表1)或从事卫生服务工作的囚犯最优先考虑。

(2)良好的健康习惯:教育工作人员和囚犯以下措施有助于预防流感的传播。

①定期洗手——特别是在打喷嚏、咳嗽或触摸脸部之后。

②呼吸礼仪——打喷嚏/咳嗽到袖子或纸张中;避免触摸眼睛、鼻子或嘴巴。

③标牌——在重要场所张贴有关良好健康习惯的标志、海报和其他视觉效果。

④在流感季节,鼓励机构制定计划,强调员工和囚犯的手部卫生。特别是,建议在机构性药物滥用治疗计划中强调手部卫生,在该项目(如RDAP、挑战和勇敢项目)中,握手是不可或缺的一部分。

(3)经常接触的物体表面的消毒。在流感季节期间,机构应强调清洁高接触的表面(如门把手、扶手、电话、钥匙、计算机键盘等)。

(4)进行教育,避免与患有流感症状(发烧、咳嗽或喉咙痛)的人密切接触。

(5)可以从联邦控制与预防中心的季节性流感资源中心获取有关预防流感的教材:http://www.cdc.gov/flu/freeresources/index.htm。

4.控制措施

(1)筛查。根据流感的发生,临床主管可能建议对新来者进行流感样疾病常规筛查。

注意:老年患者可能仅表现为非典型症状,如厌食、精神状态改变或无法解释的发烧。

(2)隔离/分组。如果可行,应将有流感样疾病症状的囚犯与无症状的囚犯隔离或聚集在一起。这是一项重要而有效的限制流感的传播措施,如果在发现病例后立即采取措施,可以防止设施中的流感暴发。

对于流行性感冒,在某些机构环境中,隔离或聚集流感样疾病囚犯可能是不可行的。在这种情况下,一种选择是要求囚犯有症状时要戴外科/手术口罩,并要得到机构行政人员的同意。

当囚犯被隔离或聚集时,应遵循以下《液滴飞溅防护措施》准则:

①在房间的门上张贴“液滴飞溅防护措施”标志。

②与流感样疾病犯人一起进入房间或与他们密切接触(3英尺以内)的工作人员,应戴好手术口罩(不要戴口罩)。

③员工进行所有可能涉及与流感样疾病囚犯或与周围环境直接接触的区域的直接接触的互动时,都应戴手套。

④穿戴前和脱下手套后应进行手部卫生。

⑤离开房间时,应取下口罩并丢弃(放在普通垃圾桶中);手应清洗或消毒。

⑥食物应分发给被隔离的人(不需要一次性餐具)。

⑦从隔离/集中单元出来时,患有流感样疾病的囚犯应戴好手术口罩。

⑧应向流感样疾病的囚犯提供有关咳嗽礼仪、洗手、在房间外戴口罩以及正确处置口罩(在常规垃圾中)的指导。

⑨个体/群组的隔离应持续到退烧后24小时。

⑩只有在退烧后24小时,才可以将流感样疾病的囚犯转移出医院。

5. 临床管理

(1)流感检测。一般来说,在社区流感暴发的情况下,不需要进行流感检测。如果进行了检测,建议从咽喉拭子、鼻咽拭子或痰进行 PCR(逆转录酶聚合酶链反应)检测。

一般不建议使用快速检测,因为他们敏感性低(50% ~70%)。流感快速检测结果呈阴性并不排除流感的可能。

(2)抗病毒治疗。对任何确诊或疑似患有流感且至少有下列症状之一的囚犯,应尽早使用奥司他韦(Tamiflu ©)或扎那米韦(Relenza ©)进行抗病毒治疗:

①住院。

②病情严重、复杂或进展性。

③如附表 1 –1 所示,流感并发症的风险更高。

附表 1 –1　感染并发症的高危情况(使人处于流感并发症高风险的情况)

• 年龄≥65 岁。 • 慢性肺部疾病(包括哮喘)。 • 心血管疾病(高血压除外)。 • 肾脏、肝脏、血液(包括镰状细胞病)、代谢紊乱(包括糖尿病)。 • 神经学和神经发育状况(包括大脑、脊髓的紊乱、周围神经和肌肉,如脑瘫、癫痫、中风、智力残疾(智力迟钝),中度至重度发育迟缓,肌肉发达或脊髓损伤)。 • 免疫抑制,包括药物治疗或 HIV 感染引起的免疫抑制。 • 孕妇或产后妇女(分娩后 2 周内)。 • 年龄 <19 岁,长期服用阿司匹林。 • 美国印第安人/阿拉斯加原住民。 • 病态肥胖(如体重指数≥40)。 • 在长期住院护理设置。
关于抗病毒治疗的重要说明: • 抗病毒治疗需要非常规批准。 • 大流行性流感的抗病毒药物储备不得用于季节性流感。 • 对具有流感并发症高风险的患者的治疗不应等待实验室确认流感。 • 在症状的前两天内开始抗病毒治疗效果最佳。但是,如果这些药物在 48 小时后给予病情严重的患者(如住院患者或病情恶化的患者),仍然可以提供帮助。 • 剂量根据肾功能损害进行调整(请参阅制造商的处方信息)。

(3)抗病毒药物。除了在住院长期护理环境中,很少建议进行抗病毒药

物预防。疾病控制与预防中心(CDC)长期护理设施中流感暴发管理的临时指南(网址为:https://www.cdc.gov/flu/professionals/infectioncontrol/ltc-facility-guidance.htm)建议,如果至少有两名患者在72小时内患病,并且至少一名居民经实验室确认流感,所有非患病者囚犯均应采取抗病毒预防措施。

进行抗病毒预防之前,请先征得区域医务主任的批准。

疾病控制与预防中心指南中有关抗病毒预防的要点包括:

①预防病毒不能代替疫苗接种。它用作预防和控制流感的辅助剂。

②不论流感疫苗接种状况如何,均对所有非生病居民进行管理。优先考虑与病患同住牢房或同一楼层的囚犯。

③持续至少2周,并在确定最后一个已知病例后持续至少7天。

④剂量根据肾功能损害进行调整(请参阅制造商的处方信息)。

(4)临床监测。应监测患有流感样疾病的囚犯的心理意识水平(嗜睡、精神错乱、神志不清)。

(5)感染者教育。附表1-2概述了重要的患者教育信息。

附表1-2 有关流感的病人教育讯息

- 潜伏期(从暴露到症状发展的时间段)通常为1~4天。
- 假定从症状出现前的第一天到体温正常后24小时(不使用减少发烧的药物)感染的成年人具有传染性。因此,患者应非常小心,掩盖咳嗽并在此后几天频繁洗手。
- 发烧通常在2~3天后下降,通常在疾病的第6天消失。
- 咳嗽,虚弱和疲劳可能持续1~2周至6周。
- 抗生素不能使大多数流感患者受益,但有时需要抗生素治疗继发感染。
- 通常推荐的对症治疗方法包括:

▶用退热净或布洛芬治疗发烧、肌痛和头痛。
▶休息。
▶多喝水。
▶初步改善后,囚犯应立即报告呼吸急促或症状恶化。

6.临控与报告

(1)使用流感样疾病的囚犯(请参见疾病控制与预防中心定义)应使用BEMR代码488.1A进行编码。患有实验室确诊的流感的囚犯应编码为J111。

(2)一星期内发生5次或更多次流感样疾病的情况应报告给使用BP-A664传染病/疫情报告的地区。见附录流感暴发响应清单。

(3)进行流感疫苗接种率和流感样疾病发生的监测。

附录　流感暴发响应清单

1. 识别,报告和数据收集	
	a. 如果在7天内超过5例疑似流感样疾病病例,请使用BP-A664表格(传染病/暴发报告)向区域医务总监/地区QI/IPC协调员报告。
	b. 使用联邦监狱局电子医疗记录代码488.1 A(实验室确认的流感为J111)对流感样疾病的代码犯人进行跟踪。
	c. 启动所有人员和犯人案件的清单(电子表格)。
2. 感染的预防和控制措施	
	a. 如果可行,隔离/集中流感样疾病囚犯。员工使用液滴预防措施(请参见第4.b.节中的控制措施)。如果隔离/集中不可行,请考虑要求病犯在机构执行人员同意的情况下戴上手术/外科口罩。
	b. 教育员工和囚犯关于暴发的知识。鼓励工作人员和囚犯报告流感样疾病病例。促进手部卫生(尤其是在滥用药物治疗计划中);呼吸礼节并避免触摸眼睛,鼻子或嘴巴。张贴有关暴发和适当手部卫生的标志。
	c. 增加住房单元上手部卫生用品的可用性。
	d. 在HSU、ISU中,与流感样疾病的其他囚犯分开的囚犯和/或患有呼吸系统症状的囚犯要戴外科/手术口罩。
	e. 教育员工和囚犯井井有条,以增加对高流量区域和经常接触的物体表面(水龙头,门把手,钥匙,电话,键盘等)的清洁时间表,确保有足够的清洁用品。
	f. 向未接种疫苗的工作人员和囚犯(特别是免疫受损的囚犯)重新提供流感疫苗。
3. 患者护理	
	a. 实施病患评估计划。促进水合作用,布洛芬或对乙酰氨基酚退烧,休息。
	b. 在症状发作后48小时内开具抗病毒药物(如果是流感并发症的危险因素)(表1)。
4. 突发事件期间可能的管理控制	
	a. 机构要对新接收囚犯进行流感样疾病筛查。
	b. 免收参与健康服务的犯人的自付费用,以促进他们呈报疾病。
	c. 最小化受影响和未受影响单位之间的囚犯移动。

续表

4. 突发事件期间可能的管理控制	
	d. 筛选从事食品服务和卫生服务中的囚犯中的流感样疾病;如果有症状,请从工作中排除。
	e. 尽量减少“餐饮服务”中的自助食物(如取消沙拉)。
	f. 按单元控制移动到餐厅(单元之间的清洁),或在单元内进食。
	g. 暂时停止群体活动,如娱乐、教堂、活动治疗小组、教育。
	h. 在药物滥用治疗项目(如 RDAP、勇敢、挑战)暂时中止握手。注意:需要获得中央办公室心理治疗计划的授权。
	i. 按单元控制移动至药线,或在单元给药。
	j. 指派特定的囚犯犯人去打开那些经常碰到的门把手。
	k. 发布有关流感暴发的访客通知(如果暴发较大,请考虑暂停访问)。
	l. 在大面积暴发期间,请考虑停止囚犯的进出活动(与地区/中央办公室)。考虑暂停法庭(拘留所)活动。
5. 长期护理病房的应对	
	如有 2 例或 2 例以上,应向所有住院医生提供抗病毒预防措施(优先考虑发生病例的单位)。
6. 暴发应对	
	a. 考虑为大规模疫情建立事件指挥系统。定义角色和责任。安排每天或每天两次的会议来协调响应。让所有部门都参与进来疫情应对活动。定期与员工(员工召回,邮件)和囚犯(市政厅)沟通。
	b. 考虑在疫情结束后与工作人员和囚犯进行最后沟通。

犯罪与重新犯罪预防

第十四届联合国预防犯罪大会与《京都宣言》综述

周　勇*

一、会议概况

2021年3月7日至12日，第14届联合国预防犯罪和刑事司法大会（以下简称联合国预防犯罪大会）[1]在日本京都[2]召开。来自152个会员、37个政府间组织、114个非政府组织和一些联合国实体、预防犯罪和刑事司法方案网研究所的代表以及600名个人专家共计超过5000名代表以“现场+视频”的混合方式出席了大会。联合国秘书长古特雷斯、第七十五届联合国大会主席博兹克尔、经济及社会理事会主席阿克兰和联合国毒品和犯罪问题办公室（以下简称联合国毒罪办）执行主任瓦利、日本宪仁亲王妃久子、日本首相菅义伟、日本总检察长林真琴等在大会开幕式致辞。日本法务大臣上川阳子为大会主席，联合国毒罪办执行主任瓦利为大会秘书长。大会的主题是“推进预防犯罪、刑事司法和法治：努力实

* 周勇：司法部预防犯罪研究所副所长、研究员。

〔1〕 联合国预防犯罪大会是预防犯罪和刑事司法领域的全世界最大规模、最具多样化的政府、国际和区域组织、民间社会、专家和学者的聚会，自1955年起每5年召开一次。

〔2〕 1970年第四届联合国预防犯罪大会也是在京都举行。

现《2030 年议程》"。

由于受全球新冠疫情影响,第十四届联合国预防犯罪大会的举行时间由原定的 2020 年 4 月 20 日至 27 日推迟到 2021 年 3 月。为应对新冠肺炎疫情,第十四届联合国预防犯罪大会首次采用"现场 + 视频"的混合方式举行,对所有现场参与者设立了严格的健康和安全标准。参加大会的 5000 多人中,大部分是通过在线方式参与的。

同历届大会一样,本届大会主要包括高级别部分、全体会议和讲习班等。由于联合国预防犯罪大会是预防犯罪和刑事司法领域最具影响力的全球性大会,各国对此均高度重视,并派出高级别代表团参会。高级别部分就是为了给各国参会的高级别官员(含国家元首或政府首脑、政府部长或总检察长)代表提供一个发言机会。在本届会议的高级别部分,共有 141 名高级别官员在线下、线上或通过预录视频就本届大会的主题作了发言。全体会议主要围绕"预防犯罪促进社会和经济发展的全面战略""应对刑事司法系统面临的挑战的综合办法""各国政府促进法治的多方面办法"和"开展国际合作并提供技术援助以预防和应对一切形式的犯罪"等 4 个实质性议题进行了交流讨论。与这 4 个议题相对应,本届大会举办了"循证的预防犯罪:有助于成功实践的统计、指标和评价""减少再次犯罪:查明风险和制定解决办法""教育和青年参与是使社会具有抵御犯罪的能力的关键"和"目前的犯罪趋势、最近动态和新出现的解决办法,特别是新技术作为犯罪的手段和打击犯罪的工具"4 个讲习班。

第十四届联合国预防犯罪大会共举办了 17 次全会、12 次全体委员会会议、13 个特别活动、151 场辅助会议和 51 场展览,涵盖的内容除了实质性议题外,还包括反腐败、打击涉野生动植物犯罪、打击跨国有组织犯罪、新冠肺炎疫情对监狱环境的影响、女犯的改造和重新融入社会、保护与恐怖主义和暴力极端主义团体有关的儿童,以及青年人作为促进法治的变革推动者等。

本届大会最主要成果是通过了《关于推进预防犯罪、刑事司法和法治:努力实现〈2030 年可持续发展议程〉的京都宣言》(以下简称《京都宣言》)。[1] 该宣言将提交 2021 年 5 月举行的第三十届联合国预防犯罪和刑事司法委员会会议审议。

经国务院批准,司法部部长唐一军率中国代表团通过视频方式出席第

[1] https://undocs.org/en/A/CONF.234/L.6. 2021 年 3 月 13 日访问。

十四届联合国预防犯罪大会，司法部、国家监察委、最高人民法院、最高人民检察院、外交部、公安部、常驻维也纳代表团等派员与会。

中国政府代表团团长、司法部部长唐一军在大会开幕式上代表中国政府做了高级别发言。唐一军部长在发言中重点介绍了十八大以来中国在加强法治建设、推进全面依法治国工作，特别是在深化以审判为中心的刑事诉讼制度改革、依法加强执法监督、深化公共法律服务体系建设、积极开展国际刑事司法合作方面的行动和成绩。唐一军部长指出，在预防犯罪与刑事司法领域，联合国预防犯罪和刑事司法委员会、联合国毒罪办等有关机构发挥了积极作用。本届大会通过的《京都宣言》，将为国际社会在预防犯罪和刑事司法领域的合作提供政策指导和行动框架，中国政府将一如既往支持联合国在该领域发挥更大的作用。唐一军部长强调，全球抗击新冠肺炎疫情的实践表明，人类是休戚与共、风雨同舟的共同体，唯有秉持人类命运共同体理念，坚定捍卫多边主义，维护以联合国为核心的国际体系，维护以国际法为基础的国际秩序，才是战胜各种危机的人间正道。中方愿与国际社会一道，凝聚法治共识，聚焦重点目标，加强国际合作，健全打击犯罪国际网络，强化刑事司法能力建设，共同打击各种跨国有组织犯罪。

中国代表团积极参加大会各议题、讲习班的讨论并发言，宣传我国成绩和经验，表明我国立场、观点和主张。

二、关于全球犯罪新趋势

大会秘书长向本届大会提交了关于全世界犯罪和刑事司法现状的报告。[1] 该报告从与可持续发展目标和具体目标相关的角度介绍了全球犯罪新趋势，主要包括凶杀（与可持续发展具体目标 16.1 特别相关）、贩运人口（与目标 5.2、8.7 和 16.2 相关）、偷运移民（与目标 10.7 相关）、贩运枪支（与目标 16.4 相关）、贩运野生动植物（与目标 15.7 相关）和有组织犯罪（与目标 16.4 相关）等方面的数据情况。

报告指出，凶杀犯罪是导致非正常死亡的主要原因。据估计，2000 年至 2017 年期间，仅有组织犯罪就造成约 100 万人死亡，这大约是在此期间世界各地所有战争和冲突中死亡人数的总和。全球凶杀率 25 年来一直在稳步下降，从 1993 年全世界每 10 万人中 7.4 名下降到 2017 年的 6.1 名，但这一比

〔1〕 https://undocs.org/en/A/CONF.234/3. 2021 年 3 月 13 日访问。

率的下降主要是因为人口总数增长所致,而凶杀案的绝对数量有所增加,从1990年的约362000起增加到2017年的464000起。数据显示,全球凶杀案和凶杀率存在明显的地区差异,全球三分之二的凶杀案发生在拉丁美洲和加勒比以及撒哈拉以南的非洲,美洲的凶杀率是亚洲的7倍多。凶杀案的发生与社会经济发展水平、收入不平等、性别不平等、包括贩毒在内的有组织犯罪和街头帮派之间存在关联性。在凶杀案的受害者方面,2017年受害女性和儿童中的34%是被亲密伴侣谋杀,24%是被其他家庭成员谋杀,只有42%是被其他施害者谋杀;在0~9岁的儿童中,女孩被谋杀的可能性几乎和男孩一样大,但随着年龄的增长,这种均等性很快消失,到18~19岁时,男性被谋杀的可能性几乎比女性高10倍;在全球大多数国家,15~29岁的人是最有可能被谋杀的群体。

报告表明,在过去的5年里,各国发现的贩运人口受害者和贩运人口犯罪分子多于以往的5年。2010年,向毒品和犯罪问题办公室报告贩运人口数据的国家平均发现150名贩运受害者;到2016年,该数字增加到254人,同时被定罪者的人数也有所增加。贩运人口是一种具有鲜明性别特征的犯罪,在全球范围内,被发现的大多数受害者(70%)是成年妇女或女孩,而大多数贩运者是男性(占被定罪者的60%~65%)。在受害者当中,约80%的女性是为了性剥削而被贩运的,而80%以上的男性是为了强迫劳动而被贩运的。除了性剥削,贩运成年妇女的目的还有强迫劳动、家庭奴役、强迫婚姻和早婚等。在全球范围内,以强迫劳动(含家庭奴役、农场劳动、建筑和渔业等)为目的的贩运人口占被发现的贩运人口受害者总数的30%至40%。

报告显示,2017年,偷运移民在全球创造的收入估计在50亿至70亿美元之间,至少有6000名移民和难民在偷渡过程中丧生。虽然大多数被偷运的移民是年轻人,但被偷运移民的年龄结构在很大程度上取决于他们的来源国。偷运的流动方向几乎总是从较贫穷或较不稳定的国家流向较富裕和较稳定的国家。其中最大的流动涉及从中美洲向北美洲偷运人口;从亚洲、中东和撒哈拉以南非洲向欧洲偷运移民;从非洲之角向中东偷运人口;以及东南亚和南亚内部的人员流动。

报告表明,2016年和2017年,每年都有超过50万支枪支被缴获。缴获的武器类型因区域而异,手枪在美洲占主导地位,霰弹枪在非洲和亚洲占突出地位,步枪是大洋洲缴获的一种最常见的武器。除了与武器有关的犯罪外,在欧洲,缉获枪支与贩毒犯罪有关最为常见,而在美洲和非洲,缉获枪支与暴力犯罪有关最为常见。2017 年,全球范围内有 54% 的凶杀是持枪实施的,估计夺走了 24 万名受害者的生命。持枪凶杀比例最高的国家通常是那些已知存在有组织犯罪问题的国家。来自多个国家的数据显示,大多数与帮派和有组织犯罪有关的凶杀都涉及枪支。根据来自 18 个国家的数据,2016 ~ 2017 年,90% 以上被缉获的枪支都有标识。然而,追查这些有标识武器的成功率通常不到 13% 。

来自全球 38 个国家的数据(2004 ~ 2018 年)显示,高收入国家的受贿率[1]最低(过去 12 个月的平均受贿率为 3.7%),而收入最低国家(过去 12 个月的平均受贿率为 22.3%)的民众在获取公共服务时承担的贿赂负担最重。公民是否倾向于行贿不仅取决于其居住国的经济发展,而且取决于行贿者的性别等人口统计特征。从 18 个国家获得的按性别分类的数据反映出一个明确的模式:在 18 个国家中的 17 个,在与公职人员接触时,男性比女性更有可能行贿;平均而言,男性的行贿率(13.6%)比女性(10.6%)高出 3% 。对 2012 ~ 2017 年西巴尔干地区公职人员腐败定罪情况的审查显示,大多数案件涉及受贿(330 项定罪),而大约 10%(31 项定罪)涉及收受与有组织犯罪有关的贿赂。这表明,腐败已被确定为有组织犯罪的主要驱动力之一。

报告指出,就价值而言,最有利可图的违禁野生动植物市场涉及木材以及非法、未报告和无管制的捕捞,其中陆地动物物种受到偷猎的威胁最大。在过去 5 年中,非法交易量最大的木材是红木。根据观察到的偷猎事件建立的模型显示,非法猎杀大象的数量有所下降。根据缉获的穿山甲鳞片数估计,非法捕杀的穿山甲已由 2015 年的 3 万只上升到 2018 年的 14 万只。

三、关于预防犯罪促进社会和经济发展的全面战略

本届大会的第一个实质性议题为“预防犯罪促进社会和经济发展的全面战略”。在这个议题下,与会代表注意到犯罪与经济社会发展密切相关,犯罪活动特别是跨国有组织犯罪,严重损害了经济增长和社会福祉,并普遍认为,综合、全面和循证的预防犯罪战略是促进社会和经济可持续发展的关键。

许多发言者强调,公共安全是社会和经济发展的关键,有效预防犯罪对

---

〔1〕 受贿率(可持续发展目标指标 16.5.1)计量的是过去 12 个月内至少与公职人员接触过一次、向公职人员行贿或被这些公职人员要求行贿的人所占比例。

实现可持续发展目标十分重要。在这方面,几位发言者提请注意,有组织犯罪和腐败以及城市犯罪严重影响了经济发展和公共安全,国际合作对于解决这些问题至关重要。

有几位发言者认识到全面和具包容性的预防的重要性,介绍了针对各种形式的犯罪和暴力,包括帮派暴力、暴力侵害妇女、暴力侵害儿童、网络犯罪、贩运人口、偷运移民、非法资金流动以及环境犯罪和腐败,为执行有效的预防政策和举措而做的努力。

许多发言者指出,新冠肺炎疫情加重了经济挑战和不平等,同时也为犯罪包括有组织犯罪创造了机会;有与会者提到,这场疫情使社会不公正和系统性种族主义问题变得突出;有与会者指出,在全球大流行病期间,各国在加强经济方面面临共同的挑战,这为采取变革性的预防犯罪办法和在多方利益攸关方伙伴关系中重新作出努力提供了机会。

发言者们重申,预防犯罪不应是警察或刑事司法系统的专属责任。他们强调,在设计和实施应对犯罪和受害根源问题的预防犯罪战略时,需要采取全面和综合的办法,让政府所有相关部门、私营部门和包括青年代表在内的民间社会行为者参与进来。

有几位发言者提到需要在预防和减少犯罪的过程中解决社会经济排斥、边缘化和不平等问题,并强调了教育、技能培训、就业机会以及参加体育和娱乐方案的重要性。在这方面,强调制定和实施以积极的青年发展为重点的社会政策以预防犯罪。有几位发言者指出,为了预防年轻人犯罪和再次犯罪,应重视针对高危群体的早期干预方案,以及帮助违法者成功适应社会和融入社会的政策。会上提到利用体育运动是帮助年轻人或儿童增强抵御犯罪能力的机制之一。有几位发言者强调相关部门需要相互协调,以便有效处理触法儿童,防止再次犯罪。受害人—罪犯和解被提到应视为恢复性司法中防止年轻人再次犯罪的有效因素。

与会者普遍认为,需要以证据为基础的政策和方案来有效处理犯罪风险因素,发言者们强调需要关于犯罪的数据和信息,还需要衡量预防犯罪方案的影响力。在这方面,一些发言者表示需要更多了解不同干预措施的影响,包括那些提高社会、经济和教育方面的福祉但并非专门预防犯罪的干预措施。

有几位发言者提到为加强安保部门和社区之间的信任而做的努力,还提到需要促进警察与公民的互动,包括为此开展以社区为导向的警务工作。

有几位发言者讨论了有效预防暴力侵害妇女和女童行为以及家庭暴力的必要性。发言者们报告了为举报性犯罪和家庭暴力减少障碍以缩小此类犯罪的举报和未举报事件数量差距的情况，以及有必要支持暴力受害者和提供相关服务。关于暴力侵害儿童行为，有几位发言者强调了充分的保护服务的重要性，还特别提到需要解决网上虐待儿童问题。

在这个议题下举办的第1讲习班“循证的预防犯罪：有助于成功实践的统计、指标和评价”，强调了健全可靠的证据对于更好地了解犯罪动态和威胁以及更好地制定预防犯罪和刑事司法政策至关重要，介绍了加强犯罪和刑事司法的统计、分析、研究、监测和评价，取得具有准确性、相关性、及时性和覆盖面的高质量证据，以制定预防犯罪和刑事司法的循证政策方面的做法和经验。

四、关于应对刑事司法系统面临的挑战的综合办法

本届大会的第2个实质性议题为“应对刑事司法系统面临的挑战的综合办法”。在这个议题下，与会代表注意到全世界的刑事司法系统面临许多复杂挑战，从犯罪案件居高不下带来的刑事司法系统不堪重负、财政和人力资源不足、有罪不罚现象严重、司法工作拖延、过度使用审前羁押、长期未充分利用各种可用的量刑方案和替代方案、监狱过度拥挤而无法履行改造职能、重新犯罪率高到不断出现的新的犯罪形式的挑战，再到长期普遍存在但如今不再忽视和纵容的犯罪行为（如暴力侵害妇女行为、暴力侵害儿童行为以及对受害者的资助）的挑战，强调需要采取综合方法予以应对。

几位发言者强调，为了成功应对国家刑事司法系统面临的新出现的复杂挑战（包括新冠肺炎疫情期间的挑战），成功实现可持续发展目标，刑事司法链的各方采取协作和综合办法至关重要。几位发言者还提到了促进这种综合办法的方式方法，包括促进相关刑事司法机构之间的对话和协作，建立协作文化、有效的信息共享系统，提供培训和能力建设活动。

一些发言者认识到在刑事司法系统和社会其他相关部门之间建立协作关系的重要性。几位发言者介绍了刑事司法系统与社会其他部门，包括私营部门、非营利组织和社区，包括通过社区志愿服务开展具体协作举措的国内实例。

暴力侵害妇女行为是世界各地极为普遍的一种犯罪。几位发言者重申了应对基于性别的暴力的重要性，特别是考虑到疫情期间报告的家庭暴力

增加,并强调了在国家一级为预防和应对这类暴力而采取的措施。一些发言者强调,必须向基于性别的暴力包括性暴力的受害者提供及时诉诸司法的机会和支持服务,包括提供准确的法律咨询和信息;强调了将刑事司法系统与卫生、教育和其他社会服务提供者联系起来的重要性,认为这是确保应对基于性别的暴力的措施更有效率、效力和更以幸存者为中心的一个重要因素。

预防和应对暴力侵害儿童行为是国家刑事司法系统面临的重大挑战之一。几位发言者介绍了处理暴力侵害儿童行为的国家经验,强调刑事司法系统不同部门之间的协调是为儿童伸张正义的关键因素,无论是在儿童作为罪犯参与的情况下,还是在他们作为受害者参与的情况下。一些发言者着重介绍了在国家一级采取了措施,为成为暴力受害者的儿童提供全面和协调的支持,包括医疗、社会和法律服务等不同类型的服务,同时尽量减少创伤对儿童的影响。其他发言者报告了本国在处理与法律接触的儿童方面的经验。在这方面,刑事司法机构和社会服务机构之间的协作被认为至关重要。

几位发言者指出了向犯罪受害者提供支持和保护的重要性,介绍了各自国家的刑事司法系统的经验,其中包括以受害者为中心的做法和知悉创伤情况的做法。几位发言者提到应向受害者提供的各种支持,即增加获得法律援助和信息的机会,特别是性暴力受害者获得法律援助和信息的机会,恢复性司法方案和赔偿机制,如通过立法使受害者能够向国家寻求赔偿。

几位发言者指出了恢复性司法方案的价值和益处。有与会者指出,在刑事司法程序的相关阶段提供恢复性司法可以促进罪犯改过自新和对受害者的支持。

一些发言者指出,监狱人满为患仍然是国际社会面临的一个挑战。许多发言者指出,有必要增加监禁替代办法的使用。一些发言者报告了解决监狱人满为患问题的国家措施,包括与司法机构合作,加强非拘禁措施的使用,修订相关立法,并采取全面的缓刑战略。据回顾,2020 年是《联合国关于女性囚犯待遇和女性罪犯非拘禁措施的规则》(《曼谷规则》)通过十周年,世界各地被监禁的女性人数比以往任何时候都多。有与会者提到,迫切需要释放那些因与毒品有关的轻微罪行而入狱的人,特别是那些处境脆弱的人,如孕妇。

许多发言者强调了罪犯改过自新和重新融入社会的重要性,并分享了这方面的国家经验。几位发言者指出,在这一努力中需要采取多方利益攸关方办法,不仅要让刑事司法系统内的利益攸关方参与,也要让诸如卫生、教育和社会福利部门等刑事司法系统之外的利益攸关方参与进来。有与会者称,前罪犯有不同的需要,而社区在成功地使前罪犯重新融入社会方面发挥着重要作用。几位发言者指出,需要为国家刑事司法系统提供减少再次犯罪的实际指导。一些发言者在强调国际上日益认识到解决再次犯罪问题的必要性的同时,建议制定新的联合国标准和规范,重点放在减少再次犯罪问题上。

在该议题下举办的第2讲习班“减少再次犯罪:查明风险和制定解决办法”强调指出,减少再次犯罪对于建立《2030年可持续发展议程》所设想的包容、可持续的社会至关重要,介绍了为了有效减少再次犯罪,刑事司法系统必须将罪犯的改造和重新融入社会问题作为优先关注事项的做法和经验,包括创造有利于改造罪犯的监狱环境,采用和实施以社区为基础促进减少再次犯罪的办法,并采取确保持续提供支持和服务帮助罪犯重新融入社会的涉及多利益攸关方的办法。

五、关于各国政府促进法治的多方面办法

本届大会的第三个实质性议题为“各国政府促进法治的多方面办法,途径是根据《多哈宣言》,除其他外,让所有人都能诉诸司法;建立有效、负责、公正和包容的机构;以及考虑社会、教育和其他相关措施,包括促进守法文化,同时尊重文化特性”。在这个议题下,与会代表注意到《2030年可持续发展议程》的目标16要求创建和平、包容的社会,让所有人都能诉诸司法,这必然要求会员国采取让刑事司法系统中的所有行为体参与的多方面办法,特别注意采取尊重和保护弱势社会成员及刑事司法系统中有特殊需要的群体如妇女、儿童和犯罪受害者的权利的措施。

发言者们指出,对实现安全、和平、有保障并以客观、公正的方式适用法律的社会而言,法治至关重要。发言者们强调,需要在全社会促进守法文化,以便促使公民既信任又尊重法律和刑事司法机构。有发言者指出,为了实现这些目标,需要采取多方面、整体和长期的办法,包括与民间社会和私营部门等利益攸关方建立伙伴关系。

为了促进法治和保障人权,多位发言者指出,需要采取多元文化和基于性别平等的方法来应对不同群体特有的问题。发言者们强调需要满足妇

女、青年、穷人和其他利益攸关方的需求,将之作为促进法治的根本,并需要确保每个人都得到公正、公平和不受歧视的待遇。一些发言者强调指出,需要通过科学和数据驱动的程序确定机构需求,从而加强公共机构和民众之间的关系。

有效、负责、公正和包容的机构对于促进法治必不可少。发言者们强调,必须预防和打击公共和私营部门腐败,加强法治,建设有效、公正和包容的机构,促进廉正、透明度和问责制。在这方面,一些发言者着重介绍了国家反腐败、刑事司法和司法改革战略,并报告了这些战略的实施及进展情况。其他发言者指出,使用技术和通过电子政务做法促进数字化对加强透明度和确保问责制有推动作用。发言者们着重介绍了最近采取的预防腐败措施,包括查明和预防利益冲突、建立监测和监督制度以及促进国际合作。

关于司法机构,发言者们强调了司法廉正和透明度的重要性,包括在获取信息、客观分配案件、择优录用司法人员以及监督和问责机制方面的重要性。发言者们还指出,司法独立办案对确保公正、客观地审裁案件和维护法治至关重要。

发言者们强调需要加大努力,采取以人为本的司法方针,确保诉诸司法和提供法律援助,着重面向社会弱势成员,包括犯罪受害者、老年人、残疾人、青年、无国籍人群和土著居民等,并确保公平和透明的正当法律程序。有发言者强调,基于性别歧视和家庭暴力的现象,需要额外予以特别重视并采取专门办法。有发言者指出,现在国际社会存在诸多挑战,包括在一国所有地区,特别是农村地区提供法律援助和扩大诉诸司法机会的相关费用问题。一些发言者分享了通过创新的法律援助办法应对此类挑战的经验,包括建立专门机构和法律援助提供方网络,以及促进基于社区的办法,解决诉诸司法方面的挑战。发言者们指出,在开展上述工作的同时,应与民间社会、教育机构和私营部门建立伙伴关系的有益作用。

多位发言者强调了教育在提高法治意识和减少腐败和暴力以及增强公众对刑事司法机构的信任方面发挥重要作用。有发言者指出,如果没有与教育机构建立密切的伙伴关系,那么法治就无从加强。在这方面,一些发言者着重介绍了旨在让青年参与公共决策过程和政策制定并增强其权能的方案,并强调了联合国毒罪办通过其教育促进正义举措编写的教育材料发挥有益作用。

在该议题下举办的第3讲习班“教育和青年参与是使社会具有抵御犯罪的能力的关键”强调了青年参与以促进法治进程的重要性，指出教育在培养守法文化并让广大社会参与促进法治方面的关键作用，介绍了通过利用正规和非正规教育以及非正式学习，加强有关预防犯罪、刑事司法和其他法治问题的教育，促进青年在初等、中等和高等教育各级有意义地参与预防犯罪、刑事司法实践，增强青年在社会中的积极变革行动并促进法治和守法文化的权能，大幅度提高社会对犯罪的抵御能力和经验。

六、关于开展国际合作并提供技术援助以预防和应对一切形式的犯罪

本届大会的第四个实质性议题为“开展国际合作并提供技术援助以预防和应对一切形式的犯罪：一切形式和表现的恐怖主义以及新的和新兴犯罪形式”。与会代表普遍认为，开展国际合作和提供技术援助对于应对任何跨国性质的犯罪至关重要，包括应对一切形式的恐怖主义以及网络犯罪、海上犯罪、野生生物犯罪以及贩运文化财产、伪造医疗产品等新的和新兴犯罪形式。

发言者们强调，刑事事项国际合作是在全球化社会中打击跨国犯罪和恐怖主义的关键，并表示支持多边主义。其他发言者强调了《联合国打击跨国有组织犯罪公约》和《联合国反腐败公约》中司法协助和引渡条款的效用，支持这两项公约的缔约方会议下的两个国际合作工作组作为交流良好做法的有用平台。

一些发言者强调了技术援助在更新立法框架和培训刑事司法从业人员方面的核心作用，另一些发言者则强调捐助国和受援国之间需要进行协调，以期最大限度地扩大其努力成果；发言者赞扬联合国毒罪办开发旨在促进各国刑事司法从业人员之间国际合作的工具，如刑事司法从业人员区域网络、打击犯罪信息与法律网络共享平台知识管理门户网站、国家主管机构名录和司法协助请求书撰写工具。

一些发言者介绍了开展国际合作打击恐怖主义的成功实例，包括区域一级的司法协助和信息交流；另一些发言者强调了国际文书在防止和打击恐怖主义方面的重要性，还提到19项国际反恐法律文书。

几位发言者表示日益关切恐怖主义与其他犯罪形式之间的联系，提到了恐怖主义与环境犯罪、腐败、非法资金流动、洗钱、贩毒、贩运枪支、网络犯罪、贩运人口和偷运移民之间的联系。许多发言者提到打击资助恐怖主义

的措施,包括为执行安理会相关决议而制定国家政策和机制,以及金融行动特别工作组的建议;一些发言者提到公私伙伴关系可有助于将金融部门、监管机构、执法机构和其他政府实体聚集在一起,以合作查明、评估和减轻与洗钱和资助恐怖主义有关的主要和新的风险。

一些发言者提到新冠肺炎疫情可能对恐怖主义活动产生影响。旅行限制可能阻止了恐怖分子越境,但越来越多地使用在线交流工具可能已使更多人面临在线激进化和招募;一些发言者提到了为查明和打击网上恐怖主义内容而采取的立法、政策和行动措施,以防止通过互联网招募暴力分子并使其激进化。

几位发言者提到保护被恐怖主义和暴力极端团体招募和剥削的儿童的重要性,他们认为这是全面反恐战略的组成部分,建议制定保护儿童的全球标准,包括关于防止儿童被招募或与恐怖团体有关联、改过自新和重新融入社会以及为儿童伸张正义的政策。

几位发言者表示需要作出更加协调一致的国际努力来打击影响环境的犯罪,包括贩运野生生物产品、木材、贵金属和宝石以及海产品行为。他们还呼吁协调努力,打击伪造医疗产品贩运和文化财产贩运,一些发言者强调了新技术和人工智能对打击包括环境犯罪和洗钱在内的有组织犯罪的附加价值,鼓励会员制定和实施保护本国文化遗产的国内法律措施,追回和归还出现在其境内的被非法贩运的文化财产,呼吁国际刑警组织和联合国毒罪办等国际机构继续合作,打击这些形式的犯罪。

一些发言者强调了网络犯罪造成的经济损害以及利用新技术的有组织犯罪集团构成的更大威胁;多位发言者强调了技术援助和能力建设的重要性,并对毒品和犯罪问题办公室的网络犯罪问题全球方案的工作表示赞赏。

有发言者强调了新冠肺炎疫情给现有刑事事项国际合作机构和机制带来的额外负担,包括在及时传递与可引渡或可移管的人员的运送有关的请求书和物流方面提出了挑战。

在该议题下举办的第4讲习班"目前的犯罪趋势、最近动态和新出现的解决办法",强调了技术进步既能促成犯罪,也能有助于预防、侦查和制止犯罪的"双刃剑"作用,如加密货币;技术与暗网市场,包括毒品市场;与枪支和技术有关的安全威胁;技术作为贩运人口案件中的便利因素;技术与偷运移民;新的信息和通信技术对虐待和剥削儿童的影响;人工智能;机器人和无人机等方面介绍了技术作为犯罪手段和打击犯罪的工具的情况,还探讨了在执法和刑事司法领域使用技术的伦理问题和人权保障措施。

七、《京都宣言》的主要内容与特点

本届大会通过的《京都宣言》围绕世界面临的挑战特别是新冠疫情带来的危机以及如何应对这些挑战，提出了推进预防犯罪、刑事司法和法治，实现可持续发展目标的对策和行动，进一步强化了加强打击犯罪的全球努力，为国际社会在预防犯罪和刑事司法领域的合作提供了有力的政策指导和行动框架。

《京都宣言》全文共10,000余字，除过渡段外，共有97条。这97条划分为宣告、行动和落实三部分（见表1）。其中，宣告部分包括第1条~第20条，主要是承诺、重申等方面的内容；落实部分包括第96、97两条，第96条是对落实《京都宣言》提出要求，第97条是致谢。行动部分是《京都宣言》的主体，包括第21条~第95条，主要是措施、要求等方面的内容，其具体可细分为推进预防犯罪工作（第21条~第30条）、推动刑事司法系统发展（第31条~第47条）、推进法治（第48条~第59条）以及促进国际合作和技术援助以预防和处理一切形式的犯罪（第60条~第95条）四个方面。《京都宣言》的通过进一步强化了加强打击犯罪的全球努力，将为未来五年国际社会在预防犯罪和刑事司法领域的合作和发展提供有力的政策指导和行动框架。

表1 《京都宣言》的内容框架

内容方面	条款序号	条款数量
一、宣告（承诺、重申）部分	第1~20条	20条
二、行动（对策）部分	第21~95条	75条
（一）推进预防犯罪工作	第21~30条	10条
1. 解决包括根源问题在内的犯罪原因	第21条	1条
2. 循证预防犯罪	第22~23条	2条
3. 解决犯罪的经济层面问题	第24~25条	2条
4. 因地制宜的预防犯罪战略	第26条	1条
5. 将性别视角纳入预防犯罪主流	第27~28条	2条
6. 预防犯罪中的儿童和青少年	第29条	1条
7. 增强青少年权能以预防犯罪	第30条	1条

续表

内容方面	条款序号	条款数量
(二)推动刑事司法系统发展	第31~47条	17条
1. 维护受害人权利,保护证人和举报人	第31~34条	4条
2. 改善监狱条件	第35~36条	2条
3. 通过改造和重新融入社会减少重新犯罪	第37~42条	6条
4. 将性别视角纳入刑事司法系统主流	第43~44条	2条
5. 解决被刑事司法系统查办的儿童和青少年的脆弱性问题	第45~46条	2条
6. 改进刑事调查程序	第47条	1条
(三)推进法治	第48~59条	12条
1. 诉诸司法和法律面前人人平等	第48条	1条
2. 获得法律援助	第49条	1条
3. 国家量刑政策	第50条	1条
4. 建设有效、负责、公正和包容的机构	第51~52条	2条
5. 有效的反腐败努力	第53~58条	6条
6. 社会、教育和其他措施	第59条	1条
(四)促进国际合作和技术援助以预防和应对一切形式的犯罪	第60~95条	36条
1. 包括能力建设和技术援助在内的国际合作	第60~67条	8条
2. 国际合作以剥夺罪犯的犯罪所得	第68~72条	5条
3. 一切形式和表现的恐怖主义	第73~78条	6条
4. 新出现的和不断演变的犯罪形式	第79~95条	17条
三、落实部分	第96~97条	2条

资料来源:《关于推进预防犯罪、刑事司法和法治:努力实现〈2030年可持续发展议程〉的京都宣言》,载https://undocs.org/en/A/CONF.234/L.6。

归纳起来,《京都宣言》主要具有以下特点:

(一)关切和应对新冠疫情

《京都宣言》认为,新冠疫情"以不同形式、在不同程度上为犯罪分子和有组织犯罪集团创造了新机会,改变了他们的作案手法,也从多个方面对刑事司法提出了挑战”(第13条),“严重关切监狱的脆弱性,特别是在健康、安全和安保方面的脆弱性,病毒在这种封闭环境中很容易快速传播,而监狱长期以来的人满为患和条件恶劣等挑战可能会进一步加剧这一风险”(第14条),“采取果断行动和注重行动的措施,应对和消除COVID－19对预防犯罪和刑事司法构成和加剧的挑战和国际障碍,包括采取多边办法,通过多边合作和多方利益攸关方伙伴关系加强执法机构和其他刑事司法机构的适应力,特别关注发展中国家在这方面迫切的能力建设和技术援助需求,同时铭记本次大流行病对社会和经济的长期影响,包括对可持续发展和国际合作的影响,并认识到最贫穷和最脆弱的群体受到本次大流行病的冲击最为严重”(第15条),“鉴于目前正在经历的COVID－19大流行,为做好准备应对未来任何类似的挑战,需要对刑事司法系统进行审察,并通过促进数字化,提高刑事司法系统的有效性、问责、透明度、包容性和响应性”(第16条)。

(二)强调循证预防犯罪

《京都宣言》要求“使用系统而连贯的标准收集和分析数据,加强循证预防犯罪战略,同时考虑到《犯罪统计国际分类》,并评价这些战略的有效性”(第22条);提出要“改进犯罪趋势数据的质量和提供情况,同时考虑到统计指标的制定,并自愿分享这些数据,以加强我们深入了解全球犯罪趋势的能力,并提高预防和打击犯罪战略的有效性”(第23条)。

(三)主张将性别视角纳入预防犯罪和刑事司法系统主流

《京都宣言》要求“将性别视角纳入预防犯罪政策、方案、立法和其他行动的主流,对与性别有关的具体需求和情况进行分析,并征求受影响群体的意见,以便除其他外,防止一切形式与性别有关的暴力、犯罪和伤害,包括与性别有关的杀人”(第27条);“预防和制止家庭暴力,并为此在我们的国内立法中采取有效措施,例如确保适当处理案件,协调福利机构和刑事司法机构的作用,以及为受害者提供安全的环境”(第28条);“制定和实施适当有效的政策和计划以在执法机构和其他刑事司法机构各级实现性别平等并为提高妇女地位和增强妇女权能清除障碍,在这方面,承诺采取进一步具体行动,确保充分、有效、加快执行《北京宣言》和《行动纲要》[1]以及大会第二十三届特别会议通过的成果文件”(第43条);“将性别视角纳入刑事司法系统的主流,为此促进具有性别反应性的措施,满足罪犯和受害人中不同性别的特有需要,包括在刑事司法诉讼中保护妇女和女孩免于再次受害”(第44条)。

(四)关心关怀儿童和青少年

《京都宣言》认为,儿童和青少年是脆弱的,格外关心儿童青少年的权益保障,提出“满足儿童和青年的需要并保护他们的权利,同时适当考虑到他们的脆弱性,以确保保护他们免遭线上和线下各种形式的犯罪、暴力、虐待和剥削,例如对儿童的性虐待和剥削以及人口贩运,同时注意到在偷运移民以及包括帮派在内的有组织犯罪集团和恐怖主义集团招募方面,儿童有哪些特别脆弱之处”(第29条);要求“增强青年权能,使他们在本社区中成为积极变革的活跃推动者,以支持预防犯罪工作,包括组织与社交、教育、文化、娱乐和体育有关的青年方案和青年论坛,并利用社交媒体平台和应用程序以及其他数字工具使他们的声音得以广传”(第30条);对于被刑事司法系统查办的儿童和青年,要求“建立或加强少年司法系统或其他类似程序,处理少年违法行为的严重性和责任程度,以及他们的脆弱性和违法行为的原因,包括根本原因和风险因素,以促进他们改过自新和重新融入社会,包括促进实际适用《联合国少年司法最低限度标准规则》(《北京规则》)[2]的相关规定”(第45条);提出“执行并酌情加强各项措施,协助参与了包括帮派在内的各种形式有组织犯罪集团和恐怖主义集团的儿童和青年改过自新和重新融入社会,在实施这些措施的整个过程中保护他们的权利,并充分认识到伸张正义和保护这些犯罪集团受害人安全和社会安全的重要性”(第46条);“采取更有效的措施,防止和终止对儿童的虐待、剥削、贩运以及对儿童的一切形式暴力和酷刑,包括线上和线下的儿童性剥削和性虐待,为此将此类行为定为刑事犯罪,向受害人提供支持,并促进国际合作打击这些犯罪”(第86条)。

---

〔1〕《第四次妇女问题世界会议的报告,1995年9月4日至15日,北京》(联合国出版物,出售品编号:E.96.IV.13),第一章,决议1,附件一和二。

〔2〕大会第40/33号决议,附件。

（五）重视通过改造和重新融入社会减少再次犯罪

对于监狱刑罚执行，《京都宣言》要求“在教养场所促进形成有利于改造的环境，包括根据对罪犯的需要和风险的个人评估，设计和实施有效的对待方案，并向罪犯提供职业和技术培训和教育方案，帮助他们掌握重返社会所需的技能”（第 37 条）。对于社区矫正，《京都宣言》要求“在社区促进形成有利于改造的环境，促进罪犯在当地社区的积极参与下重新融入社会，同时适当考虑到保护社会和个人的必要性以及受害人和罪犯的权利”（第 38 条）。对于刑罚执行完毕，《京都宣言》要求“促进多利益攸关方伙伴关系以减少再次犯罪，为此促进就业和社会福利机构和地方政府等相关政府机关之间的机构间协调，以及这些机关与社区之间的公私伙伴关系，后者包括支持罪犯长期重新融入社会的合作雇主和社区志愿者”（第 39 条），强调“宣传公众接受罪犯成为社区一员的重要性以及社区参与帮助他们长期重新融入社会的重要性”（第 40 条），以营造有利于罪犯重新融入社会的氛围。此外，《京都宣言》倡导恢复性司法的运用和评估，提出“根据国内法律框架，酌情促进刑事诉讼相关阶段的恢复性司法程序，以帮助受害人恢复，帮助罪犯重新融入社会，防止犯罪和累犯，并且评估恢复性司法程序在这方面的效用”（第 42 条）。

（六）倡导建设有效、负责、公正、包容的机构

鉴于有效、负责、公正、包容的刑事司法机构是实现《2030 年可持续发展议程》目标 16 的关键，《京都宣言》倡导建设有效、负责、公正、包容的刑事司法机构，要求“确保组成刑事司法系统的执法机构和其他机构的廉正和公正以及司法独立，并确保公平、有效、问责、透明和适当的司法管理和司法执行，同时考虑到大会和经济及社会理事会的相关决议提到的文件[1]”（第 51 条）；“采取有效的立法措施、行政措施、司法措施或其他相关措施，防止、调查、起诉和惩治一切形式的酷刑，结束这方面有罪不罚的现象，并防止其他残忍、不人道或有辱人格的待遇或处罚”（第 52 条）。

---

〔1〕 这些文件包括《关于司法机关独立的基本原则》及其补充文件、《班加罗尔司法行为原则》、《关于律师作用的基本原则》和《检察官作用准则》、《关于司法程序透明度的伊斯坦布尔宣言》以及有效执行《伊斯坦布尔宣言》的措施。

(七)加强对新出现和不断演变的犯罪形式的应对

《京都宣言》要求“加强处理新出现的和不断演变的犯罪形式的措施,包括最大限度地利用相关和适用的公约,例如《打击有组织犯罪公约》及其各项议定书,采取其中所载的措施,预防和打击犯罪,促进国际合作,没收和返还犯罪所得”(第79条);提出要“研究犯罪行为的趋势和所使用的方法的演变情况,以制定有效的国际合作和技术援助手段,包括在预防犯罪和刑事司法委员会及其他相关全球论坛和区域论坛的框架内增进信息共享以及交流意见、经验和最佳做法的活动”(第80条)。

(八)强化国际合作

《京都宣言》要求“认识到有效的国际合作在预防和打击犯罪方面的根本作用,为此强调,必须处理、解决和有效应对各种国际挑战和障碍,特别是阻碍这种合作的不符合《联合国宪章》和国际法义务的措施,并在这方面敦促各国遵守国际义务,避免采取此类措施”(第67条);提出要“积极参与并助力最近启动的联合国打击跨国有组织犯罪公约及其各项议定书实施情况审议机制以及联合国反腐败公约实施情况审议机制,以协助缔约国实施这些文书,查明和证实具体的技术援助需求,交流最佳做法,促进有效的国际合作”(第60条);强调“加强刑事事项方面的有效国际合作,包括引渡和司法协助领域的有效合作,同时有效应对现有挑战和困难,特别是在请求方面的挑战和困难,推广良好做法,促进利用现有的区域文书和国际文书,包括《反腐败公约》和《打击有组织犯罪公约》,作为引渡和司法协助合作的法律依据,并在必要时执行和缔结协定和安排以加强这方面的国际合作”(第62条)、“建立或加强执法人员和其他刑事司法从业人员的区域和跨区域合作网络,以交流信息和最佳做法,以期除其他外建立他们之间的信任并进一步促进国际合作”(第63条)、“继续通过技术援助和能力建设,包括在联合国毒品和犯罪问题办公室的支持下,加强国际合作,并在‘执行《多哈宣言》全球方案’等现行举措和良好做法的基础上再接再厉”(第65条)、“促进、便利和支持最广泛的技术援助措施,包括物质支持和培训,以使执法机关和刑事司法机构能够有效预防和打击犯罪,同时考虑到发展中国家面临的具体挑战和特殊需要”(第66条)。

附件 1

关于推进预防犯罪、刑事司法和法治：努力实现《2030 年可持续发展议程》的京都宣言

（2021 年 3 月 7 日第十四届联合国预防犯罪大会审议通过）

我们，各会员国国家元首和政府首脑、部长及代表，

2021 年 3 月 7 日至 12 日会聚在日本京都，召开第十四届联合国预防犯罪和刑事司法大会，而半个世纪以前，1970 年，第四届预防犯罪大会也是在京都举行，会上国际社会誓言在社会和经济发展的背景下协调并加强预防犯罪的努力；

总结 65 年来历届联合国预防犯罪和刑事司法大会留下的遗产，它们作为预防犯罪和刑事司法领域最大和最具多样性的国际论坛继续发挥的重要作用、它们在推动就政策和专业实践开展讨论方面取得的成就，以及国际社会所作的承诺；

回顾第十三届联合国预防犯罪和刑事司法大会通过的《关于将预防犯罪和刑事司法纳入更广泛的联合国议程以应对社会和经济挑战并促进国内和国际法治及公众参与的多哈宣言》，[1] 其中我们重申需要将预防犯罪和刑事司法问题纳入联合国更广泛的议程以增进全系统协调；

认识到需要以第十三届预防犯罪大会以来取得的进展为基础，包括以《2030 年可持续发展议程》[2] 的通过及迄今在这方面取得的成就为基础，再接再厉，还认识到需要克服的种种挑战；

宣告如下：

1. 我们深为关切犯罪对法治、人权、社会经济发展、公共卫生与安全、环境和文化遗产的负面影响；

2. 我们还深为关切，犯罪的跨国性、有组织性和复杂性日益增强，犯罪分子越来越多地利用包括互联网在内的新兴技术实施非法活动，从而给预防和打击现有犯罪以及新出现的犯罪形式带来前所未有的挑战；

3. 我们承诺通过预防犯罪和刑事司法努力，为实现《2030 年可持续发展议程》做出贡献，坚信可持续发展与法治是相互联系、相辅相成的，犯罪是可

〔1〕 大会第 70/174 号决议，附件。

〔2〕 大会第 70/1 号决议。

持续发展的障碍,实现可持续发展是各国有效预防和打击犯罪的有利因素;

4. 我们承诺采用多层面的方法促进法治;

5. 我们承诺通过促进和加强刑事事项国际合作,加大全球协同努力,预防和打击犯罪;

6. 鉴于迅速变化的现实情况,我们提请注意有必要及时进行调整,必要时应加强刑事事项国际合作的国际法律框架;

7. 我们承诺加强作为法治核心组成部分的执法机构和其他刑事司法机构以及从业人员有效预防和打击犯罪的能力,并在这方面提供技术援助;

8. 我们承诺,我们的执法机构、刑事司法机构和其他相关机构将有效和适当地利用先进的新技术作为打击犯罪的工具,并采取足够和有效的保障措施,防止在这方面误用和滥用这些技术;

9. 我们强调我们作为国家和政府在制定预防犯罪战略和政策方面的首要作用和责任;

10. 我们承诺加强预防和打击犯罪的多学科努力,在执法机构和其他刑事司法机构与其他政府部门之间开展合作与协调,并支持它们的工作,为此,与私营部门、民间社会、学术界和科学界以及酌情与其他相关利益攸关方建立和促进多方利益攸关方伙伴关系;

11. 我们再次承诺加强预防犯罪和刑事司法委员会作为联合国在预防犯罪和刑事司法领域的主要决策机构的中心作用;

12. 我们重申联合国毒品和犯罪问题办公室作为联合国在预防犯罪和刑事司法领域支持会员国的牵头实体,通过与相关利益攸关方合作提供技术援助和能力建设、开展规范工作、研究并运用其专门知识而发挥的作用,我们努力为此提供充足、稳定和可预测的资金,并重申设在维也纳的政府间论坛,包括决策机构及其附属机构,作为在各自任务范围内在预防犯罪和刑事司法领域提供知识、投入、指导和最佳做法的最宝贵的全球性资料来源,在联合国系统内在预防犯罪和刑事司法方面发挥的作用;

13. 我们对2019冠状病毒病(COVID-19)引发的局面和造成的社会经济影响表示严重关切,这种局面和影响以不同形式、在不同程度上为犯罪分子和有组织犯罪集团创造了新机会,改变了他们的作案手法,也从多个方面对刑事司法提出了挑战;

14. 我们还严重关切监狱的脆弱性,特别是在健康、安全和安保方面的脆弱性,病毒在这种封闭环境中很容易快速传播,而监狱长期以来的人满为患和条件恶劣等挑战可能会进一步加剧这一风险；

15. 我们承诺采取果断行动和注重行动的措施，应对和消除 COVID－19 对预防犯罪和刑事司法构成和加剧的挑战和国际障碍，包括采取多边办法，通过多边合作和多方利益攸关方伙伴关系加强执法机构和其他刑事司法机构的适应力，特别关注发展中国家在这方面迫切的能力建设和技术援助需求，同时铭记本次大流行病对社会和经济的长期影响，包括对可持续发展和国际合作的影响，并认识到最贫穷和最脆弱的群体受到本次大流行病的冲击最为严重；

16. 我们认识到，鉴于目前正在经历的 COVID－19 大流行，为做好准备应对未来任何类似的挑战，需要对刑事司法系统进行审察，并通过促进数字化，提高刑事司法系统的有效性、问责、透明度、包容性和响应性；

17. 我们再次承诺在地方、国家、区域和国际层面采取多边方式预防和打击犯罪，促进法治，并重申联合国的核心作用，包括联合国毒品和犯罪问题办公室作为联合国在这方面支持会员国的牵头实体的作用；

18. 我们坚定重申，所有国家都有责任在公正的司法审判以及我们预防和打击犯罪的所有努力中充分促进和保护所有人权和基本自由，维护人的尊严原则；

19. 我们坚定重申，在我们预防和打击犯罪的所有努力中，所有国家都有责任全面维护《联合国宪章》，充分尊重各国主权平等和领土完整以及不干涉他国内政的原则；

20. 我们承诺充分有效地利用所加入的《联合国打击跨国有组织犯罪公约》及其各项议定书、[1]《联合国反腐败公约》、[2]三项国际药物管制公约及与反恐有关的相关国际公约和议定书，以及其他相关国际义务，包括以此作为促进国际合作的依据；

因此，我们努力采取以下行动：推进预防犯罪工作，解决犯罪的原因，包括根源问题。

21. 制定和实施预防犯罪战略，解决导致社会不同阶层更容易受到犯罪影响的原因，包括根本原因和风险因素，对这些战略包括其有效性进行评估，并交流最佳做法以加强我们的能力；

---

〔1〕 联合国：《条约汇编》，第 2225 卷、第 2237 卷、第 2241 卷、第 2326 卷，第 39574 号。

〔2〕 联合国：《条约汇编》，第 2349 卷，第 42146 号。

循证式预防犯罪

22. 使用系统而连贯的标准收集和分析数据,加强循证预防犯罪战略,同时考虑到《犯罪统计国际分类》,并评价这些战略的有效性;

23. 改进犯罪趋势数据的质量和提供情况,同时考虑到统计指标的制定,并自愿分享这些数据,以加强我们深入了解全球犯罪趋势的能力,并提高预防和打击犯罪战略的有效性;

处理犯罪的经济层面问题

24. 制定和实施有效措施,处理犯罪的经济层面问题,剥夺罪犯和犯罪组织的任何非法所得,为此,除其他外,查明、追踪、扣押、没收、追回和返还犯罪所得并建立强有力的国内金融调查框架,并且制定预防和打击洗钱和非法资金流动的战略;

25. 审议、审察和实施有效措施,对管理所扣押和没收的犯罪所得进行规范,同时铭记联合国毒品和犯罪问题办公室编写的关于有效管理和处置所扣押和没收的资产的研究报告,[1]以期有效地保存和管理此类犯罪所得;

因地制宜的预防犯罪战略

26. 促进采取顾及当地情况的因地制宜的预防犯罪战略,包括在尊重法治的基础上,意识到文化多样性,在普通公众中培养守法文化,以便除其他外,促进利益攸关方和警方之间的合作,促进积极解决冲突,以及根据国家立法推动面向社区的警务工作,并预防与帮派有关的犯罪和城市犯罪以及一切形式的有组织犯罪;

将性别视角纳入预防犯罪的主流

27. 将性别视角纳入预防犯罪政策、方案、立法和其他行动的主流,对与性别有关的具体需求和情况进行分析,并征求受影响群体的意见,以便除其他外,防止一切形式与性别有关的暴力、犯罪和伤害,包括与性别有关的杀人;

28. 预防和制止家庭暴力,并为此在我们的国内立法中采取有效措施,例如,确保适当处理案件,协调福利机构和刑事司法机构的作用,以及为受害者提供安全的环境;

---

[1] 《有效管理和处置扣押与没收的资产》(维也纳,2017年)。

预防儿童和青年犯罪

29. 满足儿童和青年的需要并保护他们的权利，同时适当考虑到他们的脆弱性，以确保保护他们免遭线上和线下各种形式的犯罪、暴力、虐待和剥削，例如，对儿童的性虐待和剥削以及人口贩运，同时注意到在偷运移民以及包括帮派在内的有组织犯罪集团和恐怖主义集团招募方面，儿童有哪些特别脆弱之处；

增强青年权能以预防犯罪

30. 增强青年权能，使他们在本社区中成为积极变革的活跃推动者，以支持预防犯罪工作，包括组织与社交、教育、文化、娱乐和体育有关的青年方案和青年论坛，并利用社交媒体平台和应用程序以及其他数字工具使他们的声音得以广传；

推动刑事司法系统发展

维护受害人权利，保护证人和举报人

31. 保护犯罪受害人的权益，努力在刑事司法程序的每个阶段帮助他们，同时适当注意受害人的特殊需要和情况，包括与年龄和性别有关的需要以及其他需要和残疾情况，并适当注意犯罪造成的伤害，包括精神创伤，并努力向受害人提供有助于其恢复的手段，包括获得补偿和赔偿的可能性；

32. 鼓励受害人举报犯罪，向他们提供充分的支持，包括在刑事诉讼中的支持，例如，有效地获得翻译服务；

33. 采取适当措施，为刑事诉讼中的证人和举报人提供有效保护；

34. 向从业人员提供充分的资源和培训，使他们更有能力提供以受害人为中心的援助和支持，同时考虑到受害人的具体需要；

改善监狱条件

35. 改善审前和审后被拘留者的拘留条件以及监狱、惩教人员和其他相关官员在这方面的能力，包括促进实际适用《联合国囚犯待遇最低限度标准规则》[1]和《联合国关于女性囚犯待遇和女性罪犯非拘禁措施的规则》(《曼谷规则》)[2]的相关规定；

36. 采取措施解决拘留设施人满为患的问题，提高刑事司法系统的整体效力和能力，包括考虑使用审前拘留和监禁刑罚的替代办法，同时适当考虑

---

〔1〕 大会第70/175号决议，附件。

〔2〕 大会第65/229号决议，附件。

《联合国非拘禁措施最低限度标准规则》(《东京规则》);[1]

通过改造和重新融入社会减少再次犯罪

37. 在教养场所促进形成有利于改造的环境,包括根据对罪犯的需要和风险的个人评估,设计和实施有效的对待方案,并向罪犯提供职业和技术培训和教育方案,帮助他们掌握重返社会所需的技能;

38. 在社区促进形成有利于改造的环境,促进罪犯在当地社区的积极参与下重新融入社会,同时适当考虑到保护社会和个人的必要性以及受害人和罪犯的权利;

39. 促进多利益攸关方伙伴关系以减少再次犯罪,为此促进就业和社会福利机构和地方政府等相关政府机关之间的机构间协调,以及这些机关与社区之间的公私伙伴关系,后者包括支持罪犯长期重新融入社会的合作雇主和社区志愿者;

40. 宣传公众接受罪犯成为社区一员的重要性以及社区参与帮助他们长期重新融入社会的重要性;

41. 酌情促进移交被判刑人员回本国继续服刑方面的合作,必要时在这方面缔结双边或多边协定或安排,同时考虑到被判刑人员的权利并酌情考虑与同意、改过自新和重新融入社会有关的问题,并使这些囚犯更多了解此类措施的提供情况;

42. 根据国内法律框架,酌情促进刑事诉讼相关阶段的恢复性司法程序,以帮助受害人恢复,帮助罪犯重新融入社会,防止犯罪和累犯,并且评估恢复性司法程序在这方面的效用;

将性别视角纳入刑事司法系统的主流

43. 制定和实施适当有效的政策和计划以在执法机构和其他刑事司法机构各级实现性别平等并为提高妇女地位和增强妇女权能清除障碍,在这方面,承诺采取进一步具体行动,确保充分、有效、加快执行《北京宣言》和《行动纲要》[2]以及大会第二十三届特别会议通过的成果文件;[3]

44. 将性别视角纳入刑事司法系统的主流,为此促进具有性别反应性的措施,满足罪犯和受害人中不同性别的特有需要,包括在刑事司法诉讼中保

---

〔1〕 大会第45/110号决议,附件。

〔2〕《第四次妇女问题世界会议的报告,1995年9月4日至15日,北京》(联合国出版物,出售品编号:E.96.IV.13),第一章,决议1,附件一和附件二。

〔3〕 大会S-23/2号决议,附件以及S-23/3号决议,附件。

护妇女和女孩免于再次受害；

处理被刑事司法系统查办的儿童和青年的脆弱性问题

45. 建立或加强少年司法系统或其他类似程序，处理少年违法行为的严重性和责任程度，以及他们的脆弱性和违法行为的原因，包括根本原因和风险因素，以促进他们改过自新和重新融入社会，包括促进实际适用《联合国少年司法最低限度标准规则》(《北京规则》)[1]的相关规定；

46. 执行并酌情加强各项措施，协助参与了包括帮派在内的各种形式有组织犯罪集团和恐怖主义集团的儿童和青年改过自新和重新融入社会，在实施这些措施的整个过程中保护他们的权利，并充分认识到伸张正义和保护这些犯罪集团受害人安全和社会安全的重要性；

改进刑事调查程序

47. 鼓励使用为仅获取自愿陈述设计的有法律依据、以证据为基础的面谈方法并交流这方面的良好做法，从而降低刑事调查过程中使用非法、虐待性和胁迫性措施的风险，并促成获得最佳证据，从而提高刑事调查、起诉和定罪的合法性和质量，更有效地利用资源，并且继续欢迎从业人员、专家和其他相关利益攸关方协作，制定一套关于这方面的非胁迫性面谈方法和程序保障的国际准则；

推进法治、诉诸司法和法律面前人人平等

48. 确保所有人平等诉诸司法，法律对所有人平等适用，包括社会弱势成员，不论其地位如何，包括采取适当措施，确保得到刑事司法机构尊重而无任何形式歧视或偏见的对待；

获得法律援助

49. 采取措施，确保没有足够钱财的人或为伸张正义之需获得及时、有效、资源充足和负担得起的法律援助，并使人们更多了解可获得这种援助，包括促进实际应用《联合国关于在刑事司法系统中获得法律援助的原则和准则》[2]的相关规定、联合国毒品和犯罪问题办公室关于确保刑事司法程序中法律援助服务质量的工具和其他相关工具，鼓励开发指导工具，以及收集和分享关于获得法律援助的数据，并建立一个法律援助提供者专业网络，用于交流信息和最佳做法，并在开展工作时相互协助；

---

〔1〕 大会第40/33号决议，附件。

〔2〕 大会第67/187号决议，附件。

国家量刑政策

50. 推行根据国家法律使罪犯处罚力度与罪行严重程度成正比的国家量刑政策、做法或罪犯待遇指导方针;

建设有效、可问责、公正、包容的机构

51. 确保组成刑事司法系统的执法机构和其他机构的廉正和公正以及司法独立,并确保公平、有效、问责、透明和适当的司法管理和司法执行,同时考虑到大会和经济及社会理事会的相关决议提到的文件;[1]

52. 采取有效的立法措施、行政措施、司法措施或其他相关措施,防止、调查、起诉和惩治一切形式的酷刑,结束这方面有罪不罚的现象,并防止其他残忍、不人道或有辱人格的待遇或处罚;

有效的反腐败努力

53. 有效利用国际反腐败架构的现有工具,特别是实施《联合国反腐败公约》《联合国打击跨国有组织犯罪公约》以及适用的其他相关工具;

54. 积累充足资源并实施有效的政策和措施,除其他外,包括加强数据收集和评估以分析腐败情况,加强公共机构的廉正、透明度和问责制,以便全面预防、发现、调查、起诉和裁决腐败,杜绝有罪不罚现象;

55. 确保采取适当措施,有效阻断有组织犯罪集团与腐败之间现有的联系,包括防止和打击贿赂和清洗犯罪所得进入合法经济,并为此制定防止和打击非法资金流动的战略;

56. 为任何出于善意和合理理由向主管当局举报腐败行为的人提供保护,使其免受任何不公正待遇,从而促进举报腐败;

57. 调查、起诉和惩罚本法域内针对记者和媒体工作者的威胁和暴力行为,他们的专业职责使他们面临特有的恐吓、骚扰和暴力风险,为此进行公正、高效率和有成效的调查,特别是在打击腐败和有组织犯罪活动的背景下,包括在冲突和冲突后局势中,以期根据国家立法和适用的国际法,终止对他们犯下的罪行不受惩罚的现象;

58. 提高公众对举报腐败事件的手段的认识,包括传播关于举报人责任和权利的信息,以及现有的举报人保护措施;

---

[1] 这些文件包括《关于司法机关独立的基本原则》及其补充文件、《班加罗尔司法行为原则》、《关于律师作用的基本原则》、《检察官作用准则》、《关于司法程序透明度的伊斯坦布尔宣言》以及有效执行《伊斯坦布尔宣言》的措施。

社会、教育和其他措施

59. 提供优质教育,促进有关法律和政策的提高认识活动,包括与公法有关的全民教育,使公众具备必要的价值观、技能和知识,在尊重法治的基础上,认识到文化多样性,在公众中培养守法文化;促进国际合作和技术援助以预防和处理一切形式的犯罪国际合作,包括为此开展能力建设和技术援助;

促进国际合作和技术援助以预防和处理一切形式的犯罪国际合作,包括为此开展能力建设和技术援助

60. 积极参与并助力最近启动的联合国打击跨国有组织犯罪公约及其各项议定书实施情况审议机制以及联合国反腐败公约实施情况审议机制,以协助缔约国实施这些文书,查明和证实具体的技术援助需求,交流最佳做法,促进有效的国际合作;

61. 提高中央机关和负责促进司法协助和引渡等国际合作的其他主管机关的效率和效力,包括与联合国毒品和犯罪问题办公室进行合作与协调,提供充足的人力和物力资源、专门知识和工具,如现代通信和案件管理工具,加强能力建设和技术援助方案,更新和传播各种工具,例如,"打击犯罪信息与法律网络共享平台"知识管理门户网站、司法协助请求书撰写工具和国家主管部门名录;

62. 加强刑事事项方面的有效国际合作,包括引渡和司法协助领域的有效合作,同时有效应对现有挑战和困难,特别是在请求方面的挑战和困难,推广良好做法,促进利用现有的区域文书和国际文书,包括《联合国反腐败公约》和《联合国打击跨国有组织犯罪公约》,作为引渡和司法协助合作的法律依据,并在必要时执行和缔结协定和安排以加强这方面的国际合作;

63. 建立或加强执法人员和其他刑事司法从业人员的区域和跨区域合作网络,以交流信息和最佳做法,以期除其他外建立他们之间的信任并进一步促进国际合作;

64. 促进预防和打击犯罪所需的正式信息交流和沟通以及国内法允许范围内的非正式信息交流和沟通,包括借助国际刑事警察组织(国际刑警组织)等政府间组织的支持;

65. 继续通过技术援助和能力建设,包括在联合国毒品和犯罪问题办公室的支持下,加强国际合作,并在"执行《多哈宣言》全球方案"等现行举措和

良好做法的基础上再接再厉;

66. 促进、便利和支持最广泛的技术援助措施,包括物质支持和培训,以使执法机关和刑事司法机构能够有效预防和打击犯罪,同时考虑到发展中国家面临的具体挑战和特殊需要;

67. 认识到有效的国际合作在预防和打击犯罪方面的根本作用,为此强调,必须处理、解决和有效应对各种国际挑战和障碍,特别是阻碍这种合作的不符合《联合国宪章》和国际法义务的措施,并在这方面敦促各国遵守国际义务,避免采取此类措施;

国际合作以剥夺罪犯的犯罪所得

68. 包括根据《联合国打击跨国有组织犯罪公约》和《联合国反腐败公约》的所有相关规定和原则,加强国际合作和援助,查明、追踪、冻结、扣押和没收犯罪所得或其他财产和犯罪工具并进行处置,包括返还,并且在这方面根据《联合国反腐败公约》第五十七条第五款,在适当情况下特别考虑就所没收财产的返还和最后处置逐案订立协定或者可以共同接受的安排,并适当考虑商定加强透明度和问责的措施,同时认识到按照《联合国反腐败公约》第四条,各国不能单方面就此强加条款;

69. 在解决利用替代法律机制和非审判解决办法(包括和解)、将犯罪所得没收和返还的腐败相关案件时,根据国内法酌情利用受影响的国家提供的协助,以便根据《联合国反腐败公约》和国内法加强国际合作,改进信息和证据共享以及犯罪所得追回工作;

70. 认识到追回资产是预防犯罪和刑事司法的重要内容,特别是在涉及腐败的案件中,并在这方面加强政治意愿,同时保障正当程序;

71. 鼓励各国消除和克服实施追回资产措施的障碍,特别是根据国内法酌情简化法律程序,在根据国内法和国内优先事项使用返还资产时考虑到《2030年可持续发展议程》,并铭记加强追回和返还被盗资产将有助于执行《2030年议程》;

72. 采取必要措施,获取和分享有关公司实益所有权、法律架构或其他复杂法律机制的可靠信息,从而便利调查进程和司法协助请求执行工作;一切形式和表现的恐怖主义;

一切形式和表现的恐怖主义

73. 加强国际、区域和次区域各级的合作,以预防和打击一切形式和表现的恐怖主义行为、方法和做法,包括在各级加强法治并确保反恐相关国际公约和议定书的缔约方切实执行,制订战略以有效处理有利于恐怖主义蔓延的各种条件,包括助长恐怖主义的暴力极端主义,同时认识到,恐怖主义行为没有任何正当理由,并且在国际、次区域和国家各级毫不迟延地全面执行《联合国全球反恐战略》,包括为此调集资源和专业人才;

74. 确保采取更有效的行动打击一切形式和表现的恐怖主义,无论其发生在何处、由何人所为,特别是在可信和可核查的信息和证据的支持下进行调查和起诉,为此改进相关信息和证据的收集、处理和保存,并考虑酌情加入信息和证据共享网络;

75. 按照适用的国际法规定的义务,查明、分析和打击资助恐怖主义与跨国有组织犯罪、涉毒非法活动、洗钱、为筹措资金(包括索要赎金和敲诈勒索)而实施的绑架和劫持人质之间的任何现有的、不断增加的或在某些情况下潜在的联系,以防止和处理对一切形式和表现的恐怖主义的资金支持和后勤支持,并防止恐怖分子获得武器;

76. 应对外国恐怖主义作战人员构成的日益严重的威胁,包括履行适用的国际义务,并强调联合国应根据现有任务规定开展并促进能力建设,以根据各国请求,包括受影响最严重区域的国家的请求,向其提供援助;

77. 提高关键基础设施的安全性和复原力,保护特别脆弱的"软目标",包括为此加强执法部门、私营部门和公众之间的信息共享;

78. 采取适当措施防止和打击煽动实施恐怖袭击的行为和这种恐怖主义宣传的蔓延,并对美化一切形式和表现的恐怖主义表示震惊;

新出现的和不断演变的犯罪形式

79. 加强处理新出现的和不断演变的犯罪形式的措施,包括最大限度地利用相关和适用的公约,例如,《联合国打击跨国有组织犯罪公约》及其各项议定书,采取其中所载的措施,预防和打击犯罪,促进国际合作,没收和返还犯罪所得;

80. 研究犯罪行为的趋势和所使用的方法的演变情况,以制定有效的国际合作和技术援助手段,包括在预防犯罪和刑事司法委员会及其他相关全球论坛和区域论坛的框架内增进信息共享以及交流意见、经验和最佳做法的活动;

81. 加大努力预防、阻止和打击贩运人口,包括借助联合国毒品和犯罪问题办公室提供的相关技术援助,酌情支持数据收集和共享,解决使人们容易受到贩运的因素,侦查和瓦解贩运网络,包括供应链中的贩运网络,消除助长剥削进而导致贩运的需求,结束对贩运网络有罪不罚的现象,在国内法律规定的条件下开展金融调查和使用特殊侦查手段,保护贩运人口受害人;

82. 按照《联合国打击跨国有组织犯罪公约》和《打击有组织犯罪公约关于打击陆、海、空偷运移民的补充议定书》[1]分别规定的缔约方义务以及其他所有相关国际义务,特别是人权方面的义务,采取和执行有效措施,防止和打击偷运移民活动,保护移民的生命和人权,加强这方面的双边、区域和国际合作,特别是采用金融调查和特别侦查手段双管齐下等办法,应对从此类犯罪和其他针对移民的犯罪获利的跨国和国内有组织犯罪集团日益增强的作用,并强调尽可能全力防止进一步的伤亡;

83. 促进全球、区域和双边合作,防止犯罪分子和犯罪组织获得枪支,并加强边境管制机制和战略,防止和打击非法贩运和转用枪支及其零部件和弹药,包括网上交易,以及非法重新启用已停用枪支的行为;

84. 增进合作,应对和抗击非法制造和贩运枪支及其零部件和弹药的技术发展和不断改变的作案手法所带来的威胁,调查和起诉这些犯罪,包括确保执法合作以及对缉获的武器进行系统追查;

85. 有效处理和应对世界毒品问题,这需要在国家、区域和国际各级采取持续而协调一致的行动,包括采取全面和平衡的办法,在共同分担责任原则的基础上,加快落实现有的禁毒政策承诺;

86. 采取更有效的措施,防止和终止对儿童的虐待、剥削、贩运以及对儿童的一切形式暴力和酷刑,包括线上和线下的儿童性剥削和性虐待,为此将此类行为定为刑事犯罪,向受害人提供支持,并促进国际合作打击这些犯罪;

87. 采取有效措施防止和打击影响环境的犯罪,例如,非法贩运野生生物,其中除其他外包括受《濒危野生动植物种国际贸易公约》[2]保护的动植物,非法贩运木材和木材产品、危险废物和其他废物、贵重金属、宝石和其他矿物,以及偷猎等活动,尽可能充分地利用相关国际文书,加强旨在打击跨国有组织犯罪、与此类犯罪有关的腐败和洗钱以及此类犯罪所衍生的非法资金流动的立法、国际合作、能力建设、刑事司法对策和执法努力,同时认识到有必要剥夺犯罪分子的犯罪所得;

---

〔1〕 联合国:《条约汇编》,第2241卷,第39574号。

〔2〕 联合国:《条约汇编》,第993卷,第14537号。

88. 鼓励收集和研究有关制造和贩运伪造医疗产品的数据，同时承认2017年世界卫生大会核可的伪造医疗产品的定义在其适用范围内有效，并考虑到这一点，酌情加强应对制造和贩运伪造医疗产品的措施；

89. 加强国家和国际对策，打击贩运文化财产和其他针对文化财产的犯罪，以及与资助有组织犯罪和恐怖主义的任何联系，并增进这方面的国际合作，包括通过适当渠道，将这类非法贩运的文化财产送回或归还原主国，同时考虑到现有文书，例如，《联合国打击跨国有组织犯罪公约》《关于采取措施禁止并防止文化财产非法进出口和所有权非法转让的公约》[1]《关于打击贩运文化财产及其他相关犯罪的预防犯罪和刑事司法对策国际准则》，[2]以及其他相关文书，以期考虑所有可行的办法，有效利用适用的国际法律框架打击针对文化财产的犯罪，并在必要时考虑对现有国际合作框架有所补充的任何建议；

90. 努力加深了解商业货物走私活动，以期根据国家法律加强我们应对这类犯罪及其可能与腐败和其他犯罪的联系的对策；

91. 制定有效战略，包括加强刑事司法专业人员的能力，以预防、调查和起诉仇恨犯罪，并与受害人和受害人群体有效接触，使公众在与执法部门配合以举报此类犯罪时有信任感；

92. 加强措施应对其他新出现的和不断演变的犯罪形式的威胁，以及这些犯罪作为资助非法活动的丰厚收益来源与有组织犯罪集团可能存在的联系；

93. 加强协调和国际合作，有效预防和打击日益加重的网络犯罪威胁；

94. 促进执法机构和其他刑事司法机构适当利用技术，为此根据请求提供技术援助、能力建设和必要的培训，并改进立法、条例和政策，使之适应技术的不断发展；

95. 在国家、区域和国际各级，在适当尊重国内法律框架和国际法原则的情况下，促进与数字产业、金融部门和通信服务提供商的公私伙伴关系，以加强国际合作打击网络犯罪；为了确保适当落实本宣言和我们的承诺：

96. 我们呼吁预防犯罪和刑事司法委员会根据其任务授权，采取适当的政策和行动措施落实本宣言，并找到创新方式利用有关本宣言执行进展的

---

〔1〕 联合国：《条约汇编》，第823卷，第11806号。

〔2〕 大会第69/196号决议，附件。

信息,并且邀请委员会与联合国预防犯罪和刑事司法方案网各研究所等其他相关利益攸关方携手努力,加强全球伙伴关系,推动预防犯罪、刑事司法和法治,力争实现《2030 年议程》;

97. 我们对日本人民和政府热情慷慨的款待以及为第十四届预防犯罪大会提供的优良设施深表感谢。

新冠肺炎疫情下相关网络犯罪形势分析及应对建议

张桂荣*

2020年年初至今,新冠肺炎一直占据全球头条新闻。这场前所未有的冠状病毒大流行正在深刻影响全球网络威胁格局。在人们与新冠肺炎做斗争的同时,网络犯罪分子也在利用疫情给人们带来的不确定影响,积极进行网络犯罪活动,与新冠肺炎疫情(也称为COVID－19)相关的网络犯罪活动也在急剧增加。本文对2020年全球新冠肺炎疫情相关网络犯罪情况进行了梳理和概括,分析了其快速增长的原因,并提出了有关对策建议。

一、全球新冠肺炎疫情相关网络犯罪的发展趋势和主要威胁

根据国际刑警组织的调查,在新冠肺炎疫情大流行期间,相关网络犯罪在全球范围内激增。[1] 在欧洲,有三分之二的成员国报告说,以"COVID"或"Corona"为关键词注册的恶意域名显著增加,目的是利用数量不断增长的在线搜索新冠肺炎疫情有关信息的人们实施犯罪行为;针对负责应对新冠肺炎疫情的关键基础设施和医疗

* 张桂荣:司法部预防犯罪研究所研究员。

〔1〕 Interpol, Cybercrime: COVID－19 Impact. 2020年8月。

机构的勒索软件也在增加;克隆政府官方网站的情况也越来越多,以窃取敏感的用户数据,而这些窃取的数据日后还可用于进一步的网络攻击;网络钓鱼活动频繁。在亚洲及南太平洋地区,与新冠肺炎疫情相关的欺诈和网络钓鱼活动,以及非法在线销售假冒医疗用品、药品和个人防护设备呈发展趋势;利用电话会议工具的安全漏洞实施网络罪犯增多;与新冠肺炎疫情相关的虚假新闻和错误信息传播也是主要的威胁。在非洲地区,受访者强调,自大流行病暴发以来,随着电子或无现金支付的使用增加,公众更容易受到网络攻击;由于大多数组织和公司都实行在家办公政策,导致了网络钓鱼、性勒索和慈善诈骗的激增;社交媒体上新冠肺炎假新闻的传播也有所增加。在美洲地区,受访者称,利用新冠肺炎疫情危机和随后的封锁政策,以新冠肺炎疫情为主题的网络钓鱼和欺诈活动急剧增加;随着许多公司实施远程办公,网络犯罪分子越来越多地以员工为目标,通过远程访问公司网络获得控制权,从而窃取员工的敏感信息;越来越多的犯罪分子利用社交媒体对儿童进行网上性剥削。具体而言,在线虐待儿童网络中的犯罪者正在利用全球封锁在社交媒体上寻找并联系受害者,同时,对儿童性剥削图像的交易也在加剧。在中东和北非地区,利用社交媒体传播与新冠肺炎疫情有关的假新闻和非法销售与冠状病毒相关的药品和准药品频繁;声称提供新冠肺炎疫情统计数据的恶意域名注册增加;与新冠肺炎疫情大流行有关的网络钓鱼和网络欺诈越来越多。概括地说,全球与新冠肺炎大流行相关的网络犯罪活动主要有四大类,分别是网络钓鱼/欺诈(59%)、恶意软件/勒索软件(36%)、恶意域名(22%)、虚假新闻(14%),如图1所示。[1]

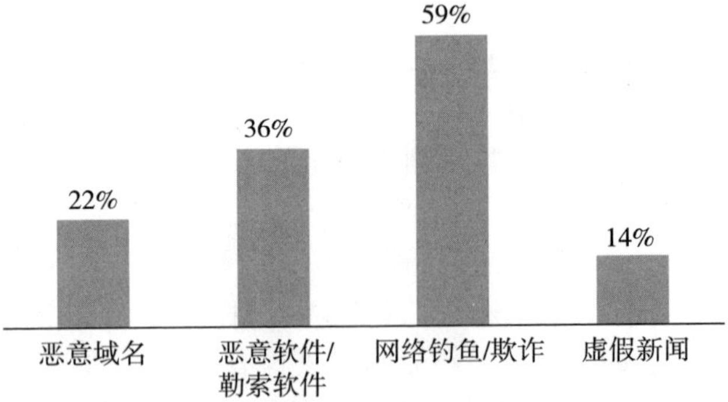

图1　与新冠肺炎疫情相关的主要网络威胁分布

[1] Interpol, Cybercrime: COVID – 19 Impact. 2020年8月。

(一)网络钓鱼/网络欺诈

犯罪分子抓住新冠肺炎疫情大流行的机会,修改了常用的在线欺诈和网络钓鱼方案,通过部署冒充政府和卫生当局的新冠肺炎疫情主题网络钓鱼电子邮件,诱使受害者提供其个人数据并下载恶意内容,实现网络攻击。

依据国际刑警组织的调查,大约三分之二的参与调查的成员国报告称,自疫情暴发以来,网络钓鱼和网络欺诈大量使用了新冠肺炎疫情主题。在2020年1月至4月24日期间,“趋势科技”(Trend Micro)共发现了97000条垃圾信息、737起与恶意软件有关的事件和48000个恶意网址——所有这些都与新冠肺炎疫情有关。[1]

网络犯罪分子利用经济衰退和疾病大流行带给人们的焦虑情绪,以新冠肺炎疫情作为攻击的基础,强化他们的诈骗策略。许多有组织犯罪集团改变了攻击策略,利用新冠肺炎疫情大流行的最新情况和供应短缺,宣传假药物、所谓财政“一揽子”计划(fiscal packages)和紧急福利。向执法部门报告的大量网络犯罪中涉及犯罪者部署以新冠肺炎疫情为主题的网络钓鱼邮件,索要用户凭证和密码。这些电子邮件经常冒充政府和卫生保健当局,声称提供有关大流行的信息和建议。除了这些与大流行新闻的直接关联外,卡巴斯基(Kaspersky)公司还强调了网络犯罪者利用新冠肺炎疫情退税引诱接收者浏览一个欺诈网站,从毫无防备的用户那里收集金融和税务信息。

调查表明,商业邮件诈骗(Business Email Compromise,BEC)仍然是许多网络犯罪者的方案选择。针对当前新冠肺炎疫情的情况,犯罪者采用了欺骗供应商和客户电子邮件地址或使用几乎相同的电子邮件地址的策略来进行攻击。对基本生活用品和保健产品的极端需求为犯罪分子获取详细信息或将数百万美元的采购资金转入犯罪账户提供了理想的场景。

根据国际刑警组织的信息,新冠肺炎疫情网络钓鱼的主要主题包括:来自国家或全球卫生组织的电子邮件;政府命令和财政支持举措;虚假付款请求和金钱报销;提供疫苗和医疗用品;新冠肺炎疫情追踪手机应用(APP);投资和股票发行;新冠肺炎疫情相关慈善和捐赠请求。

英国金融机构行业协会(UK Finance)也列举了10个与新冠病毒疾病相

---

[1] https://www.trendmicro.com/vinfo/fr/security/news/cybercrime-and-digital-threats/coronavirus-used-in-spam-malware-file-names-and-malicious-domains,2021年1月31日访问。

关的诈骗方式,提醒民众提高警觉。具体包括:假冒来自政府的电子邮件、提供金钱的诈骗邮件、"免税政策"的地方政府邮件、救济金、钓鱼邮件、假的广告邮件、冒充电视执照方、冒充电视订阅服务、社交媒体假人设、新冠产品与福利食物。[1]

(二)恶意软件/勒索软件

随着新冠病毒的暴发,恶意软件攻击的数量不断增加,攻击目标也在不断变化。根据新加坡网络融合中心(Cyber Fusion Centre, CFC)[2]的分析,破坏性恶意软件活动的主要目标已经从个人和小型企业转移到政府机构和医疗保健部门,在那里他们可以提出更高的赎金要求。此类勒索软件或分布式拒绝服务攻击(Distributed Denial of Service, DDoS)攻击[3]的目的是让数据无法访问或破坏系统,从而使本来就不堪健康危机重负的这些机构的形势更加严重。例如,2020 年 3 月 12 日至 13 日晚间,捷克共和国第二大医院布尔诺大学医院(University Hospital Brno)遭遇勒索软件的攻击。[4] 该医院是新冠肺炎的检测和治疗的场所,此次攻击严重影响了医院的运营。虽然挽救病人生命的治疗没有中断,但因数据系统的被迫关闭,医疗信息无法在部门之间共享,紧急手术不得不推迟,病人被迫被转到另一家医院就医。[5] 2020 年 3 月 10 日,美国伊利诺伊州的香槟—厄巴纳公共卫生区(Champaign-Urbana Public Health District)的网站也遭到勒索软件袭击。该区为 21 万人提供服务。当时该网站正在发布有关新冠肺炎疫情的安全信息,但攻击使该网站被关闭。黑客将文件锁定,要求其支付 35 万美元的赎金

[1] 《警惕新冠病毒十大最新诈骗手段!》,载 http://uk.liuxue360.com/life/04053865.html,2021 年 2 月 18 日访问。

[2] 新加坡网络融合中心是一个由新加坡执法和私营部门专家组成的团队。

[3] DDoS(Distributed Denial of Service),分布式拒绝服务攻击是指借助于客户/服务器技术,将多个计算机联合起来作为攻击平台,对一个或多个目标发动 DDoS 攻击,从而成倍地提高拒绝服务攻击的威力。

[4] 这一定义引自 Malwarebytes,一家追踪与冠状病毒相关的网络攻击的网络安全公司。参见 https://www.malwarebytes.com/ransomware/。

[5] Sophie Porter, *Cyberattack on Czech Hospital Forces Tech Shutdown During Coronavirus Outbreak*, Healthcare IT News, 19 March 2020, https://www.healthcareitnews.com/news/europe/cyberattack-czech-hospital-forces-tech-shutdown-during-coronavirus-outbreak; Prague Morning, *Czech Republic's Second-biggest Hospital Is Hit by Cyberattack*, 13 March 2020, https://www.praguemorning.cz/czech-republics-second-biggest-hospital-is-hit-by-cyberattack/; Rene Millman, *Coronavirus Test Results Delayed by Cyber-attack on Czech Hospital*, *SC Magazine*, 16 March 2020, https://www.scmagazineuk.com/coronavirus-test-results-delayed-cyber-attack-czech-hospital/article/1677194.

以赎回文件。在建立新网站时,该区不得不通过其脸书(Facebook)页面提供更新。[1] 此外,法国巴黎公立医院集团、美国人口与健康服务部、世界卫生组织也都遭到了网络攻击。[2]

与勒索软件活动类似,分布式拒绝服务攻击的规模也在扩大,目的是破坏各种组织和关键服务的运营。通过对网络服务门户网站收取过高的费用,使其流量超出服务器或网络的承受能力,网络犯罪分子威胁要拿下目标网站,除非有资金转移到他们的账户上。勒索软件和分布式拒绝服务攻击的最终影响各不相同,可能包括操作中断、关键系统锁定和数据丢失,这将导致系统和文件的宕机和恢复造成的经济损失。

网络犯罪分子部署的远程访问木马、信息窃取器、间谍软件和银行木马等数据采集恶意软件也呈上升趋势。

国际刑警有关全球网络犯罪的调查强烈表明,以新冠肺炎疫情相关信息为诱饵,犯罪分子大量使用数据采集恶意软件。犯罪分子欺骗用户执行恶意软件,如远程访问木马、信息窃取者、间谍软件[3]和银行木马,以危害网络、获取数据、转移资金和建立僵尸网络。这种恶意可执行文件的传递通过新冠肺炎疫情网络钓鱼活动得到了广泛的促进。另外,据观察,恶意软件是通过交互式冠状病毒地图、主题应用程序和欺诈性网站中的嵌入链接来传递的。

数据收集恶意软件的一个最独特的例子是名为“Emotet”的恶意软件。新冠病毒流行开始以来,其扩散显著增加。来自 IBM X-Force 的研究人员在日本检测到一个“Emotet”特洛伊木马,该木马被假冒残疾福利服务提供商的网络犯罪者广泛使用。[4] 在他们的网络钓鱼邮件中,犯罪者诱使受害者打开声称包含新冠肺炎疫情预防措施的附件,一旦打开就会感染“Emotet”木马。很多人都相信这一点,因为这些信息似乎来自服务提供商的官方电子邮件,而且有合法的地址和电话号码。在调查同一案例时,卡巴斯基研究人员发现,“Emotet”特洛伊木马通常以“. pdf”、“. mp4”和“. docx”格式作为电子邮件附件发送,这些电子邮件声称包含有关冠状病毒的有用信息,包括

---

〔1〕 Debra Pressey, *C-U Public Health District's Website Held Hostage by Ransomware Attack*, News-Gazette(Champaign, IL, USA), 11 March 2020, https://www. news-gazette. com/news/local/health-care/c-upublic-health-district-s-website-held-hostage-by/article_2dadedcd-aadb-5cb1-8740-8bd9e8800e27. html.

〔2〕 杨逸夫:《警惕“趁火打劫”的线上攻击》,载《光明日报》2020 年 9 月 24 日,第 14 版。

〔3〕 https://unit42. paloaltonetworks. com/how-cybercriminals-prey-on-the-covid-19-pandemic/.

〔4〕 https://exchange. xforce. ibmcloud. com/collection/18f373debc38779065a26f1958dc260b, 2020 年 11 月 18 日访问。

其最新更新、保护措施和检测方法。[1] 这些攻击被证明是特别成功的，因为网络犯罪分子是在人们感到焦虑和不安全的时候，选择了恰当的时机传播恶意软件。因此，近几个月来，大量个人数据被盗。“Emotet”影响了全球13%的机构，在2020年1月占据了最突出的数据收集恶意软件家族首位。[2]

“Trickbot”是另一个数据收集恶意软件的例子，它也由于新冠肺炎疫情大流行而加剧。微软进行的一项研究表明，“Trickbot”被认为是与新冠肺炎疫情诱饵[3]结合使用的最常见的恶意软件。据报道，自新冠肺炎疫情大流行开始以来，这种恶意软件与网络钓鱼电子邮件的关联比任何其他恶意软件都要多。它还以附件的形式发送给受害者，这些邮件来自一个自称提供免费新冠肺炎疫情测试的假冒非营利组织。

（三）恶意域名

利用对新冠肺炎疫情的医疗用品和信息的需求增加，注册包含相关关键词（如“冠状病毒”或“COVID”）的域名的网络犯罪分子大大增加。这些欺诈性网站支持各种恶意活动，包括C2（command & control）服务器、恶意软件部署和网络钓鱼。

根据国际刑警组织的调查，超过三分之一的成员国正在监测越来越多的新注册域名（NRDs），这些域名的关键词是“COVID”或“Corona”。与以新冠肺炎疫情为主题的钓鱼活动类似，声称提供新冠肺炎疫情更新、跟踪系统或统计数据的大量域名中，有很高比例被用于各种恶意活动，利用公众在大流行期间对信息的渴望。派拓网络（Palo Alto Networks）威胁情报团队Unit 42的研究人员发现，自2020年3月9日到2020年4月26日的7周时间里，有120万个包含与新冠肺炎疫情相关关键字的新注册域名（NRD），其中超过86,600个域名属于“危险”或“恶意”域名，遍布全球各个地区，平均每天创建1767个与新冠肺炎疫情相关的高风险或恶意域名。美国的恶意域名数量最多（29,007个），其次是意大利（2877个）、德国（2564个）和俄罗斯

---

[1] https://www.techrepublic.com/article/hackers-using-coronavirus-scare-to-spread-emotet-malware-in-japan/，2020年11月18日访问。

[2] https://blog.checkpoint.com/2020/02/13/january-2020s-most-wanted-malware-coronavirus-themed-spam-spreads-malicious-emotet-malware/，2020年11月18日访问。

[3] https://twitter.com/MsftSecIntel/status/1251181180281450498，2020年11月18日访问。

(2456个),中国内地和中国香港地区则共计有931个恶意域名。[1] 2020年6月,国际刑警组织网络犯罪局的全球恶意域名工作组识别并分析了影响80多个成员国的20万个恶意域名。

这些新注册的恶意域名要么是托管数据收集恶意软件,要么是用来获取个人可识别信息,通过电子邮件、短信或陌生电话等活动接近受害者。从2020年2月到3月,派拓网络(Palo Alto Networks)发现,包括恶意软件和网络钓鱼在内的恶意注册数量增长了569%,高风险注册增长了788%,包括诈骗、未经授权的硬币挖掘和有证据表明与恶意地址(Uniform Resource Locator,URL)有关联的域名。

从执法机构收到的进一步反馈显示,一些恶意网站被创建来模仿政府门户网站、电信公司、银行、国家税务和海关等官方公共服务。另一个令人担忧的领域是越来越多的欺诈网站,它们利用最近对外科口罩、个人防护设备、冠状病毒检测包和医用呼吸机需求的激增,进行这些关键用品的非法交易。这些恶意网站所有者的策略各不相同,包括克隆合法网站、出售未经授权的商品或仿冒商品,或收取商品付款而不送货。此外,非法贸易受害者所支付的款项汇往海外银行账户时也给执法带来挑战,给犯罪的认定和经济损失的追回带来困难。

(四)虚假新闻

越来越多的不实信息和假新闻在公众中迅速传播。在不确定的全球社会和经济形势的推动下,未经证实的信息、未充分理解的威胁以及阴谋论加剧了社区的焦虑,在某些情况下还促成了网络攻击的实施。

2020年2月中旬,世界卫生组织(WHO)宣布新冠肺炎疫情伴随虚假信息的"信息流行"。联合国机构警告说,关于大流行的虚假信息会带来严重的风险,与病毒本身一样危险。[2] 根据路透社研究所(Reuters Institute)进行的一项全球研究,在虚假新闻和信息激增中,与新冠肺炎疫情相关的最常见主题有:公共当局行动、社区传播、一般医学新闻、杰出行动者(Prominent

[1] COVID－19:Cloud Threat Landscape, https://unit42. paloaltonetworks. com/covid－19-cloud-threat-landscape/,2020年11月18日访问。

[2] https://www. who. int/docs/default-source/coronaviruse/situation-reports/20200202-sitrep-13-ncov-v3. pdf,2020年11月18日访问。

actors)、阴谋论、病毒如何传播、公共准备、疫苗开发等。[1] 在参与全球网络犯罪调查的国家中,27%的国家证实了与新冠肺炎疫情有关的虚假信息在其社会中传播,21%的国家对这一趋势表示日益关切。在一个月的时间内,一个成员国报告了290个帖子,而且在大多数情况下,这些帖子都含有隐藏的恶意软件。这些信息主要通过社交媒体(Whats App、Facebook、Twitter等)分享,并包含对不断演变的新冠肺炎疫情情况的虚假声明、谣言和猜测。参与调查的一些执法当局报告说,他们国家的虚假信息与欺诈性医疗商品的非法贸易有关。

一些国家表示关切的是,虚假信息正在传播社区恐慌和社会混乱,这种恐慌和社会混乱本来已经因这一流行病而加剧。一些国家的执法机构报告了在网上传播有关感染人数和未受感染地区出现病毒的虚假信息的案件。其他虚假信息的案例还包括通过手机短信发送"好得让人难以置信"的信息,如免费食品、特殊优惠或超市大折扣。执法机构认为,这些信息大多在社区中传播,目的是创造和利用人们的大规模集会。

与疫情相关网络犯罪,给社会带来了巨大的危害。根据统计,截至2020年8月,新冠肺炎疫情导致全球银行攻击上升238%,80%的公司的网络攻击有所增加,27%的攻击目标是银行或医疗保健机构。2020年1月至4月,基于云的攻击增长了630%。自2020年2月底以来,网络钓鱼尝试增加了600%。2020年第一季度,苹果公司受到的品牌钓鱼尝试占10%,勒索软件攻击在3月上升了148%;39.4万个独特的IP地址攻击了英国公司;自封锁以来,针对居家办公人员的攻击在六周内增加了五倍;2020年第一季度,针对英国企业的攻击增加了30%;5%的冠状病毒相关域被认为可疑;2020年3月,黑客网站和论坛的访问量增长了66%;与2019年第四季度相比,勒索软件平均支付额增长33%,至111,605美元;3月确定的EventBot针对200个银行和汇款应用程序发起攻击。[2]

在新冠肺炎疫情期间,我国相关网络诈骗也在大幅增长。根据我国国家反诈中心公布的数据,截至2020年3月24日20时,全国公安机关累计侦破利用疫情实施电信网络诈骗案件14,786件,抓获犯罪嫌疑人6605名,累

---

[1] Types, *Sources, and Claims of COVID-19 Misinformation*, https://reutersinstitute.politics.ox.ac.uk/types-sources-and-claims-covid-19-misinformation.

[2] 10 Essential Facts About Cybercrime in 2020, https://www.idagent.com/10-essential-facts-about-cybercrime-in-2020, 2020年5月24日访问。

计涉案金额超过4.88亿元。复工企业和员工主要面临四类诈骗，包括网络贷款诈骗、刷单诈骗、虚假售卖防疫物资诈骗、冒充老板有钱人或企业高管诈骗。[1] 最高人民检察院相关人士表示，截至2020年3月26日，全国检察机关共受理审查逮捕涉疫情刑事犯罪案件2681件，共3343人，其中涉疫情犯罪案件罪名排名第一的是诈骗罪，占到所有案件的三成以上。受网络技术进步和智能手机普及的影响，本次疫情期间犯罪网络化、信息化特征明显，网络传播的便捷性和隐蔽性使本次疫情期间诈骗等类别犯罪发案量大幅增长，犯罪行为的传播速度远远快于“非典”时期，传播的范围远远大于“非典”时期，造成的社会危害性也更大。特别是在目前数量最多、占比最高的诈骗犯罪以及造谣传谣犯罪中，通过微信、QQ、淘宝等网络平台实施的占绝大多数。[2] 360安全大脑发布的《新冠肺炎疫情期间网络诈骗趋势研究报告》（该报告主要监测了2020年1月24日—3月13日期间的数据）显示，在疫情期间，猎网平台共计收到用户有效举报3243例，举报数量相比去年同期的2200例增长了47%，2月底达到举报量高峰，随后疫情缓解，开始呈现下降趋势。举报者被骗总金额达5997万元，人均损失为18,492元。诈骗包括游戏诈骗、金融诈骗、购物诈骗、兼职诈骗、色情诈骗、网络赌博诈骗、冒充身份诈骗、虚拟物品交易诈骗、交友诈骗、中奖诈骗、虚拟中奖诈骗、推广诈骗等。排在前五位的是游戏诈骗、金融诈骗、购物诈骗、兼职诈骗、色情诈骗。[3] 根据公安部2021年1月2日发布的最新消息，2020年公安机关破获1.6万其涉疫情犯罪，抓获犯罪嫌疑人7500余人。[4]

二、与新冠肺炎疫情相关网络犯罪激增的原因分析

新冠肺炎疫情相关网络犯罪激增，与疫情带来的不确定性、人们在特殊时期的特殊心理以及线上活动增加和失业率攀升有直接的关系，具体原因归纳为以下五个方面：

---

〔1〕 参见杜晓、杨欢：《疫情期间各类网络犯罪时有发生，多方协作形成维护网络安全合力》，载搜狐网，https://www.sohu.com/a/386261999_99920976，2021年2月10日访问。

〔2〕 参见杜晓、杨欢：《疫情期间各类网络犯罪时有发生，多方协作形成维护网络安全合力》，载搜狐网，https://www.sohu.com/a/386261999_99920976，2021年2月10日访问。

〔3〕 http://www.xinhuanet.com/tech/2020-03/24/c_1125760114.htm，2020年5月24日访问。

〔4〕 公安部刑侦网：《“公安2020成绩单”2020年全国公安机关破获电信网络诈骗案件25.6万起》，载百度网，https://baijiahao.baidu.com/s?id=1687738487295586159&wfr=spider&for=pc，2020年10月10日访问。

(一)疫情暴发带来的不确定性,为相关主题网络犯罪活动创造了有利条件

通常情况下,网络犯罪分子经常会利用有新闻价值事件向潜在受害者发送网络钓鱼邮件,新冠肺炎疫情的暴发带来的不确定性更加为网络犯罪分子实施诈骗提供了良好的背景。在疫情不确定和快速变化的情况下,人们急切希望获得有关疫情的最新信息动态,犯罪分子正是利用了人类这种天生的渴望,伪装成福利提供者、当地医疗中心、疾控部门等,及时发布相关疫情的网络钓鱼邮件,如疫情发展情况、医疗用品、消毒产品等,吸引人们打开邮件,进而实施攻击,如前面提到的"Emotet"对日本的攻击。[1]

(二)疫情带给人们的恐惧心理和饥渴心理,为网络攻击提供了可乘之机

网络犯罪者往往是主动出击者,他们能够很快利用外部环境的变化。无论疾病在何处暴发,网络犯罪分子都会利用即使在现代文明社会中也存在的人们的内心恐惧感,即孤独地死去或者不得不看着亲人死去的恐惧心理。在新冠肺炎之前,"非典"、埃博拉和寨卡(Zika)的暴发为网络诈骗提供了"心理掩护"。通过提醒公众注意新的(最初是不可预测的)健康和安全问题,决策者和媒体无意中也增加了人们瞬间冲动而不是根深蒂固的谨慎使用互联网的可能性。网络罪犯者知道如何利用这一点,他们精心制作电子邮件,利用读者的情感,驱使读者按下键盘,打开邮件。即使是那些通常对主动打开信息持谨慎态度的人或许可能让自己相信,在特殊情况下,公共卫生当局将利用大数据技术向公民伸出援手,向他们提醒新的危险。但仿冒世界卫生组织的网站的邮件的设计和使用,足以让一些人相信这是一个真实的交流。

新冠病毒的大流行导致社区或城市的封锁,引发了对即时信息和方便食品的大量饥渴。由于忙于囤积食物、检查家庭成员的健康状况、工作场所和学校停课等问题,所有这些都充分地削弱了一个人的正常感,放松了警惕,而网络罪犯恰恰是利用了人们的判断失误,目标的安全意识越弱越容易被欺骗。在当前的危机中,其他一些紧迫的问题可能会分散许多人对维护

---

〔1〕 Okereke Onyekachi, *Corona Virus-the Cyber Attack*, Cyberkach, 5 February 2020, https://cyberkach.com/2020/02/05/coronavirus/; Pascal Geenens, *Coronavirus: Its Four Most Prevalent Cyber Threats*, Radware Blog, 12 March 2020, https://blog. radware. com/security/2020/03/coronavirus-its-four-mostprevalent-cyber-threats/? utm_source = Blog&utm_medium = Gaggle_Twitter&utm_campaign = Social, 2020 年 11 月 18 日访问。

网络安全的关注。这是因为很少有电脑用户，即使他们对“网络钓鱼”和“木马”这类词有点熟悉，也不会轻易把它们与潜在的威胁生命的情况联系起来。

计划进行网络犯罪攻击者都知道何时利用公众的期望来实施网络攻击。为了利用新冠肺炎疫情造成的困扰和不确定性，许多网络罪犯已经对特殊领域进行了开发。一项研究发现，自2020年1月以来使用“冠状病毒”或“COVID－19”一词注册的4000个互联网域中，有3%被评估为恶意软件，另有5%被视为可疑软件。[1]

（三）居家办公政策导致线上活动的增加，为网络攻击增加了更大的可能性

有人预测，随着2020年2月至3月的办公大规模迁移至家中，针对不安全的个人wifi网络和未消毒的电脑的网络犯罪海啸可能导致严重的数据泄露或损失。[2] 这种担忧不是关于网络攻击的长期风险（无论人们是否在家工作，网络攻击都可能增加），而是更多地关注病毒在大流行期间，使用不太安全的非公司IT系统的员工可能被黑客攻击的短期风险。据报道，一段时间以来，由于雇主允许员工居家办公，网络钓鱼的次数增加了三倍。[3] 2020年3月，Zoom公司使用的远程会议技术的需求大幅增长，但事实证明该技术很容易遭到视频劫持，黑客能够访问个人电脑上的网络摄像头和麦克风，并中断网络会议。[4]

---

〔1〕 Sara Morrison, *Coronavirus Email Scams Are Trying to Cash in on Your Fear*, Vox, 5 March 2020, https://www.vox.com/recode/2020/3/5/21164745/coronavirus-phishing-email-scams, 2020年11月18日访问。

〔2〕 Mark Sullivan, *As People Start Working Remotely, Hackers are Trying to Exploit Our Anxieties*, Fast Company, 18 March 2020, https://www.fastcompany.com/90478521/as-people-startworking-remotely-hackers-are-trying-to-exploit-ouranxieties, 2020年11月18日访问。

〔3〕 Vinod Mahanta and Sachin Dave, *Hackers are Using Covid－19 Disruption to Infiltrate Corporate Networks*, Economic Times (India), 27 March 2020, https://economictimes.indiatimes.com/tech/internet/hackers-are-using-covid-19-disruption-to-infiltratecorporate-networks/articleshow/74837213.cms? from = mdr. 2020年11月18日访问。

〔4〕 Kari Paul, *Zoom is Malware: Why Experts Worry About the Video Conferencing Platform*, The Guardian, 2 April 2020, https://www.theguardian.com/technology/2020/apr/02/zoom-technology-security-coronavirus-video-conferencing, 2020年11月18日访问。

(四)对网上银行和支付应用程序的依赖,为网络犯罪活动开辟了新的途径

一些国家实行的封锁迫使许多家庭更多地依赖网上银行和支付。随着这些系统的使用变得更加方便,人们会逐步习惯使用,即使在取消了对行动和公众集会的限制之后,也可能变得越来越普遍。这为网络钓鱼诈骗和其他类型的网络犯罪开辟了新的途径。即使人们被建议不要本能地点击未经请求的电子邮件附件或打开手机短信,人为错误的倾向也保证了相当大比例的人仍然会这样做。

尽管封锁仍在起作用,但远程交易的增加可能会使银行的 IT 系统承受压力。[1] 这将为网络犯罪分子提供机会,让他们可以在银行工作人员发现之前进行欺诈性交易。许多银行工作人员也在家里工作,这使他们容易分心,这会降低他们迅速识别网络风险的能力。同时,客户可能无法立即验证银行管理员要求提供个人信息的紧急电子邮件或电话是否真实。从事电话诈骗活动的网络犯罪分子往往将目标锁定在弱势群体——如老年人或独居人群——这些人最有可能被一个简短、公事公办的声音吓倒:催促他们泄露个人信息,否则他们的银行账户可能会被冻结。随着城市或社区的封锁,增加了许多人的社会隔离度,此类目标的数量也在增加。

(五)疫情带来的失业率飙升,为各类犯罪包括网络犯罪的增加提供了诱因

年轻人失业率上升带来的风险将更加持久。根据国际劳工组织的预测,新冠肺炎疫情导致的全球失业人数将达到 2500 万人,[2] 由此而受到特别影响的将是那些在危机前职位就已经面临危机的人。这些人可能缺乏从事网络犯罪所需的先进技术,但他们可能受到网络罪犯的诱惑,提供有关他们前雇主的有价值的信息。

如果国际货币基金组织(IMF)的预测证明是正确的话,世界经济衰退的

---

〔1〕 Chris Baynes, *Coronavirus: Banks Urged to Prepare for Surge in Cyberattacks as Hackers Look to Exploit Crisis*, Independent, 6 March 2020, https://www.independent.co.uk/news/business/news/coronavirus-banks-cyber-attacks-hackers-crimeeuropean-central-bank-a9381286.html, 2020 年 11 月 18 日访问。

〔2〕 Vicky McKeever, Nearly 25 million jobs could be lost globally due to the coronavirus, UN laLabororganization estimates, CNBC, 19 March 2020, https://www.cnbc.com/2020/03/19/nearly-25-million-jobs-could-be-lost-globally-due-to-thecoronavirus.html, 2020 年 11 月 18 日访问。

程度要比2008~2009年严重，失业率将会飙升。[1] 这很可能使许多人，尤其是具有相关IT技能的年轻人陷入犯罪，包括网络犯罪。发展中国家年轻人的高失业率和合法IT部门有限的工作机会，是推动“偏差全球化”(非正常全球化)的因素。在这种情况下，大量的年轻人可能会转向网络犯罪。[2] 例如，在尼日利亚，18至35岁的年轻人的失业率超过50%，网络犯罪是对现状不满的青年人提供快速资金的诱人来源。[3] 在20世纪80年代初，当石油价格下跌和经济不景气导致失业人数增加时，第一个“419骗局(419 Scam)”出现在尼日利亚，之所以这么称呼，是因为尼日利亚刑法典中处理欺诈的条款编号为“419”。不到20年，诈骗者早已停止使用传真机，转而使用网络钓鱼电子邮件。[4]

同样，在2020年3月底，洪都拉斯警方官员指出，由于政府实施的新冠肺炎引发的行动控制以及当地企业的关闭，敲诈勒索犯罪的收入急剧下降，依靠勒索来支付成员工资和福利的犯罪团伙已经发现他们的收入来源枯竭了。执法官员已经追踪到有人转移到其他犯罪活动中，如毒品走私，他们认为这些犯罪团伙已经开始将网络犯罪作为可能的资金来源。由于受新冠肺炎疫情的影响，中美洲的网上购物有所增加，这引起了黑帮的注意，他们正在积极寻找将这一趋势作为“生财有道”的方法。

随着新冠肺炎疫情继续在全球范围内持续存在，网络犯罪很可能进一步增加。网络犯罪分子受到与居家办公相关的漏洞以及增加经济利益的潜在吸引力，极有可能扩大自己的活动范围并开发、实施更先进、更复杂的作案方法。

---

[1] Martin Crutsinger, *IMF Head Says Global Economy Now in Recession*, ABC News, 28 March 2020, https://abcnews.go.com/US/wireStory/imf-headglobal-economy-now-recession-69843184, 2020年11月18日访问。

[2] Prem Mahadevan, *A Social Anthropology of Cybercrime: The Digitization of Lndia's Economicperiphery*, Global Initiative Against Transnational Organized Crime, forthcoming.

[3] *Financial Times*, *Nigeria Election Dominated by 'Timebomb' of Youth Unemployment*, 5 February 2019, https://www.ft.com/content/bc74b71a-2628-11e9-8ce6-5db4543da632, 2020年11月18日访问。

[4] Daniel Engber, *Who Made That Nigerian Scam?*, The New York Times, 3 January 2014, https://www.nytimes.com/2014/01/05/magazine/who-madethat-nigerian-scam.html; See also and John Scannell, The "419 Scam": *An Unacceptable "Power of the False"?*, Journal of Multidisciplinary InternationalStudies, 11, 2 (July 2014), https://epress.lib.uts.edu.au/index.php/portal/article/view/3220/4579, 2020年11月18日访问。

三、关于应对和预防网络犯罪的建议

在后新冠肺炎疫情时代,政府及其职能部门应当进一步加强网络犯罪的预防和应对,以保护企业和个人免受网络犯罪的影响。

(一)简化政府机构的公共沟通,及时发布有关信息

在疫情暴发这种不确定的时期,人们会主动寻求信息,并本能地相信自己努力能找到的任何信息,而不考虑其真实性。为减少网络犯罪分子贩售虚假信息,利用恐惧和不确定性实施骗局和嵌入恶意软件以及引发社会动荡的可能性,政府应通过官方渠道,及时发布信息,不给犯罪分子可乘之机。

(二)加强宣传,提高公众认识,开展积极预防

为有效防范与新冠肺炎疫情相关的网络威胁,减少公民和机构损失,减轻执法机构在法律和业务的挑战,加强公众互联网安全教育至关重要。应强化在学校和工作场所推行网络安全的宣传。必要时可以建立强制网络安全教育制度,强制公民参加网络安全教育课程。专家们一致认为,超过90%的网络犯罪都涉及受害者在一定程度上的积极参与,即使这只是点击了一封看似无害而可信的网络钓鱼邮件。世界经济论坛估计,网络攻击中使用"社会工程学"(social engineering)[1]的比例高达98%。[2] 因此,应当建立交叉检查消息制度,尤其是在危机时刻或人员短缺(如在假期期间)情况下更应如此。提醒公众不要打开可疑电子邮件,这是很好的做法,因为许多网络犯罪分子可以有效地诱使人们打开他们的邮件——忙碌的员工不太可能本能地怀疑看起来像是从公司内部发送来的——来自另一个部门的同事,而实际上是网络钓鱼攻击的邮件。[3]

---

〔1〕 社会工程学(social engineering),是黑客米特尼克悔改后在《欺骗的艺术》中提出的,定是一种通过对受害者心理弱点、本能反应、好奇心、信任、贪婪等心理采取诸如欺骗、伤害等危害手段。http://www.myhack58.com/Article/60/76/2015/65360.htm。

〔2〕 Algirde Pipikaite and Nicholas Davis, *Why Cybersecurity Matters More Than Ever Duringthe Coronavirus Pandemic*, World Economic Forum, 17 March 2020, https://www.weforum.org/agenda/2020/03/coronavirus-pandemiccybersecurity/,2020年11月18日访问。

〔3〕 Alexander Martin, *Coronavirus Face Masks: Dark Web Drug Dealers Rush to Meet Demand*, Sky News, 15 March 2020, https://news.sky.com/story/coronavirus-face-masks-dark-web-drug-dealersrush-to-meet-demand-11957636,2020年11月18日访问。

（三）增加对公共系统（包括医疗保健系统）的网络安全投资

这应该是后新冠肺炎疫情时代的优先事项。从国外许多医疗机构受到攻击的情况来看，多数是由于公共卫生系统网络安全基础设施长期资金不足，存在漏洞。在新冠肺炎疫情期间，卫生系统可能继续成为网络犯罪分子攻击的目标，因此，应加强对卫生系统网络安全基础设施的投资，强化网络安全保护。同时，也应接受经验教训，提前预防，加强其他关键公共系统的网络安全上的投资，因为这些系统也可能会成为网络犯罪重点攻击的目标。

（四）促进各国政府间的信息共享

基于网络犯罪地域性并不明显、国家界限不明确的特点，打击和预防网络犯罪需要各国之间的有效合作和协作，尤其是在信息方面的合作与协作。因为，技术能力最强的网络犯罪集团倾向于根据其东道国的优先次序将特定地理区域作为目标。一旦他们的方法成功了，其他地方的人包括那些唯利是图、对国家没有忠诚感的组织也可以效仿。全球网络犯罪的生态系统是巨大的，但真正引人注目的攻击却很少见，一旦发生，便会引起其他网络犯罪分子的注意。这可能会在数周甚至数天之内产生滚雪球效应，因为犯罪分子会在网络安全专家打补丁之前抢先利用网络存在的新的漏洞。

（五）加强政府与私营企业之间的合作

许多私营企业在网络技术方面处于领先地位，因此，国家应当与私营部门进行技术和信息合作。通过分享有关最近趋势的情报和专业知识以及提供技术援助，私营部门公司可以成为执法机构的宝贵伙伴。政府与私营企业之间的信息共享，尤其涉及针对政府部门、关键基础设施和医疗保健部门的勒索软件攻击案件信息，这些案件可能对公共安全和保障造成重大风险和损害，可以相互提高认识，更便于国家和机构制定与执行有效的应对措施。此外，政府与私营企业之间的信息共享，有利于建立预防网络犯罪威胁的数据库，为制定有效应对措施作出贡献。执法部门和私营企业之间建立强有力的关系，可以在打击新冠肺炎疫情网络威胁的斗争中形成共同的责任感，并能够对新出现的网络犯罪威胁作出及时和有针对性的快速反应。

(六)加强跨国警务合作与协作

鉴于新冠肺炎疫情导致的跨国网络威胁的演变,执法部门应当充分认识并及时响应来自其他国家的信息请求的重要性,加强与其他国家执法部门之间的警务合作,尤其是在应对针对关键基础设施、妥协指标、[1]比特币地址的勒索软件攻击;预付款欺诈(APF)和商业邮件诈骗相关案件;通过非政府组织联系追踪应用程序传播恶意软件;有关利用大量恶意域名的活动的详细信息等方面的合作。

(七)加强网络犯罪侦查能力

随着网络威胁的不断演变,无论是直接还是间接地与新冠肺炎有关,执法机构都必须具备专门的技术和能力。应当加强侦查人员的培训,提高执法人员的专业知识水平和应对新出现的网络犯罪威胁的能力。

---

[1] 妥协指标(Indicators of Compromise,IOC)被定义为“法医数据,包括在系统日志条目或文件中找到的数据,用于识别系统或网络上的潜在恶意活动”。

国外重新犯罪调查研究的新进展及其启示

葛向伟* 周 勇**

在国际犯罪与刑事司法领域，开展长期重新犯罪调查研究已经得到很多国家决策者的持续关注和支持。此类调查研究重点是对刑事政策和实践的评估，尤其侧重于如何进一步减少再犯率，对于弥补传统的犯罪统计工具的不足具有重要作用。总体来看，对于任何重新犯罪调查研究而言，基本都是围绕调查样本、衡量标准以及样本的跟踪期这三个影响调查的主要因素进行设计。[1] 目前，不同的研究已经使用了不同的设计或者多样性的设计组合。本文分析了国外开展重新犯罪调查的整体情况和国外调查研究关于这些设计组合的特征，以及相关研究结果的当前趋势，期望为我国正在开展的重新犯罪调查带来启发。

一、国外重新犯罪调查研究的特点和趋势

1. 国外对重新犯罪调查研究的关注已在过去二十年逐渐增加，这类关注已促使很多国家定期收集全国的重

* 葛向伟：司法部预防犯罪研究所副研究员。

** 周勇：司法部预防犯罪研究所副所长、研究员。

〔1〕 资料来源：联合国毒罪办行动司司法处预防犯罪和刑事司法官 Philipp Meissner 先生在 2018 年 5 月司法部预防犯罪研究所与联合国毒罪办和奥地利专家举行的重新犯罪调查会谈期间的发言。

新犯罪数据。从国际各区域来看,欧洲重新犯罪调查在英格兰和威尔士、苏格兰、北爱尔兰、德国、荷兰、法国、北欧国家(挪威、丹麦、芬兰、瑞典、冰岛)、奥地利、瑞士、爱沙尼亚和爱尔兰等约 15 个国家和地区开展了单独的数据统计工作。欧洲理事会根据其刑事政策战略已经成立了一个研究小组来进一步推广数据一致性,以便更好地比较各国的再犯统计情况,为其关注的康复式刑事制裁和实践提供数据支持。[1] 北美已制定了良好的定期数据收集政策并设立了国家再犯登记局;南美、亚洲和非洲已经对系统收集本国再犯数据进行了关注;澳大利亚已经认可了欧洲在再犯调查统计收集领域的先行者地位,并且认为要执行以实证为基础的刑事政策,此类数据收集是必不可少的。[2] 尽管关于再犯的高质量调查研究主要局限于少数高度工业化的西方国家,但国际社会已经认识到,开展全国性的重新犯罪调查研究是制定理性刑事政策和分析的前提。而且,除国家需求以外,国际比较也被视为支持再犯统计数据收集的因素。

2. 从研究对象的样本的选取来看,国外重新犯罪调查一般是根据各国的国情选取不同的研究对象,大致采取三种模式或其组合:一是某一年度被逮捕的人员,二是某一年度被定罪的人员,三是某一年度被监狱释放的人员,但总的来看,很少有研究能够包含足够多的样本。但在这三类群体中,第三种即监狱释放人员是最普遍的选择,其次是被定罪的人员,最后是被逮捕的人员。这可能是因为监狱数据具备可用性、严重犯罪和罪犯具备研究重要性以及社会对他们具备关注性等原因造成的。如美国,重新犯罪统计主要针对获释犯人的再犯罪情况,这是因为其刑事制裁系统将监禁作为重要制裁措施,每年平均有 68 万人获释,庞大的获释人群是其预防再犯和消耗警力的主要对象,因此,也成为其再犯调查的研究对象。研究表明,样本的种类很重要,不同样本的区别在于,样本所包含的研究对象的犯罪指数或其制裁越严重,重新犯罪人员的比例越高。例如,当使用被监禁犯人而非被定罪犯人作为样本时,再犯比例从 24% 增加到 40% 。也就是说,"后端"样本

---

[1] Bouke Sjoerd Julius Wartna / Ian Knowles / Ian Morton / Susan Mariko Alma / Nikolaj Tollenaar, *Comparison of Reoffending Rates Across Countries*, Göttingen Studies in Criminal Law and Justice, Volume 25, p. 101 – 103, Universitätsverlag Göttingen 2014.

[2] Hans-Jö rg Albrechtt, *Concepts and Potentials of Recidivism*, Göttingen Studies in Criminal Law and Justice, Volume 25, p. 14, Universitätsverlag Göttingen 2014.

可能比“前端”样本具备更显著的犯罪特征和更高的重新犯罪风险。[1]

3. 从重新犯罪的衡量指标来看，实践中存在重新逮捕率、重新定罪率和重新监禁率三种标准，最为常见的是重新定罪率指标，但也有些国家采用多重指标衡量重新犯罪模式。具体来说，英国、德国、荷兰、瑞士、奥地利针对不同样本均采用重新定罪率标准，法国则采用重新定罪率和重新监禁率两种衡量标准，美国的情况则有所不同。美国司法部的重新犯罪调查根据数据获取情况采用重新逮捕率标准衡量再犯模式，而美国量刑委员的调查则同时采用上述三种标准。[2] 事实上，重新犯罪的衡量指标决定了什么行为构成重新犯罪，也是重新犯罪的定义问题，该指标会直接影响重新犯罪率的调查结果。一般来说，基于给定样本，对于重新逮捕率、重新定罪率、重新监禁率的调查结果的数值是依次降低的。从各国调查情况来看，不同的衡量标准显示的研究结果的典型范围如下：重新被捕率大致在 40% ~70% 之间，重新定罪率大致在 40% ~60% 之间，重新监禁率大致在 30% ~50% 之间，[3] 由此也证实了“前端”的衡量标准总会产生比“后端”衡量标准更高的再犯率，因为研究过程排除了不太严重的犯罪。除这三种衡量指标之外，调查中往往还采用更为细化的衡量指标，如采用人口统计学的指标，把调查样本按照性别、年龄、再犯类型等进行分类分析。

4. 从调查样本的跟踪期来看，在具备相应资源的条件下，逐渐延长跟踪期，甚至持续跟踪调查对象和重新犯罪指标，更有助于把握重新犯罪的模式和规律。跟踪期决定了对研究对象样本跟踪多长时间，实践中，多数调查的跟踪期是 1 ~3 年，最为常见的是 2 年，也有更长的 4 ~5 年，最长达到 8 年和 9 年。例如，英国多数研究的跟踪期已经从两年调整为一年，法国的跟踪期为 5 年、[4] 瑞士的跟踪期从 5 年调整为 3 年，德国的跟踪期针对不同的情况

---

〔1〕 这里将不同的再犯样本和衡量标准称为“前端”和“后端”，前者指个人和刑事司法系统之间的早期接触点（如被捕），后者指随后的接触点（如监禁）。定罪这个接触点，相对于被捕来说，属于后端，但相对于监禁来说，又属于前端。

〔2〕 Kim Steven Hunt / Robert Dumville, *Recidivism Among Federal Offenders: A Comprehensive Overview*, p. 7 –8, United States Sentencing Commission, March 2016, http://www. USSC. GOV.

〔3〕 SynΦve Nygaard Andersen and TorbjΦrn Skardhamar, *Pick a Number: Mapping Recidivism Measures and Their Consequences*, No. 772, March 2014, Research department, Statistics Norway.

〔4〕 Annie Kensey, *The Risks of Reoffending Among Prison-leavers*, Göttingen Studies in Criminal Law and Justice, Volume 25, p. 76, Universitätsverlag Göttingen 2014.

分别为 3 年、6 年和 9 年,奥地利也维持较长的跟踪期,[1]美国司法部 2018 年则公布了一项跟踪期为 9 年的重新犯罪调查。[2]

跟踪期对重新犯罪调查结果的影响主要体现在两个方面:一是样本人员的再犯率随时间推移而逐渐增加,较长的跟踪期会带来更高的重新犯罪人员比例,并获取更多的犯罪历史性质的数据。例如,在荷兰样本中,1 年后再犯比例为 43% ,2 年后为 56% ,3 年后为 62% 。8 年后,74% 的人员因新的罪行被重新定罪。二是跟踪期刚开始时,重新犯罪的强度达到最高。这是再犯研究中的一个常见结果。多数重新犯罪都发生在 2 年内。在获释 2 年内被重新定罪的人员中,75% 的重新定罪发生在前 12 个月。[3]

更长的跟踪期有可能使研究人员和决策者更好地探索重新犯罪模式和“停止再犯”的规律。美国司法部 2018 年发布的一项重新犯罪调查发现,32% 的获释犯人在 3 年跟踪期内并未被捕(似乎已经停止了犯罪活动),但其中近一半(15%)在随后 6 年内被捕,剩下 17% 在 9 年跟踪期内并未被捕。此外,研究发现,24% 的获释犯人仍然积极参与犯罪活动,并在第 9 年被捕。而在获释后第 1 年被捕的 44% 的获释犯人中,九分之一(占所有获释犯人的 5%)在 9 年跟踪期间并未再次被捕。这组数据显示,研究人员可能需要更长的跟踪期以便理解和掌握更为复杂的再犯和停止再犯模式。[4]

尽管更长的跟踪期具备一定的优势,但是,具体跟踪期的确定还是要由数据的可用性和研究的特定需要而决定,应当针对不同的研究工作和政策应用来选择适当的跟踪期长度。与较短的跟踪期相比,在多数情况下,我们需要具备相应的资源才能延长跟踪期。此外,还有一个重要问题是,国外一般认为,考虑犯人在上次犯罪后的整个时间长度,监狱时间应该完全排除在跟踪期之外,尽管某些类型的犯罪(如与暴力和毒品有关的犯罪)可能确实发生在监狱中。

---

[1] Daniel Fink / Steve Ducommun-Vaucher, *Statistical Recidivism Analyses in Switzerland*, Göttingen Studies in Criminal Law and Justice, Volume 25, p. 44 – 60, Universitätsverlag Göttingen 2014.

[2] Mariel Alper / Matthew R. Durose, 2018 *Update on Prisoner Recidivism*: *A 9 – Year Foolow-up Period*(2005 – 2014), May 2018, Office of Justice Programs, Bureau of Justice Statistics, U. S. Department of Justice.

[3] SynΦve Nygaard Andersen and TorbjΦrn Skardhamar, *Pick a Number*: *Mapping Recidivism Measures and Their Consequences*, No. 772, March 2014, Research department, Statistics Norway.

[4] Mariel Alper / Matthew R. Durose, 2018 *Update on Prisoner Recidivism*: *A 9 – Year Foolow-up Period*(2005 – 2014), May 2018, Office of Justice Programs, Bureau of Justice Statistics, U. S. Department of Justice.

5. 关于重新犯罪的调查方法和数据来源，目前多数国家是以官方行政记录为基础的，几乎很少采取人口调查的方法获取数据。各国获取官方纪录均有各自的途径和程序，但基本上都是大同小异。一般来说，所有数据都是源于警方、检方、法院和监狱记录中有关个人情况的行政记录，但这些数据的获取途径不同。例如，德国通过中央联邦登记册获取，瑞士通过联邦统计局获取，奥地利通过联邦刑事纪录登记局，法国由司法部通过全国罪犯注册局获取数据。所有国家居民都有一个唯一个人识别编码，统计系统会使用该编码进行数据统计，因此，可以轻易地在登记册以及跟踪时间内识别同一个人，从而为研究设计提供了极大的灵活性。研究信息一般只包括重罪，不太严重的轻罪被排除在外，由此提高本国研究和其他国家的研究之间的可比性。研究对象仅限于本国出生的人或者持有本国永久居留证的移民，确保样本能够在不同登记册之间被充分识别，并避免了外国人因犯罪而被驱逐出境的问题。

6. 从国外重新犯罪调查统计数据的分析和运用来看，主要有两方面的用途：一是用于评估再犯率和再犯模式，二是用于检验刑事制裁措施及其改革的有效性，确定其是否能降低再犯和增强社会预防效果。关于重新犯罪率的评估，各国对于数据均采取了多维度的分析。一般来说，各国都有基于犯罪类型、罪犯年龄、性别来估计和对比再犯率（及其变化），在此基础上还根据各国监测需求使用多样化的细分变量来衡量再犯模式。例如，荷兰在监测犯罪趋势时特别强调再犯的严重程度，并且使用不同的再犯衡量标准，根据不同的量刑选择评估再犯率，结果发现，被量刑 4 年或以上时间的罪行有严重再犯率，被量刑 8 年或以上时间的罪行有非常严重的再犯率。英国再犯统计分析使用回归模型，将再犯数据用于评估研究再犯风险，以及识别和解释不同地区（或不同监狱）之间的地区性再犯率差异并将该差异用来确定各种量刑模式的解释性差异是否存在。苏格兰、英格兰和威尔士、北爱尔兰、爱尔兰以及挪威和新西兰等国家和地区按制裁类型对罪犯进行分组并发现，与被判社区服刑的人员相比，再犯人员在被判监禁的人群中占比更高。当然，很多重新犯罪因素无法通过基于再犯统计的研究发现，进而会影响到基于统计数据作出的研究结论的内部有效性，但是，这种情况不仅在犯罪学中存在，其他学科也是如此。

关于检验制裁措施的有效性，各国一致认为需要对各项制裁的有效性进行调查，并且普遍认同应当采用有针对性的应对措施的重要性。在美国和英格兰/威尔士,相关项目在过去的10年中实现了长足发展,更好地引导犯人回归社会,以尽量减少再犯可能,并应对国际上常见的重复犯罪现象("旋转门"现象)。瑞士的研究结果表明,对部分罪行采用较为宽松的制裁模式并未导致再犯率升高,荷兰已经计划利用再犯统计研究结果来创建"最佳实践"目录。但总体来看,目前刑事制裁有效性方面的研究仍不发达,尚欠缺以重新犯罪数据为基础进行的针对犯人重返社会的系统性实证研究,现有的研究几乎都集中在监狱系统和其中的局部措施上,很少有研究关注缓刑或罚款对再犯的影响。

7. 从提高各国重新犯罪率的可比性来看,倡导使用比较规范、标准、统一的重新犯罪率报告指南。有关研究人员于2015年和2019年相继发表了《全球重新刑事犯罪率的系统评价:当前的困难和最佳实践建议》[1]和《全球重新刑事犯罪率的系统评价:3年更新》两篇研究报告,[2]收集整理了全球数十个国家的重新犯罪率统计数据资料并开展了系统评价(systematic review),结果发现,尽管重新犯罪率是衡量监狱系统和释放后罪犯回归措施成效的重要指标,重犯研究对于公共安全很重要,但许多国家缺乏重新犯罪率的统计方法,没有报告重新犯罪率统计数据,即使已经报告重新犯罪率统计数据的各国在重新犯罪率的概念界定、统计样本的选择、重犯的时间间隔等方面存在显著差异,这导致各国的重新犯罪率之间实际上并不具有可比性。报告指出,未来为提高各国重新犯罪率统计数据的可比性,应倡导各国采用比较规范、标准、统一的重新犯罪率报告指南(reporting guidelines)来获得和发布重新犯罪率统计数据。为此,研究人员专门编写了一份全球累犯统计数据清单(recidivism reporting checklist)来帮助提高重新犯罪率报告的规范化、一致性和透明度。

二、部分国家的实践做法

本部分选取了三个具有典型做法的国家进行介绍。

---

〔1〕 Seena Fazel, Achim Wolf. A Systematic Review of Criminal Recidivism Rates Worldwide: Current Difficulties and Recommendations for Best Practice. PLoS One. 2015;10(6):e0130390.

〔2〕 Denis Yunhnenko, *Shivpriya Sridhar, Seena Fazel. A Systematic Review of Criminal Recidivism Rates Worldwide*: 3 - *year update*, Wellcome Open Research 2019.

(一)奥地利重新定罪数据库及调查结果

奥地利重新定罪统计数据库和调查结果是基于奥地利联邦犯罪记录登记局(警方部门)的数据做出的,后者对每次法院定罪信息及释放信息均有存档,并且最终将数据传输至奥地利国家统计局,该数据自从2007年报告以来每年发布一次。该数据库有两大目标:一是帮助识别再犯的风险群体,二是帮助评估司法干预的有效性。

调查对象包括两类:一类是参考年度的所有被定罪人员,包括被判处罚金、有条件监禁、青少年犯和精神病犯的特殊规定;另一类是所有的被释放人员,包括监禁释放和从法医机构释放的人员,即精神病犯。

调查对象的观察期为4年。观察期的开始日期在两类群体中分别是定罪的日期和释放的日期。奥地利有犯罪记录消除制度,如果5年内没有新的定罪,以前的犯罪记录就会被消除。[1]

调查结果表明,按照犯罪特点、年龄、性别、国籍等进行分类的不同犯罪群体之间的重新定罪率存在明显的不同。在观察期内,以往的定罪次数越多,重新定罪率就越高;最低的重新定罪率的人群是在被判处监狱服刑的时候没有过往定罪记录的人。少年犯被重新定罪的比率接近60%,远高于成年人的30%;女性被重新定罪的比率总体低于男性。如果结合犯罪群体和犯罪类型两项指标来看,性犯罪人再犯性犯罪的重新定罪率为3.5%,财产犯罪的犯罪人再犯财产犯罪的比率为22.9%。从再犯发生的高峰期来看,大概2年内是再犯发生的高风险期。

奥地利国家统计局每年都会在其公布的“司法犯罪统计数据报告”中列明相应的数据表。如果有学术研究需求,可以向奥地利统计局定制表格。这些表格受到某些标准的监管,统计局不会披露个人数据,数据之间会转换为相应的代码,较好地解决了隐私保护、数据保护政策与数据需求之间的矛盾。[2]

---

〔1〕 在2018年5月司法部预防犯罪研究所与联合国毒罪办和奥地利专家举行的重新犯罪调查会谈期间,奥地利法社会学和犯罪学研究所科学事务部主任、教授 Veronika Hofinger 女士介绍了奥地利重新定罪数据库及调查结果。

〔2〕 Veronika Hofinger / Arno Pilgram, *The New Austrian Reconviction Statistics Database and Findings*, 在2018年5月司法部预防犯罪研究所与联合国毒罪办和奥地利专家举行的重新犯罪调查会谈期间,奥地利法社会学和犯罪学研究所科学事务部主任、教授 Veronika Hofinger 女士提供的相关研究成果。

(二)挪威重新犯罪衡量标准及其对应结果

挪威的研究特色在于着重探讨了针对不同的样本标准、再犯衡量标准和跟踪期的变化对再犯率产生的影响。挪威的样本选取和再犯衡量指标均采取三重标准,这在当前重新犯罪调查的国家中是较为全面的。具体来说,其研究以三个罪犯样本(2005 年因重罪被捕、定罪或从无条件监禁中获释的罪犯)为基础,通过个人和刑事司法系统之间的三个联系点(因新的重罪重新被捕、重新定罪或重新监禁)定义了"再犯",并记录了在 4 年时间内发生的重新犯罪情况(按犯罪日期衡量)。

挪威调查的所有数据都来源于警方、法院和检察机关记录中有关个人情况的挪威行政记录。这些数据用于编制官方犯罪统计数据,也可以基于研究目的从挪威统计局获得。所有居住在挪威的人都有一个唯一个人识别编码,统计系统会使用该编码进行数据统计。它还允许将个人层面的信息与人口登记和挪威统计局提供的其他登记信息联系起来。挪威的研究只包括重罪,因此,排除了交通违规者这样一个低风险罪犯群体。

调查结果表明,根据分析设计的不同,再犯人员的比例介于 9% 到 53% 之间。在跟踪期开始时,重新犯罪的强度最高更严格/后端样本标准与更高比例的重新犯罪人员之间存在正向关系,并且几乎适用于所有的样本和衡量标准。随着时间推移,样本之间的发展有所不同。与其他两个样本相比,"监禁样本"的严重犯罪复发得更早。另外,"定罪样本"和"监狱样本"的绝对水平随着时间推移而趋于一致。

在给定样本中,随着从前端衡量标准向后端推移,重新犯罪人员的比例在下降,被判入狱的人员具备最高的重新犯罪风险。但这种关系不一定适用于所有样本,因此,不具备绝对性。此外,很明显,与两个最前端的衡量标准(重新被捕和重新定罪)相比,两个最后端的衡量标准(重新定罪和重新监禁)产生的结果更为相似。

根据样本和衡量标准的不同,重新犯罪的时间发展也不同,多数新的犯罪行为都是在初始犯罪被判决后不久发生的。在 4 年跟踪期内的复发人员中,有 72% 到 81% 是在头两年内复发的,但在随访后期也能看到一些复发的迹象。与其他两个样本相比,"获释样本"的复发情况(尤其是导致重新监禁的更严重的犯罪)会更早出现。由于"监禁样本"的一年重新犯罪率相对较高,不同样本之间的初始差距明显。然后,随着时间推移,其他两个样本(尤其是“定罪样本”)的发展更为平稳,此类差距也逐渐缩小。总体而言,“定罪样本”和“监禁样本”以及重新定罪和重新监禁的衡量标准能产生最相似的结果。挪威的分析结果显示,跟踪期至少应该为2年,而且在前端样本中应用后端衡量标准时,应该使用更长的跟踪期。[1]

(三)美国重新犯罪的调查及其结果

近年来,美国司法部司法统计局和美国量刑委员会分别开展了重新犯罪调查。美国司法部调查研究的样本数量远远超过量刑委员会的样本数量,另外,考虑到美国司法部的官方性和权威性,因此,本文重点介绍美国司法部的最新调查研究。

美国司法部于2018年5月发布了司法统计局开展的“2005年各州获释犯人2005~2014年的再犯数据统计报告”。至此,美国司法部完成了21世纪以来的两项再犯调查研究。具体做法是:司法统计局首先收集了30个州获释犯人的犯罪历史记录,以分析他们获释后5年内的再犯模式。2015年,司法统计局又重新收集了同一批犯人的犯罪历史记录,将最初的5年跟踪期延长至9年,这也是目前西方发达国家的再犯研究中能够见到的最长的跟踪期限。这次调查的衡量标准为重新被捕率,使用被捕数据的原因是因为本研究能按照衡量要求收集到所有30个州的获释犯人所需的犯罪详细数据。

调查结果显示,在2005年从各州获释的401,288名犯人中,在为期9年的跟踪期内,估计有1,994,000次被捕次数,即每个获释犯人平均被捕5次,这些被捕次数的60%发生在第4年到第9年。将跟踪期延长至9年后,被捕人数是3年跟踪期的两倍之多,比5年跟踪期增加了38%。大约23%的获释犯人构成9年跟踪期间发生的近1,994,000次被捕中的一半。在3年跟踪期间,一半的被捕是由类似百分比(也就是23%)的犯人构成的。

考察再犯的时间,在全部研究对象中,44%的犯人在获释后第1年再次被捕,16%的犯人在获释后第二年再次被捕,8%在第三年再次被捕。也就是说,在9年跟踪期内因新罪行被捕的获释犯人中,大多数犯人(68%)的首次获释后被捕发生在跟踪期的前3年,如果继续追踪的话,79%的犯人在获释

[1] SynΦve Nygaard Andersen and TorbjΦrn Skardhamar, *Pick a Number·Mapping Recidivism Measures and Their Consequences*, No. 772, March 2014, Research department, Statistics Norway.

后6年内被捕。在9年跟踪期结束时,获释后再次被捕的犯人百分比增加至83%。由此可见,当跟踪期从3年延长到9年时,获释犯人的累计被捕百分比增加了15个百分点,再细致考察发现,11%在第4年~第6年期间再次被捕,4%在第7年~第9年期间再次被捕。

考察再犯年份与再犯次数,有5%的犯人在获释后的第1年内被捕并且在9年的跟踪期内未再次被捕。在获释后3年内没有被捕的犯人,几乎有一半(47%)在获释后第4年至第9年被捕。获释后第1年被捕的犯人中,有8%在获释所在州以外的地区被捕,而在第9年被捕的犯人中,该比例为14%。

考察犯人特点和犯罪类型发现,在每年跟踪期和整个9年跟踪期内,获释的财产犯罪罪犯比获释的暴力犯罪罪犯更有可能被被捕,超过四分之三(77%)的获释毒品犯人在9年内因非毒品犯罪被捕。

美国的研究还考察了衡量停止再犯的情况。再犯是衡量跟踪期内任何时间点的被捕情况,停止再犯,是指跟踪期内某一时间点和期限结束之间并未再次被捕的情况。本次调查中的停止再犯指在某一特定年份后,在剩余9年跟踪期内并未再次被捕的犯人的百分比。例如,当一名犯人在第3年被捕,但在第4年至第9年并未再次被捕,则该犯人属于在第三年停止再犯的犯人类别。调查显示,随着跟踪期增加,停止再犯的比例也大幅下降。对停止再犯的衡量同样重要,治疗者想了解相关计划的有效性时,则可以查阅停止再犯模式。对再犯和停止再犯的衡量数据共同为更深入了解犯罪行为和广泛政策领域内的司法管理提供了相关的信息。[1]

三、国外重新犯罪调查研究的借鉴和启示

重新犯罪调查不仅逐渐被国外犯罪研究领域和矫正领域所重视,而且也受到联合国毒罪办的关注,因为重新犯罪率是衡量刑事司法干预措施的效果和反映预防犯罪政策成效的重要指标,而预防再犯也是联合国的一个持续性政策目标。我们认为,上述国外关于重新犯罪的调查研究在某些方面为我国正在设计实施的全国性重新犯罪调查至少具有以下几个方面的

[1] Mariel Alper / Matthew R. Durose, 2018 *Update on Prisoner Recidivism*: *A 9 - Year Foolow-up Period*(2005 - 2014), May 2018, Office of Justice Programs, Bureau of Justice Statistics, U. S. Department of Justice.

启发：

1. 通过对国外相关情况的研究，我们大致掌握了全球层面开展重新犯罪调查的情况，以及我国在重新犯罪调查方面的设计水平，为我国开展重新犯罪调查研究奠定了良好的基础和充分的准备。具体来说，全球层面并未开展统一的重新犯罪调查，除少数发达国家和地区外，很多国家还没有关于重新犯罪的调查研究。在开展重新犯罪调查的现有国家中，对重新犯罪的定义、衡量指标、调查跟踪期也没有统一的标准，各国基于各自国家的相关定义、研究对象和调查方法进行的重新犯罪调查得出的结论也就很难具有可比性。联合国毒罪办也表示在全球层面很难制定关于重新犯罪调查的统一的技术和规范标准，并且统一组织开展重新犯罪调查。相比较而言，我国关于重新犯罪的研究并不滞后，而且我国的调查计划中关于重新犯罪的定义、衡量指标、计算结果以及即将建立的重新犯罪动态监测数据库都将达到世界领先水平。尽管如此，欧洲以及全球在重新犯罪调查领域的先进技术、良好做法和成功经验，不影响在方法上对我国的启发与借鉴，尤其是关于重新犯罪的概念类型、调查统计方法和分析方法等方面。毕竟，对于各国来说，开展重新犯罪调查的目标就是通过获取重新犯罪率，预测未来犯罪水平，以便促进刑事司法系统的发展和改进，提高刑事司法干预措施包括监狱执行的质量和效果，帮助罪犯成功的重新融入社会及预防和减少犯罪，这是各国重新犯罪调查的共通之处。[1] 而且，西方国家正在努力克服各自调查之间的差异，联合国层面也表示会加强关注会员国开展重新犯罪调查研究情况，鼓励良好实践的推广，积极发挥重新犯罪统计和调查研究对于完善各国刑事司法和社会政策、改进刑罚执行和罪犯改造工作的促进作用。

2. 国外对于影响重新犯罪率调查结果的三项主要标准基本达成共识，对我国开展调查研究并确立我国的重新犯罪的调查对象、衡量标准和跟踪期具有重要启发。我们认为，关于上述三项标准，在资源许可的情况下，为更加宏观和细致地掌握重新犯罪的规律和模式，我们在重新犯罪调查中应当尽量选取更广泛的样本、采取多重衡量标准以及确定较长的跟踪期。具体来说，一是我们的调查对象可以从监禁释放人员逐渐扩大到其他刑罚执行完毕的人员，以便评估其他刑罚的执行效果。二是在确定重新犯罪的概

〔1〕 参见联合国毒罪办行动司司法处预防犯罪和刑事司法官 Philipp Meissner 先生在 2018 年 5 月司法部预防犯罪研究所与联合国毒罪办和奥地利专家举行的重新犯罪调查会谈期间的发言。

念即衡量标准时，同时使用重新逮捕率、重新定罪率和重新监禁率三项指标。三是确定选择罪犯从监狱释放或刑罚执行完毕后直到再次犯罪的整个时期作为跟踪期。这样不设置固定的跟踪期，而采取全程跟踪便可以根据调查情况获取任何时期的重新犯罪率。之所以提出上述建议，是因为犯罪模式可能会由于样本差异、衡量标准的不同以及随着时间的推移而改变，尤其是较长跟踪期的再犯研究可以为决策者和从业人员提供他们所需要的最新数据，以评估获释犯人矫正计划的价值或影响量刑的政策变化。因此，建立全国范围内持续的重新犯罪统计并确保获取充分的基本信息，有利于我们研究各项刑事制裁对再犯的影响以及测试有关制裁和再犯关系的假设。

3. 借鉴国外建立专门的数据机构（犯罪记录登记局）、数据系统和数据发布制度的做法，我国可以利用人工智能和大数据技术，并通过重新犯罪数据的统计来不断改善我国的刑事司法数据库。国际社会已经认识到，一个综合性的再犯数据库是理性刑事政策和分析的前提，再犯统计目前已经实现了低本高效的运作，新技术的发展提升了数据收集的效率。[1] 数据库一般针对每个案件都提供判决法院、罪犯（性别、年龄、国籍）、罪行的法律描述、量刑信息（制裁类型、刑期）等信息，涉及缓刑的提供获释和监控信息。每个案件按照具体情况逐条记录后再纳入设定的较大族群或类别，以便进行统计评估。[2] 数据库应当创建一种固定的设置，以便根据需要认为调整样本、衡量标准和跟踪期的长短，并观察相应的再犯率的变化。如此坚持，长期的重新犯罪统计记录可能会改变警方统计、检方统计、司法统计中当前可用的信息情况，并更新系统性的监禁和缓刑信息，从而为犯罪学研究人员和更广泛的刑事司法系统发挥重要作用。刑事法庭、执法机关和监狱管理层可以利用新的相关信息来预测和评估其决定所能带来的结果。国际上先进的再犯统计和基于此类数据进行的研究证明，这些数据机构和系统的建立在犯罪学和刑事政策方面有重要意义。然而，隐私和数据保护问题仍然存在，问题程度因国家而异，主要在德国盛行。因此，我们在调查过程中需要通过一定的技术达到保护个人数据隐私的目的。

4. 关于重新犯罪调查数据的分析，我们需要从分类的观点出发获取各

---

〔1〕 Hans-Jö rg Albrechtt, *Concepts and Potentials of Recidivism*, Göttingen Studies in Criminal Law and Justice, Volume 25, p. 18 – 20, Universitätsverlag Göttingen 2014.

〔2〕 Jörg-Martin Jehle, *Approach, Structures and Outcome of the German Reconviction Study*, Göttingen Studies in Criminal Law and Justice, Volume 25, p. 28 – 29, Universitätsverlag Göttingen 2014.

种细分的统计数据，以获得关于特定罪犯人群的重新犯罪率和重新犯罪模式，据此应对刑事司法逐渐向更加精算和以风险为基础的形式转换的趋势，并为制定有针对性的预防再犯对策提供大数据支撑。在我国，这样的研究虽然已逐步受到重视，但总体来说还是失于粗疏的。可以说，这也都是中国的犯罪学、刑事政策学关于预防重新犯罪研究的重要的关节点。然而，这些都需要具体的统计，来确认我们先前的某些预断，也可能会修正我们先入为主的某种偏见，在对于重新犯罪者的具体罪名（罪种）的分类比较和辨析之后，我们的重新犯罪的预防对策会更有针对性，从而也就更为科学。具体来说，借鉴国外的数据分析视角，从以下几个方面进行分析：

一是从犯罪分类的角度观察再犯。这就需要获取各类犯罪的罪犯再犯情况以及哪一类罪犯在重新犯罪中排名靠前，是严重危及人身安全的暴力犯罪居多，还是财产犯罪居多？危害公共安全的犯罪、妨害社会管理秩序的犯罪等在再犯者所犯的具体罪名中，各自占有怎样的比例？经济犯罪的再犯者是多还是少？职务犯罪是不是由于其先前的犯罪经历被剥夺了职务而很少有再犯的？以及再犯同种犯罪和再犯异种犯罪的情况都值得关注。

二是从刑罚分类的角度分析再犯。在再犯者中，其原判刑罚（或者前几次所判刑罚）的种类也值得统计。例如，死缓犯的重新犯罪率有多大？无期徒刑的重新犯罪率有多大？罚金刑的重新犯罪率有多大？缓刑犯、拘役犯、管制犯等的再犯率又如何？对于这些数字的统计分析，将使我们对于死缓、无期徒刑这些重刑或者对于拘役、管制等轻刑、或者罚金等财产刑、或者对于缓刑的效果有更明确的认识从而在针对重新犯罪者选择刑罚时有所准备。

三是从犯罪主体的视角（尤其是年龄的视角）观察再犯，对于研究重新犯罪率及再犯的预防具有根本性意义。例如，各国的研究形象地表明，从不同年龄层看到的犯罪倾向是不相同的，如 20～24 岁的人 5 年之内的再犯率与其他年龄层相比相当之高，25～29 岁的人则次之。就是说，就成人而言，20 多岁的年轻人的犯罪倾向是最高的。因此，对于这些年轻人探讨、制定特殊的犯罪预防对策，其中将教育放在重要的位置是非常重要的。中国也逐渐步入老龄社会，高龄者犯罪的现象也颇为引人注目，其中当然也存在高龄再犯者。探讨这些人的犯罪规律，对这些人制定相应的再犯预防对策，对于整个社会的和谐稳定，都具有直接的重要意义。

四是进行各种类别重新犯罪情况的交叉分析，探讨不同的犯罪对策。

例如,按照再犯次数(尤其是多次再犯者)、再犯间隔、再犯同种犯罪以及再犯异种犯罪以及再犯者的主体情况,按照不同的问题交叉分析重新犯罪模式,探讨不同的再犯防治对策,避免蜻蜓点水式的“大概齐”“一勺烩”是非常重要的,这将使犯罪对策更具针对性,从而也就可能更有实际效果。因为,针对某一种具体类型的犯罪人来说,也不能指望通过一种具体的犯罪对策就达到预防犯罪的效果,对于犯罪的预防,只能是各种不同犯罪对策综合作用的结果,其中,“最好的社会政策就是最好的刑事政策”——德国刑事政策学家李斯特的这句名言对于重新犯罪者的犯罪预防来说,同样是至理名言。

五是加强重新犯罪调查的国际合作,促进重新犯罪调查数据的国际可比性。由于目前从事重新犯罪研究的各国不仅存在重新犯罪率的概念界定、样本选择、重新犯罪时间间隔等方面的差异,就连重新犯罪的诸多罪名中各罪名本身的犯罪构成也显著不同。从促进国际犯罪调查数据可比性的意义出发,联合国统计委员会已经于 2015 年出台了《犯罪统计的国际分类标准文件》,呼吁各国把本国的刑事犯罪罪名所包含的犯罪构成按照该标准文件重新分类,使各国对于各种犯罪的罪名在统计意义上有了统一的定义,从而达到犯罪统计数据可比性的目的。为此,建议我国的重新犯罪调查优先采纳联合国犯罪分类的统一标准,以此为开展重新犯罪调查国际合作的切入点,向联合国犯罪统计部门和司法部门分享我国的实践做法,为促进国际社会重新犯罪调查统计的标准化和规范化作出贡献。